Uta Meeder

Werbewirkungsmessung im Internet

GABLER EDITION WISSENSCHAFT

Uta Meeder

Werbewirkungsmessung im Internet

Wahrnehmung, Einstellung und moderierende Effekte

Mit einem Geleitwort von Prof. Dr. Hans H. Bauer

Deutscher Universitäts-Verlag

Bibliografische Information Der Deutschen Nationalbibliothek
Die Deutsche Nationalbibliothek verzeichnet diese Publikation in der
Deutschen Nationalbibliografie; detaillierte bibliografische Daten sind im Internet über
<http://dnb.d-nb.de> abrufbar.

Dissertation Universität Mannheim, 2006

1. Auflage Mai 2007

Alle Rechte vorbehalten
© Deutscher Universitäts-Verlag | GWV Fachverlage GmbH, Wiesbaden 2007

Lektorat: Frauke Schindler / Stefanie Loyal

Der Deutsche Universitäts-Verlag ist ein Unternehmen von Springer Science+Business Media.
www.duv.de

Das Werk einschließlich aller seiner Teile ist urheberrechtlich geschützt. Jede Verwertung außerhalb der engen Grenzen des Urheberrechtsgesetzes ist ohne Zustimmung des Verlags unzulässig und strafbar. Das gilt insbesondere für Vervielfältigungen, Übersetzungen, Mikroverfilmungen und die Einspeicherung und Verarbeitung in elektronischen Systemen.

Die Wiedergabe von Gebrauchsnamen, Handelsnamen, Warenbezeichnungen usw. in diesem Werk berechtigt auch ohne besondere Kennzeichnung nicht zu der Annahme, dass solche Namen im Sinne der Warenzeichen- und Markenschutz-Gesetzgebung als frei zu betrachten wären und daher von jedermann benutzt werden dürften.

Umschlaggestaltung: Regine Zimmer, Dipl.-Designerin, Frankfurt/Main
Gedruckt auf säurefreiem und chlorfrei gebleichtem Papier
Printed in Germany

ISBN 978-3-8350-0800-7

Geleitwort

In der Marketingpraxis ist ein Paradigmenwechsel zu beobachten. Während die Ergebnisse des Marketing und insbesondere der Werbung lange Zeit als nicht quantifizierbar galten, wird in jüngster Zeit vom Marketing und der Werbung verstärkt gefordert, deren Beitrag zur Erreichung der Unternehmensziele anhand harter Fakten nachzuweisen.

Auch im Internet ringen die Unternehmen zunehmend um die Aufmerksamkeit der Nutzer, die Ansprüche der Nutzer sind bereits deutlich höher als zu Beginn des Internet-Hype. Das Internet als Werbemedium bietet Chancen, die die Werbung in klassischen Medien nicht bieten kann. Unternehmen haben in diesem Medium wie in keinem anderen die Chance, kostengünstig auf die Bildung und Veränderung der kognitiven und emotionalen Beurteilungen ihrer Marke durch die Nutzer einzuwirken.

Hier stellt sich die Frage, ob es allgemeingültige Aussagen bezüglich der „richtigen Sitegestaltung" gibt. Die Erfassung der Wahrnehmung des Werbemittels stellt eine in der Literatur häufig praktizierte Methode zur Erfassung der Gestaltung des Werbemittels aus Nutzersicht dar. Ein verständliches Messinstrument der Wahrnehmung der Sitegestaltung und die Analyse der Auswirkung der Wahrnehmung auf die mit dem Siteauftritt verfolgten Ziele sind deshalb der Schlüssel zum effektiven Einsatz der Werbeinvestitionen eines Unternehmens.

An dieser Stelle setzt die Arbeit von Frau Meeder an. Die Verfasserin setzt sich damit notwendige, aktuell relevante und sinnvolle Forschungsziele für ihre Dissertation. Die Problematik der konzeptionellen Abgrenzung des Begriffs Sitewahrnehmung sowie der statistisch-methodischen Vorgehensweise bei der Entwicklung eines Messinstrumentariums zu dessen Erfassung werden knapp und zielführend anhand der Auswertung einer Reihe von Studien, die sich mit der Wahrnehmung des Werbemittels befassen, entwickelt und zu Implikationen für die vorliegende Arbeit verdichtet. Die Vielzahl vorhandener Werbewirkungsmodelle wird sehr sorgfältig (beginnend mit dem Jahr 1898!) aufgezeigt und kategorisiert. Auf deren Basis arbeitet die Verfasserin sehr schön die Notwendigkeit der Integration von produkt- und nutzerabhängigen, moderierenden Einflussgrößen in das zu entwickelnde Werbezielsystem heraus. Die theoretische Integration der verwandten Modelle stellt einen originären Beitrag der Arbeit dar.

Grundlage des empirischen Teils der Arbeit ist eine in Zusammenarbeit mit GfK durchgeführte Befragung von knapp tausend Internetnutzern. Sowohl in konzeptioneller als auch in empirischer Hinsicht trägt die Arbeit durch die Entwicklung des Messinstrumentes zur Durchdringung des Untersuchungsgegenstandes bei. Das Messinstrument bildet die Grundlage der weiteren Modellkonzeption und verkörpert einen sehr guten und originären Beitrag zum Forschungsstand. Aus wissenschaftlicher Hinsicht leistet die Arbeit somit einen entscheidenden Beitrag zur inhaltlichen Aufhellung der Sitewahrnehmung. Insgesamt unterstreichen die Ergebnisse die Bedeutung der Werbemittelgestaltung in der Werbewirkungsforschung. In der Praxis kann das von der Autorin entwickelte Messinstrumentarium zur Optimierung der Sitegestaltung eingesetzt werden. Die Ergebnisse der Arbeit verdeutlichen die Notwendigkeit und die Möglichkeiten der segmentspezifischen Gestaltung einer Site und geben Hinweise auf geeignete Segmentierungskriterien.

Die Verfasserin legt eine sehr schöne Arbeit zu einem äußerst relevanten Bereich der Marketingforschung vor. Die Rezeption und Verwendung der notwendigen Konzeptionen, Theorien, Methoden und statistischen Analyseverfahren erfolgt angemessen, zielführend und erfolgreich, so dass ohne Zweifel von einem hervorragenden Forschungsbeitrag gesprochen werden kann. Die Empirie gelang durch die Kooperation mit der GfK repräsentativ und umfangreich. Ein beträchtlicher theoretischer und empirischer Erkenntnisfortschritt wurde erzielt und die Praxis kann in erheblichem Maße davon profitieren.

Univ.-Prof. Hans H. Bauer

Vorwort

Im Bereich der Forschung zur Werbeeffizienz wird die Optimierung der Gestaltung des Werbemittels weitgehend vernachlässigt und stellt die oft wichtigste Stellschraube zur Erreichung von Werbeeffizienz dar. Das Medium Internet gewann in den vergangenen zehn Jahren zunehmende Bedeutung als Werbemedium, wobei insbesondere der Site als Werbemittel besondere Chancen der kommunikationspolitischen Wirkung zugeschrieben werden. Ein verständliches Messinstrument der Wahrnehmung der Sitegestaltung und die Analyse der Auswirkung der Wahrnehmung auf die mit dem Siteauftritt verfolgten Ziele sind der Schlüssel zum effektiven Einsatz der Werbeinvestitionen eines Unternehmens.

Die Arbeit verfolgt drei Forschungsfragen. Die erste stellt die *Identifikation der Charakteristika von Produktsites* dar, die für die Wahrnehmung der Nutzer von Bedeutung sind. Diese Zielsetzung manifestiert sich in der Entwicklung eines *Messinstrumentes*, das die umfassende Erhebung der Sitewahrnehmung auf forschungsökonomisch sinnvolle Art und Weise erlaubt. Im Anschluss ist die Überprüfung der *Zusammenhänge zwischen den identifizierten Sitecharakteristika und dem Werbeerfolg* des Unternehmens von Interesse. Hierbei wird das Ziel verfolgt, den Effekt *der Sitewahrnehmung auf die Einstellung zur Site* theoretisch zu begründen und empirisch zu überprüfen. Die *dritte Zielsetzung* gilt der theoretischen Begründung und empirischen Überprüfung möglicher *moderierender Effekte* auf den Zusammenhang zwischen der Sitewahrnehmung und der Einstellung zur Site.

Die vorliegende Arbeit entstand am Lehrstuhl für Allgemeine Betriebswirtschaftslehre und Marketing II der Universität Mannheim. Mein besonderer Dank gilt zunächst meinem Doktorvater und akademischem Lehrer Herrn Prof. Dr. Hans H. Bauer. Mein Dank bezieht sich zunächst auf seinen großen Vorschuss an Vertrauen, trotz meiner Kinder diese Arbeit durchführen zu können. Nur durch seine Begeisterung, die fachliche und persönliche Unterstützung sowie die Einbindung in den Lehrstuhl, insbesondere aber den gewährten Freiraum konnte die vorliegende Arbeit entstehen. Herrn Prof. Dr. Christian Homburg danke ich für die bereitwillige Übernahme des Koreferats und dessen zügiger Abwicklung.

Der empirische Teil der Arbeit wurde auf der Basis einer repräsentativen Stichprobe von 1.000 Befragten erstellt. Eine solche Stichprobe stellt einen seltenen Luxus dar und konnte nur durch die großzügige Unterstützung der Gesellschaft für Konsumentenforschung (GfK) Nürnberg gelingen. Mein großer Dank gilt deshalb der GfK und ihren Mitarbeitern Folker Michaelsen und Harmut Dziemballa. Die persönliche und fachliche Unterstützung von Folker Michaelsen, den inhaltlichen Freiraum, den er mir gewährte, sowie seine Geduld weiß ich nach wie vor dankbar zu schätzen.

Sämtlichen Mitarbeitern am Lehrstuhl für Allgemeine Betriebswirtschaftslehre und Marketing II danke ich für die stets angenehme und produktive Zusammenarbeit. Für die fachliche Unterstützung danke ich Dr. Mark Grether, Dr. Ralf Mäder und Dr. Nicola Sauer. Besonderer Dank gilt Dr. Gunnar Görtz für die kausalanalytische Unterstützung. Ganz besonders danken möchte ich aber Dr. Maik Hammerschmidt, der die Arbeit in der Endphase intensiv begleitet hat und dessen Anregungen und Korrekturen zu einer signifikanten Verbesserung der vorliegenden Arbeit geführt haben. Für die überaus gründliche und kritische Unterstützung gebührt ihm mein besonderer Dank.

Darüber hinaus bin ich Matthias Müller für die kritische Durchsicht einer früheren Version der Arbeit dankbar. Eine signifikante Verbesserung der vorliegenden Arbeit hinsichtlich Darstellung und Form war aufgrund der Korrekturvorschläge meines Mannes Dr. Stephan Meeder möglich. Meinem Schwiegervater, Prof. Dr. Peter-Jürgen Meeder, danke ich für die abschließende Korrektur der Arbeit.

Meinen Eltern, Sonja und Horst Fröhlich, danke ich von ganzem Herzen für ihre Förderung und ihren liebevollen Rückhalt, die das Fundament für meinen Erfolg in Studium und Promotion gelegt haben. Insbesondere danke ich Ihnen für ihre immerwährende Bereitschaft während der Promotion meine vier Kinder zu betreuen und liebevoll zu umsorgen und mir damit ein gutes Gefühl trotz Abwesenheit zu geben.

Der größte Dank gebührt meiner Familie. Ich danke meinem Mann für die liebevolle Unterstützung während der Promotionszeit, für den emotionalen Rückhalt und vor allem für die Bereitschaft, dieses Projekt mitzutragen. Insbesondere bin ich ihm dankbar für seinen großen persönlichen Einsatz bei der Kinderbetreuung. Meinen beiden großen Mädchen Hanna und Maya danke ich für ihre Liebe sowie ihre Selbstständigkeit, Geduld und ihr Durchhaltevermögen. Meinen kleinen Zwillingen Noah und Leni danke ich für den Sonnenschein und die Abwechslung, die sie in unsere Familie brachten.

Uta Meeder

Inhaltsverzeichnis

Geleitwort	V
Vorwort	VII
Inhaltsverzeichnis	IX
Abbildungsverzeichnis	XIII
Tabellenverzeichnis	XV
Abkürzungsverzeichnis	XIX
1 Einführung in die Problemstellung	1
1.1 Die Erfassung der Werbewirkung im Internet als praktische und theoretische Herausforderung	1
1.2 Ziele der Arbeit	4
1.3 Gang der Untersuchung	6
2 Wissenschaftliche Einordnung der Arbeit	9
2.1 Begriffliche Abgrenzung von Werbewirkung, Werbezielen und Werbeerfolg	9
2.2 Integration der Sitewahrnehmung in ein Werbezielsystem	13
2.2.1 Begriff der Wahrnehmung in der Marketingforschung	13
2.2.2 Erkenntnisbeiträge von Werbewirkungsmodellen	19
2.2.2.1 Stufenmodelle	19
2.2.2.2 Erweiterte Hierarchie-Modelle	22
2.2.2.3 Modelle höheren Komplexitätsgrades	32
2.2.3 Grobkonzeption des Untersuchungsmodells	45
2.2.3.1 Basismodell	45
2.2.3.2 Bezugsrahmen für die Untersuchung der moderierenden Effekte	48
2.3 Erkenntnisbeiträge der Werbewirkungserfassung in der Praxis	50
2.4 Erkenntnisbeiträge der Online-Forschung	54
2.4.1 Besonderheiten des Mediums Internet	54
2.4.2 Strukturelle Aspekte des Internet	56
2.4.2.1 Werbemittel im Internet	56
2.4.2.2 Charakteristika der Sitegestaltung	60

2.4.3	Funktionelle Aspekte	69
	2.4.3.1 Funktionelle Aspekte aus Nutzersicht	69
	2.4.3.2 Funktionelle Aspekte aus Unternehmenssicht	74
2.5	Zusammenfassung der Erkenntnisbeiträge	75
3	**Konzeption des Untersuchungsmodells**	**79**
3.1	Methodische Grundlagen der Operationalisierung von Konstrukten	79
3.2	Entwicklung eines Messinstrumentes zur Erfassung der Sitewahrnehmung	84
	3.2.1 Konzeptionelle Grundlagen der Untersuchung	84
	3.2.1.1 Methodische Konzeption	84
	3.2.1.2 Prämissen des faktoranalytischen Ansatzes	87
	3.2.2 Qualitative Analyse der Wahrnehmung von Internet-Presence-Sites	92
	3.2.2.1 Literaturbestandsaufnahme	92
	3.2.2.2 Experteninterviews	95
	3.2.2.3 Nutzerinterviews	96
	3.2.3 Verdichtung des Merkmalpools anhand heuristischer Verfahren	99
	3.2.4 Quantitative Analyse	103
	3.2.4.1 Datenerhebung	103
	3.2.4.2 Dimensionen der Wahrnehmung	105
	3.2.4.3 Facetten der Wahrnehmung	113
	3.2.4.4 Validitätsprüfung	118
	3.2.5 Zusammenfassende Darstellung des Instrumentes zur Erfassung der Sitewahrnehmung	123
3.3	Theoretische Bezugspunkte	124
	3.3.1 Überblick	124
	3.3.2 Theorien der Neuen Institutionenökonomie	126
	3.3.2.1 Zur Neuen Institutionenökonomie	126
	3.3.2.2 Die Informationsökonomie	127
	3.3.3 Verhaltenswissenschaftliche Ansätze und Theorien	129
	3.3.3.1 Die Aktivierungstheorie	129
	3.3.3.2 Die Risikotheorie	133
	3.3.3.3 Der Uses and Gratifications Approach	135
	3.3.3.4 Erkenntnisse aus der Hirnforschung	140
	3.3.3.5 Das Flow-Konstrukt	143

3.3.4	Zusammenfassung des Erkenntnisbeitrags der theoretischen Bezugspunkte	147
3.4	Erweiterung des Untersuchungsmodells	149
3.4.1	Hypothesenformulierung bezüglich des Basismodells	149
3.4.2	Konzeption der Moderatorvariablen und Hypothesenformulierung zu den moderierenden Effekten	153
3.4.2.1	Involvement	153
3.4.2.2	Merkmale des Produktes	159
3.4.2.3	Merkmale des Nutzers	172
4	Empirische Überprüfung des Modells der Werbewirkung im Internet	184
4.1	Empirische Überprüfung des Basismodells	184
4.1.1	Konzeptionalisierung und Operationalisierung der Einstellung zur Site	184
4.1.2	Ergebnisse der Hypothesenprüfung	185
4.2	Untersuchung der moderierenden Effekte	188
4.2.1	Methodische Grundlagen	188
4.2.2	Merkmale des Produktes	190
4.2.2.1	Operationalisierung der Konstrukte	190
4.2.2.2	Ergebnisse der Hypothesenprüfung	194
4.2.2.3	Diskussion der Ergebnisse	200
4.2.3	Merkmale des Nutzers	205
4.2.3.1	Überblick	205
4.2.3.2	Einzelmotive der Internetnutzung	206
4.2.3.3	Integrative Betrachtung der Motive	219
4.3	Zusammenfassung der zentralen Ergebnisse der empirischen Untersuchung	237
5	Zusammenfassende Bewertung der Arbeit	240
5.1	Implikationen für die Forschung	240
5.2	Implikationen für die Praxis	245
Anhang		251
Literaturverzeichnis		277

Abbildungsverzeichnis

Abbildung 1:	Das Planungsmodell des FCB-Grid	26
Abbildung 2:	Das Modell-der-Wirkungspfade	29
Abbildung 3:	Beeinflussungsrouten im Elaboration-Likelihood-Modell	37
Abbildung 4:	Direkte und indirekte Determinanten im Attitude-towards-the-Ad-Modell	40
Abbildung 5:	Grobkonzeption des Basismodells der Untersuchung	48
Abbildung 6:	Funktionelle Aspekte der Internetnutzung aus Konsumentensicht	71
Abbildung 7:	Beispiel einer hierarchischen Wahrnehmungsstruktur	88
Abbildung 8:	Vorgehensweise im Rahmen der Merkmalsreduktion	101
Abbildung 9:	Eigenwerte der nicht rotierten Faktorlösung (92 Merkmale)	107
Abbildung 10:	Dimensionen und Facetten der Sitewahrnehmung	124
Abbildung 11:	Die Beziehung zwischen Leistung und Aktivierung	131
Abbildung 12:	Die Fälle der Informationsrezeption nach Hansen	142
Abbildung 13:	Zweidimensionaler Raum auf Basis der Facetten des Involvement nach Laurent/Kapferer im Vergleich mit den Quadranten des FCB-Grid	164
Abbildung 14:	Das Basismodell des Zusammenhangs zwischen der Sitewahrnehmung und der Einstellung zur Site	186
Abbildung 15:	Platzierung der Produktkategorien innerhalb des FCB-Grid als Ergebnis der empirischen Untersuchung	198
Abbildung 16:	Profil der gesamten Stichprobe bezüglich der Motive	210
Abbildung 17:	Profil der fünf Cluster bezüglich der Motive	223
Abbildung 18:	Innergruppenvarianz in Abhängigkeit von der Clusterzahl	275

Tabellenverzeichnis

Tabelle 1:	Werbewirkungskategorien und ihre Inhalte	9
Tabelle 2:	Erfassung der Wahrnehmung anhand von Reaktionsprofilen	15
Tabelle 3:	Stufenmodelle der Werbewirkung	21
Tabelle 4:	Erweiterte Hierarchie-Modelle der Werbewirkung	22
Tabelle 5:	Modelle höheren Komplexitätsgrades	33
Tabelle 6:	Instrumente der Werbewirkungserfassung kommerzieller Instrumente	52
Tabelle 7:	Erfassung der Sitegestaltung in empirischen Studien	66
Tabelle 8:	Untersuchungsobjekte innerhalb des FCB-Grid	90
Tabelle 9:	Kategorien der Werbemittelwahrnehmung klassischer Medien auf Basis der Literaturbestandsaufnahme	93
Tabelle 10:	Ergänzende Kategorien der Sitewahrnehmung auf Basis der Literaturbestandsaufnahme	95
Tabelle 11:	Ergebnisse der inhaltlichen Auswertung der Nutzerinterviews	98
Tabelle 12:	Beispielhafte Indikatoren der Literaturbestandsaufnahme, Experten- und Nutzerinterviews	99
Tabelle 13:	Soziodemographika der Stichprobe	105
Tabelle 14:	Rotierte Matrix der Faktorladungen (92 Merkmale)	110
Tabelle 15:	Rotierte Matrix der Faktorladungen (65 Merkmale)	112
Tabelle 16:	Facettenstruktur mit Ladungsmatrix für den Faktor Stimulation	114
Tabelle 17:	Facettenstruktur mit Ladungsmatrix für den Faktor Information	115
Tabelle 18:	Facettenstruktur mit Ladungsmatrix für den Faktor Interaktion	115
Tabelle 19:	Facettenstruktur mit Ladungsmatrix für den Faktor Irritation	116
Tabelle 20:	Rotierte Matrix der Faktorladungen (32 Merkmale)	118
Tabelle 21:	Mindestwerte der Gütekriterien	119
Tabelle 22:	Anpassungsmaße des Messinstrumentes	121
Tabelle 23:	Fornell/Larcker-Kriterium zur Beurteilung der Diskriminanzvalidität des Messinstrumentes	122
Tabelle 24:	Kritik und Antworten der Neuen Institutionenökonomie an den Annahmen der Mikroökonomie	126
Tabelle 25:	Erkenntnisbeitrag der theoretischen Bezugspunkte im Hinblick auf das Untersuchungsobjekt der Arbeit	148
Tabelle 26:	Moderierende Effekte des Involvement im Überblick	158

Tabelle 27:	Ausprägung rationaler/emotionaler Gründe der Kombination der Merkmale Involvement und Rationalität/Emotionalität	169
Tabelle 28:	Moderierende Effekte der Kombination der Merkmale Involvement und Rationalität/Emotionalität	172
Tabelle 29:	Typen der Ausprägung inhalts- und prozessorientierter Motive	178
Tabelle 30:	Moderierende Effekte der Typen der Ausprägung inhalts- und prozessorientierter Motive	182
Tabelle 31:	Ergebnisse der konfirmatorischen Faktorenanalyse für das Konstrukt Einstellung	185
Tabelle 32:	Parameterschätzung für das Basismodell	187
Tabelle 33:	Ergebnisse der konfirmatorischen Faktorenanalyse für das Konstrukt Involvement	191
Tabelle 34:	Ergebnisse der konfirmatorischen Faktorenanalyse für das Konstrukt Rationalität	192
Tabelle 35:	Ergebnisse der konfirmatorischen Faktorenanalyse für das Konstrukt Emotionalität	193
Tabelle 36:	Effekte von Involvement auf den Zusammenhang zwischen den Dimensionen der Sitewahrnehmung und der Einstellung zur Site	196
Tabelle 37:	Effekte der Rationalität/Emotionalität auf den Zusammenhang zwischen den Dimensionen der Sitewahrnehmung und der Einstellung zur Site.	197
Tabelle 38:	Effekte der Kombination der Merkmale Involvement und Rationalität/Emotionalität auf den Zusammenhang zwischen den Dimensionen der Sitewahrnehmung und der Einstellung zur Site	199
Tabelle 39:	Kriterienkatalog zur Erfassung der Motive der Internetnutzung	207
Tabelle 40:	Rotierte Matrix der Faktorladungen (Motivkatalog)	208
Tabelle 41:	Validitätsprüfung der Motivmessung	209
Tabelle 42:	Fornell/Larcker-Kriterium zu Beurteilung der Diskriminanzvalidität der Motivmessung	210
Tabelle 43:	Effekte des Motivs „Information" auf den Zusammenhang zwischen den Dimensionen der Sitewahrnehmung und der Einstellung zur Site.	213
Tabelle 44:	Effekte des Motivs „Talkabout" auf den Zusammenhang zwischen den Dimensionen der Sitewahrnehmung und der Einstellung zur Site.	214
Tabelle 45:	Effekte des Motivs „Shopping" auf den Zusammenhang zwischen den Dimensionen der Sitewahrnehmung und der Einstellung zur Site	214

Tabelle 46:	Effekte des Motivs „Escapism" auf den Zusammenhang zwischen den Dimensionen der Sitewahrnehmung und der Einstellung zur Site.	215
Tabelle 47:	Effekte des Motivs „Exchange" auf den Zusammenhang zwischen den Dimensionen der Sitewahrnehmung und der Einstellung zur Site.	216
Tabelle 48:	Ausprägung der Motive innerhalb der fünf Cluster	223
Tabelle 49:	Kreuztabellierung mit Motiven, die bzgl. des jeweiligen Clusterpaares signifikante Mittelwertunterschiede aufweisen	225
Tabelle 50:	Ausprägung der beschreibenden Merkmale innerhalb der fünf Cluster	226
Tabelle 51:	Kreuztabellierung mit beschreibenden Merkmalen, die bzgl. des jeweiligen Clusterpaares signifikante Mittelwertunterschiede aufweisen	227
Tabelle 52:	Ausprägung inhalts- und prozessorientierter Motive innerhalb der fünf Cluster	232
Tabelle 53:	Effekte der Motivstruktur auf den Zusammenhang zwischen den Dimensionen der Sitewahrnehmung und der Einstellung zur Site.	234
Tabelle 54:	Primäre und sekundäre Bestimmungsfaktoren der Verarbeitungstiefe	252
Tabelle 55:	Zusammenfassende Darstellung zentraler und peripherer Reize der Einstellungsbildung	252
Tabelle 56:	Indikatorenpool mit 738 Indikatoren	267
Tabelle 57:	Rotierte Matrix der Faktorladungen (65 Merkmale, Alter unter 39)	269
Tabelle 58:	Rotierte Matrix der Faktorladungen (65 Merkmale, Alter über 39)	270
Tabelle 59:	Rotierte Matrix der Faktorladungen (65 Merkmale, geringe Bildung)	271
Tabelle 60:	Rotierte Matrix der Faktorladungen (65 Merkmale, hohe Bildung)	272
Tabelle 61:	Rotierte Matrix der Faktorladungen (65 Merkmale, weiblich)	273
Tabelle 62:	Rotierte Matrix der Faktorladungen (65 Merkmale, männlich)	275
Tabelle 63:	Operationalisierung der beschreibenden Merkmale	276

Abkürzungsverzeichnis

AGFI	Adjusted Goodness of Fit Index
CFA	Confirmatory Factor Analysis (Konfirmatorische Faktorenanalyse)
CFI	Comparative Fit Index
DEV	Durchschnittlich erfasste Varianz
df	degrees of freedom (Freiheitsgrade)
EFA	Exploratory Factor Analysis (Explorative Faktorenanalyse)
FR	Faktorreliabilität
GFI	Goodness of Fit Index
IR	Indikatorreliabilität
ItT	Item to Total Correlation (Item-to-Total-Korrelation)
NFI	Normed Fit Index
RMSEA	Root Mean Squared Error of Approximation
SF	Standardisierte Faktorladung

1 Einführung in die Problemstellung

1.1 Die Erfassung der Werbewirkung im Internet als praktische und theoretische Herausforderung

Die zunehmende Akzeptanz des Internet hat dazu geführt, dass immer mehr Firmen über ihre Produkte und Leistungen im Internet informieren.[1] Das rapide Wachstum der Informations- und Kommunikationstechnologien stellt den wichtigsten technologischen Trend unserer Zeit dar.[2] 31,6 Millionen Deutsche gehen jede Woche ins Internet.[3] Mit einem Volumen von 555 Mio. Euro in 2005 und 885 Mio. Euro in 2006 stellt *Online-Werbung* das am stärksten wachsende Werbemedium dar.[4] Im Jahre 2005 flossen bereits 4,4 % des gesamten Werbevolumens in das Medium Internet.[5]

Mit der zunehmenden Reife des Werbemediums Internet werden die Marktbedingungen aber immer anspruchsvoller. Zum einen wirbt ein Unternehmen auch im Internet zunehmend um die Aufmerksamkeit der Nutzer im Konkurrenzumfeld. Zum anderen steigen die Ansprüche der Nutzer.[6] Stellte zu Beginn des Internet-Hype noch die alleinige Präsenz des Unternehmens im Internet einen Vorteil dar, müssen Unternehmen mit zunehmender Reife des Mediums sicherstellen, dass der Internetauftritt als qualitativ hochwertig wahrgenommen wird, damit der Auftritt sich positiv auf die Werbeziele auswirkt.[7]

Verstärkt wird diese Notwendigkeit durch die zunehmende Forderung an das Marketing, den Beitrag zur Unternehmenswertsteigerung anhand harter Fakten nachzuweisen.[8] Dabei stellt die Werbung aufgrund des hohen Stellenwertes qualitativer Einflussgrößen den wohl schwierigsten Bereich dar.[9] Die Frage nach dem Return on Investment eines eingesetzten Werbeeuros wird immer öfter und mit zunehmender Schärfe gestellt.[10] Wie *Lodish et al.* auf Basis ihrer Metaanalyse feststellen, stellt die kreative

---

[1] Vgl. Bauer/Falk/Hammerschmidt 2004, S. 45.
[2] Vgl. Rust 2001.
[3] Vgl. o.V. 2006.
[4] Vgl. BVDW 2006.
[5] Vgl. BVDW 2006.
[6] Vgl. Fassnacht/Koese, S. 19.
[7] Vgl. Parker/Plank 2000, S. 43.
[8] Vgl. Bauer/Stokburger/Hammerschmidt 2006, S. 17.
[9] Vgl. Hammerschmidt 2005, S. 75.
[10] Vgl. Bauer/Stokburger/Hammerschmidt 2006, S. 309; Yoo/Donthu 2001.

Ausführung häufig die wichtigste Stellschraube bei der Steigerung der Verkaufszahlen dar.[11] Die Optimierung der Werbemittelgestaltung zur Sicherstellung einer positiven Wahrnehmung ist schlichtweg ökonomische Notwendigkeit. Die Berücksichtigung nicht monetärer Inputgrößen, die an der Gestaltung von Werbemaßnahmen ansetzen, ist unabdingbare Voraussetzung für die Beeinflussung der Werbewirkung und somit die Sicherung der Effizienz von Werbemaßnahmen.[12]

Mit den steigenden Nutzerzahlen steigt die Bedeutung des Internets als Kommunikationsmedium. Dass die Unternehmenspraxis diese Chancen zu würdigen weiß, zeigt sich an den seit Jahren steigenden Werbeausgaben. Das Werbemedium Internet bietet Chancen, die die Werbung in klassischen Medien nicht bietet. Insbesondere dem Werbemittel Web Site werden besondere Chancen der kommunikationspolitischen Wirkung zugeschrieben. Die Rechnung ist einfach: Unternehmen, die die Bedürfnisse ihrer Kunden im Internet befriedigen können, haben in diesem Medium wie in keinem anderen die Chance, kostengünstig auf die Bildung und Veränderung der kognitiven und emotionalen Beurteilungen ihrer Marke durch die Nutzer einzuwirken.

Für ein Unternehmen, das im Internet präsent ist, ist ein verständliches Messinstrument zur Erfassung der Wahrnehmung der Sitegestaltung folglich der Schlüssel zum effektiven Einsatz seiner Werbeinvestitionen. Ein Rückgriff auf die Erkenntnisse bzgl. klassischer Werbemittel ist dabei nur bedingt möglich. Medienimmanente Eigenschaften wie Interaktivität[13], Aktivität der Mediennutzung, Irrelevanz von Entfernung und Zeit, zielgenaue Kommunikationsmöglichkeiten, globale Verbreitung sowie geringe Eintrittsbarrieren und Startkosten[14] führen zu einer Verschiebung der kritischen Punkte des Werbewirkungsverlaufs. Über die Aktivität der Mediennutzung sowie die Interaktivität des Mediums steigt aber auch die Einflussnahme und Bedeutung des Konsumenten.[15] Daraus folgt das Interesse der Unternehmenspraxis an der Erforschung der kommunikativen Zusammenhänge im Internet.

Das hohe Interesse der Unternehmenspraxis findet seine Äquivalenz in der *Marketingwissenschaft*. In der Wissenschaft sind intensive Forschungsbemühungen darauf gerichtet, die Zusammenhänge der Werbewirkung im Internet zu erklären und zu

---

[11] Vgl. Lodish et al 1995, S. 138.
[12] Vgl. Hammerschmidt 2005, S. 79.
[13] Vgl. Hoffman/Novak 1996; Riedl/Busch 1997, S. 164.
[14] Vgl. Berthon/Leyland/Watson 1996; Ko/Cho/Roberts 2005, S. 57.
[15] Vgl. Korgaonkar/Wolin 1999, S. 66.

durchdringen. Neben der Erfassung der Einstellungswirkung einer Site ist nach *Chen/Wells* von Bedeutung, die Wahrnehmungsdimensionen zu kennen, die diese Einstellungswirkung bedingen.[16] Die wissenschaftlichen Publikationen, welche sich mit Konstrukten der Sitegestaltung und der Werbewirkung im Internet auseinandersetzen, haben seit einigen Jahren kontinuierlich zugenommen.[17]

Trotz der Vielzahl an Publikationen bleiben wichtige *Forschungslücken* bestehen. Zahlreiche Studien sind insbesondere zur Servicequalität[18] und zur Erfassung der Sitegestaltung von Transaction-Sites[19] existent, aber auf die Site als Werbemittel nur bedingt übertragbar. Keine der Studien, die sich mit der Gestaltung reiner Präsenzseiten ohne Transaktionsmöglichkeiten beschäftigen,[20] bilden diese umfassend[21] und aus Nutzersicht ab.[22] Was bisher gänzlich fehlt, ist die Betrachtung der Sitegestaltung aus unterschiedlichen Perspektiven.

Es stellt sich jetzt die Frage, ob es *allgemeingültige Aussagen* bezüglich der „richtigen Sitegestaltung" geben kann. Die optimale Sitegestaltung variiert vermutlich in Abhängigkeit der Produktklasse oder der Zielgruppe. Nach *Korgaonkar/Wolin* stellt für Forschung und Praxis das Verständnis bezüglich der Motive der Internetnutzung sowie das Verständnis bezüglich dessen kommunikativer Zusammenhänge den Schlüssel zur Ausschöpfung des Potenzials des Internet dar.[23]

Vor diesem Hintergrund fordern zahlreiche Marketingwissenschaftler eine detailliertere Untersuchung des Zusammenhangs zwischen der Sitegestaltung und den Werbezielen der Unternehmung. *Korgaonkar/Wolin* fordern die Abbildung der Sitegestaltung aus Nutzersicht sowie die Abbildung der Werbewirkungsprozesse im Internet.[24] Nach

---

[16] Vgl. Chen/Wells 1999.
[17] Siehe Abschnitt 2.4.2.2 dieser Arbeit für einen Überblick.
[18] Ein guter Überblick zu bisherigen Studien findet sich bei Bauer/Donnevert/Hammerschmidt 2005. Zur Sitegestaltung innerhalb der Dimensionen der Servicequalität vgl. auch Bauer/Hammerschmidt 2004, S. 197.
[19] Die bisher umfassendste Untersuchung zum Websiteinterface von Loiacono/Watson/Goodhue bildet die Sitegestaltung ausschließlich für Transaction-Sites ab und basiert auf einer rein studentischen Stichprobe. Dem Besuch von Transaction-Sites liegt aber eine andere Bedürfnisstruktur zugrunde als der von Presence-Sites. Vgl. Loiacono/Watson/Goodhue 2002.
[20] Vgl. Chen/Wells 1999; Dabholkar/Thorpe/Rentz 1996; Liu/Arnett 2000; Muylle/Moenaert/Despontin 1999; Rice 2002; Yoo/Donthu 2001.
[21] Bereits Holbrook/Batra 1987 konstatieren, dass die Erfassung der Wahrnehmung eines Werbemittels anhand einer oder zweier Dimensionen nicht genügt, um die Wirkung eines Werbemittels vollständig zu verstehen. Vgl. Holbrook/Batra 1987.
[22] Die umfassende Studie von Liu/Arnett beleuchtet die Sitegestaltung rein aus Expertensicht. Vgl. Liu/Arnett 2000; Wolfinbarger/Gilly 2003, S. 185.
[23] Vgl. Korgaonkar/Wolin 1999, S. 66.
[24] Vgl. Korgaonkar/Wolin 1999, S. 66.

Pavlou/Stewart muss die Übertragbarkeit der Erkenntnisse klassischer Werbewirkungsforschung auf das Medium Internet weiter überprüft werden.[25] Nur die Investitionen in die Analyse der Bedürfnisse der Nutzer können nach *Korgaonkar/Wolin* zur Ausschöpfung des Potenzials des Internet führen.[26] Die Zusammenführung der Erkenntnisse klassischer Werbewirkungsforschung und der Online-Forschung sowie die explorative Untersuchung der Sitegestaltung aus Nutzersicht und die empirische Untersuchung der kommunikativen Zusammenhänge im Internet erscheint vor diesem Hintergrund vielversprechend.

1.2 Ziele der Arbeit

Wie die Ausführungen des einleitenden Abschnitts gezeigt haben, bestehen bisher keine umfassenden Erkenntnisse bezüglich der Verarbeitung des Werbemittels Web Site. Wie die Sitegestaltung mit der Erreichung der mit dem Internet-Auftritt verfolgten Ziele der Unternehmung zusammenhängt, ist bisher nicht vollständig bekannt. Prinzipiell wird davon ausgegangen, dass die Vielzahl der Gestaltungsmerkmale einer Site einen positiven Einfluss auf die Werbeziele eines Unternehmens hat. Welche Charakteristika der Gestaltung von Sites von besonderer Bedeutung für die Site-Wahrnehmung durch die Nutzer sind, ist aber bisher nicht bekannt. Insbesondere wurde die Frage, ob sich in Abhängigkeit von der Produktklasse oder den Motiven der Nutzer Verschiebungen in der Bedeutung der Elemente zeigen, nicht untersucht.

Aufgrund dieser Forschungslücken ergibt sich unmittelbar die Notwendigkeit, die Beziehung zwischen der Wahrnehmung der Site, die durch die Sitegestaltung determiniert wird, und den Werbezielen einer Unternehmung näher zu untersuchen. Hier setzt die vorliegende Arbeit an: Sie verfolgt das Ziel, einen wesentlichen Beitrag zu einem besseren Verständnis des Zusammenhangs zwischen der Site-Wahrnehmung hinsichtlich sämtlicher relevanter Merkmale und deren Wirkung zu leisten. Zusätzlich untersucht die Arbeit, ob der Zusammenhang zwischen einzelnen relevanten Wahrnehmungsmerkmalen und der Wirkung immer ähnlich ist oder sich in Abhängigkeit von für den Sitebesuch relevanten Motiven verändert.

Vor diesem Hintergrund lautet die *übergreifende Forschungsfrage* der vorliegenden Arbeit: Welche Gestaltungscharakteristika einer Website werden vom Nutzer wahrge-

---

[25] Vgl. Pavlou/Stewart 2000.
[26] Vgl. Korgaonkar/Wolin 1999, S. 66.

nommen und kommen bei der Bewertung der Site unter welchen Umständen zum Tragen? Der Begriff „Nutzer" bezieht sich in der vorliegenden Arbeit ausschließlich auf private Endnutzer (Konsumenten). Um diese Forschungsfrage beantworten zu können, werden im Rahmen der Arbeit drei zentrale Zielsetzungen verfolgt.

Die *erste Zielsetzung* besteht darin, die Charakteristika von Produktsites zu identifizieren, die in der Wahrnehmung der Nutzer von Bedeutung sind. Da die identifizierten Merkmale auch für zukünftige Untersuchungen relevant sind, wird im Rahmen der Arbeit ein Messinstrument entwickelt, das die umfassende Erhebung sämtlicher aus Nutzersicht relevanter Merkmale auf eine forschungsökonomisch sinnvolle Art und Weise erlaubt. Die Entwicklung des Messinstrumentes erfolgt empirisch auf Basis qualitativer und quantitativer Verfahren der Datenanalyse. Unter „Produkten" werden im Rahmen der vorliegenden Arbeit, soweit keine explizite Eingrenzung stattfindet, sowohl Konsumgüter als auch Dienstleistungen verstanden. Sites, die der vorliegenden Untersuchung zugrunde liegen, stellen sämtlich Präsenzseiten ohne Transaktionsmöglichkeiten dar, die sich auf einzelne Produkte oder Produktlinien eines Unternehmens beziehen.

Die *zweite Zielsetzung* der Untersuchung besteht darin, zu überprüfen, welche der identifizierten Site-Charakteristika sich positiv auf die Werbeziele des Unternehmens auswirken. Für die Untersuchung dieses Zusammenhangs müssen zunächst Werbeziele spezifiziert werden, die die Erfassung der Auswirkungen der Merkmale der Sitegestaltung ohne Streuverluste erlauben und die andererseits gute Indikatoren für die Erreichung finaler Werbeziele darstellen. Hierzu bedient sich die Untersuchung des Konstruktes Einstellung zur Site, das von der Werbewirkungsforschung als guter Indikator für die Eignung eines Werbemittels, positiv zur Werbezielerreichung des Unternehmens beizutragen, akzeptiert ist. Die empirische Überprüfung bezieht sich hierbei auf Hypothesen, die zuvor im Hinblick auf die entwickelten Dimensionen des Messinstrumentes formuliert worden sind.

Die *dritte Zielsetzung* der Arbeit besteht in der theoretischen Begründung und empirischen Überprüfung des moderierenden Einflusses verschiedener psychografischer und verhaltensbezogener Konstrukte auf den Zusammenhang zwischen den Wahrnehmungsdimensionen der Site und der Einstellung zur Site. Dabei gilt es zum einen, Einflussgrößen zu identifizieren, die einen Effekt auf die Stärke des Zusammenhangs ausüben. In diesem Zusammenhang wird von moderierenden Variablen des Zusammenhangs gesprochen. Zum anderen erfolgt die empirische Überprüfung des Einflusses der identifizierten und strukturierten Einflussgrößen. Die empirische Überprüfung bezieht sich auch hierbei auf Hypothesen. Diese werden zuvor im Hinblick auf die spezifischen Effekte der einzelnen moderierenden Variablen formuliert.

1.3 Gang der Untersuchung

Im Anschluss an das einleitende Kapitel dieser Arbeit wird im *zweiten Kapitel* zunächst eine Bestandsaufnahme konzeptioneller und anwendungsorientierter Arbeiten vorgenommen. Ziel der Bestandsaufnahme ist es, die im Hinblick auf die vorliegende Arbeit relevante Literatur der Werbewirkungsforschung (Offline und Online) systematisch darzustellen und Erkenntnisse bezüglich des Untersuchungsgegenstandes zu gewinnen. Die Bestandsaufnahme ist in zwei Teile gegliedert.

Der *erste Teil* (Abschnitt 2.1, 2.2 und 2.3) befasst sich mit der Auswertung von Arbeiten, die den *Themenkomplex der Werbewirkung* behandeln. In diesem Teil werden zunächst die der Arbeit zugrundeliegenden *Begriffe* der Werbewirkungsforschung *abgegrenzt* sowie vorhandene *Modelle der Werbewirkung* aufgezeigt und kategorisiert. Innerhalb der Werbewirkungsmodelle werden das Elaboration-Likelihood-Modell von *Petty/Cacioppo*, das FCB-Grid von *Vaughn*, das Modell-der-Wirkungspfade von *Kroeber-Riel* sowie das Attitude-towards-the-Ad-Modell von *MacKenzie/Lutz* bezüglich ihrer Annahmen und Bezugspunkte zur vorliegenden Arbeit ausführlicher dargestellt. Im Anschluss findet direkt eine erste *Konzeption des Untersuchungsmodells* (Grobkonzeption) statt, um bereits zu Beginn der Arbeit den Rahmen der vorliegenden Untersuchung abzustecken. Abschließend werden im ersten Teil die *Verfahren der Werbewirkungserfassung* kommerzieller Institute dargestellt, um diese auf mögliche Erkenntnisse zu prüfen.

Innerhalb des *zweiten Teils* (Abschnitt 2.4) findet eine Bestandsaufnahme der Arbeiten statt, die sich mit dem Themenkomplex *Online-Werbewirkung* befassen und von Relevanz für die vorliegende Arbeit sind. Die *Besonderheiten* der Kommunikation im Internet werden überblickartig dargestellt. Im Rahmen der *strukturellen Aspekte* werden *Werbeformen* im Internet und *Gestaltungselemente* von Internetsites identifiziert und klassifiziert. Hier erfolgt auch eine Auswertung und überblickartige Darstellung *empirischer Arbeiten* der Online-Werbewirkungs-Forschung, die sich mit den Zusammenhängen dieser Aspekte beschäftigen. Im Rahmen der *funktionellen Aspekte* werden die Erkenntnisse zu Nutzermotiven und funktionellen Aspekten aus Unternehmenssicht aufgezeigt.

Im *dritten Kapitel* wird das Untersuchungsmodell der vorliegenden Arbeit entwickelt. Bevor die *theoretischen Bezugspunkte* der Arbeit dargestellt werden und die konzeptionelle Erweiterung und Hypothesenformulierung hinsichtlich des Untersuchungsmodells erfolgen kann, wird zunächst das Messinstrument der Sitewahrnehmung konzeptualisiert.

In diesem widmet sich nach Darstellung der methodischen Grundlagen zur Operationalisierung von Konstrukten in Abschnitt 3.1 der Abschnitt 3.2 der *explorativen Erfassung der Sitewahrnehmung*. Hierzu wird eine umfassende Merkmalsbatterie entwickelt, die über statistische Verfahren der Datenanalyse sukzessive verdichtet wird. Das Ergebnis dieser Erfassung stellen vier grundlegende Dimensionen der Sitewahrnehmung dar. Diese bilden die Grundlage der weiteren Modellkonzeption. Die explorative Erfassung der Sitewahrnehmung findet bereits an dieser Stelle statt, um innerhalb der Entwicklung des Untersuchungsmodells auf die Modellkonstrukte bezugnehmen zu können.

In Bezug zu den entwickelten Konstrukten der Sitewahrnehmung erfolgt im Anschluss die Darstellung von Theorien und Ansätzen aus den Bereichen der Neuen Institutionenökonomie und der Verhaltenswissenschaften (Abschnitte 3.3.2 und 3.3.3). Aus dem Bereich der Neuen Institutionenökonomie ist dies die Theorie der Informationsökonomie. Innerhalb der Verhaltenswissenschaften werden die Aktivierungstheorie, die Risikotheorie, der Uses and Gratifications Approach, die Erkenntnisse der Hirnforschung sowie das Flow-Konstrukt dargestellt. Die Theorien und Ansätze werden in den einzelnen Abschnitten jeweils überblickartig dargestellt und hinsichtlich ihrer möglichen Bezugspunkte für die vorliegende Arbeit analysiert. Im abschließenden Abschnitt 3.3.4 des Kapitels erfolgt eine Zusammenfassung des Erkenntnisbeitrags der theoretischen Bezugspunkte

In Abschnitt 3.4 findet schließlich die konzeptionelle Weiterentwicklung des Untersuchungsmodells statt. Zunächst erfolgt die Hypothesenentwicklung bezüglich des Basismodells (Abschnitt 3.4.1) Aufbauend auf diesem Zusammenhang erfolgt die Konzeptualisierung der moderierenden Effekte. Nach Darstellung der Grundlagen zum Involvement (Abschnitt 3.4.2.1) erfolgt für die Merkmale des Produktes (Abschnitt 3.4.2.2) sowie die Merkmales des Nutzers (Abschnitt 3.4.2.3) die Konzeption der moderierenden Variablen sowie die Formulierung von Hypothesen über deren moderierende Effekte.

Die empirische Überprüfung der entwickelten Hypothesen ist Gegenstand des *vierten Kapitels*. Zunächst erfolgt in Abschnitt 4.1 die Überprüfung der Hypothesen des Basismodells in Hinblick auf den Zusammenhang zwischen den Dimensionen der Sitewahrnehmung und der Einstellung zur Site. Darauf aufbauend beschäftigt sich der folgende Abschnitt mit der Überprüfung der Hypothesen über die moderierenden Effekte auf diesen Zusammenhang (Abschnitt 4.2). Hierbei wird innerhalb der Untersuchung der moderierenden Effekte der Nutzermerkmale eine Segmentierung der Nutzer anhand ihrer Motive der Internetnutzung und die integrative Betrachtung der Motive vorgenommen. In Abschnitt 4.3 werden die zentralen Ergebnisse der empirischen Untersuchung noch einmal zusammenfassend dargestellt.

Das abschließende *fünfte Kapitel* beinhaltet zunächst die Bewertung der vorliegenden Untersuchung in wissenschaftlicher Hinsicht (Abschnitt 5.1). In diesem Rahmen wird zum einen der wissenschaftliche Forschungsbeitrag der Arbeit dargelegt, zum anderen werden wissenschaftliche Restriktionen als Ansatzpunkte für die zukünftige Forschung diskutiert. Mit Implikationen für die Unternehmenspraxis in Abschnitt 5.2 endet die vorliegende Arbeit.

2 Wissenschaftliche Einordnung der Arbeit

2.1 Begriffliche Abgrenzung von Werbewirkung, Werbezielen und Werbeerfolg

Werbewirkung bezeichnet jede Reaktion einer Person auf einen werblichen Stimulus.[27] Die Vielfalt der Werbewirkungen kann gemäß der Systematik von *Steffenhagen* in momentane Wirkungen, dauerhafte Gedächtniswirkungen und finale Verhaltenswirkungen kategorisiert werden. Die folgende Tabelle beschreibt die Wirkungskategorien nach *Steffenhagen*.[28]

Wirkungskategorie	Beschreibung	Inhalte
Momentane Wirkungen	Unmittelbare, in direktem zeitlichen Zusammenhang stehende beobachtbare oder nicht-beobachtbare Reaktionen der Rezipienten auf einen werblichen Stimulus	**Aktivierung**: Erregungszustand **Kognitive Auseinandersetzung**: Vorgänge des Identifizierens, Assoziierens, Interpretierens, Argumentierens **Emotionale Vorgänge**: positive oder negative Emotionen, die durch den Stimulus ausgelöst werden[29] **Einstellung zur Site**
Dauerhafte Gedächtniswirkungen	Inhalte des Langzeitgedächtnisses, die das Bewusstsein und Denken eines Menschen längerfristig prägen	**Kenntnisse**: Kenntnis der Werbung und ihrer Inhalte, Kenntnis des Produktes bzw. seines Namens, Kenntnis von Produkteigenschaften, Kenntnis von Ereignissen in Zusammenhang mit dem Produkt **Aufbau werblicher Schlüsselbilder**[30] **Interessen**: Wünsche, Bedürfnisse, Motive **Einstellungen** **Image** **Verhaltensabsichten**
Finale Verhaltenswirkungen	Ausprägungen des tatsächlichen Kaufverhaltens	**Erstkauf, Wiederholungskauf, Spontankauf, Probierkauf etc.**

Tabelle 1: Werbewirkungskategorien und ihre Inhalte

Momentane Wirkungen sind Voraussetzungen für *dauerhafte Gedächtniswirkungen* sowie *finale Verhaltenswirkungen*, weshalb die letzteren auch als nachgelagerte Wirkungen bezeichnet werden. Momentane Wirkungen haben einen direkten oder indirekten – über dauerhafte Gedächtniswirkungen – Einfluss auf das finale Verhalten.

Unter Rückgriff auf die Systematisierung der Werbewirkungen können die für den Werbetreibenden wünschenswerten Reaktionen als *Werbeziele* definiert werden.[31] Werbeziele stellen *Vorgaben unternehmerischen Handelns* dar und werden in der Re-

---

[27] Vgl. Steffenhagen 1992, Sp. 2679.
[28] Vgl. Steffenhagen 1993, S. 289ff.; Steffenhagen 1996, S. 8ff.
[29] Vgl. hierzu auch Konert 1986, S. 35 ff.
[30] Vgl. hierzu insbesondere Esch 1999, S. 128 ff.; Kroeber-Riel 1990b, S. 488; Lötscher 1994, S. 10 f.
[31] Vgl. Steffenhagen 1993, S. 291.

gel als Aussagen über Zustände, die durch unternehmerische Maßnahmen erreicht werden sollen, formuliert.[32]

Werbeziele haben keinen originären, sondern derivativen Charakter, das heißt, sie sind in ein Zielsystem eingebettet und den Unternehmens- sowie den Marketingzielen untergeordnet.[33] Eindeutig und operational spezifizierte Werbeziele sind Grundlage für den effizienten Einsatz von Werbewirkungstests.[34] Folgende Anforderungen müssen bei der Formulierung von Zielen beachtet werden:[35]

- Zielinhalte müssen präzise und eindeutig formuliert sein,
- Ziele müssen im Rahmen eines Zielsystems aufeinander abgestimmt sein,[36]
- Zielformulierungen müssen das gewünschte Ausmaß und den angestrebten Zeitpunkt der Zielerreichung enthalten.

Geeignete Werbeziele finden sich in sämtlichen drei Wirkungskategorien. Im Allgemeinen wird zwischen *ökonomischen* und *außerökonomischen Werbezielen* differenziert.[37] *Ökonomische Ziele* beinhalten die in monetären Größen messbaren Auswirkungen der Werbung. Sie beziehen sich z.b. auf den Umsatz des Unternehmens, angestrebte Marktanteile und Gewinnerhöhungen.[38] *Außerökonomische Ziele* sind den ökonomischen Werbezielen vorgelagert und beinhalten Kontaktziele, vor allem aber psychologische Größen wie Einstellungs- oder Imagewerte, Ausmaß des Bekanntheitsgrads, Werte für das Kaufinteresse oder die Kenntnis von Produkteigenschaften.[39] Sofern die außerökonomischen Ziele nicht die Vorbedingung für das Erreichen ökonomischer Ziele sind, beeinflussen sie zumindest deren Realisation.[40] In der Literatur findet die Vorstellung allgemeine Zustimmung, dass das Finalziel der Werbung die Verhaltensbeeinflussung ist, die das Erreichen der gesteckten ökonomischen Ziele bewirkt.[41]

---

[32] Vgl. Kupsch 1979; Steffenhagen 1993, S. 287 und 298ff.
[33] Vgl. Meffert 1998.
[34] Vgl. Schwaiger 1997, S. 35.
[35] Vgl. Meffert 1998; Schwaiger 1997.
[36] Kommunikationsziele müssen aus den übergeordneten Marketingzielen abgeleitet sein. Vgl. hierzu Meffert 1998.
[37] Vgl. Nieschlag/Dichtl/Hörschgen 1997, S. 557ff.; Schwaiger/Schrattenecker 1992, S. 50 sowie Steffenhagen 1993, S. 288ff.
[38] Die Tauglichkeit außerökonomischer Werbeziele wird nachhaltig in Frage gestellt. Vgl. Schwaiger/Schrattenecker 1992, S. 48.
[39] Vgl. Erichson/Maretzki 1993, S. 528; Rogge 1996, S. 59.
[40] Vgl. Berndt 1978, S. 16.
[41] Vgl. Kroeber-Riel 1990a, S. 31; Mayer 1990, S. 23; Nieschlag/Dichtl/Hörschgen 1997, S. 557ff.

Ein weiterer Kategorisierungsansatz findet sich bei *Schwaiger*.[42] Nach diesem werden unter dem Aspekt der Wirkungskontrolle *Aufmerksamkeitsziele*[43] sowie *kognitive und emotionale Kommunikationsziele* der Werbung spezifiziert.[44] Bezüglich der Erreichung der *Aufmerksamkeitsziele* ist zu prüfen, wie stark eine Werbemittel die Umworbenen aktivieren kann und wie gut es sich bezüglich der Wahrnehmung gegen Konkurrenzwerbemittel durchsetzen kann.[45] Innerhalb der *kognitiven und emotionalen Kommunikationsziele* wird festgelegt, über welche Eigenschaften eines Angebotes der Konsument informiert werden soll und welche emotionalen Erlebnisse vermittelt werden sollen. Das Zusammenspiel kognitiver und emotionaler Vorgänge beeinflusst die Einstellung und die Kaufabsicht. *Beeinflussungsziele* stellen die angestrebten Einstellungen und Absichten des Konsumenten dar.[46].

Vergleicht man die Typologien zu den Werbewirkungen und den Werbezielen, so wird deutlich, dass wünschenswerte Reaktionen, die sich auf momentane Wirkungen und dauerhafte Gedächtniswirkungen beziehen, außerökonomische Werbeziele bzw. Aufmerksamkeitsziele, emotionale und kognitive Kommunikationsziele und zum Teil sogar Beeinflussungsziele darstellen. Erstrebenswerte finale Verhaltenswirkungen hingegen können gänzlich den ökonomischen Werbezielen bzw. Beeinflussungszielen zugeordnet werden. Die Typologie von *Schwaiger* spezifiziert die außerökonomischen Werbeziele somit weiter und soll im Rahmen der vorliegenden Arbeit als Grundlage verwendet werden.

Werbewirkungsmodelle versuchen, diese Teilwirkungen in strukturierter Form darzustellen, und postulieren Abhängigkeiten und Wechselbeziehungen zwischen ihnen. Innerhalb der Werbezielplanung können folglich die in einem als geeignet erachteten

---

[42] Vgl. Schwaiger 1997, S. 37.
[43] Involvement stellt einen die Aufmerksamkeit beeinflussenden Faktor dar und kann somit unter die Aufmerksamkeitsziele subsumiert werden. Von einer Kategorisierung der Involvement-Ziele wird abgesehen, da Involvement z.T. von vom Werbemittel unabhängigen Faktoren bestimmt wird.
[44] Die dargestellte Kategorisierung ist an das Modell-der-Wirkungspfade von Kroeber-Riel angelehnt. Weitere Modelle der Werbewirkung betreffen in starkem Maße Determinanten dieser Zielkategorien und sind damit in der vorgeschlagenen Kategorisierung erfasst.
[45] Eine hohe Aktivierungswirkung eines Werbemittels allein ist jedoch noch kein Gütekriterium. Die Richtung der Aktivierung ist ebenfalls von entscheidender Bedeutung. Stark aktivierende Reize bergen die Gefahr von Irritationen, was z.B. bei der Verwendung von Furchtappellen in der Werbung beobachtet werden kann. Vgl. Leven 1983. Vgl. auch Abschnitt 3.3.3.1 dieser Arbeit.
[46] Die von Schwaiger 1997, S. 35 vorgeschlagene Aufteilung ist somit enger gefasst als diejenige Kroeber-Riels. Vgl. Kroeber-Riel 1990a, S. 32ff. Kroeber-Riel nennt als Beeinflussungsziele der Werbung Aktualisierung, Information und Emotion. Eine Einstellungsänderung bezüglich des Werbemittels bzw. der beworbenen Marke lässt sich mit Hilfe kommunikationspolitischer Maßnahmen anstreben und somit als Ziel der Kommunikationspolitik formulieren. Das Konstrukt Kaufabsicht drückt aus, für wie wahrscheinlich der Umworbene den Erwerb eines bestimmten Produktes hält. Vgl. Kroeber-Riel 1992, S.51, S. 170.

Werbewirkungsmodell aufgezeigten Teilwirkungen als Werbeziele formuliert werden.[47]

Werbeerfolg schließlich bezeichnet die Veränderung der Wirkungsgrößen, die auch Zielinhalte der Werbung sind.[48] Nach *Nieschlag/Dichtl/Hörschgen* bezeichnet der Werbeerfolg das „Ausmaß der durch eine Werbemaßnahme erreichten Werbeziele"[49]. Werbeerfolg ist als Abweichungsgröße zu verstehen. Er liegt vor, wenn ein Werbeziel erreicht oder übertroffen ist.[50] Die Vielfalt möglicher Werbeziele[51] bedingt die Vielzahl der Werbeerfolgskategorien.[52] Die Bestimmung des Werbeerfolgs setzt somit eine präzise, detaillierte, abgestimmte und operational formulierte Werbezielplanung voraus.[53]

Die besondere Problematik der Erfassung des Werbeerfolgs besteht in der Operationalisierung der Werbeerfolgskriterien sowie in der Abgrenzung der Wirkung des Werbemittelkontaktes von anderen Einflüssen, die zu einer Veränderung des Werbeerfolgskriteriums führen.[54] Die Operationalisierung gestaltet sich bei den aus ökonomischen Werbezielen resultierenden Erfolgskategorien relativ unproblematisch. Die außerökonomischen Werbeziele hingegen stellen psychische und kognitive Vorgänge dar, deren Erfassung nur über die Konzeptionalisierung und Operationalisierung komplexer Konstrukte erfolgen kann.[55] Werbewirkung, Werbeziele und Werbeerfolg können somit nur im Kontext des *Konsumentenverhaltens* analysiert werden.

Im Hinblick auf die Abgrenzbarkeit des Einflusses der Sitegestaltung auf die Werbeziele des Unternehmens empfiehlt es sich für die vorliegende Untersuchung, zur Erfassung des Werbeerfolgs ein Erfolgskriterium auf einer relativ niedrigen Hierarchiestufe zu wählen. Nun stellt sich die Frage, ob aus den momentanen Wirkungen des Werbemittelkontaktes Werbeziele auf einer untersten Ebene abgeleitet werden können.

Ein Werbewirkungskriterium, das den momentanen Wirkungen zugeordnet ist stellt die *Sitewahrnehmung* dar. Die Ableitung von Werbezielen erfordert aber die Kenntnis

---

[47] Vgl. hierzu Schwaiger 1997, S. 29.
[48] Vgl. Behrens 1978, S. 345; Bruhn 1997, S. 360.
[49] Vgl. Nieschlag/Dichtl/Hörschgen 1988, S. 1035.
[50] Vgl. Rogge 1996, S. 315.
[51] Vgl. Engelhardt 1999, S. 28; Kotler 1999, S. 977; Meffert 1998, S. 658.
[52] Vgl. Hörschgen 1975, S. 275.
[53] Vgl. Kölblin 1994, S. 263; Rogge 1996, S. 324.
[54] Vgl. Bagozzi/Fornell 1982, S. 24, Bauer/Meeder/Jordan 2001, 2002a.
[55] Vgl. Homburg/Giering 1996.

der *Auswirkung der Dimensionen der Sitewahrnehmung* auf nachgelagerte Wirkungskategorien und mithin die *Integration der Sitewahrnehmung* in ein Werbezielsystem. Im folgenden Abschnitt wird zunächst der Begriff der Wahrnehmung in der Marketingforschung näher dargestellt (Abschnitt 2.2.1). Im Anschluss erfolgt eine umfassende Analyse der Literatur zu Werbewirkungsmodellen (Abschnitt 2.2.2) auf deren Grundlage ein Basismodell für die vorliegende Untersuchung entwickelt wird (Abschnitt 2.2.3).

2.2 Integration der Sitewahrnehmung in ein Werbezielsystem

2.2.1 Begriff der Wahrnehmung in der Marketingforschung

Der Begriff *Wahrnehmung* bezeichnet nach *Lutz/MacKenzie/Belch* die kognitive Verarbeitung der Werbemittelgestaltung durch den Konsumenten.[56] Nach *Pepels* ist unter Wahrnehmung eine aktive, subjektive Aufnahme und Selektion von Informationen sowie deren Strukturierung und Interpretation zu verstehen.[57] Nach *Lutz* handelt es sich bei dem Konstrukt der Wahrnehmung um ein *mehrdimensionales Konstrukt*, das die Gestaltung des Werbemittels aus Konsumentensicht wiedergibt.[58] Auch *MacKenzie* unterstreicht die Mehrdimensionalität der Wahrnehmung des Werbemittels.[59]

Die ersten Arbeiten zur *Erfassung der Wahrnehmung* des Werbemittels haben ihren Ursprung in den 60er Jahren.[60] Grundsätzlich lassen sich nach *MacKenzie/Lutz* zwei Ansätze der Erfassung der Wahrnehmung des Werbemittels unterscheiden: *kognitive Reaktionen auf den Werbemittelkontakt* (Ad Execution Cognitive Responses) und *Reaktionsprofile* (Reaction Profiles).[61] Beide Ansätze bilden das mehrdimensionale Konstrukt Wahrnehmung des Werbemittels ab und sind abhängig von der gestalterischen Ausführung des Werbemittels.[62]

Die *kognitiven Reaktionen auf den Werbemittelkontakt* basieren auf der Theorie der kognitiven Überzeugung (Cognitive Response Theory of Persuasion).[63] Der Erfassung

---

[56] Vgl. Lutz/MacKenzie/Belch 1983, S. 533.
[57] Von bewusster Wahrnehmung wird nach Pepels gesprochen, wenn Informationen oberhalb einer bestimmten Reizschwelle liegen. Inhalte unterhalb dieser Schwelle werden ohne kognitive Kontrolle, das heisst unbewusst wahrgenommen. Vgl. Pepels 1999, S. 85.
[58] Vgl. Lutz 1985, S. 50.
[59] Vgl. MacKenzie 1986, S. 174ff.
[60] Vgl. Wells 1964.
[61] Vgl. Lutz 1985, S. 50; MacKenzie/Lutz 1989, S. 51.
[62] Vgl. MacKenzie/Lutz 1989, S. 51ff.
[63] Zur Cognitive Response Theory of Persuasion vgl. Greenwald 1968; Wright 1980.

der kognitiven Reaktion dient eine offene Befragung zur Wahrnehmung des Werbemittels direkt nach dem Kontakt.[64] Die anschließende *inhaltsanalytische* Auswertung der Antworten und deren Zuordnung zu unabhängigen Kategorien erlaubt eine Strukturierung und Quantifizierung der Antworten sowie deren Vergleichbarkeit über verschiedene Werbemittel.[65]

Reaktionsprofile sind standardisierte Skalen zur Erfassung der Reaktion auf das Werbemittel. Die Entwicklung der Reaktionsprofile basiert auf der Protokollierung möglicher Reaktionen über offene Fragen und deren Zusammenfassung innerhalb einer mehr oder weniger umfassenden Indikatorenmenge. Ausgehend von dieser Indikatorenmenge erfolgt eine Verdichtung dieser anhand cluster- oder faktoranalytischer Verfahren, deren Resultat eine standardisierte Skala auf Basis geschlossener Fragen darstellt. Den resultierenden standardisierten Skalen liegen insbesondere die Vorteile der *Vergleichbarkeit* und *Einfachheit der Erhebung* zugrunde.[66] Die folgende Tabelle stellt die Studien zu den Reaktionsprofilen überblickartig dar:

Autor	Jahr	Wahrnehmungsfaktoren
Wells	1964	Attractiveness Meaningfulness Vitality
Leavitt	1970	Energetic Sensual Disliked Amusing Personal Relevance Familiar Novel Authoritative
Plummer	1971	Entertainment/Stimulation Irritation Familiarity Empathy/Gratifying Involvement Confusion Informativeness/Personal Relevance Brand Reinforcement
Wells/Leavitt/McConville	1971	Humour

---

[64] Dieser Messansatz liegt z.B. den Studien von Batra/Ray 1983; Belch 1981; Lutz/MacKenzie 1982; Lutz/MacKenzie/Belch 1983 sowie MacKenzie/Lutz 1983 zugrunde.

[65] Wright 1973 übernimmt in seiner Kategorisierung die gängige Einteilung der Sozialpsychologie: Gegenargumente, Stützende Argumente, Quellen (Source Derogation), Äußerungen von Neugierde. Die Einteilung von Batra/Ray umfasst sechs verschiedene Kategorien der Reaktion auf die Werbemitteldarbietung: Kritik an der Quelle (Source derogation), positive/negative emotionale Reaktionen, Gefallen verschiedener Elemente der Werbemitteldarbietung, positive/negative Bewertung der Darbietung. Diese Einteilungen werden der Abbildung der Reaktionen auf Werbemittel nach Meinung verschiedener Theoretiker jedoch nur ungenügend gerecht. Vgl. Batra/Ray 1983; Wright 1973 sowie zur Kritik an den Kategorisierungsansätzen grundlegend Lutz 1985 sowie auch Lastovicka 1983.

[66] Vgl. Lutz 1985, S. 51. Insbesondere die Werbeindustrie hat sich die Vorteile der Einfachheit und Vergleichbarkeit zunutze gemacht. Vgl. Schlinger 1979; Schlinger 1982, Wells 2000.

Autor	Jahr	Wahrnehmungsfaktoren
		Vigor Sensuousness Uniqueness Personal Relevance Irritation
Leavitt	1975	Stimulating Relevant Gratifying Familiar
Schlinger	1979	Entertainment Confusion Relevant News Brand Reinforcement Empathy Familiarity Alienation
Aaker/Bruzzone	1981	Personal Relevance Entertaining Dislike Warm
Lastovicka	1983	Relevance Confusion Entertainment
Moldovan	1984	Clearity Tastefulness Empathy/Self-Involving Stimulation Credibility

Tabelle 2:   Erfassung der Wahrnehmung anhand von Reaktionsprofilen

Die Reaktionsprofile werden der Abbildung der Wahrnehmung des Werbemittels nach Meinung vieler Theoretiker aber nur unzureichend gerecht.[67] *Kritik an den Skalen* bezieht sich auf die Anzahl und den Inhalt der jeweils extrahierten Dimensionen, die Art der Erfassung der affektiven Reaktion sowie die Vernachlässigung der Reliabilität und Validität innerhalb der Skalen.[68]

Tabelle 2 veranschaulicht Unterschiede in Hinblick auf die *Anzahl und den Inhalt der Dimensionen* innerhalb der Skalen.[69] Die Inkonsistenz ist zum einen auf Unterschiede in der der Skalenentwicklung zugrundeliegenden Datenbasis zurückzuführen. Die Studien erfassen zum Teil nur wenige oder keine Merkmale zu einzelnen Dimensionen, so dass diese Dimensionen innerhalb der anschließenden statistischen Verdichtung nicht

---

[67] Vgl. Aaker/Stayman 1990; Haley/Staffaroni/Fox 1994; Lastovicka 1983; Mehrotra/Van Auken/Lonial 1981; Wiles/Cornwell 1990.
[68] Vgl. Haley/Staffaroni/Fox 1994; Lastovicka 1983; Mehrotra/Van Auken/Lonial 1981; Wiles/Cornwell 1990.
[69] Vgl. zu den Ausführungen auch Aaker/Stayman 1990, S. 8ff.; Lutz 1985, S. 50 – 52. Aaker/Stayman betonen trotzdem die noch relativ große Übereinstimmung der identifizierten Faktoren.

extrahiert werden.[70] Zum Teil sind zudem Unterschiede in der Abgrenzung der zu erfassenden Inhalte im Vorfeld festzustellen. So beinhalten die Skala von *Wells/Leavitt/McConville* innerhalb der Dimension *Einzigartigkeit* sowie die Skala von *Schlinger* innerhalb der Dimension *Markenstärkung* neben Indikatoren, die die Bewertung der gestaltbaren Inhalte des Werbemittels zum Inhalt haben, auch globale Beurteilungen des Werbemittels und nachgelagerte Werbeziele.[71]

Zusammenfassend kann gesagt werden, dass die Mehrzahl der Studien Faktoren mit den Inhalten *Information*, *Stimulation* und *Irritation* extrahieren, einzelne Studien aber zusätzliche Dimensionen entwickeln, die aufgrund ihrer Singularität nicht erklärbar scheinen. Der Entwicklung der tatsächlichen *Dimensionalität* des Konstruktes der Wahrnehmung kann über die inhaltliche Abgrenzung im Vorfeld und die statistische Skalenentwicklung auf der Grundlage einer *repräsentativen Datenbasis* erreicht werden.[72]

Des Weiteren wird die *Art der Erfassung der affektiven Reaktion* innerhalb der Skalen kritisiert. Die den Skalen zugrundeliegende *verbale Selbsteinschätzung* erlaubt keine vollständige Erfassung der affektiven Reaktionen. *Wiles/Cornwell* kritisieren, dass der kognitive Prozess der Selbsteinschätzung die Fähigkeit, affektive Erfahrungen wiederzugeben, beeinträchtigt.[73] Auch *Haley/Staffaroni/Fox* geben an, dass andere psychophysiologische Erhebungsmethoden besser geeignet sind, die Stärke affektiver Reaktionen zu erfassen.[74] Dieser Kritik ist entgegenzuhalten, dass die Skalen die Erfassung der kognitiven Reaktion zum Inhalt haben und folglich nur die dem Rezipienten bewussten Teile der affektiven Reaktion erheben. Die über die Selbstauskunft erfassten affektiven Reaktionen stellen mithin nur einen Indikator für die Gesamtheit der affektiven Reaktionen auf den Werbemittelkontakt dar. Der Vorteil der Skalen liegt in ihrer einfachen Anwendbarkeit. Die Messung von Stärke und Richtung der affektiven Reaktion kann innerhalb einer Untersuchung zusätzlich über apparative Verfahren erfolgen.[75]

---

[70] Vgl. Aaker/Stayman 1990, S. 8.
[71] Vgl. Schlinger 1979, die die Dimension Markenstärkung (Brand Reinforcement) extrahiert sowie Wells/Leavitt/McConville 1971 mit der Dimension Einzigartigkeit (Uniqueness).
[72] Vgl. Parasuraman/Zeithaml/Malhotra 2005.
[73] Vgl. Wiles/Cornwell 1990, S. 253 – 256 sowie S. 269.
[74] Vgl. Haley/Staffaroni/Fox 1994, S. 50.
[75] Vgl. auch Abschnitt 2.3.

In der weiterführenden Literatur finden sich Untersuchungen, die sich mit dem Vergleich der *Reliabilität und Validität* der dargestellten Faktorstrukturen einzelner Skalen beschäftigen.[76] *Lastovicka* stuft die drei Skalen, die er in Hinblick auf ihre Konvergenz- und Diskrimanzvalidität untersucht, als nicht ausreichend valide ein. *Zinkhan/Fornell* und *Zinkhan/Burton* beschäftigen sich mit drei Skalen und bestätigen lediglich die Stabilität von zwei der untersuchten Skalen. Eine umfassende Untersuchung der Reliabilität und Validität liegt somit für keine der dargestellten Skalen vor. Die Ergebnisse weisen lediglich darauf hin, dass die Skalen einen identischen kognitiven Bereich abbilden.

Zusammenfassend kann gesagt werden, dass den Studien zu den Reaktionsprofilen die *Verdeutlichung der Multidimensionalität* der Reaktionen auf den Werbemittelkontakt zuzuschreiben ist.[77] Sowohl die *ungestützte Erfassung der kognitiven Reaktion* als auch die *Reaktionsprofile* verdeutlichen zudem, dass die Wahrnehmung des Werbemittels sowohl affektive als auch kognitive Komponenten umfasst. Somit schaffen die Studien die Grundlage für die spätere Entwicklung des multidimensionalen Konstruktes „Attitude towards the Ad" und der Theorie des Attitude-towards-the-Ad-Modells.[78] Zudem weisen die Studien auf *Bedeutungsunterschiede der Dimensionen* im Hinblick auf nachgelagerte Werbeziele hin.[79]

Die Verdeutlichung der Vorgehensweise innerhalb der Erfassung der kognitiven Reaktion und den Reaktionsprofilen ist insofern relevant, als diese - unter Beachtung der methodischen Verbesserungen – eine probate Möglichkeit zur umfassenden, forschungsökonomisch sinnvollen Erfassung der Wahrnehmung eines Werbemittels darstellen. Aus den dargestellten Erkenntnissen der Marketingforschung zum Konstrukt der Wahrnehmung des Werbemittels lassen sich für die vorliegende Arbeit folgende Implikationen ableiten:

- Die Entwicklung eines Instruments zur Erfassung der Wahrnehmung des Werbemittels setzt voraus, dass das Konstrukt der Wahrnehmung des Werbemittels im Vorfeld *theoretisch abgegrenzt* wird.

---

[76] Vgl. Lastovicka 1983 zur Untersuchung von Konvergenz- und Diskrimanzvalidität dreier Skalen zu den Wahrnehmungsfaktoren Relevanz, Konfusion und Unterhaltung. Die Indikatoren basieren auf den Untersuchungen von Leavitt 1970; Schlinger 1979 sowie Wells/Leavitt/McConville 1971. Vgl. weiterführend Zinkhan/Burton 1989 sowie Zinkhan/Fornell 1985, die sich mit den Studien von Leavitt 1970; Wells 1964 beschäftigen und die Stablität der beiden ersteren unterstreichen.
[77] Vgl. Zinkhan/Burton 1989, S. 12.
[78] Vgl. Wiles/Cornwell 1990, S. 268.

- Aus *methodischer Sicht* ist zur Entwicklung eines Instruments zur Erfassung der Wahrnehmung des Werbemittels eine *statistisch saubere Skalenentwicklung* auf Basis eines *repräsentativen Indikatorenpools* notwendig.[80]
- Die auf Selbstauskunft basierenden Skalen erfassen die *affektiven Reaktion* auf den Werbemittelkontakt sehr unvollständig. Über die Selbstauskunft erfasste affektive Reaktionen können nur einen *Indikator* für den bewussten Teil der affektiven Reaktion darstellen.
- Die vorliegenden Forschungsergebnisse verdeutlichen die *Multidimensionalität* des Konstruktes der Wahrnehmung. Sie verdeutlichen den Zusammenhang zwischen den Gestaltungsmerkmalen des Werbemittels und der Wahrnehmung des Werbemittels.[81]

Bei einer Analyse der Wahrnehmung des Werbemittels Internet wird zu überprüfen sein, ob sich die Dimensionen *Information, Stimulation* und *Irritation* auch für dieses Medium entwickeln lassen und/oder durch weitere Dimensionen ergänzt oder modifiziert werden müssen.

Im folgenden Abschnitt soll untersucht werden, ob sich aus vorhandenen Werbewirkungsmodellen ein Zusammenhang zwischen der Sitewahrnehmung und nachgelagerten Werbezielen ableiten lässt. Hierzu werden in den Abschnitten 2.2.2.1 bis 2.2.2.3 vorhandene Werbewirkungsmodelle dargestellt und kategorisiert. Auf Basis dieser Zusammenstellung werden die Modelle ausgewählt und ausführlich dargestellt, die einen Erkenntnisbeitrag für den zu untersuchenden Zusammenhang zwischen der Sitewahrnehmung und nachgelagerten Werbezielen liefern.

---

[79] Vgl. Plummer 1971.
[80] Vgl. Lastovicka 1983, der die Vernachlässigung der Reliablität und Validität innerhalb der vorhandenen Skalen kritisiert.
[81] Theoretisch-konzeptionell stellt das Konstrukt Wahrnehmung des Werbemittels nach Lutz die Gestaltung des Werbemittels aus Konsumentensicht dar. Vgl. Lutz 1985, S. 50. Für die vorliegende Arbeit bezeichnet der Begriff Wahrnehmung des Werbemittels folglich die Beurteilung der Werbemittelgestaltung aus Konsumentensicht über mehrere Dimensionen. Der Begriff Sitewahrnehmung bezeichnet die Beurteilung der Merkmale der Sitegestaltung aus Nutzersicht. Auch die Sitewahrnehmung stellt ein mehrdimensionales Konstrukt dar. Den Dimensionen der Sitewahrnehmung können dabei jeweils bestimmte Merkmale der Sitegestaltung zugeordnet werden.

2.2.2 Erkenntnisbeiträge von Werbewirkungsmodellen

2.2.2.1 Stufenmodelle

Erste Versuche, die Wirkung von Werbung darzustellen, bilden die Teilwirkungen in hierarchisch strukturierter Form ab. Diese sogenannten *Stufenmodelle* unterstellen, dass eine Werbung, die das Kaufverhalten beeinflussen soll, zunächst vorgelagerte, psychologische Teilwirkungen in einer bestimmten Reihenfolge auslösen muss.[82] Durch die systematische Anordnung dieser Teilwirkungen ergibt sich eine Hierarchie der Werbeziele.[83]

Die *AIDA-Formel* von *Lewis* aus dem Jahre 1898 bildet die Grundlage der Stufenmodelle in Tabelle 3. Entscheidende Voraussetzung der Stufenmodelle ist, dass eine Person sämtliche Wirkungsstufen des Werbemittels durchläuft, um schließlich den Abschluss der Wirkungskette zu erreichen und die Kaufhandlung zu vollziehen. Annahmegemäß wird die Anzahl der Personen, die eine Wirkungsstufe durchlaufen, von Stufe zu Stufe geringer.[84]

Autor	Jahr	Werbewirkungsstufen
Lewis	1898	Aufmerksamkeit Interesse Wunsch Aktion
Kitson	1929	Aufmerksamkeit Interesse Wunsch Vertrauen Entscheidung Handlung und Zufriedenheit
Rowse/Fish	1945	Aufmerksamkeit Interesse Wunsch Sicherheit Aktion
Hotchkiss	1950	Aufmerksamkeit/Interesse Wunsch Überzeugung Handlung
Lisowski	1951	Sinnenergreifung Seelengewinnung Seelenformung Seelenentladung
Maeker	1953	(Un-)bewusste Wahrnehmung Erwünschte Gedankenverbindung

---

[82] Vgl. Barg 1981, S. 936f.; Schwaiger 1997, S. 29.
[83] Teilweise lassen sich die Werbeziele der Stufenmodelle allerdings nicht in theoretische Bezugsrahmen einordnen. Vgl. hierzu auch die Ausführungen von Kroeber-Riel 1992, S. 616.
[84] Vgl. Rogge 1996, S.50f.

Autor	Jahr	Werbewirkungsstufen
		Vorlust
		Einstellung
		Wunsch
		Bedürfnis
Koch	1958	Aufmerksamkeitserregung
		Aufmerksamkeitsführung
		Weitergabe des Werbeinhalts
		Schaffung einer günstigen Stimmung
		Auslösung einer Kaufhandlung
Lavidge/Steiner	1961	Bewusstsein
		Wissen
		Mögen
		Präferenz
		Überzeugung
		Kauf
Colley	1961	Bewusstsein
		Einsicht
		Überzeugung
		Handlung
Meyer	1963	Bekanntmachung
		Information
		Hinstimmung
		Handlungsauslösung
Behrens	1963	Berührungserfolg
		Beeindruckungserfolg
		Erinnerungserfolg
		Interesseweckungserfolg
		Aktionserfolg
Seyffert	1966	Sinneswirkung
		Aufmerksamkeitswirkung
		Vorstellungswirkung
		Gefühlswirkung
		Gedächtniswirkung
		Willenswirkung
Kotler	1967	Bewusstsein
		Wissen
		Präferenz
		Loyalität
Fischerkoeven	1967	Bekanntheit
		Image
		Nutzen (-erwartung)
		Präferenz
		Handlung
Howard/Sheth	1969	Aufmerksamkeit
		Verständnis
		Einstellung
		Intention
		Kauf
Montgomery/Urban	1969	Kontakt
		Bewusstsein
		Einstellung
		Kauf
McGuire	1969	Aufmerksamkeit
		Kenntnis
		Einverständnis mit Schlussfolgerung
		Behalten der neuen Einstellung
		Verhalten auf Basis neuer Einstellung
Junk	1971	Bekanntheit

Autor	Jahr	Werbewirkungsstufen
		Verständnis Einstellung Motivation Kaufakt
Plummer	1971	Unbewusste Ebene Unmittelbare Wahrnehmungsebene Ebene dauerhafter Gedächtniswirkung Verhaltensebene
Bildingmaier	1975	Bedürfnisweckung Verbesserung des Informationsstandes Bildung von Präferenzen Weckung von Kaufinteresse Auslösung der Kaufhandlung

Tabelle 3: Stufenmodelle der Werbewirkung

Die Übersicht macht deutlich, dass in den klassischen Hierarchie-Modellen die Beeinflussung der Einstellung und damit des Kaufverhaltens über Informationen erfolgt.[85] Innerhalb der Modelle wird wenig Aufmerksamkeit auf emotionale Aspekte des Konsumentenverhaltens und auf die Bestandteile der Werbung, die die affektiven Reaktionen auslösen, gerichtet. Spätere Forschungsergebnisse zeigen, dass ein Beeinflussungsprozess, wie er den klassischen Stufenmodellen zugrunde liegt, nur unter bestimmten Bedingungen wirksam ist.[86]

Kritik wurde zum einen an der Idee der *festgesetzten Reihenfolge der Wirkungsstufen* geübt.[87] Die einzelnen Hierarchiestufen überlagerten sich gegenseitig und ständen miteinander in Wechselbeziehungen, anstatt sukzessive durchlaufen zu werden.[88] Zum anderen wird die *mangelnde Berücksichtigung des Involvement* innerhalb der klassischen Stufenmodelle kritisiert. Nach Meinung *Kroeber-Riels* kann ein Stufenmodell deshalb lediglich als Checkliste wichtiger Beeinflussungsziele aufgefasst werden.[89]

Für die vorliegende Arbeit wird deutlich, dass sich aus dem Stufenmodellen ein grundsätzlicher *hierarchischer Zusammenhang* zwischen der Sitewahrnehmung und nachgelagerten Werbezielen ableiten lässt. Die Stufenmodelle lassen aber keine Annahmen zu der Bedeutung einzelner Wahrnehmungsdimensionen für die Erreichung

---

[85] Vgl. Holbrook/Hirschman 1982, S.132. Bei Lutz finden sich empirische Ergebnisse, die diesen Wirkungsverlauf bestätigen. Vgl. Lutz 1977, S. 207.
[86] Vgl. Krugman 1965, S.349ff.; Ray 1973b, S. 90ff.
[87] Vgl. hierzu Kroeber-Riel 1992, S. 617ff.; Nieschlag/Dichtl/Hörschgen 1997, S. 580f.; Rogge 1996, S. 51.
[88] Aaker/Day beobachten, dass Werbung simultan und unabhängig eine Wirkung auf das Bewusstsein (Awareness) und die Einstellung (Attitude) entfalten kann. Vgl. Aaker/Day 1974, S. 281f.
[89] Vgl. Kaiser 1980, S. 99; Kroeber-Riel 1992, S. 618; Preston/Thorson 1984, S. 59.

nachgelagerter Werbeziele oder gar zu Bedeutungsunterschieden im Rahmen einer Fallunterscheidung zu.

2.2.2.2 Erweiterte Hierarchie-Modelle

2.2.2.2.1 Überblick

Aufbauend auf den klassischen Stufenmodellen wurden zunächst Modelle der Werbewirkung entwickelt, die hier als *erweiterte Hierarchie-Modelle* bezeichnet werden. Kennzeichnend für die erweiterten Stufen- oder Hierarchie-Modelle ist die Modifikation bzw. Erweiterung der klassischen Stufenmodelle durch die Einführung zusätzlicher, alternativer Wirkungspfade bzw. die Integration unterschiedlicher Wege der Einstellungsbildung und -änderung in einem Modell. Erkenntnisse aus dem Gebiet des Konsumentenverhaltens sowie der Informationsverarbeitungstheorie werden in die modelltheoretischen Konstrukte aufgenommen.[90] In Tabelle 4 findet sich eine überblickartige Darstellung der den erweiterten Hierarchiemodellen zugeordneten Werbewirkungsmodelle.

Autor	Jahr	Modell
Krugman	1965	Low-Involvement-Modell
Ray	1973	Dissonanz-Attributions-Modell
Vaughn	1980	FCB-Modell[91]
Kroeber-Riel	1982	Modell-der-Wirkungspfade[92]
Preston	1982	Assoziationsmodell
Smith/Swinyard	1982	Modell der Integrierten Informations-Reaktion
Burnkrant/Sawyer	1983	Information-Processing-Intensity-Model
Rossiter/Percy	1987	Model of Brand Awareness and Brand Attitude Advertising Strategies

Tabelle 4: Erweiterte Hierarchie-Modelle der Werbewirkung

Laut *Krugman* ist insbesondere das *Involvement* von Bedeutung für die Zusammenhänge der Werbewirkung, *Vaughn* spezifiziert zusätzlich die Ausprägung der Rationalität/Emotionalität *der Kaufentscheidung* als Variable, die je nach ihrer Ausprägung Unterschiede im Werbewirkungsprozess bedingt. Modelle, die einen unterschiedlichen Wirkungsverlauf in Abhängigkeit vom Involvement postulieren, sind das *Low-Involvement-Modell* von *Krugman*, das *Dissonanz-Attributions-Modell* von *Ray* sowie das *Information-Processing-Intensity-Modell* von *Burnkrant/Sawyer*. Zwei der den

---

[90] Vgl. Mayer 1993, S. 36.
[91] FCB steht für Foote, Cone & Belding Communications, Inc.
[92] Vgl. Kroeber-Riel/Meyer-Henschel 1992.

erweiterten Hierarchie-Modellen zugeordneten Modelle integrieren bei der Definition alternativer Wirkungspfade sowohl das Involvement als auch die Emotionalität der Kaufentscheidung. Dieses sind das *FCB-Grid* von *Vaughn* sowie das *Modell-der-Wirkungspfade* nach *Kroeber-Riel*. Zunächst werden die Annahmen zum isolierten Einfluss des Involvement innerhalb der erstgenannten Modelle kurz skizziert, um in den folgenden Abschnitten die umfassenderen Modelle bezüglich ihrer Annahmen und der Erkenntnisse für das zu entwickelnde Untersuchungsmodell ausführlich darzustellen.

Krugman unterstellt in seinem *Low-Involvement-Modell* den Wirkungsverlauf unter Low-Involvement-Bedingungen nach dem Schema Kognition-Konation-Affekt.[93] Bei hohem Involvement läuft der Prozess entsprechend der klassischen Modelle nach dem Schema Kognition-Affekt-Konation ab. Das Low-Involvement-Modell berücksichtigt damit als eines der ersten Modelle den Fall des niedrig involvierten Konsumenten. Die Darstellung des Lernens ohne Involvement stellt eine neue Richtung in der Werbewirkungsforschung dar.[94]

Ray differenziert in seinem *Dissonanz-Attributions-Modell* zwischen drei Wirkungshierarchien im Rahmen des Prozesses der Werbewirkung, die durch unterschiedliche Abfolgen der affektiven, kognitiven und konativen Komponente gekennzeichnet sind.[95] Neben dem klassischen Wirkungsverlauf und der Low-Involvement-Hierarchie nach *Krugman* betrachtet er einen weiteren Ablauf, den er als *Dissonanz-Attributions-Hierarchie* bezeichnet. Die Dissonanz-Attributions-Hierarchie kennzeichnet einen Prozess nach dem Muster Verhalten-Affekt-Kognition.[96]

Burnkrant/Sawyer heben in ihrem *Information-Processing-Intensity-Modell* die Intensität der Informationsverarbeitung als bedeutende Determinante des Lernens hervor. Diese wird durch die interagierenden Variablen *Need for Cognition*[97] und *Bedeutung des Botschaftsinhaltes* beeinflusst, welche wiederum eine Funktion des Themeninvol-

---

[93] Vgl. Krugman 1965, S. 349ff.
[94] Vgl. Krugman 1965, S. 349ff. Empirische Befunde von Batra/Ray 1983; S. 131ff.; Ray 1973a, S. 158; Rothschild 1974, S. 216f.; Swinyard/Coney 1978, S. 45ff. stützen die Low-Involvement-Hypothese. In den Studien wird zusätzlich die Gültigkeit dieser unter anderen Bedingungen als der von Krugman angeführten, häufigen Wiederholung der Fernsehwerbung nachgewiesen.
[95] Vgl. Ray 1973b, S. 90.
[96] Vgl. Ray 1973b, S. 90.
[97] "Need for Cognition" bezeichnet das Bedürfnis, wichtige Situationen auf integrierte, sinnvolle Art zu strukturieren, die Erfahrungswelt zu verstehen und vernünftig aussehen zu lassen. Vgl. Cohen/Stotland/Wolfe 1955.

vement, des Responseinvolvement und der Verarbeitungsaufgabe sind. Die unterschiedlichen Bedingungen, die zu verschiedenen Wirkungen der Werbung führen, beschränken sich somit nicht wie in den zuerst dargestellten Modellen der erweiterten Hierarchie-Modelle auf die Ausprägungen des Involvement.[98]

2.2.2.2.2 Das FCB-Grid

Das von *Vaughn* vorgestellte *FCB-Grid* kondensiert drei Jahrzehnte theoretischer Forschung zum Konsumentenverhalten.[99] *Vaughn* kombiniert die Dimensionen Involvement (High/Low) und Rationalität/Emotionalität (Think/Feel)[100] in einer Matrix.[101] Den vier Feldern entsprechen die Abläufe der Werberesponse Kognition-Affekt-Konation (Klassischer Wirkungsverlauf), Konation-Kognition-Affekt (*Krugmans* Wirkungsverlauf unter Low-Involvement-Bedingungen), Konation-Affekt-Kognition (*Rays* Dissonanz-Attributions-Hierarchie) und Affekt-Kognition-Konation.

Die Stärke des Modells liegt in der erstmaligen Integration scheinbar widersprüchlicher theoretischer Ansätze wie den traditionellen Theorien zum Konsumentenverhalten sowie der Low-Involvement-Modelle.[102] Das Modell basiert auf der Erkenntnis, dass Konsumenten häufig nicht den gesamten Prozess der Werbewirkung hierarchisch durchlaufen.[103] Ziel der Modellentwicklung ist die Generierung eines besseren Verständnisses für die kommunikativen Zusammenhänge als Grundlage für die strategische Werbeplanung, die Kreation, die Mediaplanung sowie die Werbewirkungsmessung.[104] Das Modell geht von der Annahme aus, dass die Werbewirkung sich nach Maßgabe der Quadrantenzugehörigkeit unterscheidet und formuliert je nach Quadrantenzugehörigkeit spezifische kommunikationsstrategische Empfehlungen.[105]

Die Annahmen bezüglich der *Wirkung des Involvement* beziehen sich auf die Erkenntnisse der Involvement-Forschung, denen in der späteren Erweiterung des Modells

---

[98] Vgl. Burnkrant/Sawyer 1983, S. 44ff.
[99] Vgl. Vaughn 1980.
[100] Die Gehirnforschung gelangt Mitte der 70er Jahre zu der Erkenntnis der anatomischen Separierung der Hemisphären des Gehirns. Ausführlich zu den Funktionen des sprachlichen und bildlichen Systems Kroeber-Riel 1990a, S. 104f.; Vaughn 1980, S. 30.
[101] Vgl. Vaughn 1980, S. 30ff.; Vaughn 1986, S. 57ff. Die Quadrantenzugehörigkeit entscheidet sich dabei aufgrund der Einordnung der interessierenden Produktkategorie innerhalb der beiden Dimensionen.
[102] Vgl. Krugman 1965; Ray 1973a.
[103] Vgl. Zajonc 1980, S. 170ff.
[104] Vgl. Vaughn 1980, S. 28.
[105] In seiner ersten Publikation gibt Vaughn nach Maßgabe der Quadrantenzugehörigkeiten auch Empfehlungen bzgl. Copy-Testing und Mediaplanung, relativiert diese Aussage aber später. Vgl. Vaughn 1980; Vaughn 1986.

auch die Erkenntnisse von *Chaiken* und *Petty/Cacioppo* zugrunde liegen.[106] *Vaughn* stellt die These auf, dass das Ausmaß des Involvement den Grad der Informationsverarbeitung bedingt.[107]

Bezüglich der *Rationalität/Emotionalität der Kaufentscheidung* zitiert *Vaughn* die Unterscheidung von *Holbrook*, der zwischen logischen, objektiven Produktmerkmalen und emotionalen, subjektiven Eindrücken intangibler Aspekte des Produktes unterscheidet.[108] Eine Produktkategorie ist jeweils der Seite (überwiegende Rationalität /Emotionalität) zuzuordnen, bezüglich derer die relevanten Produktmerkmale der Entscheidungsfindung dominieren. Zur Erklärung des Einflusses bezieht das Modell sich auf die Erkenntnisse der Hirnforschung.[109]

Die folgende Abbildung stellt die marketingrelevanten Auswirkungen dar, die sich aus der Einteilung der Kaufentscheidungsprozesse anhand der Dimensionen Involvement und Rationalität/Emotionalität der Kaufentscheidung ableiten lassen.[110]

---

[106] Vgl. Vaughn 1986 sowie Abschnitt 2.4.4.1 zum Elaboration-Likelihood-Modell.
[107] Vgl. Moorthy/Ratchford/Talukdar 1997, S. 263ff.; Vaughn 1980, S. 29f.
[108] Vgl. Holbrook 1978, S. 547f.; Vaughn 1986, S. 64.
[109] Vgl. Abschnitt 2.4.3.4 dieser Arbeit. Vgl. Vaughn 1980; Vaughn 1986, S. 64. Der Autor benennt Appel/Weinstein/Weinstein 1979; Hansen 1972; Hansen 1981; Krugman 1980; Weinstein 1982.
[110] Vgl. Vaughn 1980; Vaughn 1986.

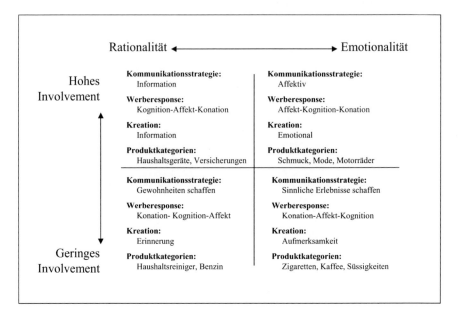

Abbildung 1: Das Planungsmodell des FCB-Grid
In Anlehnung an Vaughn 1980, S. 31

Nach Maßgabe der Quadrantenzugehörigkeit lassen sich nach *Vaughn*[111] sowie *Ratchford*[112] folgende Zusammenhänge konstatieren:

1) *Hohes Involvement/Rationalität*: Innerhalb dieses Quadranten ist aufgrund der Bedeutung des Produktes sowie rationaler Gründe bei der Kaufentscheidung ein großer Bedarf an Informationen zu konstatieren.[113] Vaughn empfiehlt die sogenannte *Informationsstrategie*. Spezifische Informationen, Produktdemonstrationen und ausreichend Text in entsprechenden Medien kennzeichnen diese Strategie. Der Ablauf der Werberesponse entspricht dem klassischen Wirkungsverlauf *Kognition-Affekt-Konation*.[114]

---

[111] Vgl. Vaughn 1980, Vaughn 1986.
[112] Vgl. Ratchford 1987. Dem Autor sind wesentliche Spezifikationen des Modells insbesondere in Hinblick auf die Operationalisierung und Konzeptionalisierung der Dimensionen zuzuschreiben.
[113] Vgl. Vaughn 1980, S. 30.
[114] Vgl. Ratchford 1987, S. 24;.Vaughn 1980, S. 30ff.; Vaughn 1986.

2) *Hohes Involvement/Emotionalität*: Die Produktentscheidung ist involvierend, aber spezifische Information ist von geringerer Bedeutung.[115] Die Bedeutung bezieht sich vielmehr auf den Ausdruck der Persönlichkeit durch den Produktbesitz. Bei einer großen emotionalen Beteiligung wird die *affektive Kommunikationsstrategie* empfohlen. Bildlastige, emotionsgeladene, großformatige Werbemittel wie Plakate, Hochglanzanzeigen, Kino- und Fernsehspots entsprechen dieser Strategie. Die Werberesponse findet nach dem Schema *Affekt-Kognition-Konation* statt.[116]

3) *Geringes Involvement/Rationalität*: Wenig Überlegungen und die Tendenz zur gewohnheitsmäßigen Vereinfachung kennzeichnen diese Produktentscheidung. Die sogenannte *Gewohnheiten schaffende Kommunikationsstrategie* (Habit Formation), die die Generierung und Verstärkung von Gewohnheiten zum Ziel hat, kommt zum Einsatz.[117] Falls relevante Informationen vorhanden sind, können diese zur Produktdifferenzierung herangezogen werden. Analog zu *Krugmans* Wirkungsverlauf unter Low-Involvement-Bedingungen[118] geht die Modelltheorie davon aus, dass Lernen häufig erst nach dem ersten Kauf und der Verwendung erfolgt. Die Werberesponse erfolgt somit nach dem Muster *Konation-Kognition-Affekt*.

4) *Geringes Involvement/Emotionalität*: Den Entscheidungen dieses Quadranten liegt der persönliche Genuss zugrunde.[119] In der durch die Modelltheorie empfohlenen *Satisfaktionsstrategie* (Satisfaction Strategy) wird die persönliche Befriedigung durch den Produktkonsum betont.[120] Bilder und die Demonstration sofortiger Zufriedenheit stehen im Vordergrund. Die Werberesponse erfolgt nach dem Muster *Konation-Affekt-Kognition* und entspricht somit *Rays* Dissonanz-Attributions-Hierarchie.[121] Produkte, die dieser Kategorie zuzuordnen sind, werden als die kleinen Freuden des Lebens bezeichnet und sind z.B. Bier, Zigaretten, Schokolade und Kaffee.

---

[115] Vgl. Vaughn 1986, S. 57 sowie auch Moorthy/Ratchford/Talukdar 1997, S. 264; Ratchford 1980, S. 14ff.
[116] Vgl. Vaughn 1980, S. 31.
[117] Vgl. Vaughn 1986, S. 57; Zajonc/Markus 1982, S. 127ff.
[118] Vgl. Krugman 1980, 1965; Lastovicka/Bonfield 1982, S. 57ff.
[119] Vgl. Ratchford 1987.
[120] Vgl. Vaughn 1980, S. 31.
[121] Vgl. Vaughn 1980, S. 30ff.; Vaughn 1986, S. 57ff.

Aufgrund seiner Eingänglichkeit wurde das Modell von vielen Werbepraktikern als Grundlage der kommunikationsstrategischen und kreativen Planung angenommen. Extensive Forschung von Seiten der Agentur *Foote, Cone and Belding* führte zur Entwicklung von *drei Skalen*, die die Klassifikation von Produkten innerhalb der beiden Dimensionen Involvement und Think/Feel erlauben.[122] Diese können neben der Klassifikation von Produkten auch Anwendung in anderen Feldern finden.[123]

Nach den Annahmen des FCB-Grid verschiebt sich die Bedeutung der Gestaltungselemente des Werbemittels in Abhängigkeit vom Involvement und der Rationalität/Emotionalität der Kaufentscheidung. Insbesondere wird deutlich, dass sich bei hohem Involvement und hoher Rationalität der Kaufentscheidung die relative Bedeutung der Information im Vergleich zu anderen Gestaltungsmerkmalen erhöht. Folglich lassen sich zwei direkte Bezugspunkte zur vorliegenden Arbeit aufzeigen:

- Die Art der Informationsverarbeitung hängt vom *Involvement* in die Kaufentscheidung ab. High-Involvement-Produkte führen zu differenzierter produktspezifischer Informationsverarbeitung, bei Low-Involvement-Produkten liegen der Entscheidung oft andere Kriterien zugrunde.

- Die Art der Informationsverarbeitung hängt von der *Rationalität/Emotionalität* der Kaufentscheidung ab. Primär affektive Motive führen zu ganzheitlicher Verarbeitung des Werbemittels.[124] Wenn die Kaufentscheidung auf primär rationalen Gründen basiert, steht die eigenschaftsspezifische Information im Vordergrund.[125]

2.2.2.2.3 Das Modell-der-Wirkungspfade von Kroeber-Riel

Auch das *Modell-der-Wirkungspfade* von *Kroeber-Riel* bezieht neben dem Involvement auch informative und emotionale Vorgänge in das System der Werbewirkung ein. Ziel des *Modells-der-Wirkungspfade* ist es, unterschiedliche Wirkungsmuster der Werbung abzugrenzen und zu begründen.[126] Basierend auf einer Vielzahl empirischer

---

[122] Vgl. Ratchford 1985; Ratchford 1987; Vaughn 1986. Zu den Skalen vgl. ausführlich Abschnitt 4.2.2.1.
[123] Vgl. Kassarjian 1981; Vaughn 1986. Vaughn beschreibt das Mapping verschiedener Charakteristika von Weinen. Charakteristika mit hohem Involvement und Emotionsgehalt konnten so idenfiziert werden und der Entwicklung einer geeigneten Copy-Strategie zugrundegelegt werden. Über die Darstellung von Marken im zweidimensionalen Raum kann die Matrix als Grundlage der Markenpositionierung oder deren Überprüfung zum Einsatz kommen. Vgl. Vaughn 1986, S. 58ff.
[124] Vgl. Ratchford/Vaughn 1989, S. 293.
[125] Vgl. Ratchford/Vaughn 1989, S. 293.
[126] Vgl. Kroeber-Riel/Meyer-Hentschel 1982.

Studien[127] integriert das Modell psychobiologische und neurophysiologische Erkenntnisse sowie Erkenntnisse der Kommunikationsforschung. Aus diesen leitet es in Abhängigkeit von der Emotionalität bzw. dem Informationsgehalt der Werbemittelgestaltung sowie dem Involvement des Rezipienten zum Zeitpunkt des Werbemittelkontaktes vier Wirkungsmuster ab. Das Modell basiert insbesondere auf den Erkenntnissen zum Einfluss der Aktivierung[128] und dem optimalen Stimulationslevel[129].

Das Modell-der-Wirkungspfade arbeitet mit den Konzepten Wirkungskomponenten, Wirkungsdeterminanten und Wirkungsmuster. Die Struktur des Modells ist in Abbildung 2 dargestellt.

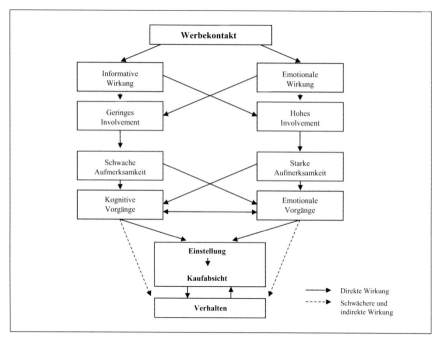

Abbildung 2: Das Modell-der-Wirkungspfade
Quelle: *Kroeber-Riel* 1992, S. 619ff.

---

[127] Vgl. McGuire 1976.
[128] Kroeber-Riel 1979 zitiert die Werke von Kroeber-Riel 1977; Lindsley 1951; Routtenberg 1968. Zur Aktivierung vgl. auch Abschnitt 3.3.3.1 dieser Arbeit.
[129] Vgl. Berlyne 1960; Hansen 1981.

Kroeber-Riel unterscheidet folgende vier Wirkungsverläufe.[130] *Wirkungspfad 1* gibt den *Wirkungsverlauf bei informativer Werbung und hohem Involvement* an.[131] In dieser Kombination überwiegen kognitive Vorgänge, in deren Folge sich Einstellungen und Kaufabsicht entwickeln, die schließlich im Kauf münden. Flankierend können durch die vermittelten Informationen bei involvierten Empfängern vorhandene Bedürfnisse angesprochen und emotionale Vorgänge ausgelöst werden. Diese emotionalen Reaktionen führen zu zusätzlicher Aktivierung und sorgen für eine effizientere Verarbeitung und Speicherung der Werbebotschaft.[132] Je geringer die emotionalen Begleitreaktionen sind, um so geringer werden nach aktivierungstheoretischen Erkenntnissen die Chancen einer effektiven Informationsvermittlung.[133] Emotionale und kognitive Vorgänge zusammen lösen komplexe psychische Prozesse wie Einstellung und Kaufabsicht aus, die ihrerseits das Verhalten beeinflussen. Relevant ist dieser Wirkungspfad zum Beispiel in einer Werbedarbietung für eine technisch komplexe Stereoanlage, mit der ein Konsument mit Kaufabsicht in Kontakt kommt.

Mehr als die Wirkung jeder anderen Werbung hängt die Wirkung informativer Werbung davon ab, dass die Informationsdarbietung den kognitiven Fähigkeiten des Rezipienten entspricht und die Regeln überzeugender Argumentation befolgt.[134] Insbesondere von Bedeutung sind hierbei Kriterien wie Glaubwürdigkeit, Widerspruchsfreiheit und Qualität der Informationen.

Den *Wirkungsverlauf bei niedrigem Involvement* und *informativer Werbung* demonstriert *Wirkungspfad 2*.[135] Die daraus resultierende schwache Aufmerksamkeit bei der Informationsaufnahme lässt nur die Vermittlung weniger, einprägsamer Informationen, z.B. Bilder als Produktinformationen zu. Das Resultat des kognitiven Verarbeitungsprozesses ist bei häufiger Wiederholung im günstigen Fall die Speicherung des Markennamens oder weniger, zentraler Produkteigenschaften. Das Modell bezieht sich in seinem Ansatz zur Informationsaufnahme gering involvierter Konsumenten auf die Annahmen von *Ray* im Rahmen seines *Dissonanz-Attributions-Modells*[136] sowie die empirischen Stufen von *Zajonc*, der nachweist, dass schon der wiederholte Kontakt

---

[130] Vgl. Kroeber- Riel/Weinberg 1996, S. 595ff.
[131] Vgl. Kroeber-Riel 1984a, S. 540.
[132] Zu den verstärkenden Effekten der Aktivierung auf kognitive Verarbeitung vgl. ausführlich Kroeber-Riel 1979.
[133] Vgl. Kroeber-Riel/Weinberg 1996, S. 596.
[134] Vgl. Kroeber-Riel/Weinberg 1996, S. 597.
[135] Vgl. Kroeber-Riel 1984a, S. 540.
[136] Vgl. die Ausführungen in Abschnitt 2.2.2.2.1 dieser Arbeit sowie Ray 1973b.

genügt, um eine Information bzw. ein Produkt sympathisch zu finden.[137] Einstellungen werden im Fall dieses Wirkungsmusters erst nach dem Kauf gebildet.[138]

Trifft *emotionale Werbung* auf *hohes Involvement* ist *Wirkungspfad 3* zu erwarten.[139] Beim Werbeempfänger werden vorrangig emotionale Vorgänge ausgelöst. Über die Aktivierung angenehmer Gefühle werden gedanklich gespeicherte positive Produkteigenschaften aktiviert und eine gedankliche Beschäftigung mit dem Werbeobjekt angeregt.[140] Damit wird ein kognitiver Prozess ausgelöst. Neben der indirekten Wirkung findet eine direkte Wirkung über die Assoziation der emotionalen Eindrücke mit den Produkteigenschaften statt. Die emotionalen und kognitiven Vorgänge bestimmen gemeinsam die Einstellungsbildung. Unter dem Einfluss der emotionalen Reaktionen entstehen also auch gedankliche Vorstellungen zum Produkt, die sich in der Produktbeurteilung niederschlagen und über die Selbstauskunft erfassbar sind.[141]

Die *Wirkung emotionaler Werbung* auf *schwach involvierte* Konsumenten zeigt *Wirkungspfad 4*. Diese folgt überwiegend den Gesetzmäßigkeiten der klassischen Konditionierung.[142] Die häufige Wiederholung eines anfangs unwichtigen Stimulus in Verbindung mit dem emotionalen Reiz führt dazu, dass nach und nach der Stimulus (z.B. der Name des Produktes) dieselben emotionalen Reaktionen verursacht, die anfangs nur der emotionale Reiz ausgelöst hat. *Kroeber-Riel* zeigt in einer empirischen Studie, dass für dieselbe Wirkung im Vergleich zum Wirkungsverlauf 3 ein Vielfaches an Kontakten nötig ist.[143] Auf diese Weise wird eine emotionale Bindung zum Werbeobjekt hergestellt, die zu einer verhaltenswirksamen Einstellung führt. Auch bei diesem Wirkungspfad werden nach *Kroeber-Riel* vermutlich zusätzlich kognitive Vorgänge ausgelöst[144]. Dies geschieht direkt durch die Werbebotschaft oder durch die ablaufenden emotionalen Prozesse.

---

[137] Vgl. Zajonc 1980, S. 160ff.
[138] Zum Lernen unter Low-Involvement-Bedingungen vgl. auch Kroeber-Riel 1984a; Krugman 1965.
[139] Vgl. Kroeber-Riel 1984a, S. 540ff.
[140] Vgl. Kroeber-Riel/Weinberg 1996, S. 599ff. Zum Einfluss des Aktivierungspotenzials der Elemente des Werbemittels vgl. Kroeber-Riel/Barton 1980, S. 147ff.
[141] Vgl. ausführlich Mitchell/Olson 1981. Die Autoren konstatieren, dass die emotionalen Vorgänge zu Mediatoren der gedanklichen Beschäftigung mit dem Produkt werden.
[142] Vgl. zur klassischen Konditionierung Behrens 1992, Sp. 1407ff.; Kroeber-Riel 1984a; Kroeber-Riel/Weinberg 1996, S. 130ff.
[143] Vgl. Kroeber-Riel/ Keitz, W. von 1980.
[144] Vgl. Shimp 1991.

Für den Fall, dass Informationsvermittlung durch emotionale Erlebnisvermittlung begleitet wird, verbinden sich mehrere der beschriebenen Wirkungspfade.[145] Der emotionale Kontext generiert ein effektives Rezeptionsklima.[146] Die Komplexität der Werbewirkung, die mit einem einheitlichen Wirkungsschema nicht annähernd erfasst werden kann, wird dadurch deutlich.[147] *Kroeber-Riel* betont, dass die generierte Einstellungsänderung vom Ausmaß der Stimulation[148] sowie dem Informationsgehalt[149] des Werbemittels abhängt. Das Ausmaß der Stimulation bedingt dabei die kognitive Leistung.[150]

Zusammenfassend lässt sich aus den oben genannten Erläuterungen ableiten, dass das Wirkungsmuster bei Werbemittelkontakt sowohl durch das Involvement zum Zeitpunkt des Kontaktes als auch durch die Gestaltung beeinflusst wird. Die relative Bedeutung informativer und emotionaler Gestaltungsmerkmale für die Erreichung nachgelagerter Werbeziele hängt vom ausgelösten Wirkungsmuster der Werbung ab. Das Modell-der-Wirkungspfade lässt insbesondere Aussagen bezüglich der relativen Bedeutung des Informationswertes sowie des Stimulationswertes eines Werbemittels zu.

Aus den Annahmen des Modells-der-Wirkungspfade kann abgeleitet werden, dass sowohl bezüglich des Involvement als auch der Emotionalität der Kaufentscheidung eine Bedeutungsverschiebung der Gestaltungsmerkmale des Werbemittels und mithin der Dimensionen der Sitewahrnehmung zu erwarten ist.

2.2.2.3 Modelle höheren Komplexitätsgrades

2.2.2.3.1 Überblick

Über die Fallunterscheidungen der erweiterten Hierarchiemodelle hinaus bieten die Modelle höheren Komplexitätsgrades eine differenziertere Betrachtung des Werbewirkungsverlaufs. Die Modelle dieser Kategorie integrieren neben mehreren Wirkungspfaden auch Determinanten der Werbewirkung.[151]

Wesentliche *modelltheoretische Erweiterungen* zu den erweiterten Hierarchiemodellen kennzeichnen insbesondere das *Heuristic Model of Evaluation* von *Chaiken* sowie das

---

[145] Kroeber-Riel bezieht sich auf die Publikationen von Kanungo/Pang 1973; Mitchell/Olsen 1981.
[146] Vgl. Kroeber-Riel 1984a, S. 540.
[147] Vgl. Kroeber-Riel/Weinberg 1996, S. 603.
[148] Vgl. Kroeber-Riel/Barton 1980, S. 151.
[149] Vgl. Kroeber-Riel/Barton 1980, S. 161.
[150] Vgl. Kroeber-Riel 1979, S. 240ff.; Kroeber-Riel/Barton 1980, S. 161.

Elaboration-Likelihood-Modell von *Petty* und *Cacioppo*. Diese beiden Modelle stellen die Grundlage der Modelle höheren Komplexitätsgrades dar, weitere Modelle dieser konzeptionellen Stufe beziehen sich auf diese beiden Modelle und erweitern sie.

Eine zusätzliche wesentliche Erweiterung der modelltheoretischer Annahmen findet sich im *Attitude-towards-the-Ad-Modell* von *MacKenzie/Lutz*. Das Modell verdeutlicht die Bestimmungsgrößen der Einstellung zum Werbemittel sowie die Beziehungen dieser Bestimmungsgrößen untereinander. Zudem beschreibt es die Mechanismen, die von der Gestaltung des Werbemittels ausgehen.[152] Die Modelle höheren Komplexitätsgrades sind in Tabelle 5 überblickartig dargestellt.

Autor	Jahr	Modell
Chaiken	1980	Heuristic Model of Evaluation
Petty/Cacioppo	1984	Elaboration-Likelihood-Modell
Gallup/Robinson	1994	Advertising-Response-Modell
Mühlbacher	1988	Involvement-Modell
MacKenzie/Lutz	1989	Attitude-towards-the-Ad-Modell

Tabelle 5:   *Modelle höheren Komplexitätsgrades*

Chaiken unterscheidet in seinem *Heuristic Model of Evaluation* zwischen einem systematischen und einem heuristischen Prozess der Beeinflussung.[153] Motivation und Fähigkeit sind wichtige Determinanten der systematischen Verarbeitung. Faktoren, die die Motivation zur systematischen Verarbeitung bedingen, werden innerhalb des Modells spezifiziert. Das Modell postuliert ferner einen additiven Zusammenhang der beiden Arten der Verarbeitung.[154]

Das Modell der Firma *Gallup/Robinson* greift die konzeptionellen Annahmen des Elaboration-Likelihood-Modells auf. Die Verarbeitung über die zentrale oder periphere Route wird als Ergebnis der unterschiedlichen Ausprägungen des Involvement betrachtet.[155]

Auch *Mühlbachers Involvement-Modell* beschreibt keinen neuen Prozessverlauf der Werbewirkung, sondern stimmt weitgehend mit den konzeptionellen Annahmen der genannten Modelle überein. Den Fokus legt das Modell auf die Spezifizierung der

---

[151] Vgl. Eagly/Chaiken 1993; Petty/Cacioppo 1986.
[152] Vgl. MacKenzie/Lutz 1989, S. 51ff.
[153] Vgl. Sherman 1987, S. 76f.
[154] Vgl. Eagly/Chaiken 1993, S. 330ff.
[155] Die zentrale und periphere Route des Advertising-Response-Modells korrespondiert inhaltlich mit den Routen des Elaboration-Likelihood-Modells. Vgl. Petty/Cacioppo 1986, S. 3.

Größen, die die Motivation einer Person zur Verarbeitung einer Werbebotschaft determinieren und die Darstellung der Zusammenhänge und Abhängigkeiten ihrer Wirkungen.[156]

Nachdem einige Modelle kurz skizziert wurden, werden das *Elaboration-Likelihood-Modell* sowie das *Attitude-towards-the-Ad-Modell* in den folgenden Abschnitten ausführlicher dargestellt. Der grundsätzliche Prozessverlauf dieser Modelle gilt nach wie vor als aktueller Kenntnisstand der Werbewirkungsforschung.

2.2.2.3.2 Das Elaboration-Likelihood-Modell von *Petty/Cacioppo*

Unter Bezugnahme auf die Erkenntnisse von *Chaiken* und *Zajonc*[157] haben *Petty* und *Cacioppo* das umfassende *Elaboration-Likelihood-Modell* entwickelt.[158] Das Modell begegnet dem Mangel bis dato bestehender Modelle, die durch ausschließliche Konzentration auf Bedingungen hohen oder niedrigen Involvement, die Vielseitigkeit der beobachteten Ergebnisse der Einstellungsänderung nicht erklären können.[159] Es bietet einen Bezugsrahmen für die Erkenntnisse der Einstellungsforschung und geht von zwei möglichen Wegen der Einstellungsänderung aus, der *zentralen* und der *peripheren Route*.

Über die *zentrale Route* werden Einstellungen durch sorgfältige kognitive Verarbeitung der vorhandenen Informationen und Argumente gebildet bzw. verändert.[160] Über die *periphere Route* findet die Einstellungsänderung nicht über die Verarbeitung der vorhandenen Informationen und Argumente statt. Der Rezipient beurteilt das Objekt vielmehr dadurch, dass er positive oder negative Punkte mit dem Objekt assoziiert oder verkürzte Entscheidungsregeln anwendet.[161]

Welcher Weg der Überzeugung zum Tragen kommt, ist abhängig von der Wahrscheinlichkeit der Informationsverarbeitung, der *"Elaboration Likelihood"*. Diese wird von der Fähigkeit und Motivation des Rezipienten zur Informationsverarbeitung bedingt.[162]

---

[156] Zu den Definitionen der Involvementkonstrukte und der Erläuterung ihrer Zusammenhänge vgl. Mühlbacher 1988, S. 86ff.
[157] Vgl. Chaiken 1980; Zajonc 1980.
[158] Vgl. Cacioppo/Petty 1984.
[159] Vgl. Stahlberg/Frey 1993.
[160] Eine ausführliche Darstellung der zentralen Route findet sich in Petty/Cacioppo 1984a, S. 673.
[161] Vgl. Bitner/Obermiller 1985, S. 420.
[162] Vgl. Petty/Cacioppo 1979. Ausführlich zu einzelnen Faktoren: Apsler/Sears 1968 (Konsequenz der Entscheidung für sich selbst), Cacioppo/Petty 1982 (Need for Cognition); Chaiken 1980 (Einstufung als persönlich inkonsequent, Persönliche Bedeutung und Konsequenz der Entscheidung für sich selbst oder andere);

Motivation und Fähigkeiten der zentralen Verarbeitung werden unter anderem durch die Konsequenzen und die persönliche Bedeutung der Entscheidung[163], die Stimmung sowie das Bedürfnis nach kognitiver Betätigung[164] (Need for Cognition) positiv und die Sensitität bzgl. peripherer Reize[165] negativ beeinflusst. Motivation und Fähigkeiten bestimmen das Ausmaß der Verarbeitung eigenschaftsrelevanter Informationen.[166] Involvement stellt ein von mehreren der aufgezeigten Größen abhängiges Konstrukt dar[167] und wird somit meist nicht explizit als situativer Faktor aufgeführt.[168]

Weitere sogenannte Bestimmungsfaktoren der Verarbeitung sind die Gründe der Mediennutzung. Die Autoren nennen als Gründe explizit „Shopping Orientation" und „Browsing Orientation".[169] In der Theorie des Elaboration-Likelihood-Modells findet sich folglich eine Unterscheidung der Motive in Hinblick auf deren Zielorientierung. Die Shopping Orientation verstärkt die Wahrscheinlichkeit der Verarbeitung entlang der zentralen Route, die Browsing Orientation verstärkt die Wahrscheinlichkeit der Verarbeitung entlang der peripheren Route und damit die Bedeutung peripherer Reize.

Wird die *zentrale Route* der Beeinflussung eingeschlagen, ist die Qualität der Argumente und Informationen ausschlaggebend für die Einstellungsbildung. Hohe "Elaboration Likelihood" bedeutet a) hohe Aufmerksamkeit, b) das Aufrufen relevanter Gedächtnisinhalte, c) die Verarbeitung und Bewertung der erhaltenen Informationen vor dem Hintergrund der gespeicherten Erfahrungen und Einstellungen, d) die Ableitung von Schlussfolgerungen und schließlich e) Bildung und Speicherung einer umfassenden Bewertung oder Einstellung.[170] *Sonstige Reize* wie z.B. die Senderqualität (Attraktivität oder Sympathie des Kommunikanten, Seriosität der Quelle[171]) haben *entweder*

Eagly/Chaiken 1993 (Zeitdruck, Expertise, Wissen, positive Stimmungen, direkte Erfahrungen mit dem Einstellungsobjekt); Maheswaran/Chaiken 1991, S. 21 (Wichtigkeit der Aufgabe); Petty/Cacioppo 1986 (Ängstlichkeit); Petty/Cacioppo 1986, Petty/Wells/Brock 1976 (Ablenkung); Petty/Cacioppo/Goldman 1981, Sherif et al. 1973, Petty/Cacioppo/Heesacker 1981 (persönliche Bedeutung); Petty/Cacioppo/Heesacker 1981 (Gebrauch von Rhetoriken); Tetlock 1983 S. 80f. (Verantwortlichkeit für die eigenen Einstellungsurteile).
[163] Vgl. Petty/Cacioppo/Goldman 1981.
[164] Vgl. Cacioppo/Petty/Kao 1984.
[165] Vgl. Haugtvedt et al. 1988.
[166] Eine Zusammenfassung der primären Bestimmungsfaktoren von Motivation und Fähigkeiten findet sich im Anhang in Tabelle 54.
[167] Zur Definition des Involvement-Konstruktes vgl. Abschnitt 3.4.2.1 dieser Arbeit sowie Cohen 1983, der Involvement einer Person als "einen auf einen bestimmten Teil des psychologischen Feldes gerichteten Aktivierungszustand zu einem bestimmten Zeitpunkt" definiert.
[168] Eine Ausnahme findet sich in der Publikation von Petty/Cacioppo/Schuman 1983.
[169] Vgl. Petty/Cacioppo/Steidley 1988.
[170] Vgl. hierzu Petty/Cacioppo 1984a, S. 673. Zu den Auswirkungen der Argumentqualität auf die Einstellungsbildung vgl. ausführlich Petty/Cacioppo 1984b. Vgl. auch grundlegend Cacioppo/Petty 1980.
[171] Vgl. Petty/Cacioppo 1984b, S. 71.

keinen Einfluss oder werden als Zusatzinformation beurteilt und kognitiv verarbeitet.[172]

Wird die *periphere Route* eingeschlagen, findet die Einstellungsänderung durch ausschließliche Orientierung an peripheren Reizen und verkürzten Entscheidungsregeln statt. Entscheidend für die Einstellungsänderung ist nicht die Qualität der Informationen und Argumente, sondern sind Merkmale wie Qualität des Senders (Attraktivität des Kommunikators[173], Seriosität der Quelle[174]), das Umfeld (Zustimmung oder Ablehnung der Botschaft durch das übrige Publikum[175]) oder die augenscheinliche Qualität der Argumente aufgrund verkürzter Entscheidungsregeln[176] (z.B. Anzahl der Argumente).[177] Abbildung 3 gibt die Prozessverläufe des Elaboration-Likelihood-Modells im Überblick wieder.

---

[172] Chaiken stellt fest, dass die Faktoren der Senderqualität stärkeren Einfluß als die Botschaftsinhalte haben können. Vgl. Chaiken 1980, S. 754.
[173] Vgl. Gorn 1982.
[174] Vgl. Miller et al. 1976.
[175] Vgl. Chaiken 1980.
[176] Vgl. Petty/Cacioppo 1984b.
[177] Vgl. ausführlich zu peripheren Faktoren Chaiken 1980, S. 753f. In der Literatur untersuchte periphere Reize sind in Tabelle 55 im Anhang zusammengefasst.

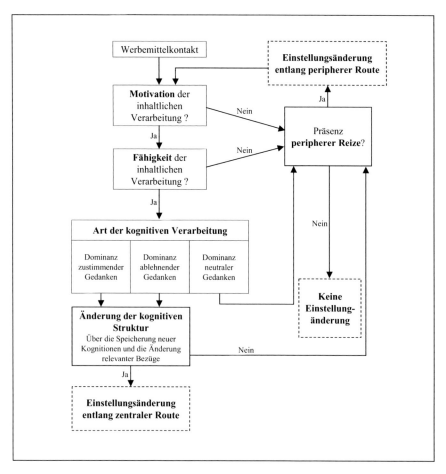

Abbildung 3: Beeinflussungsrouten im Elaboration-Likelihood-Modell
Quelle: In Anlehnung an Petty/Cacioppo 1986.

Nach umfassender empirischer Überprüfung *ergänzten Petty/Cacioppo* ihr Modell. Ist die Motivation des Rezipienten zur Informationsverarbeitung nicht eindeutig hoch oder niedrig, findet während des Kommunikationsprozesses eine Entscheidung bezüglich des *Ausmaßes der Verarbeitung* statt. Zusätzliche Reize wie Senderqualität entscheiden über das Ausmaß der Informationsverarbeitung und damit, ob die zentrale oder die periphere Route der Überzeugung gewählt wird.[178]

---

[178] Vgl. Petty/Cacioppo 1984a

Konsequenzen, die sich aus diesem Modell für die vorliegende Arbeit ableiten lassen, betreffen in starkem Maße die *Gestaltung der Werbung*. Die Herausforderung, die sich dem Werbetreibenden stellt, ist die Generierung der idealen Kombination inhaltlicher Breite und Tiefe und peripherer Aspekte unter Berücksichtigung der beworbenen Produktkategorie und der Charakteristika der Konsumenten.[179]

Aus den genannten Ausführungen lassen sich folgende direkte Bezugspunkte für die vorliegende Arbeit ableiten:

- Bei *hoher Verarbeitungstiefe* (zentrale Route) wird die Einstellung zur Site durch sorgfältige kognitive Verarbeitung der vorhandenen Informationen und Argumente gebildet bzw. verändert.[180] Daraus folgt, dass der wahrgenommene Informationswert der Site sich bei hoher Verarbeitungstiefe positiv auf die Einstellung zur Site auswirkt.

- Bei *geringer Verarbeitungstiefe* (periphere Route) wird die Einstellung zur Site nicht über die Verarbeitung der vorhandenen Informationen und Argumente, sondern über die einfache Entscheidungsregeln (Verarbeitung peripherer Reize) gebildet.

- *Involvement* beeinflusst die Motivation zur Informationsverarbeitung und damit die Einstellungsbildung entlang der zentralen Route positiv.

- Die *Emotionalität der Kaufentscheidung* erhöht die Sensibilität gegenüber peripheren Reizen und senkt dadurch die Verarbeitungstiefe (periphere Route).

- Die Art der Rezeption der Site ist abhängig von *individuellen Charakteristika*, insbesondere den individuellen Fähigkeiten der Nutzer. Des Weiteren bestimmen die Ziele der Mediennutzung (z.B. Shopping Orientation vs. Browsing Orientation) die Art der Verarbeitung.[181]

2.2.2.3.3 Das Attitude-towards-the-Ad-Modell nach *MacKenzie* und *Lutz*

In den 70er Jahren wurde erstmals die Relevanz eines Globalurteils des Werbemittels diskutiert.[182] 1981 führten *Mitchell/Olson* sowie *Shimp* das Konstrukt der *Einstellung*

---
[179] Vgl. Anderson/Abbott 1985, S. 143.
[180] Vgl. Petty/Cacioppo 1984b, S. 673.
[181] Zur Unterscheidung zwischen inhaltsorientierten und prozessorientierten Motiven der Mediennutzung vgl. Abschnitt 3.3.3.3 dieser Arbeit. Die von Petty/Cacioppo beschriebene „Shopping Orientation" kann der inhalts-, die „Browsing Orientation" der prozessorientierten Motivation zugeordnet werden.
[182] Vgl. Holbrook 1978.

zum Werbemittel (Attitude towards the Ad) ein.[183] *Lutz, MacKenzie* und *Belch* fassten die bestehende Literatur zu dem Konzept zusammen, das dem Großteil der nachfolgenden Forschung zur Hypothesengenerierung dient.[184] Das von ihnen vorgestellte bzw. weiterentwickelte *Attitude-towards-the-Ad-Modell* identifiziert die Einstellung zum Werbemittel als zentrale vermittelnde Variable zwischen den direkten Auswirkungen des Werbemittels und nachgelagerten Werbezielen.

Die Autoren legen ihrer Modellkonzeption einen *Einstellungsbegriff* zugrunde, der Einstellungen als bewertende Reaktionen auf Meinungsgegenstände versteht.[185] Die Einstellung zum Werbemittel stellt die Prädisposition dar, in positiver oder negativer Weise auf einen bestimmten Werbestimulus in einer bestimmten Situation der Werbemittelbegegnung zu reagieren.[186] Die folgende Abbildung veranschaulicht den Aufbau des komplexen theoretischen Modells:

---

[183] Vgl. Mitchell/Olson 1981; Shimp 1981.
[184] Vgl. Lutz 1985; Lutz/MacKenzie/Belch 1983.
[185] Vgl. Lutz 1985; Lutz/MacKenzie/Belch 1983; MacKenzie 1986; MacKenzie/Lutz 1989. Der Definition liegt der in Abschnitt 2.2.2.2 dargestellte Einstellungsbegriff zugrunde.
[186] Vgl. Lutz 1985; MacKenzie/Lutz 1989.

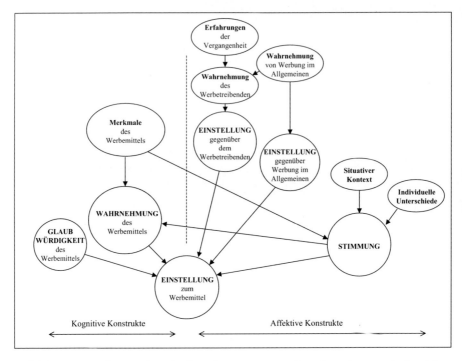

Abbildung 4: Direkte und indirekte Determinanten im Attitude-towards-the-Ad-Modell

Quelle: in Anlehnung an Lutz/MacKenzie/Belch 1983, S. 50

Die Autoren des Attitude-towards-the-Ad-Modells identifizieren *fünf direkte Determinanten* der Einstellung zum Werbemittel. Diese werden wiederum durch *Subsysteme* weiterer Determinanten beeinflusst, die eine indirekte Wirkung auf die Einstellung zum Werbemittel ausüben. Es wird folglich zwischen unabhängigen und abhängigen Modellvariablen unterschieden.

Unter Bezugnahme auf die Erkenntnisse von *Petty/Cacioppo* werden die direkten Determinanten in überwiegend *kognitiv verankerte Konstrukte* (perceptual constructs) und eher *affektiv ausgerichtete Konstrukte* (affective constructs) unterteilt.[187] Überwiegend kognitiv verankerte Konstrukte sind die Glaubwürdigkeit (Ad Credibility) sowie die Wahrnehmung (Ad Perceptions) des Werbemittels und entfalten ihre Wir-

---

[187] Vgl. MacKenzie/Lutz 1989, S. 49ff., die Autoren beziehen sich auf Aaker/Stayman/Hagerty 1986; Batra/Ray 1985; Batra/Ray 1986; Cohen 1987; Edell/Burke 1987; Shimp 1981. Zu den kognitiven Aspekten bei Werbemittelkontakt vgl. auch Bauer/Mäder/Fischer 2001.

kung entlang der direkten Route. Überwiegend affektiv verankerte Konstrukte sind die Einstellung gegenüber dem Werbetreibenden (Attitude towards the Advertiser), gegenüber Werbung im Allgemeinen (Attitude towards Advertising in general) sowie die Stimmung (mood) zum Zeitpunkt des Werbemittelkontaktes. Diese entfalten ihre Wirkung entlang der peripheren Route.[188]

Zentrales, *kognitiv verankertes Konstrukt* ist die *Wahrnehmung des Werbemittels* (Ad Perception). Diese bezeichnet die kognitive Verarbeitung der Bestandteile und Eigenschaften, in anderen Worten, der Merkmale der Gestaltung des Werbemittels durch den Konsumenten.[189] Die Wahrnehmung der beworbenen Marke wird von den Autoren ausdrücklich ausgeschlossen.[190] Bezüglich der Erfassung der Wahrnehmung des Werbemittels schlägt *Lutz* die in Abschnitt 2.2.1 dargestellte inhaltsanalytische Auswertung der kognitiven Reaktionen sowie die Reaktionsprofile vor.[191] *MacKenzie/Lutz* definieren *Glaubwürdigkeit des Werbemittels* als spezielle Ausprägung der Wahrnehmung des Werbemittels,[192] stellen diese aber aufgrund ihrer Gewichtung in der Literatur eigenständig dar.[193]

Zu den primär *affektiven Einflussgrößen* der A_{AD} gehören die *Einstellung gegenüber dem Werbetreibenden* (Attitude towards the Advertiser) sowie die *Einstellung gegenüber Werbung im Allgemeinen* (Attitude towards Advertising in general). Diese bezeichnen die Prädisposition, in positiver oder negativer Weise auf die für das Werbemittel verantwortliche Organisation bzw. Werbung im Allgemeinen zu reagieren. Im Gegensatz zur A_{AD} werden diese Einstellungen im Laufe der Zeit über Informationen und Erfahrungen erworben und weisen daher einen dauerhaften Charakter auf als die kurzfristig entstehende A_{AD}.[194] Die Identifikation des Werbetreibenden bzw. des Werbemittels genügt bereits, um diese existierende Einstellung mit nur geringer kognitiver Aktivität aufzurufen.[195]

---

[188] Zum Begriff der Einstellung vgl. Abschnitt 2.2.3.1 dieser Arbeit.
[189] Die Beurteilung der Merkmale der Gestaltung des Werbemittels setzt ein hohes Maß an kognitiver Beteiligung voraus. Vgl. Lutz 1985, S. 49; MacKenzie/Lutz 1989, S. 51.
[190] Vgl. MacKenzie 1986, S. 174ff.; MacKenzie/Lutz 1989, S. 51.
[191] Vgl. Lutz 1985.
[192] Vgl. Lutz 1985, S. 49; MacKenzie/Lutz 1989, S. 51.
[193] Nach Lutz setzt die Beurteilung der Glaubwürdigkeit ein vergleichsweise hohes Maß an kognitiver Aktivität voraus. Vgl. Lutz 1985, S. 50. Damit wird der Tatsache Rechnung getragen, dass dem Konsumenten eine Überprüfung der im Werbemittel getroffenen Aussagen oft schwer möglich ist. Vgl. Coney/Beltramini 1985, S. 135ff.
[194] Zu momentanen und dauerhaften Werbewirkungen vgl. Abschnitt 2.1.
[195] Vgl. MacKenzie/Lutz 1989, S. 50.

Die fünfte direkte Determinante der Einstellung zum Werbemittel stellt der als *Stimmung* bezeichnete affektive Zustand des Konsumenten während der Begegnung mit dem Werbemittel dar. Die Stimmung bezeichnet den Gefühlszustand zu einer spezifischen Zeit und Situation.[196] Sie stellt einen wichtigen Teil der affektiven Reaktionen auf den Werbemittelkontakt dar[197] und ist abhängig von der Wesensart der Konsumenten und dem Verarbeitungskontext,[198] kann aber auch bei der Begegnung mit dem Werbemittel durch dessen Gestaltung[199] beeinflusst werden. *Batra/Ray* zeigen einen Zusammenhang zwischen den Stimuli der Werbemittelgestaltung, der Stimmung und der Einstellung zum Werbemittel auf[200] und konstatieren die besondere Bedeutung visueller Elemente für die Stimmung.[201]

Die affektiven Konstrukte beeinflussen die Einstellung zum Werbemittel auf direktem oder indirektem Wege. Die affektiven Konstrukte werden entweder direkt mit dem Stimulus identifiziert oder wirken indirekt über die Beeinflussung der Informationsverarbeitung.[202] Dieser Annahme schließen sich spätere Studien an und bestätigen insbesondere die positive indirekte Wirkung der Stimmung.[203] *Gardner* konstatiert, dass eine positive Stimmung die Verarbeitung der Werbemittelinhalte erleichtert und zu einer besseren Einstellung zum Werbemittel führt.[204] *MacKenzie/Lutz/Belch* weisen signifikante Effekte der Stimmung auf die Bewertung der Wahrnehmung des Werbemittels sowohl in High Involvement als auch in Low Involvement-Situationen nach.[205]

Zusammenfassend kann gesagt werden, dass die fünf direkten Determinanten von A_{AD} Konstrukte abbilden, welchen je nach Art der Informationsverarbeitung unterschiedli-

---

[196] Gardner 1985b, S. 282. Eine Vielzahl von Publikationen beschäftigen sich mit diesem Phänomen. Zu einem Überblick über die Studien zum Einfluss der Stimmung vgl. Gardner 1985b, S. 284ff. Vgl. auch Gardner 1985a; Lutz/MacKenzie/Belch 1983; Lutz 1985; Mitchell/Olson 1981; Moore/Hutchinson 1983; Percy/Rossiter 1987; Shimp 1981.
[197] Vgl. Gardner/Vandersteel 1984; Westbrook/Black 1980 sowie ausführlich Isen/Means/Patrick/Nowicki 1982.
[198] Vgl. auch Norris/Colman 1992, S. 37ff.
[199] Vgl. Batra/Ray 1985; Batra/Ray 1986; Gardner 1985b.
[200] Vgl. Batra/Ray 1985.
[201] Vgl. Batra/Ray 1985; Gardner 1985a.
[202] Vgl. Fazio/Zanna 1981; Gardner 1985a; MacKenzie/Lutz/Belch 1986.
[203] Vgl. Gardner 1985b, S. 287; Srull 1983, S. 520ff.
[204] Vgl. Gardner 1985b, S. 295. Ray/Batra nennen vier Gründe, die zu einem positiven Effekt des Affektes auf die Informationsverarbeitung führen. Affektive Werbung führt demnach 1) zu stärkerer Aufmerksamkeit und 2) einem höheren Ausmaß an Informationsverarbeitung. 3) Affektive Werbemittel werden positiver bewertet, was insbesondere auf die weniger kritische Einstellung und periphere Verarbeitung bei besserer Stimmung zurückzuführen ist. Affektive Werbemittel werden außerdem 4) besser erinnert. Vgl. Percy 1985, S. 13; Ray/Batra 1983, S. 543ff.

che Relevanz zukommt.[206] Mit dieser Konzeption werden zentrale Aussagen des Elaboration-Likelihood-Modells in das Attitude-towards-the-Ad-Modell integriert.[207] Der Einfluss der fünf direkten Determinanten auf die Einstellung zum Werbemittel wurde vielfach *empirisch* überprüft.[208] In ihrer 1992 erschienenen Metaanalyse überprüfen *Brown/Stayman* die Ergebnisse von 95 Studien zum Konstrukt „Einstellung zum Werbemittel".[209] Sie fassen potentielle Moderatoren der Beziehung zwischen der Einstellung zum Werbemittel und seiner Determinanten bzw. seiner Konsequenzen zusammen.[210] Zentrale Moderatoren stellen die Stimmung[211], Produktcharakteristika[212], wahrgenommenen Verarbeitungsziele[213] sowie Charakteristika des Mediums[214] dar.[215]

Die Einstellung zum Werbemittel wird als das *zentrale Konstrukt* zur Erklärung von Kaufintentionen gesehen.[216] Verschiedene Studien[217] untersuchten die Bedingungen,

---

[205] Vgl. MacKenzie/Lutz/Belch 1983. Ein direkter Effekt des Affektes ist unter Low-Involvement-Bedingungen über die Generierung einer positiven Einstellung zum Werbemittel und zur beworbenen Marke unabhängig von kognitiver Verarbeitung zu verzeichnen. Vgl. Droege 1989, S. 193; Ray/Batra 1983, S. 545.

[206] MacKenzie/Lutz postulieren, dass die Bedeutung des Einflusses der kognitiven und affektiven Determinanten in Abhängigkeit vom Involvement des Rezipienten variiert. Vgl. MacKenzie/Lutz 1989, S. 49ff., die Autoren beziehen sich auf Aaker/Stayman/Hagerty 1986; Batra/Ray 1985; Batra/Ray 1986; Cohen 1987; Edell/Burke 1987; Shimp 1981.

[207] Vgl. MacKenzie/Lutz 1989; Petty/Cacioppo 1981; Petty/Cacioppo 1986.

[208] Vgl. Brown/Stayman 1992, die in ihrer Metaanalyse 95 Artikel zum Attitude-towards-the-Ad-Konstrukt aufführen. Miniard/Bhatla/Rose bestätigen in ihrer Untersuchung, dass mit steigender Tiefe der Informationsverarbeitung der Einfluss der Bewertung inhaltlicher Elemente des Werbemittels auf die Einstellung zum Werbemittel steigt und der Einfluss der Bewertung peripherer Elemente des Werbemittels auf die Einstellung zur Marke geringer wird. Vgl. ausführlich Miniard/Bhatla/Rose 1990, S. 293.

[209] Vgl. Brown/Stayman 1992.

[210] Aufgrund der Aufarbeitung der Literatur stellen sie die Thesen auf, dass Charakteristika der Studie wie Anzahl der Indikatoren der Konstruktmessung, Art der Stichprobe, Operationalisierung des Affektes (Experimentelle Modifikation vs. Messung und Multi- vs. Eindimensionalität des Affektes), Charakteristika des Produktes wie Vertrautheit vs. Neuigkeit des Produktes sowie Konsum-, vs. Gebrauchsgut, die Ziele der Mediennutzung bei Werbemittelkontakt, die sich aus der Medienart, dem Untersuchungsdesign (Einbindung des Werbemittels vs. isolierte Betrachtung) und den Instruktionen ableiten lassen, sowie das Design und der Fokus der Publikation (Beziehungen der Einstellung zum Werbemittel als zentraler Fokus oder Komplementärprodukt der Untersuchung) potentielle Moderatoren dieser Beziehung darstellen. Vgl. insbesondere Burke/Edell 1989; Gardner 1985a; Greenwald/Leavitt 1984; Keller 1991; Park/Young 1986.

[211] Vgl. Burke/Edell 1989; Stayman/Aaker 1988.

[212] Vgl. Edell/Burke 1987; Hoyer 1984; Moore/Hutchinson 1983.

[213] Vgl. Greenwald/Leavitt 1984; Madden/Allen/Twible 1988.

[214] Vgl. Chaiken/Eagly 1983.

[215] Vgl. Brown/Stayman 1992, S. 40ff.

[216] Vgl. Ajzen 1985; Batra/Ray 1986; Cacioppo/Petty 1985; Fishbein/Ajzen 1975; Gardner 1985a; Lutz/MacKenzie/Belch 1986; Madden/Debevec/Twible 1985; Mitchell 1986, Mitchell/Olsen 1981; Moore/Hutchinson 1983; Park/Young 1986.

[217] Vgl. Ajzen 1985; Batra/Ray 1986; Bauer/Mäder/Fischer 2001, S. 6; Bauer/Meeder/Rennert 2001; Biel/Bridgewater 1990, S. 38; Biehal/Stephens/Curlo 1992; Cacioppo/Petty 1985; Droege 1989, S. 202; Fishbein/Ajzen 1975; Gardner 1985a; Gardner 1985b; Lutz/MacKenzie/Belch 1983; Lutz/MacKenzie/Belch 1986; MacKenzie/Lutz 1983; Madden/Debevec/Twible 1985, S. 109; Miniard/Bhatla/Rose 1990, S. 290ff.; Mitchell/Olsen 1981; Mitchell 1986; Moore/Hutchinson 1983; Moore/Hutchinson 1985, S. 66; Park/Young 1986.

die zu einem starken Einfluss der A_{AD} auf die Einstellung zur Marke[218] und die Markenwahl[219] führen. 1991 wurde innerhalb des *Copy Testing Projekts* der *Advertising Research Foundation* die Aussage formuliert, dass die Einstellung zum Werbemittel den besten Indikator für die Effektivität der Werbung darstellt.[220] Je besser das Werbemittel bewertet wird, umso positiver wird die beworbene Marke bewertet und umso höher fällt die Kaufwahrscheinlichkeit aus.[221]

Aus den genannten Ausführungen lassen sich unmittelbar folgende Bezugspunkte für die vorliegende Arbeit ableiten:

- Die Sitewahrnehmung erfasst sowohl *kognitive* als auch *affektive* Wirkungen der Site.

- Die Merkmale der Sitegestaltung wirken über die kognitive Verarbeitung der Site (Site Perceptions) sowie über die Beeinflussung der Stimmung zum Zeitpunkt des Sitekontaktes auf die Einstellung zur Site. Die Stimmung zum Zeitpunkt des Sitekontaktes beeinflusst zusätzlich indirekt das Ausmaß der kognitiven Verarbeitung der Elemente der Sitegestaltung und hat damit einen moderierenden Effekt auf die Verarbeitungstiefe.

- Aus den empirischen Untersuchungen auf Basis der Modelltheorie und den darauf folgenden Spezifikationen lässt sich ableiten, dass mit steigender Verarbeitungstiefe der Einfluss der Wahrnehmung inhaltlicher Elemente der Site auf die Einstellung zur Site bei gleichzeitiger Reduktion des Einflusses der Wahrnehmung peripherer Elemente zunimmt. Dabei haben insbesondere die Produkteigenschaften und Ziele der Internetnutzung einen Einfluss auf die Verarbeitungstiefe.

- Die Einstellung zur Site ist ein zentrales Konstrukt im Werbewirkungsverlauf und eignet sich in besonderer Weise zur Erfassung der Wirkung der Sitewahrnehmung.

---

[218] Vgl. Gardner 1985a; Gresham/Shimp 1985; Park/Young 1986 und für einen Überblick Brown/Stayman 1992. Kausalanalysen bzgl. des Zusammenhangs zwischen der Einstellung zum Werbemittel und der Einstellung zur Marke bzw. der Kaufwahrscheinlichkeit bestätigen die im Modell postulierte Hierarchie der Effekte, vgl. Burke/Edell 1989; MacKenzie/Lutz 1986; Miniard/Bhatla/Rose 1990.
[219] Vgl. Biehal/Stephens/Curlo 1992. Zur Markenwahl bei unvollständiger Information vgl. auch Meyer 1985, S. 98ff.
[220] Vgl. Haley/Baldinger 1991, S. 29f.
[221] Vgl. Bauer/Mäder/Fischer 2001, S. 6; Moore/Hutchinson 1985, S. 66. Die von MacKenzie/Lutz formulierte These, die einen Einfluss der Einstellung zum Werbemittel auf nachgelagerte Werbeziele nur unter Low Involvement Bedingungen vorsieht, wird von Gaardner angezweifelt und von Mittal und Miniard/Bhatla/Rose widerlegt. Die Autoren weisen einen signifikanten Einfluss der Einstellung zum Werbemittel unabhängig von der zugrundeliegenden Informationsverarbeitung nach. Vgl. Droege 1989, S. 202; Gardner 1985a; Lutz 1984; MacKenzie/Lutz/Belch 1986; Miniard/Bhatla/Rose 1990, S. 290ff.; Mittal 1990.

Die Einstellung zur Site stellt zum einen eine Erfolgsgröße auf einer niedrigen, der Sitewahrnehmung direkt nachgelagerten Hierarchiestufe dar. Zum anderen ist die Einstellung zur Site ein sehr guten Indikator für die nachgelagerten Werbeziele.

Im Rahmen dieses Kapitels wurden das Modell-der-Wirkungspfade, das FCB-Grid, das Elaboration-Likelihood-Modell sowie das Attitude-towards-the-Modell ausführlich dargestellt. Wie zu Beginn des Abschnitts bereits erwähnt, zeichnen sich die ausgewählten Modelle innerhalb der Vielzahl bestehender Werbewirkungsmodelle dadurch aus, dass sie Aussagen in Hinblick auf die Integration der Wahrnehmung des Werbemittels in ein Werbezielsystem zulassen. Auf Basis der aus den Werbewirkungsmodellen ableitbaren Zusammenhänge wird innerhalb des folgenden Abschnitts eine Grobkonzeption des Untersuchungsmodells entwickelt. Dieses Modell dient zunächst der Abgrenzung des Untersuchungsgegenstandes und wird in Abschnitt 3.4 weiter spezifiziert.

2.2.3 Grobkonzeption des Untersuchungsmodells

2.2.3.1 Basismodell

In diesem Kapitel erfolgt die *Entwicklung des Untersuchungsmodells*. Zunächst stellt sich die Frage nach der Wirkung Sitewahrnehmung. Die im vorigen Abschnitt dargestellten Werbewirkungsmodelle dienen zunächst der Identifikation eines geeigneten nachgelagerten *Erfolgskriteriums* zur Erfassung dieser Wirkung. Diese Modellierung eines Zusammenhangs zwischen der Sitewahrnehmung und einem nachgelagerten Erfolgskriterium stellt ein einfaches *Werbezielsystem* dar. Der Integration der Sitewahrnehmung in ein Werbezielsystem liegt insbesondere die Frage zugrunde, welche Dimensionen der Sitewahrnehmung einen Zusammenhang mit dem Werbezielkriterium aufweisen. Nach Maßgabe dieses Zusammenhangs stellen die Dimensionen der Sitewahrnehmung Werbeziele auf der untersten Ebene dar.

Wie in Abschnitt 2.1 dargestellt, empfiehlt es sich im Rahmen der vorliegenden Untersuchung, ein *Erfolgskriterium* auf einer relativ niedrigen Hierarchiestufe zu wählen. Ein solches Erfolgskriterium erlaubt die Abgrenzung der Wirkung der Sitewahrnehmung von anderen Einflüssen. Zur Identifikation eines geeigneten Erfolgskriteriums erfolgt eine Rekursion auf die dargestellten Werbewirkungsmodelle. Hierbei wird deutlich, dass eine Integration des Konstruktes Wahrnehmung in ein Werbezielsystem ausschließlich innerhalb des Attitude-towards-the-Ad-Modell von *MacKenzie/Lutz* erfolgt. Innerhalb dieses Modells wird die Wahrnehmung des Werbemittels in Beziehung zur Einstellung zum Werbemittel gesetzt.

Auf Basis der Literaturauswertung kann festgestellt werden, dass die Einstellung zum Werbemittel über alle empirischen Studien als sehr guter Indikator für die Erreichung sämtlicher Werbeziele identifiziert wurde.[222] Das Konstrukt erfüllt zudem die Forderung nach einem Erfolgskriterium auf einer niedrigen Hierarchiestufe, das die Zuordnung der Wirkung der Sitewahrnehmung ohne Streuverluste erlaubt. Das Konstrukt Einstellung zur Site eignet sich in besonderer Weise zur Beurteilung der Effektivität der Site auf Gestaltungsebene. In der vorliegenden Arbeit stellt der Zusammenhang zwischen den Dimensionen der Sitewahrnehmung und dem Konstrukt Einstellung zur Site das *Basismodell der Untersuchung* dar.

Trotz der intensiven, bis heute anhaltenden Beschäftigung mit dem Konzept *Einstellung* gibt es keine allgemeingültige Definition der Einstellung.[223] Einstellungen können als eindimensionale oder mehrdimensionale Phänomene aufgefasst werden. Nach der *Drei-Komponenten-Theorie*, der bekanntesten mehrdimensionalen Konzeption der Einstellung, ist die Einstellung eine relativ beständige latente Bereitschaft, auf ein Objekt in affektiver, kognitiver oder konativer Weise zu reagieren.[224] Einstellungen können als Facetten der wertenden Haltung einer Person eine emotionale, eine kognitive und/oder eine konative Disposition aufweisen.[225]

- Die *emotionale Disposition* äußert sich als wertende Einschätzung im Sinne des pauschalen Mögens/Nichtmögens. In ihr kann sich eine Vielzahl einzelner Emotionsarten niederschlagen, die eine Person mit einem Einstellungsobjekt in Verbindung bringt.[226]

---

[222] Vgl. die Ausführungen in Abschnitt 2.2.2.3.3 dieser Arbeit.
[223] Vgl. Balderjahn 1995 sowie Mayer/Illmann 2000.
[224] Vgl. Bauer 1976; McGuire 1976. Steffenhagen 1992 unterscheidet lediglich die affektive und die kognitive Komponente der Einstellung.
[225] Die Aufspaltung der Einstellung in Komponenten wirft die Fragestellung auf, welcher Art und wie eng die Relationen zwischen den einzelnen Komponenten sind und welche Relevanz diesen in Bezug auf die Verhaltensänderung zuzubilligen ist. Der explanatorische bzw. strukturale Ansatz beschäftigt sich mit der Frage der Interrelation der Komponenten, während der prädiktorische Ansatz die Beziehungen zwischen der affektiven und/oder kognitiven Disposition und dem Verhalten untersucht. Sogenannte Determinanten, wie z.B. Persönlichkeitsmerkmale des Individuums wirken sich indirekt über die Beeinflussung der affektiven und der kognitiven Komponente auf die Formation der Einstellung bzw. auf den Entscheidungsprozess aus. Vgl. Day 1972; Howard/Sheth 1969; Rethans/Swasy/Boller, S. 178ff.
[226] Vgl. Day 1972, S.279.

- Die *kognitive Disposition* ist die verdichtete Ausdrucksform einer verstandesmäßigen Wertung. Sie bezieht sich auf das objektbezogene Wissen.[227] Ihr liegen detaillierte, wertende Eigenschaftszuordnungen zugrunde, die mit dem Einstellungsobjekt in Verbindung gebracht werden. Sie ergeben sich z.B. aus unmittelbar gelernten Eindruckswerten bzgl. einzelner Merkmale.
- Die *konative Disposition* erfasst die auf den Einstellungsgegenstand gerichtete Handlungsbereitschaft.

Die am häufigsten anzutreffende *Einkomponentenauffassung* definiert Einstellung als umfassende Bewertung eines Objektes durch ein Individuum.[228] Sie betont den affektiven, evaluativen Charakter von Einstellungen und ist auf theoretische sowie messtechnische Gründe zurückzuführen. Der auf diese Weise ermittelte *affektive Wert* stellt die symbolische Repräsentanz eines vielschichtigen und mehrdimensionalen Bedeutungs- und Bewertungssystems dar. Der gleiche affektive Wert, den zwei Individuen einem Objekt zuordnen, kann folglich aufgrund unterschiedlicher individueller Meinungen und Wertungen zustande kommen.[229]

Für die vorliegende Arbeit eignet sich die *Einkomponentenauffassung der Einstellung* in besonderer Weise. Im Rahmen des Modells wird das Zustandekommen des Einstellungswertes über die individuellen Wertungen der Sitewahrnehmung erklärt. Das in dieser Arbeit zu entwickelnde Konstrukt Einstellung wird folglich eindimensional sein und stellt die symbolische Repräsentanz eines mehrdimensionalen Bewertungssystems dar. Die folgende Abbildung stellt das Basismodell der Untersuchung dar.

---

[227] Vgl. Day 1972.
[228] Vgl. Anderson/Fishbein 1967; Osgood/Suci/Tannenbaum 1971; Thurstone 1931.
[229] Vgl. Bauer 1976, S. 150. Anderson/Fishbein 1967 zeigen auf, dass diese generelle Bewertung aus den subjektiven, bewerteten Vorstellungen der Eigenschaftsausprägungen des Objektes abgeleitet werden kann. Dabei determinieren nach Bauer 1976 bereits wenige (im Allgemeinen 6-11) Eigenschaften die generelle Bewertung hinreichend, wobei sich die Individuen hinsichtlich der relativen Bedeutung der einzelnen Eigenschaften unterscheiden. Diese Eigenschaften werden als saliente oder dominante Vorstellungen bezeichnet. Zu ihrer Ermittlung kann auf qualitative Techniken wie Gruppendiskussionen, Interviews, projektive Tests sowie direkte oder indirekte Item-Selektion aus einer Statement-Batterie zurückgegriffen werden. Vgl. Bauer 1976, S. 160ff.

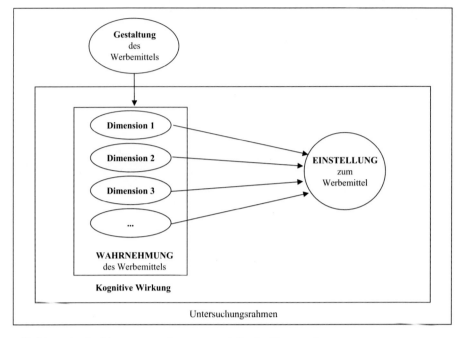

Abbildung 5: Grobkonzeption des Basismodells der Untersuchung

2.2.3.2 Bezugsrahmen für die Untersuchung der moderierenden Effekte

Wie in Abschnitt 1.2 dargestellt, stellt neben der Untersuchung der Dimensionalität und der relativen Bedeutung der Dimensionen der Sitewahrnehmung die Variation dieser relativen Bedeutung in Abhängigkeit von den Merkmalen der Kaufentscheidung die *dritte Zielsetzung* der Untersuchung dar. Diese Merkmale wirken sich auf den Zusammenhang zwischen den Dimensionen der Sitewahrnehmung und dem Konstrukt Einstellung zur Site aus und werden als *Moderatoren, Moderatorvariablen* oder *moderierende Variablen* bezeichnet.[230] Die Veränderung des Zusammenhangs zwischen den Dimensionen der Sitewahrnehmung und der Einstellung zur Site in Abhängigkeit von der Ausprägung der moderierenden Variablen stellt den sogenannten *moderierenden Effekt* dar. Innerhalb der Werbewirkungsforschung finden sich moderierende Effekte erstmalig in den erweiterten Hierarchiemodellen.

---

[230] Vgl. Abschnitt 4.2.1

Wie in den erweiterten Hierarchiemodellen beschrieben, sind für den Verlauf der Werbewirkung Merkmale von Belang, die in den Eigenschaften der Produktkategorie begründet liegen.[231] Im Rahmen der Sitewahrnehmung tritt ein Nutzer mit einer Site in Kontakt. Der Besuch und dessen anschließende Beurteilung erfolgt vor dem Hintergrund bestimmter Eigenschaften und Bedürfnisse des Nutzers.[232]

Die Analyse der Werbewirkungszusammenhänge kann im Hinblick auf die konkrete Ausgestaltung der Merkmale des Produktes sowie der Merkmale des Nutzers erfolgen.[233] Vor diesem Hintergrund ist davon auszugehen, dass die beiden Merkmalsarten potentielle moderierende Einflussgrößen des Zusammenhangs zwischen den Dimensionen der Sitewahrnehmung und der Einstellung zur Site darstellen. Anders ausgedrückt bedeutet das, dass der Einfluss der Dimensionen der Sitewahrnehmung auf die Einstellung zur Site in Abhängigkeit von bestimmten Produkt- und Nutzereigenschaften variieren kann.

Vor diesem Hintergrund wird mit der Entwicklung des Bezugsrahmens der moderierenden Variablen das Ziel verfolgt, innerhalb der beiden Gruppen die wichtigsten Merkmale als potentielle Moderatorvariablen zu berücksichtigen. Die detaillierte Besprechung der einzelnen Moderatoren wird in den folgenden Abschnitten vorgenommen. An dieser Stelle soll lediglich eine Grobskizzierung der verschiedenen Moderatorvariablen erfolgen:

- *Merkmale des Produktes*: Anhand dieser Kategorie werden Eigenschaften des Austauschobjekts erfasst. Unter einem Produkt werden prinzipiell Sachgüter (hier Konsumgüter) und Dienstleistungen verstanden.[234]

- *Merkmale des Nutzers*: In dieser Kategorie werden Eigenschaften des Nutzers erfasst, die keinen unmittelbaren Produktbezug aufweisen. Da es sich bei den Nutzern ausschließlich um individuelle Endkunden handelt, spielen insbesondere verhaltenswissenschaftliche Konstrukte eine Rolle.

Ein Blick in die Unternehmenspraxis kann hilfreich sein, um Erkenntnisse der wissenschaftlichen Forschung zu ergänzen und eventuell zu validieren. Im Folgenden werden

---

[231] Vgl. Abschnitten 2.2.2.2
[232] Vgl. Abschnitt 2.4.3.2 zu den funktionellen Aspekten aus Nutzersicht sowie 2.4.3.3.
[233] Vgl. Schlinger 1982.
[234] Zur Abgrenzung des Objektbereichs vgl. auch Abschnitt 1.2.

Instrumente kommerzieller Institute dargestellt, die sich mit der Erfassung der Werbewirkung beschäftigen.

2.3 Erkenntnisbeiträge der Werbewirkungserfassung in der Praxis

Ziel dieses Abschnitts ist es, dem Leser einen Überblick über Instrumente zu geben, welche in der Praxis im Rahmen der Werbeerfolgsmessung verwendet werden, um die Wirkung von Kampagnen, Anzeigen, eines Werbespots oder einer Website zu bestimmen. Die Maßstäbe, die zur *Kontrolle des Werbeerfolgs* herangezogen werden, lassen sich aus dem Zielsystem des Unternehmens ableiten.[235] Analog zu den Ausführungen in Abschnitt 2.1 können die Verfahren dahingehend unterschieden werden, inwiefern sie die Messung der Aufmerksamkeitswirkung, der Kommunikationswirkung und der Beeinflussungswirkung integrieren. Instrumente zur *Erfassung der Aufmerksamkeitswirkung* sind insbesondere ungestützte Recalltests (z.B. Foldertest, Spottests, Print Day-After-Test (DAR), Controlled-Exposure-Day-After-Recalltest (CEDAR) und psychologische Testverfahren (Elektroenzephalographie, Pupillometrie, Thermographie, Stimmfrequenzanalyse, elektrische Hautwiderstandsmessung).[236]

Innerhalb der *Verfahren zur Messung der Kommunikationswirkung* werden die einzelnen Instrumente auf die Erfassung der kognitiven Kommunikationswirkung und/oder der emotionalen Kommunikationswirkung abgestellt. Verfahren, die sich mit der Erfassung der *kognitiven Kommunikationswirkung* befassen sind *Recognition-Tests*, wie z.B. im Printbereich der Starchtest (noted, seen und Markenname erinnert, read-most) oder für das Fernsehen der Gallup-Impact-Test sowie *gestützte Recalltests* (Identifikation/Maskierung, Lückentest). Die *emotionale Kommunikationswirkung* lässt sich über Instrumente wie den Programmanalysator, die Magnitudeskalierung oder eine Emotional-Quotient-Skala erheben.[237]

Die *Erfassung der Beeinflussungswirkung* erfolgt über Verfahren der psychologischen Marktforschung. Zu nennen sind explorative Befragung, Einzelinterviews, Expertenbefragung, Gruppendiskussion, Apperzeptionstest[238], Skalierungstechniken (Rating, Likert, Thurstone, Semantische Differentiale, Eigenschaftsprofile, Multiattributmodel-

---

[235] Zum Zielsystem der Werbung vgl. Abschnitt 2.1.
[236] Vgl. Bauer/Meeder 2000.
[237] Vgl. Bauer/Meeder 2000.
[238] Beim sogenannten Apperzeptionstest müssen die Probanden auf Basis von Abbildungen eine Geschichte erzählen, um auch unbewusste Inhalte zu ergründen.

le, Fishbein) oder Vorher-Nachher-Messungen (Pre-Post-Choice-Verfahren, Schwerin-Test).[239]

Aus den genannten möglichen Analyseverfahren sind Instrumente kommerzieller Institute in Deutschland hervorgegangen, die im Folgenden überblicksartig dargestellt werden. Auch wenn kein Anspruch auf Vollständigkeit besteht, wurde sichergestellt, dass die Institute, die die Praxis der Marktforschung in Deutschland zum Großteil prägen, über die von ihnen vertretenen Instrumente in die Untersuchung einbezogen wurden.[240] Die folgende Tabelle stellt die untersuchten Instrumente[241] nach Maßgabe der zur Kontrolle der Werbewirkung eingesetzten Verfahren überblickartig dar:

Instrumente	Aufmerksamkeit	Emotionale Wirkung	Kognitive Wirkung	Beeinflussung
Gruppendiskussion/Compagnon		Qualitative Vorstudie		
IMPAL/Infratest Burke		Qualitative Vorstudie		
Konzept- und Kampagnencheck/INRA			SB	SB
AD-CAMERA/Compagnon	Blickbewegung	SB	SB	SB
Wahrnehmungstest mittels Tachistoskop/Compagnon	Tachistoskop Befragung		Befragung	
Internationale Werbewirkungstest/Compagnon	Elektrodermale Reaktion	Elektrodermale Reaktion	SB	SB
Folder-Pretest der Firma Inra	KU		SB	SB
Pretest der Plakatgestaltung/Compagnon	KU		Befragung	Befragung
AdJust™ / Emnid-Institut	KU		Befragung	Befragung
AD*VANTAGE®-System /GfK Marktforschung	KU Eye-Tracking	SB	SB	SB
ad plus/Icon	KU Eye-Tracking	SB	SB	SB
AD-VISOR I-Test/ Infratest Burke	KU	SB Folgetag	SB Folgetag	SB Folgetag
Wahrnehmungssimulante Werbespot-Wirkungsanalyse/Compagnon	KU	Skalierungshebel (Bewusst)	Befragung	Befragung
Funkspot-Pretest /Inra	KU	Skalierungshebel (Bewusst)	SB	SB
BUY©TEST/Inra	KU	SB	SB Inhaltsanalyse	SB
PRE*VISION/Inra		SB	SB Nacherzählung	SB Warenkorb
Link™-Test /Millward Brown	Eye-Tracking	Skalierungshebel (Bewusst)	SB	SB
Antwerpes		SB	SB	SB
Dialego		SB	SB	SB

---

[239] Vgl. Bauer/Meeder 2000.
[240] In die Untersuchung einbezogen wurden die Instrumente folgender Institute: Antwerpes; COMPAGNON Marktforschungs-Institut GmbH & Co.KG-Institut für psychologische Markt- und Werbeforschung; Dialego; EMNID – Institut GmbH & Co.KG Gunter Bieraum; Gallup GmbH; GfK Marktforschung GmbH; icon Forschung & Consulting für Marketingentscheidungen GmbH; Institut für Demoskopie Allensbach GmbH; Infratest Burke GmbH & Co. Marketingforschung; INRA Deutschland GmbH Gesellschaft für Markt- und Sozialforschung; Ipsos Deutschland GmbH Marketing-, Medien und Sozialforschung, A.C. Nielsen GmbH: Eine ausführliche Beschreibung der Instrumente findet sich in Bauer/Meeder 2000.
[241] Vgl. Compagnon o.J.a; Compagnon o.J.b; Compagnon o.J.c; Compagnon o.J.d; Emnid o.J.a; Gallup o.J., S. 13 ff.; GfK o.J.a; GfK o.J.b; Icon o.J.a; Icon o.J.b; Infratest Burke o.J.; Inra o.J.b; Inra 1996; Inra 1999; Millward Brown o.J.a; Millward Brown o.J.b.

Instrumente	Aufmerksamkeit	Emotionale Wirkung	Kognitive Wirkung	Beeinflussung
EarsandEyes		SB	SB	SB
GfK Online		SB	SB	SB
Werbeindikator ATS®/GfK Marktforschung	SB Tracking	SB	SB Tracking	SB Tracking
AdverTiming/Inra	SB Tracking	SB	SB Tracking	SB Tracking
AD Treck/icon	SB Tracking	SB	SB Tracking	SB Tracking
Advertising Measurement/Gallup	Befragung Tracking	Befragung	Befragung Tracking	Befragung Tracking
A.T.P. /Millward Brown Germany GmbH	SB Tracking	SB	SB Tracking	SB Tracking
AD-VISOR II./Infratest Burke	SB Reichweite	SB	SB Reichweite	SB Reichweite
A.C.E./Infratest Burke	SB Budgetierung	SB	SB Budgetierung	SB Budgetierung
Bahavior-Scan®/GfK	SB Testmarkt	SB	SB Testmarkt	SB Testmarkt
ACNielsen Homescan ™/AC-Nielsen	SB Haushaltspanel	SB	SB Haushaltspanel	SB Haushaltspanel

KU: Untersuchung im Konkurrenzumfeld , SB: Selbstauskunft

Tabelle 6: Instrumente der Werbewirkungserfassung kommerzieller Instrumente

Die genannten Instrumente bedienen sich meist standardisierter Merkmalskataloge, über die die Ausprägung der verschiedenen Werbewirkungsindikatoren erfasst und dadurch vergleichbar wird. Die Erfassung der *Aufmerksamkeitswirkung* erfolgt häufig durch Einbindung des untersuchten Werbemittels in ein Konkurrenzumfeld (KU). Dieses kann ein Werbeblock oder die Einbindung in eine Zeitschrift oder eine Mappe mit mehreren Werbemitteln sein. Die sogenannten Tracking-Instrumente bilden die Aufmerksamkeitswirkung der Kampagne durch die Erhebung verschiedener Werbewirkungsindikatoren im Zeitablauf ab.

Die Erfassung der *emotionalen Werbewirkung* erfolgt nur in einem Fall, dem Internationalen Werbewirkungstest der Firma *Compagnon*, über ein apparatives Verfahren, das die Stärke der emotionalen Erregung des Probanden misst. Der von Compagnon, Inra und Millward Brown eingesetzte Skalierungshebel stellt ein Instrument zur nonverbalen, spontanen Erfassung der Richtung und Stärke der Emotion dar. Diese Erfassung setzt aber die Übersetzung der emotionalen Wahrnehmung in das Umlegen des Skalierungshebels seitens des Probanden voraus.[242]

Die Erfassung der *kognitiven Wahrnehmung* innerhalb der betrachteten Instrumente erfolgt größtenteils mittels standardisierter Fragen. Hierzu ist zu sagen, dass nur weni-

---

[242] Zur Problematik der unbewussten Verarbeitung der emotionalen Reaktion vgl. auch Abschnitt 2.2.1 dieser Arbeit.

ge der Institute einen Einblick in den ihren Instrumenten zugrundeliegenden Fragenkatalog gewährten. Bei den Instrumenten, bei denen ein solcher Einblick möglich war, muss bemerkt werden, dass keinesfalls von umfassenden validen Instrumenten gesprochen werden kann. Die Merkmale scheinen vielmehr aufgrund von Erfahrungswerten und Plausibilitätsüberlegungen entwickelt worden zu sein, die die kognitive Wahrnehmung des Werbemittels weder vollständig abbilden noch überschneidungsfrei sind. Durch die Standardisierung ist aber eine Vergleichbarkeit zwischen alternativen Werbemitteln und eine Benchmarkanalyse aufgrund der Datenbasis des jeweiligen Institutes möglich. Ohne standardisierte Fragen arbeitet ausschließlich die Firma Inra. Dieses Unternehmen bietet zwei Instrumente mit ungestützter Erfassung der kognitiven Reaktionen auf den Werbemittelkontakt an. Über die inhaltsanalytische Auswertung erlauben diese Instrumente eine vollständige Erfassung der Reaktionen.[243]

Indikatoren, die der Erfassung der *Beeinflussungswirkung* dienen, werden seitens der Institute beinahe jedem Instrument zugeschrieben. Meist erfolgt die Erfassung der Beeinflussungswirkung über die Erhebung von Merkmalen, die den Konstrukten Einstellung zum Werbemittel sowie Einstellung zur Marke und Kaufabsicht zuordenbar sind. Der PRE*VISION-Test der Firma Inra simuliert die Kaufabsicht über Teilnahme an der Verlosung eines Warenkorbs, den der Proband über verschiedene Marken und Produktgruppen unter Einbeziehung der untersuchten Marke zusammenstellen kann. Der Testmarkt der GfK sowie das Haushaltspanel von AC Nielsen bilden das Kaufverhalten für einen Ausschnitt der Untersuchungsgesamtheit ab.

Wie die Ausführungen zu den Erkenntnissen der Werbewirkungserfassung in der Praxis gezeigt haben, orientieren sich die Instrumente kommerzieller Institute durchweg an den Erkenntnissen wissenschaftlicher Forschung. Für die vorliegende Arbeit ist von Bedeutung, dass der auf Basis der wissenschaftlichen Forschung postulierte Zusammenhang zwischen den Dimensionen der Sitewahrnehmung und der Einstellung zur Site anhand der Erkenntnisse der Werbewirkungserfassung von der Praxis grundsätzlich bestätigt wird.

Aus der Analyse der Werbewirkungserfassung in der Praxis lassen sich aber keine weiteren Erkenntnisse für das Untersuchungsobjekt der vorliegenden Arbeit generieren. Die Skalen, die seitens der Praxis im Rahmen der Erfassung der Wahrnehmung des Werbemittels Anwendung finden, sind durchweg auf wenige (10-15) Indikatoren

---

[243] Zur Erfassung der kognitiven Reaktion vgl. Abschnitt 2.2.1.

reduziert und auf Basis von Plausiblitätsüberlegungen entstanden. Auch aufgrund der mangelnden Verankerung in übergeordneten Zielsystemen und einem größeren Datenverbund können auf Basis der Werbewirkungserfassung keine weiteren Erkenntnisse für die vorliegende Arbeit abgeleitet werden. Im Gegenteil belegt die mangelnde theoretische Verankerung der in der Praxis vorzufindenden Instrumente die Notwendigkeit der theoretisch fundierten Analyse der grundsätzlichen Zusammenhänge der Werbewirkungsmessung.

2.4 Erkenntnisbeiträge der Online-Forschung

2.4.1 Besonderheiten des Mediums Internet

Bzgl. der *Besonderheiten des Mediums Internet* sind zunächst einmal die System- und Anwendungsmerkmale dieses Mediums zu betrachten.[244] Nach *Hoffman/Novak* sind dabei insbesondere drei Charakteristika von Bedeutung: die *Hypermedialität*, die *maschinelle* und die *personale Interaktivität*.[245]

Die *Hypermedialität* steht für die Verknüpfung des auf den Informationszugang bezogenen Hypertextprinzips mit dem Multimediaprinzip. Das Hypertextprinzip bezeichnet die nicht-lineare, modulhafte Anordnung von Texten. Informationskomponenten und assoziative Links sind die grundlegenden Elemente von Hypertextsystemen. Diese ermöglichen ihren Nutzern die optimale Befriedigung ihrer Informationsbedürfnisse durch individuellen Informationszugang in beliebiger Reihenfolge.[246] Die Erweiterung vom Hypertext zum Hypermediasystem besteht darin, dass sich zusätzlich zu textlichen Informationskomponenten auch multimediale Elemente verknüpfen lassen.[247]

Interaktivität stellt den Prozess der Kommunikation oder der Modifikation von Inhalten oder ihrer Form innerhalb eines Mediums dar, welche den Bedürfnissen des Kommunikators und des Publikums entspricht.[248] Nach *Macias* kann eine Person Interaktivität im Internet entweder durch 1) Austausch im Web oder durch 2) Interaktion mit einer anderen Person erfahren.[249] *Riedl/Busch* definieren *maschinelle Interaktivität* als das Ausmaß, in dem Nutzer Form und Inhalt einer künstlichen Umgebung beeinflus-

---

[244] Vgl. Riedl/Busch 1997.
[245] Vgl. Hoffman/Novak 1996; Riedl/Busch 1997, S. 164.
[246] Vgl. Riedl/Busch 1997, S. 164.
[247] Vgl. Riedl/Busch 1997, S. 164; Riedl 1998, S. 647ff.
[248] Vgl. Hoffman/Novak 1996; Macias 2003, S. 32ff.
[249] Vgl. Macias 2003, S. 34.

sen können.[250] Im Gegensatz zu den klassischen Medien ist eine solche Einflussnahme im Internet in hohem Maße möglich.

Die *personelle Interaktivität* bezeichnet den direkten Austausch von Informationen zwischen Personen, bei dem das Internet anstelle anderer Kommunikationsmittel genutzt wird.[251] Die personelle Interaktivität ist kein Merkmal, das sich nur im Medium Internet finden lässt, trägt aber in Verbindung mit der Hypermedialität und der maschinellen Interaktivität zu dessen Gesamtcharakter bei, da diese Kombination von Merkmalen bei keinem anderen Medium besteht.[252]

Zusätzlich zu den system- und anwendungsbezogenen Spezifika des Internet ist die massive *Veränderung der Informationslandschaft* durch dieses Medium zu nennen. Firmen können im Internet wesentlich *ausführlichere Informationen* anbieten als in traditionellen Medien.[253] Konsumenten können selbst über Art, Quantität und Zeitpunkt der Information bestimmen,[254] die oben beschriebene Interaktivität des Mediums Internet erlaubt eine Zweiseitigkeit der Kommunikation.[255] Die *Kontrolle über die Kommunikationsinhalte* verschiebt sich von den Anbietern zu den Konsumenten.[256]

Die Verschiebung der Gestaltbarkeit des Werbemittelerlebnisses erklärt, warum ein Modell der Werbewirkung im Internet in starkem Maß konsumentenkontrollierte Aspekte berücksichtigen muss.[257] *Hoffman/Novak* sehen im Konzept der aktiven Werbung den wesentlichen Unterschied der Internet-Werbung zur klassischen Werbung.[258]

Für die vorliegende Arbeit stellt sich die Frage, wie sich diese Besonderheiten in den Merkmalen der Sitegestaltung und insbesondere deren Wahrnehmung durch die Nutzer manifestieren. Nach *Rodgers/Thorson* lassen sich die gestaltbaren Aspekte des Internetauftritts nach der *strukturellen* sowie der *funktionellen* Perspektive unterscheiden.[259]

---

[250] Vgl. Riedl/Busch 1997; Steuer 1992.
[251] Vgl. Hoffman/Novak 1996, S. 52ff.; Steuer 1992, S. 77.
[252] Intermediavergleiche finden sich bei Altobelli/Hoffmann 1996, S. 34 und Hoffman/Novak 1996.
[253] Vgl. Rust/Kannan 2002.
[254] Vgl. Rodgers/Thorson 2000, S. 4.
[255] Vgl. Lee/Park 2004; Rafaeli 1988, S. 110ff.
[256] Die Charakteristika der Kommunikation im Internet lassen sich in Aspekte, die unter Kontrolle des Konsumenten stehen und Aspekte, die vom Unternehmen kontrolliert werden unterteilen. Vgl. Lee/Park 2004, S. 256; Rust/Kannan 2002.
[257] Vgl. Rodgers/Thorson 2000, S. 4.
[258] Vgl. Hoffman/Novak 1996.
[259] Vgl. Rodgers/Thorson 2000, S. 2.

- Die *strukturelle* Perspektive betrachtet die Gestaltung des Internetauftritts. Eine solche Betrachtung beinhaltet die Identifikation und Klassifizierung der Werbemittel im Internet sowie der Charakteristika der Werbemittelgestaltung.

- Die *funktionelle* Perspektive betrachtet die Gründe der Internetnutzung, die die Konsumenten zum Sitebesuch oder bereits zum Login führen, sowie die Motive, die ein Unternehmen mit einem Auftritt im Internet verfolgt. Seitens des Konsumenten bedingen die Motive des Internetbesuchs bestimmte Modi, die sich zwischen den Polen einer stark zielorientierten Vorgehensweise einerseits und einer spielerischen, vergnügensorientierten Herangehensweise andererseits bewegen.

Der folgende Abschnitt 2.4.2 befasst sich mit der strukturellen Perspektive eines Internetauftritts. In Abschnitt 2.4.2.1 erfolgt zunächst eine Klassifikation der Werbemittel im Internet. Diese soll die Abgrenzung des Werbemittels Site von anderen Werbemitteln ermöglichen und die Besonderheiten dieses Werbemittels nochmals verdeutlichen. Die Darstellung der strukturellen Aspekte der Sitegestaltung in Abschnitt 2.4.2.2 dient der Erweiterung der in Abschnitt 2.2.1 dargestellten strukturellen Aspekte klassischer Medien. Innerhalb dieses Abschnittes soll untersucht werden, ob eine umfassende Skala zur Erfassung der Sitegestaltung aus Nutzersicht existiert und in der vorliegenden Arbeit zum Einsatz kommen kann.

Im Anschluss wird innerhalb des Abschnittes 2.4.3 zu den funktionellen Aspekten zunächst eine Klassifikation der Motive der Internetnutzung aus Nutzersicht erarbeitet (Abschnitt 2.4.3.1), die als Grundlage des empirischen Teiles der Arbeit dient. Innerhalb der funktionellen Aspekte aus Unternehmenssicht (Abschnitt 2.4.3.2) werden anschließend die Nutzenaspekte eines Internetauftritts aus Unternehmenssicht dargestellt. Dieser Abschnitt soll deutlich machen, dass das Verständnis der Zusammenhänge der Werbewirkung von unabdingbarer Notwendigkeit für Konsumgüter- und Dienstleistungsunternehmen der heutigen Zeit ist.

2.4.2 Strukturelle Aspekte des Internet

2.4.2.1 Werbemittel im Internet

Wie in Abschnitt 2.2.1 dargestellt, liegt im Rahmen der Kommunikationsforschung bzgl. klassischer Medien eine Vielzahl empirischer Arbeiten zur Identifikation struktureller Charakteristika vor. Erkenntnisse aus klassischen Medien können häufig auf das

Medium Internet übertragen werden. Die Besonderheiten des Mediums verlangen aber nach einer zusätzlichen Spezifikation der strukturellen Aspekte des Internet. Die folgenden Ausführungen sollen einen Überblick über die möglichen *Werbemittel* im Internet geben. Es steht außer Frage, dass diese Erfassung nicht vollständig sein kann. Die gängigsten Formate werden jedoch dargestellt, weitgehend wurden die Anregungen des Bundesverbandes der digitalen Wirtschaft bezüglich einheitlicher Begriffe und Formate übernommen.[260] Demnach lassen sich die Werbemittel im Internet in die Formate Banner, Interstitials, Comet-Cursor, denen die Website als Werbeträger zugrunde liegt, E-Mail sowie Sites als Werbemittel aufteilen.[261] Diesen Formaten sind meistens mehrere Subformen zugeordnet. Im Folgenden werden die einzelnen Formate näher definiert und bzgl. ihrer kommunikationspolitischen Anwendbarkeit untersucht.

Obwohl in der Online-Werbebranche über neue Werbeformen nachgedacht wird und neue Technologien gefordert werden ist der *Banner* die Werbeform Nummer Eins. Die verschiedenen Arten von Bannern bieten unterschiedliche Möglichkeiten der grafischen Darstellung und Interaktivität. Ihnen gemeinsam sind folgende Grundmerkmale:

- Integration in eine Website
- Rechteckiges Format und
- Interaktionsmöglichkeit.

Die Aufgabe des Banners stellt die Verleitung des Betrachters zur Interaktion und damit die Lenkung seiner Aufmerksamkeit weg vom eigentlichen Inhalt der Website dar. Diese Situation bedingt die Entwicklung immer neuer Bannerarten. Die anfänglichen statischen Banner, die ihre Aufmerksamkeitswirkung lediglich aus einem Bild generieren, wurden von animierten Bannern, die die Darstellung der Werbebotschaft in einem kleinen Film und damit die Erreichung einer wesentlich höheren Aufmerksamkeitswirkung erlauben, abgelöst und schließlich durch Nanosites bzw. Microsites, bei denen auf der Werbefläche eine komplett funktionsfähige Website eingeblendet wird, ergänzt.[262] Letztere bieten dem Betrachter eine Website mit allen Funktionalitäten, ohne

---

[260] Vgl. BVDW, ehemals dmmv (Deutscher Multimediaverband) unter www.werbeformen.de.
[261] Vgl. BVDW unter www.werbeformen.de.
[262] Standardisierte Formate existieren nicht, es werden aber eine Reihe von Anstrengungen verschiedener Verbände und Interessengruppen unternommen, eine solche Übereinkunft zu erreichen. Die gängigen Größen reichen über viele Zwischenstufen vom kleinen XX-Button über den Super-Banner mit 728x90 Pixeln bis zum Skyscraper mit 160x600 Pixeln. Ausgehend von den Grundmerkmalen können dem Banner die Formate Button, Rectangle, Skyscraper und Wallpaper, die sich im wesentlichen über ihre Größe und Anordnung auf

dass er die gewählte Website verlassen muss. Ein Beispiel für ein Nanosite stellt der Transactive Banner dar. Dieser liefert sämtliche relevanten Produktinformationen und Sales-Services, ohne dass der Anwender die Website verlassen muss. Unternehmen können durch den Einsatz eines Transactive Banners ihre Zielgruppe dort erreichen, wo sie sich befindet und gleichzeitig alle Funktionalitäten integrieren, die Information, Dialog und Kauf unterstützen. Das Unternehmen kommt zum Kunden und nicht umgekehrt.

Interstitials, zu deutsch etwa "Unterbrecherwerbung", unterbrechen den Nutzer beim Besuch einer Seite. Etwa vergleichbar mit einer Werbepause im Fernsehen wird dem Nutzer auf seinem Bildschirm z.B. bei Abruf einer bestimmten Seite zuerst ein Interstitial präsentiert, welches im Extremfall den gesamten Bildschirm ausfüllt und in der Regel nach 10 Sekunden wieder verschwindet. Ein Interstitial muss sich nicht dem Platzangebot einer bestehenden Seite anpassen, d.h. es gibt kein einheitliches Größenformat. Die Nutzung von Grafiken und Animationen ist prinzipiell gegenüber dem Banner besser möglich. Vorteil dieser Werbeform ist, dass die dargebotene Werbung allein im aktiven Browserfenster des Nutzers erscheint und nicht mit anderen Inhalten konkurriert. Der Betrachter ist gezwungen, der Werbung seine Aufmerksamkeit zu widmen. Dieser Vorteil des Interstitial stellt gleichzeitig seinen größten Nachteil dar und führt nicht selten zu Reaktanz und Vertrauensverlusten seitens des Betrachters.[263]

Eine Sonderform der Interstitial stellen *PopUp-Advertisements* dar. Sie nutzen eine schwächere Form der Unterbrechung: die Werbung wird nicht direkt anstelle der Zielseite im Browserfenster angezeigt, sondern in einem neuen Fenster, welches sich automatisch öffnet. Vorteil gegenüber echten Interstitials ist, dass der Nutzer bei seiner Navigation nicht direkt unterbrochen wird und die Werbung somit als weniger aufdringlich empfindet. Nachteilig ist hingegen, dass das neue Browserfenster sofort wieder geschlossen werden bzw. durch eine spezielle Software geblockt werden kann, bevor die Werbebotschaft dargestellt werden konnte oder dass das Interstitial von einem anderen Bildschirmfenster verdeckt wird.[264]

---

der Site unterscheiden, zugeordnet werden. Eine Besonderheit des Banners stellt der Expanding Banner dar, der sich bei Berührung mit dem Mauszeiger großflächig aufklappt.

[263] Vgl. Bauer/Hammerschmidt/Garde 2004.
[264] Die Unterbrecherwerbung wird von vielen Nutzern als störend empfunden. Viele Nutzer haben aus diesem Grund eine spezielle Software installiert, die die Unterbrecherwerbung noch vor deren Aufbau unterdrückt. Dem Interstitial sind auch die Formate Flash Layer und Streaming Ad zuzuordnen. Letztere stellen interaktive Werbespots im Internet dar, die nicht durch den Nutzer heruntergeladen werden müssen, sondern sofort nach dem Aufbau der Website abgespielt werden. Sie stellen eine Möglichkeit der Verlängerung einer Wer-

Die *E-Mail als Werbeform* stellt ein schnelles und kostengünstiges Werbemittel dar und bietet eine direkte und interaktive Ansprache des Adressaten sowie ein einfaches und kostengünstiges Erreichen von Empfängern in großer Anzahl. Gerade personalisierten E-Mails kommt ein großer Aufmerksamkeitswert zu, wenn der Nutzer diese E-Mails vorher explizit bestellt hat.[265] Eine Sonderform der E-Mail stellt der Newsletter dar, der vom Nutzer abonniert werden kann. Die Verbände empfehlen das sogenannte Double-Opt-In-Verfahren, bei dem der Nutzer nicht nur seine E-Mailadresse einträgt, sondern das Abonnement bestätigen muss und dieses jederzeit anhand einer Rück-E-Mail, über die im Fuß des Newsletters informiert wird, abbestellen kann.[266]

Internet-Presence-Sites als Werbemittel bieten nahezu unbegrenzte Gestaltungsvarianten. Grundsätzlich stellen sie Unternehmensauftritte oder Produktseiten im Internet ohne Bestellmöglichkeit dar. Ursprünglich ausschließlich als Werbeträger anderer Werbemittel wahrgenommen,[267] stellen Presence-Sites die komplexeste Form der hier dargestellten Werbemittel dar. Sowohl die einzelne Web-Seite mit einfachem Html, als auch eine Web-Seite mit Java Script, Audio oder anderen Gestaltungselementen, eine Reihe verlinkter Seiten als auch ein vollständiger Unternehmensauftritt mit einer Vielzahl von Interaktionsmöglichkeiten werden dieser Werbeform zugeordnet. Die Website lässt somit aufgrund ihrer Komplexität ungleich stärkere Möglichkeiten der Generierung emotionaler Erlebnisse zu als andere Werbemittel.[268]

Nach *Chatterjee* stellt die Besonderheit der Site die *Aktivität* des Werbemittelkontaktes dar.[269] Der Konsument entscheidet das Aufrufen der Werbeseiten bewusst über den Banner-Click oder die Eingabe der Adresse im Menüfenster bzw. des Suchbegriffes in der Suchmaschine. Der Konsument, den die Website erreicht, ist somit ungleich stärker involviert. Er ist stärker motiviert, sich mit den dargestellten Informationen aus-

---

bekampagne in einem anderen Medium mit der Option, neue Zielgruppen anzusprechen, dar und bieten zusätzlich die Möglichkeit der Interaktion und damit die Überleitung auf die Website des Unternehmens. Immer häufiger werden eigenständige Streaming-Ads speziell für das Internet entwickelt.
[265] Vgl. Rengelshausen 1997, S. 108. Die personalisierte E-Mail, deren Zustellung zugestimmt wurde stellt eine Form des Permission-Marketing bzw. Pull-Marketing dar.
[266] In vergleichbaren Fällen der Fax- und Btx-Werbung hat der BGH entschieden, dass dem Nutzer gegen die Zusendung unerwünschter Werbung ein Unterlassungsanspruch nach. §§ 1004, 823 I BGB oder ggf. § 1UWG zustehen kann. Der BVDM setzt sich dafür ein, dass Werbe-E-Mails nur an solche Nutzer versandt werden dürfen, die sich ausdrücklich damit einverstanden erklärt haben („opt-in"Verfahren)
[267] Die Definition der Site als Werbemittel geht auf Chen/Wells zurück. Vgl. Chen/Wells 1999. Zum Werbemittel Site vgl. auch Liu/Arnett 2000; Rodgers/Thorson 2000; Szymanski/Hise 2000.
[268] Vgl. Rodgers/Thorson 2000, S. 16.
[269] Vgl. Hoffman/Novak/Chatterjee 1995.

einander zusetzen und die Möglichkeiten der Generierung emotionaler Erlebnisse sind deutlich besser.[270]

Für die vorliegende Arbeit bedingt diese Aktivität des Kontaktes, die das Werbemittel Site von sowohl allen anderen Werbemitteln im Internet als auch von den klassischen Werbemitteln unterscheidet, eine neue Sichtweise auf die Zusammenhänge der Werbewirkung. Wie die Untersuchung von *Bauer/Donnevert/Hammerschmidt* verdeutlicht, müssen bei der Modellierung der Werbewirkungszusammenhänge für das Werbemittel Site die Nutzererwartungen und Motive der Nutzer einbezogen werden.[271] Des Weiteren ist davon auszugehen, dass die Charakteristika der Sitegestaltung sich deutlich von den Gestaltungscharakteristika der klassischen Werbemittel unterscheiden, was sich in deren Wahrnehmung manifestiert.[272] Die Skalen der klassischen Medien, die der Erfassung der Wahrnehmung der Werbemittels dienen, müssen folglich – falls Unterschiede existieren - in Bezug auf das Werbemittel Site erweitert werden. Im folgenden Abschnitt werden die Charakteristika der Sitegestaltung dargestellt, um den Rahmen für mögliche Erweiterungen zu entwickeln.

2.4.2.2 Charakteristika der Sitegestaltung

2.4.2.2.1 Theoretische Entwicklung der Charakteristika der Sitegestaltung

Aus den Spezifika personelle sowie maschinelle Interaktivität lässt sich als erstes medienimmanentes strukturelles Charakteristikum das wahrgenommene *Ausmaß an Interaktivität* entwickeln. *Rafaeli/Sudweeks* definieren Interaktivität als einen Zustand, in dem gleichzeitiger, kontinuierlicher Austausch stattfindet und dieser Austausch eine sozial verbindliche Komponente aufweist.[273] *Ghose/Dou* identifizieren 23 Funktionen der Interaktivität.[274] *McMillan/Hwang* zeigen in einem aufwendigen Prozess der Skalenentwicklung drei Dimensionen von Interaktivität auf: Zeitnahe Kommunikation, Wartezeiten und Engagement.[275]

---

[270] Vgl. Held/Durlach 1992.
[271] Vgl. Bauer/Donnevert/Hammerschmidt 2005.
[272] Vgl. Abschnitt 2.1. Es sei an dieser Stelle nochmals betont, dass die der Arbeit zugrundeliegende Definition der Sitewahrnehmung diese als kognitive Verarbeitung der Sitegestaltung durch den Nutzer bezeichnet und damit der Definition von Lutz/MacKenzie/Belch 1983, S. 533 folgt.
[273] Vgl. Rafaeli/Sudweeks 1997.
[274] Vgl. Ghose/Dou 1998, weitere Definitionen und Abgrenzungen zu Interaktivität finden sich u.a. bei Jee/Lee 2002; Lee/Lee/Kim/Stout 2004 sowie Heeter 2000. McMillan/Hwang 2002 bieten einen Überblick über eine Vielzahl definitorischer Ansätze.
[275] Vgl. McMillan/Hwang 2002.

Interaktivität wird bestimmt durch die *Geschwindigkeit*, in der das Umfeld auf die Änderungen reagiert, die *Anzahl der Interaktionsmöglichkeiten* sowie die *Natürlichkeit der Interaktion*. Besondere Bedeutung kommt dabei der Natürlichkeit der Interaktion zu;[276] irritierende Erlebnisse sollten vermieden werden.[277]

Aus der Hypermedialität und der maschinellen Interaktivität resultiert die wahrgenommene *Lebendigkeit*[278] der Site. Steuer definiert Lebendigkeit als den Reichtum der Präsentation mittels formaler Eigenschaften, d.h. die Art, wie die Information die Sinne anspricht.[279] Lebendigkeit wird dabei durch die *Breite* sowie die *Tiefe dieser Sinneserfahrungen* erzeugt. Breite bezeichnet die Anzahl angesprochener Sinne. Tiefe bezeichnet das Ausmaß, in dem das Medium Teile der menschlichen Sinneswahrnehmung abzubilden versteht. Lebendigkeit ist unter der Vielzahl von Faktoren, die die Abrufbarkeit von Informationen aus dem Gedächtnis bestimmt, die wichtigste Komponente. Lebendige Information ist emotional interessant. Die Wahrscheinlichkeit, dass sie gespeichert wird, ist größer als bei anderer Information.[280]

Wird ein bestimmtes Ausmaß an Lebendigkeit erreicht, wird die Generierung realitätsnaher Erlebnisse möglich.[281] *Biocca* definiert die virtuelle Realität als das Umfeld, das vom Computer generiert wird und dem sich der Nutzer zugehörig fühlt.[282] Das Medium Internet ist nach Aussage verschiedener Autoren in der Lage, die direkte Erfahrung zu simulieren.[283] Die daraus resultierende Erfahrung, bei der sich der Nutzer in der technologischen Umgebung gegenwärtig fühlt und seine Präsenz in der realen Umgebung weitgehend vergisst wird als *Telepräsenz* (Telepresence) bezeichnet.

Die Zweiseitigkeit der Kommunikation bedingt die besondere Bedeutung des *Informationsgehaltes*.[284] Die medienimmanenten Ansprüche an die dargebotene Information sind im Vergleich zu den klassischen Medien erheblich höher.[285] Aspekte der wahrgenommenen Informationsqualität im Internet stellen die Aktualität, die Vollständigkeit

---

[276] Vgl. Coyle/Thorson 2001, S. 67.
[277] Vgl. Erickson 1999; Laurel 1986.
[278] Vgl. Coyle/Thorson 2001, S. 65ff.
[279] Vgl. Steuer 1992
[280] Vgl. Sundar/Kalyanaraman 2004.
[281] Vgl. Rodgers/Thorson 2000; S. 4.
[282] Vgl. Biocca 1992.
[283] Vgl. Kim/Biocca 1997 sowie Steuer 1992.
[284] Vgl. Barnes/Vidgen 2001; Wolfinbarger/Gilly 2003.
[285] Vgl. Zeithaml/Parasuraman/Malhotra 2002.

von Produkt- und Unternehmensinformationen und der Neuigkeitswert der Information dar.[286]

Aspekte, die unter Kontrolle des Werbetreibenden liegen, umfassen zum Großteil strukturelle Aspekte. Dies bedeutet nicht, dass Konsumenten keinen Einfluss auf die strukturellen Aspekte des Werbemittels haben. Beispiele für den Einfluss der Nutzer auf die strukturellen Aspekte des Werbemittels sind Seiten, die einen hohen Grad an Personalisierung erlauben, wie z.b. viele Portalseiten. Die Gestaltung der strukturellen Aspekte legt die Möglichkeiten und Grenzen der Nutzer, beim Kontakt mit dem Werbemittel ihren Motiven und Zielen nachzugehen, fest.[287] Neben der Wahl des Werbemittels bestimmt somit dessen Ausgestaltung die strukturellen Aspekte des Internets aus Nutzersicht.

Die obigen Auswertungen machen deutlich, dass sich aus der Literatur verschiedene Charakteristika der Sitegestaltung theoretisch ableiten lassen. Im Einzelnen sind dies die Interaktivität, Lebendigkeit sowie die größere Bedeutung des Informationsgehaltes im Vergleich zu den klassischen Medien. Im folgenden Abschnitt wird untersucht, ob innerhalb bisheriger Studien der Onlineforschung eine Skala bereits existent ist, die die Erfassung der Sitewahrnehmung auf die im Rahmen der vorliegenden Untersuchung geforderten Weise erlaubt.

2.4.2.2.2 Empirische Studien zur Erfassung der Sitegestaltung

Die Erfassung der Sitegestaltung innerhalb der empirischen Studien der Onlineforschung erfolgt entweder auf Basis inhaltsanalytischer Auswertungen oder aus Nutzersicht. Nach *Rodgers/Thorson* können die Charakteristika der Sitegestaltung wie folgt unterteilt werden:

- *Objektive Charakteristika* stellen strukturelle Charakteristika der Werbemittelgestaltung dar, die über *inhaltsanalytische Auswertungen* der Werbemittelinhalte erfassbar sind. Neben Kriterien klassischer Medien wie z.B. Größe, Farbe oder Schriftart sind als zusätzliche Kriterien im Internet z.B. Art der Dialogführung (z.B. Feedback-Button), Darstellung der Struktur (z.B. Sitemap), Umfang der In-

---

[286] Vgl. Bauer/Hammerschmidt/Falk 2005.
[287] Vgl. Snyder/Cantor 1998, S. 644 sowie Steward/Furse 1985, S. 23.

formation (z.B. Seitenzahl) sowie Anzahl der Wahlmöglichkeiten (z.B. Anzahl Menüpunkte) zu nennen.[288]

- *Subjektive Charakteristika* stellen strukturelle Charakteristika der Werbemittelgestaltung dar, die ausschließlich über die Bewertung durch den Nutzer erfasst werden können. Bei klassischen Medien stellen strukturelle Charakteristika Bewertungen dar, wie aufregend, interessant und empathisch das Werbemittel wahrgenommen wird. Im Internet kommen zusätzlich die Beurteilung des Flow-Erlebnisses, sowie die Beurteilung der Lebendigkeit und Realitätsnähe der Gestaltung, der Natürlichkeit der Interaktion und der empfundenen Aktualität der Information hinzu.[289]

Subjektive Charakteristika stehen in Zusammenhang mit den Motiven, die den Nutzer zum Internetbesuch bewegen[290] sowie dessen Kenntnissen und Fähigkeiten.[291] So könnte z.B. die Animation einer Website von manchen Nutzern als irritierend aufgefasst werden, während andere Nutzer dieselbe Animation durchweg positiv bewerten.[292] Insbesondere könnte ersteres bei geübten Nutzern, die über Kenntnisse von Beeinflussungsstrategien verfügen, der Fall sein.[293]

Die der Arbeit zugrundeliegende Unterscheidung in Sitegestaltung und Sitewahrnehmung sowie die Unterteilung nach *Rodgers/Thorson* unterscheiden sich somit vor allem anhand der verwendeten Begrifflichkeiten. Der in der Arbeit verwendete Begriff der Sitegestaltung gibt die objektiven Charakteristika der Sitegestaltung wieder während das Konstrukt Sitewahrnehmung die subjektiven Charakteristika zusammenfasst, die sich auf diese beziehen.[294]

Wenige Studien befassen sich ausschließlich mit der Sitegestaltung bzw. deren Wahrnehmung (Website Interface).[295] Die Mehrzahl der Studien erfassen die Sitegestaltung oder die Sitewahrnehmung als eine Dimension innerhalb der Beurteilung der Service-

---

[288] Vgl. Riedl/Busch 1997, S. 166ff;.Rodgers/Thorson 2000, S. 17.
[289] Vgl. Bauer/Falk/Hammerschmidt 2004; Bauer/Hammerschmidt 2004; Bauer/Hammerschmidt/Garde 2004; Rodgers/Thorson 2000, S. 17.
[290] Vgl. Bauer/Donnevert/Hammerschmidt 2005.
[291] Vgl. Friestad/Wright 1994.
[292] Vgl. Rodgers/Thorson 2000, S. 20.
[293] Vgl. Friestad/Wright 1994.
[294] Denkbar ist allerdings eine Erfassung objektiver Charakteristika im Rahmen der Sitewahrnehmung der Form "Die Site hat eine Sitemap", "auf der Site gibt es eine Suchmaschine", womit deutlich wird, dass die Unterteilungen nicht 100% deckungsgleich sind. Strittig bleibt, ob diese Erfassung vermeintlich objektiver Kriterien nicht doch eine subjektive Komponente hat. Die Frage nach dem Vorhandensein einer Sitemap gibt beispielsweise insbesondere Auskunft darüber, ob diese vom Nutzer auffindbar bzw. wahrnehmbar ist.
[295] Vgl. Chen/Wells 1999; Dabholkar/Thorpe/Rentz 1996; Liu/Arnett 2000; Loiacono/Watson/Goodhue 2002; Muylle/Moenaert/Despontin 1999; Rice 2002; Yoo/Donthu 2001; Wells/Chen 2000.

qualität von Transaction-Sites.[296] Im Folgenden werden Forschungsarbeiten dargestellt, die die Sitegestaltung oder Sitewahrnehmung ausschließlich oder im Rahmen der Servicequalität erfassen und diese in Bezug zu einem oder mehreren Erfolgskriterien setzen.[297] Die folgende Abbildung stellt die untersuchten Studien im Überblick dar.

Autoren	Determinanten	Abhängige Variablen
Dabholkar/Thorpe/Rentz 1996	Geschwindigkeit Einfachheit der Bedienung Verlässlichkeit Vergnügen Kontrolle	Nutzungsintention
Ducoffe 1996	Unterhaltung Information Irritation	Einstellung zur Werbung im Internet
Ghose/Dou 1998	Interaktivität	Attraktivität der Site
Chen/Wells 1999	Unterhaltung Information Organisation	Einstellung zur Site
Cho 1999	Werbemittelgröße Vorhandensein von Animation	Einstellung Mediator: Involvement
Cho/Leckenby 1999	Intention der Interaktion Anzahl interaktiver Gestaltungselemente	Einstellung zur Site
Muylle/Moenaert/Despontin 1999	Relevanz der Information Exaktheit der Information Verständlichkeit der Information Einfachheit der Bedienung Layout Benutzerführung Struktur Bezeichnung der Links Geschwindigkeit Persönliche Spracheinstellung Marktplatzverankerung	Zufriedenheit
Hoffman et al 2000	Informationsgehalt Interaktivität Unterhaltung	Flow
Liu/Arnett 2000	Informations- und Servicequalität Systemnutzung Spielerische Vorgehensweise Qualität des Sitedesigns	Erfolg der Site
Montoya-Weiss/Voss/Grewal 2000	Navigationsstruktur Informationsgehalt Graphischer Stil	Onlinenutzung
Rodgers/Thorson 2000	Interaktivität Lebendigkeit	Einstellung zur Site Gefühl von Telepräsenz Einstellung zur Marke Mediator: Fähigkeiten

---

[296] Ein guter Überblick zu bisherigen Studien findet sich bei Bauer/Donnvert/Hammerschmidt 2005. Zur Sitegestaltung innerhalb der Dimensionen der Servicequalität vgl. auch Bauer/Hammerschmidt 2004, S. 197.
[297] Nicht berücksichtigt werden Studien, die sich mit der Gestaltung der Site als Werbemittelträger befassen. Untersuchungen zur Gestaltung der Website als Werbemittelträger finden sich bei Dreze/Zufryden 1997 sowie Bruner/Kumar 2000 und Stevenson/Bruner/Kumar 2000.

Autoren	Determinanten	Abhängige Variablen
Szymanski/Hise 2000	Bequemlichkeit Sicherheit Design	Nutzerzufriedenheit
Alpar 2001	Informationsgehalt Einfachheit der Bedienung Unterhaltung Interaktivität	Zufriedenheit mit der Site
Bauer/Grether 2001	Content Communication Commerce Challenge Configuration	Einstellung
Brackett/Carr 2001	Unterhaltung Information Irritation Glaubwürdigkeit Demographische Variablen	Einstellung zur Werbung im Internet (Media Ranking)
Childers et al. 2001	Navigation Bequemlichkeit Ersetzbarkeit der persönlichen Prüfung	Einstellung zum Onlineshopping
Cho/Lee/Tharp 2001	Vorhandensein eines animierten Agenten	Einstellung zur Site
Coyle/Thorson 2001	Ton Animation Wahlmöglichkeiten Mapping	Einstellung zur Site
Eroglu/Machleit/Davis 2001	Relevanz der Information	Kontakt/Vermeidung
Schlosser/Kanfer 2001	Personelle Interaktivität Maschinelle Interaktivität Marketinginhalte	Einstellung zur Site Kaufintention
Yoo/Donthu 2001	Einfachheit der Bedienung Design Geschwindigkeit Sicherheit	Qualität der Site Einstellung zur Site Kaufintention Loyalität zur Site Sitewert
Koufaris/Kambil/Labarbera 2001/2002	Wahrgenommene Kontrolle Kaufvergnügen	Ungeplante Käufe Rückkehrintention
Bauer/Grether 2002	Content Communication Challenge Configuration	Einstellung
Loiacono/Watson/Goodhue 2002	Einfachheit des Verständnisses Intuitive Bedienung Informationsqualität Interaktivität Vertrauen Reaktion	Kaufintention Rückkehrintention
Rice 2002	Design Technik Emotionale Erfahrung	Rückkehrintention
Srinivasan./Anderson/Ponnavolu 2002	Personalisierung Interaktivität Zusatzinformationen Lieferinformationen Kommunikationsmöglichkeit mit anderen Nutzern Bequemlichkeit Breite des Produktprogramms Design	Loyalität
McMillan/Hwang/Lee 2003	1) Anzahl Gestaltungselemente Involvement	Wahrgenommene Interaktivität
	2) Wahrgenommene Interaktivität Zeitnahe Kommunikation Geringe Wartezeiten	Einstellung zur Site

Autoren	Determinanten	Abhängige Variablen
Hwang/McMillan/Lee 2003	Unternehmensumsatz	Tranformationsorientierung vs. Informationsorientierung Anzahl Funktionen (Kommunikation bzgl. Unternehmen, Marke und Verkauf) Anzahl Zielgruppen
Macias 2003	Interaktivität	Verständnis

Mediatoren: Produktinvolvement (+) Erfahrung im Internet |
Macias/Lewis 2003	Information Werbeappelle Interaktion	
Bauer/Hammerschmidt 2004	Content Communication Commerce Challenge Configuration Customer Care	Kundenzufriedenheit Wechselbarrieren Kundenbindung
Bauer/Falk/Hammerschmidt 2004	Technische Potenzialqualität Funktionale Qualität Erlebnisqualität Qualität der Kerndienstleistung Sicherheit	Kundenzufriedenheit Kundenloyalität
Lee et al. 2004	Interaktivität Information Attraktivität des Designs	
Griffith/Chen 2004	Ausmaß digitalisierter Produkteigenschaften Virtuelle direkte Erfahrung	Produktbewertung Emotionale Vorgänge Kognitive Vorgänge Wahrgenommenes Risiko Mediator: Produkterfahrung
Bauer/Hammerschmidt/Falk 2005	Enyoyment and entertainment Interactivity Information providing Availability and accessibility Personalisation	
Bauer/Falk/Hammerschmidt 2006	Responsiveness Reliability Process Functionality/Design Enjoyment	Servicequalität

Tabelle 7: Erfassung der Sitegestaltung in empirischen Studien

Innerhalb der Studien, die sich auf die Erfassung der Sitegestaltung konzentrieren, bietet insbesondere die frühe Studie von *Chen/Wells* eine methodisch exakte und empirisch umfassende Vorgehensweise der Skalenentwicklung. Die Autoren identifizieren aufgrund einer Liste von 141 Adjektiven die Faktoren Information, Unterhaltung und Organisation. Über eine Regressionsanalyse prüfen sie den Einfluss der Faktoren auf die Einstellung zur Site.[298] Der Itempool besteht analog der bei der Entwicklung von

---

[298] Die Faktoren weisen Regressionsparameter von 0,348 (Unterhaltung), 0,572 (Information) sowie 0,227 (Organisation) auf.

Persönlichkeitsinventaren praktizierten Vorgehensweise aus einer anhand des lexikalischen Ansatzes generierten Adjektivliste. Die daraus entwickelten Skalen sind aber nicht zu einer Rückführung der Sitewahrnehmung auf die Sitegestaltung geeignet. Insbesondere Managementimplikationen zur Verbesserung der Sitegestaltung sind auf Basis der Skalen nicht ableitbar.

In ihrer Studie zum Effekt von Interaktivität und Lebendigkeit untersuchen *Coyle/Thorson*[299] den Zusammenhang zwischen diesen Attributen und der Einstellung zur Site, dem Gefühl von Telepräsenz und der Konsistenz zwischen Einstellung und Verhalten.[300] Die Studie bezieht sich konzeptionell auf das Modell von *Fazio/Zanna*[301], nach dem die Einstellungsbildung über direkte Erfahrung zu gefestigteren und dauerhafteren Einstellungen führt als die indirekte Einstellungsbildung.

Die Arbeit von *McMillan/Hwang/Lee*, welche konzeptionell auf dem Elaboration-Likelihood-Modell von *Petty/Cacioppo*[302] basiert, untersucht den Zusammenhang zwischen der Anzahl der Gestaltungselemente bzw. der wahrgenommenen Interaktivität[303] und der Einstellung zur Site.[304] Des Weiteren wird untersucht, ob der Erfolg der gewählten Kommunikationsstrategie (informativ vs. transformativ) in Zusammenhang mit dem Involvement der Site-Besucher steht. Die Autoren kommen auf Basis ihrer Analysen zu der Erkenntnis, dass sich sowohl die Anzahl der Gestaltungselemente, als auch die wahrgenommene Interaktivität positiv auf die Einstellung zur Site auswirkt. Die Autoren stellen aber fest, dass kein Zusammenhang zwischen dem Involvement und dem Erfolg der Kommunikationsstrategie (informativ vs. transformativ) feststellbar ist.

Macias untersucht den Zusammenhang zwischen der Interaktivität einer Website und dem Verständnis der Website. Sie kommt zu dem Ergebnis, dass sowohl Involvement und Interaktivität als auch Erfahrung im Internet und Interaktivität interagieren. Bei hohem Involvement führen Sites hoher Interaktivität zu besserem Verständnis, bei

---

[299] Vgl. Coyle/Thorson 2001.
[300] In der Studie konnte ein Effekt sowohl der Interaktivität als auch der Lebendigkeit auf das Gefühl von Telepräsenz nachgewiesen werden. Des weiteren wurde die Auswirkung der Lebendigkeit auf die Einstellung zur Site bestätigt, nicht aber die der Interaktivität. Auch die Steigerung der Konsistenz zwischen Einstellung und Verhalten durch ein höheres Niveau an Interaktivität und Lebendigkeit konnte nicht bestätigt werden.
[301] Vgl. Fazio/Zanna 1981.
[302] Zum Elaboration-Likelihoo-Modell vgl. Abschnitt 2.2.2.3.2
[303] Die wahrgenommene Interaktivität wird in drei Subdimensionen zerlegt und die postulierten Zusammenhänge werden auch für diese Subdimensionen untersucht und bestätigt.
[304] Vgl. McMillan/Hwang/Lee 2003.

niedrigem Involvement führen Sites mit geringer Interaktivität zu besserem Verständnis. Nutzer mit großer Erfahrung verstehen Sites mit hohem Interaktionsgrad am besten, bei Nutzern mit geringer Erfahrung führen Sites mit niedrigem Interaktionsniveau zum besten Verständnis.[305]

Griffith/Chen untersuchen den Einfluss virtuell simulierter Erfahrungen auf die Einstellungsbildung.[306] In zwei Studien untersuchen sie den Einfluss digitalisierter Produkteigenschaften und deren Auswirkung auf die Produktbewertung, Emotionale und kognitive Vorgänge sowie auf das wahrgenommene Risiko. In der Studie werden die angenommenen Zusammenhänge bestätigt. Virtueller direkter Erfahrung wird ein positiver Einfluss auf die untersuchten abhängigen Variablen zugeschrieben.

Ein detailliertes Bild der Gestaltung von Transaction-Sites lässt sich auf Basis der WebQual™ Skala von *Loiacono/Watson/Goodhue* entwickeln.[307] Die Skala wurde auf Basis von Nutzer- und Experteninterviews entwickelt und bildet die Charakteristika der Sitegestaltung für Transaction-Sites umfassend ab. Nach *Wolfenbarger/Gilly* ist zu kritisieren, dass die studentische Stichprobe, die der Skalenentwicklung zugrunde liegt, die Überprüfung der Übertragbarkeit der Ergebnisse auf die gesamte Onlinebevölkerung erfordert.[308] Für die vorliegende Arbeit ist die Skala nicht anwendbar, da diese ausschließlich für Transaction-Sites entwickelt wurde, während sich die Arbeit auf die Gestaltung von Internet-Presence-Sites bezieht. Auch die Ergebnisse von *Liu/Arnett*, die die Sitegestaltung rein aus Expertensicht beleuchten und die Nutzerperspektive außer acht lassen können für die vorliegende Arbeit nicht übertragen werden.[309]

Die Frage nach einer bereits entwickelten Skala für den Onlinebereich, die in der vorliegenden Arbeit zur Anwendung kommen kann, muss folglich verneint werden. Analog *Wolfenbarger/Gilly* muss festgestellt werden, dass methodisch befriedigende Skalen zur Erfassung der Dimensionen der Sitegestaltung bisher nicht existieren.[310] Analog der Kritik zu den in Abschnitt 2.2.1 dargestellten Skalen für den Offline-Bereich gilt auch für die Skalen zur Erfassung der Sitegestaltung: eine methodisch sauber entwickelte Skala auf Basis einer umfassenden Itembatterie, die sämtliche Gestaltungs-

---

[305] Vgl. Macias 2003, S. 39ff.
[306] Vgl. Alba et al. 1997.
[307] Vgl. Loiacono/Watson/Goodhue 2002.
[308] Vgl. Wolfenbarger/Gilly 2003, S. 185.
[309] Vgl. Liu/Arnett 2000.

dimensionen von Internet-Presence-Sites gleichmäßig abdeckt, liegt bislang nicht vor.[311] Somit muss im Rahmen der vorliegenden Arbeit eine solche umfassende Itembatterie entwickelt und methodisch verdichtet werden, um, wie in der ersten Zielsetzung der Arbeit formuliert, die Identifikation der Sitecharakteristika zu erlauben, die in den Augen der Nutzer von Bedeutung für Internet-Presence-Sites sind.[312]

Bevor die Entwicklung einer solchen Skala in Abschnitt 3.2 erfolgt, werden im folgenden Abschnitt zunächst die funktionellen Aspekte der Sitegestaltung dargestellt. Die Darstellung der funktionellen Aspekte aus Nutzersicht unterstreicht zum einen die Notwendigkeit, die Motive und Bedürfnisse der Nutzer in ein Werbewirkungsmodell zu integieren. Zum anderen können die innerhalb des Abschnittes dargestellten Klassifizierungsansätze im Rahmen der Arbeit bei der Entwicklung von Konstrukten zu den Motiven der Internetnutzung herangezogen werden. Innerhalb des Abschnittes zu den funktionellen Aspekten aus Unternehmenssicht werden die Vorteile, die mit einem Internetauftritt verbunden sind, herausgestellt, um die Notwendigkeit der effektiven Sitegestaltung und mithin der Kenntnis der Werbewirkungszusammenhänge in Hinblick auf das Werbemittel Site weiter zu verdeutlichen.

2.4.3 Funktionelle Aspekte

2.4.3.1 Funktionelle Aspekte aus Nutzersicht

Strukturelle Aspekte allein können das Nutzungsverhalten der Konsumenten und deren Reaktionen beim Sitebesuch nicht erklären.[313] Bereits bei der Modellierung der Werbewirkungszusammenhänge klassischer Medien wird die mangelnde Berücksichtigung der Gründe der Mediennutzung bzw. des Werbemittelkontaktes kritisiert. In sehr viel stärkerem Maße als in den klassischen Medien sind die Internetnutzer der Werbung im Internet nicht passiv ausgesetzt, sondern suchen diese aktiv auf und gestalten sie zur Erreichung ihrer Ziele aktiv mit.[314]

Die Aktivität der Internetnutzung beginnt nicht mit dem Stimuluskontakt. Internet beginnt mit der Reaktion auf einen bestimmten Antrieb. Mit seinem Besuch im Internet

---

[310] Vgl. Wolfenbarger/Gilly 2003, S. 185.
[311] Vgl. Wolfenbarger/Gilly 2003, S. 185.
[312] Vgl. Abschnitt 1.2.
[313] Vgl. Rodgers/Thorson 2000, S. 3
[314] Vgl. Berthon/Leyland/Watson 1996; Hoffman/Novak 1996; Ko/Cho/Roberts 2005 sowie die Ausführungen in Abschnitt 2.4 zur Besonderheit der Aktivität des Werbemittelkontaktes für das Werbemittel Site.

begibt sich der Nutzer auf die Suche nach einer Site, die diesen Antrieb befriedigt.[315] Informationsverarbeitung in einem interaktiven Medium wie dem Internet hat seinen Ursprung folglich in den *Nutzermotiven*.[316] Motive stellen den Wunsch der aktiven Erfüllung eines Bedürfnisses dar.[317] Diese Definition unterstreicht die Bedeutung der Aktivität des Nutzers. Motive der Internetnutzung können folglich als innerer Antrieb zur Durchführung einer Aktivität im Internet definiert werden.[318] *Hoffman/Novak* unterstreichen, dass die Nutzung des Internet ein Mindestmaß an Anstrengung oder Involvement seitens des Nutzers bedeutet.[319]

Die Motive der Internetnutzung bedingen Unterschiede bzgl. der kognitiven Prozesse, die Individuen zur Erreichung ihrer Ziele durchlaufen. Aus den Motiven der Internetnutzung lässt sich ein bestimmter *Modus* ableiten. Dieser bestimmt das Ausmaß der Zielorientierung des Nutzers und bewegt sich entlang eines Kontinuums von sehr zielorientiert bis überhaupt nicht zielorientiert/spielerisch.[320] Die Kenntnis der Motive führt zu einem Verständnis der Wirksamkeit der Sitegestaltung.

In der Literatur finden sich verschiedene Ansätze, die sich mit der Klassifikation von Motiven[321] und Bedürfnissen der Internetnutzung beschäftigen. Die folgende Abbildung stellt die entwickelten Kategorien inhaltlich gegenüber.

---

[315] Vgl. Rodgers/Thorson, 2000, S. 6.
[316] Vgl. Rodgers/Thorson 2000, S.6.
[317] Zu Zielen, Bedürfnissen und Motiven vgl. ausführlich Deci 1975; Deci/Ryan 1985; Deci/Ryan 2000.
[318] Vgl. Ellis/Voelkl/Morris 1994.
[319] Vgl. Hoffman/Novak 1996.
[320] Vgl. Rodgers/Thorson 2000, S. 9.
[321] Die meisten Ansätze basieren auf den theoretischen Erkenntnissen des „Uses and Gratifications Approach" der in Abschnitt 3.3.3.3 dieser Arbeit ausführlich dargestellt wird. Vgl. Blumler 1974; Blumler/Gurevitch 1995 sowie Katz/Blumler/Gurevitch 1974.

Korgaonkar/Wolin 1999	Parker/Plank 2000	Stafford/Stafford /Schkade 2004	Song et al. 2004	Bauer/Donnevert /Hammerschmidt 2005
Information		Content Gratificaation Lernen, Information und Recherche	Information Seeking Suche nach spezifischer Information	Content
	Surveillance and Excitement Neues lernen, Aufregendes erfahren		Aesthetic Experience Attraktives Design und natürliche Navigation	Challenge Faszination und Unterhaltung
Social Escapism Entspannung, Unterhaltung und Ästhetik	Relaxation and Escape Vergessen des Alltags, Entspannung und Amüsement		Diversion Unterhaltung und Entspannung	
			Virtual Community Beziehungen entwickeln, Gruppenzugehörigkeit erfahren	
	Compagnionship and Social Relationships	Social Gratification Chatting, Austausch mit Gleichgesinnten und Interaktion	Relationship Maintenance Beziehungspflege	
Socialisation Austausch mit Freunden über Inhalte im Internet			Personal Status Kulturelle Information, Technologieinformation	
Economic Motivation			Monetary Compensation Günstige Angebote, Finanzinformationen	
Interactive Control		Process Gratification u.a. Suchmöglichkeiten im Internet		Convenience Bedienbarkeit und Nutzerfreundlichkeit
Transaction–based security and privacy concerns				Commerce Online-Kaufabwicklung
Nontransactional privacy concerns				

Abbildung 6: Funktionelle Aspekte der Internetnutzung aus Konsumentensicht

Ein Vergleich der Klassifikationen zeigt, dass bei unterschiedlicher Benennung ähnliche Aspekte wiedergegeben werden. Insbesondere die grundlegenden Motive Information, Unterhaltung, soziale Interaktion und ökonomische Gründe finden sich in den meisten Studien. Dass einzelnen Dimensionen einer Studie zum Teil mehrere Dimensionen einer anderen Studie zugeordnet werden bzw. nicht überschneidungsfrei sind zeigt, dass die Dimensionen der einzelnen Studien unterschiedlich abgegrenzt sind.

Neben den Klassifikationen von *Bauer/Hammerschmidt/Falk* und *Stafford/Stafford/ Schkade*, die sich auf die Nutzenerwartungen von Transaction-Sites beziehen[322] und somit nicht zur Anwendung kommen können, da das Untersuchungsobjekt der vorliegenden Arbeit die Internet-Presence-Site ist,[323] stellen die frühe Klassifikationen von *Korgaonker/Wolin* sowie die Klassifikation von *Song et al.* die umfassendesten Untersuchungen dar.[324] Basierend auf einer faktoranalytischen Auswertung von über 400 Fragebögen zu den Motiven und Vorbehalten der Internetnutzung unterscheiden die *Korgaonkar/Wolin* sieben Faktoren, wovon sich fünf auf Motive der Internetnutzung beziehen.[325] Diese Studie bezieht sich sowohl auf Transaction-Sites als auch auf Internet-Presence-Sites. Die Autoren extrahieren die Motive:

- *Sozialer Ausbruch* (Social Escapism)
- *Information*
- *Interaktive Kontrolle* (Interactive Control)
- *Sozialisation* (Socialisation), sowie
- *Ökonomische Gründe* (Economic Motivation).

Song et al., die sich auf die Internetnutzung insgesamt beziehen und den Einfluss prozess- und inhaltsorientierter Motive auf die Internetabhängigkeit untersuchen, extrahieren auf der Basis einer studentischen Stichprobe von N=500 die Faktoren Virtuelle Gemeinschaft (Virtual Community), Informationssuche (Information Seeking), Ästhetische Erfahrungen (Aesthetic Experience), Finanzielle Motivation (Monetary Compensation), Entspannung und Unterhaltung (Diversion), Persönliches Fortkommen (Personal Status) und Beziehungspflege (Personal Maintenance).

Parker/Plank entwickeln die Items ihrer Untersuchung auf Basis der Publikationen zu den Uses and Gratifications klassischer Medien. Die Einschätzung der Items durch eine studentische Stichprobe und deren faktoranalytische Verdichtung führt zu drei Dimensionen. Die Itementwicklung führt jedoch dazu, dass internetspezifische Nutzendimensionen weitgehend unberücksichtigt bleiben. Die Dimension *Sozialisation* (Compagnionship and Social Relationships) bezieht sich auf die Vermeidung von Alleinsein und Einsamkeit, während sich die Dimension *Unterhaltung* (Surveillance and Exitement) darauf bezieht, Neues zu lernen und Aufregendes zu erfahren. Die Dimen-

---

[322] Vgl. Bauer/Donnevert/Hammerschmidt 2005; Stafford/Stafford/Schkade 2004.
[323] Vgl. Abschnitt 1.2.
[324] Vgl. Korgaonker/Wolin 1999; Song et al. 2004.
[325] Vgl. Korgaonker/Wolin 1999.

sion *Entspannung* (Relaxation and Escape) umfasst das Vergessen des Alltags, Entspannung und Amüsement.

Die vorliegende Arbeit wird sich an der Klassifikation von *Korgaonkar/Wolin* orientieren. Die dort entwickelten Motive bilden prozess- als auch inhaltsorientierte Motive anhand einer handhabbaren Merkmalsmenge ab. Zudem beziehen sich die Motive auf die Internetnutzung im Ganzen und bilden damit die Motivation ab, die in der vorliegenden Untersuchung von Interesse ist.[326] Die Klassifikation von *Korgaonkar/Wolin* vernachlässigt allerdings Bestandteile des Motivs Sozialisation, die sich auf den Austausch und die Gemeinschaftserfahrung im Internet beziehen. Diese Bestandteile werden durch Erkenntnisse der anderen Studien ergänzt.

Es stellt sich die Frage, ob sich aus einer bestimmten Motivstruktur Schwerpunkte bzgl. der Bedeutung einzelner struktureller Aspekte der Sitegestaltung ableiten lassen. Zur Untersuchung eines solchen Zusammenhangs wird im empirischen Teil dieser Arbeit der Versuch einer Clusterung der Internetnutzer nach Maßgabe ihrer Motive unternommen. Des Weiteren werden im empirischen Teil die Zusammenhänge zwischen Motivstruktur und strukturellen Aspekten der Sitegestaltung untersucht werden.

Nachdem in diesem Abschnitt die funktionellen Aspekte im Internet aus Nutzersicht analysiert wurden wird im folgenden Abschnitt eine Analyse der funktionellen Aspekte aus Unternehmenssicht erfolgen. Diese Analyse soll den Vorteil verdeutlichen, den ein tiefergehendes Verständnis der Auswirkung der Sitegestaltung für Unternehmen beinhaltet.

---

[326] Der Besuch von Internet-Presence-Sites erfolgt nicht immer auf Basis eines Motivs, sondern oft zufällig über einen Link. Ein Motiv zum Besuch des Internets ist aber immer gegeben.

2.4.3.2 Funktionelle Aspekte aus Unternehmenssicht

Innerhalb der sechs Nutzenkategorien, die sich nach *Lee/Park* für Unternehmen aus der Präsenz im Internet ergeben,[327] lassen sich vier auch auf reine Internet-Presence-Sites beziehen; diese Vorteile aus Unternehmenssicht sind:

- Besondere Möglichkeiten der *Kundenbindung*, die
- Verbesserung der *Markenbekanntheit* und der *Einstellung zur Marke*, die
- Verbesserung der *Effektivität der Kommunikation*, sowie die
- Steigerung der *Wettbewerbsfähigkeit* des Unternehmens.

Aufgrund der Diversifikation der Konsumentenbedürfnisse und der Intensivierung des Wettbewerbs gewinnt die *Kundenbindung* zunehmend an Bedeutung. Folglich gewinnt Beziehungsmarketing und eine langfristige Kundenbeziehung an Gewicht, wobei das Internet ein für den Nutzer bequemes und kostengünstiges Kommunikationsmittel darstellt.[328] Verglichen mit der passiven Konsumentenschar traditioneller Medien ist das Webpublikum aber ein aktiver Teilnehmer im Kommunikationsprozess.[329] Diese Aktivität bedeutet auch höhere Ansprüche seitens der Kunden.[330] Über Internet-Presence-Sites wird die Kundenbetreuung vor und nach dem Kauf erleichtert, was die Bildung einer stabilen Kundenbeziehung unterstützen kann.[331]

Viele Firmen glauben, dass eine Präsenz im Internet zu einer *Verbesserung der Markenbekanntheit und der Einstellung zur Marke* führt.[332] Nach *Cho/Lee/Tharp* kommen zu den Vorteilen der reinen Präsenz die vielseitigen Kommunikationsmöglichkeiten wie multimediale Ansprache, Interaktivität und Nutzerfreundlichkeit als weitere Vorteile hinzu.[333] Die Kommunikation ist individuell gestaltbar und kann sich spezifischer Mechanismen bedienen, was den Aufbau einer besonderen Kundenbeziehung er-

---

[327] Vgl. Lee/Park 2004.
[328] Vgl. Kent/Taylor 1998. Die Interaktivität des Internets bietet ein großes Potenzial zum Aufbau einer solchen Beziehung. Der Informationsfluss ist um ein Vielfaches einfacher und die individuelle Kommunikation mit dem Konsumenten ist kostengünstig und zeitnah möglich. Durch die Einrichtung von Feedback-Möglichkeiten, 24 Stunden-Chat-Rooms und Nachkauf-Kundenbetreuung per E-Mail werden im Internet die Dialogmöglichkeiten mit dem Kunden deutlich einfacher. Vgl. auch Peppers/Rogers 1993 sowie Rengelshausen 1997.
[329] Vgl. Peppers/Rogers 1993.
[330] Zahlreiche Studien belegen, dass die Kundenbindung im Internet insbesondere auf Transaction-Sites deutlich schwerer und teurer ist. Vgl. Reichheld/Scheffer 2000 sowie Shankar/Smith/Rangaswamy 2003.
[331] Vgl. McGaughey/Mason 1998.
[332] Vgl. Hill/White 2000.
[333] Vgl. Cho/Lee/Tharp 2001. Vgl. auch Berthon/Leyland/Watson 1996.

laubt.[334] Die multimediale Qualität des Internet gibt Unternehmen die Möglichkeit, Produkterfahrungen Online zu generieren.[335] Dabei wirken sich Interaktivität und multimediale Darstellung positiv auf den Lernprozess der Konsumenten aus.[336]

Eine Vielzahl von Unternehmen nutzt das Internet zur Unternehmensdarstellung sowie zur Promotion der Produkte und Services. Vergleicht man Reichweite und Frequenz ist das Internet ein kosteneffektives Medium[337] und kann damit zur Steigerung der *Effektivität der Kommunikation* dienen.[338] Über die Nutzung des Internet können Unternehmen eine Informationsbreite und Aktualität erreichen, wie sie über klassische Kommunikationskanäle kaum möglich ist.[339] Betrachtet man die Wartungskostens, kann der Internetauftritt zu relativ geringen Kosten aktualisiert und verändert werden.[340]

Die Interaktionsmöglichkeit mit den Konsumenten erlaubt Unternehmen, sich schnell auf wechselnde Trends und Bedürfnisse einzustellen. *Rogers* konzeptualisiert diesen Nutzen als relativen *Wettbewerbsvorteil* der Innovation.[341]

2.5 Zusammenfassung der Erkenntnisbeiträge

Die vorliegende Bestandsaufnahme verdeutlicht die Chancen, die eine gezielte Nutzung des Internet für die Erreichung kommunikationspolitischer bzw. unternehmenspolitischer Ziele hat. Aus den Erkenntnisbeiträgen der Kommunikationstheorie im Offline- und Online-Bereich ergeben sich unmittelbare Auswirkungen für die vorliegende Arbeit. Die dargestellten Erkenntnisbeiträge weisen aber auch auf Forschungslücken hin. Sowohl Erkenntnisbeiträge als auch Forschungslücken können in Bezug zu den in Abschnitt 1.2 dargestellten Zielsetzungen der vorliegenden Arbeit gesetzt werden und wirken sich auf das weitere Vorgehen im Rahmen der Arbeit aus. Im Folgen-

---

[334] Vgl. Kent/Taylor 1998.
[335] Vgl. Alba et al. 1997; Hoffman/Novak 1996. Werbebotschaften und virtuelle direkte Erfahrung werden von Unternehmen genutzt, um dem Konsumenten das Produkt nahezubringen Vgl. Singh/Balasubramanian/ Chakraborry 2000. Direkte Erfahrung ist definiert als die erste Erfahrung mit einem Produkt. Nach Griffith/Chen bezeichnet virtuelle direkte Erfahrung (VDE) die Übermittlung von Produkteigenschaften durch die Simulation direkter Erfahrung. Virtuelle direkte Erfahrung bezeichnet folglich die direkte Ersterfahrung, die durch einen virtuellen Kommunikationskanal vermittelt wird. Vgl. Griffith/Chen 2004, S. 56.
[336] Vgl. Meeker 1997; Novak/Hoffman/Yung 2000.
[337] Vgl. Berthon/Leyland/Watson 1996.
[338] Vgl. Hoffman/Novak/Chatterjee 1995.
[339] Vgl. Hoffman/Novak/Chatterjee 1995.
[340] Auch Berthon/Leyland/Watson 1996 betonen die Bedeutung niedriger Startkosten als Aspekt des Internets aus Marketingsicht.

den werden die Auswirkungen sowie Forschungslücken, die sich aus den Erkenntnisbeiträgen ableiten lassen und die resultierenden Implikationen überblickartig beschrieben.

Die Identifikation der Sitecharakteristika, die in den Augen der Nutzer von Bedeutung für die Sitebewertung sind, wurde als *erste Zielsetzung* der vorliegenden Arbeit entwickelt.

- Sitecharakteristika, die aus Sicht der Nutzer von Bedeutung sind, werden in der Literatur unter dem Begriff Wahrnehmung des Werbemittels subsummiert. Diese bezeichnet die kognitive Verarbeitung der Werbemittelgestaltung durch den Konsumenten und stellt ein mehrdimensionales Konstrukt dar (Abschnitt 2.2.1). Folglich bezeichnet die *Sitewahrnehmung* die Verarbeitung der Sitegestaltung aus Nutzersicht.

- Eine methodisch zufriedenstellende Skala zur umfassenden Erfassung der Wahrnehmung des Werbemittels liegt bis dato weder für den Offline-Bereich (Abschnitt 2.2.1) noch für den Online-Bereich (Abschnitt 2.4.2.2) vor. Folglich kann im Rahmen der Untersuchung *kein Rückgriff auf eine vorhandene Skala* zur Erfassung der Sitewahrnehmung erfolgen.

- Vor dem Hintergrund der Besonderheiten des Mediums Internet (Abschnitt 2.4.1) müssen kommunikationstheoretische Erkenntnisse für der den Offline-Bereich auf ihre *Übertragbarkeit* auf den Online-Bereich überprüft werden.

- Im Rahmen der Arbeit soll folglich ein *Messinstrument* entwickelt werden, das die umfassende Erhebung sämtlicher aus Nutzersicht relevanter Merkmale erlaubt. Im Rahmen der Entwicklung von Indikatoren kann dabei ein Rückgriff auf die darstellten Erkenntnisbeiträge erfolgen.

Die *zweite Zielsetzung* der Untersuchung besteht darin, zu überprüfen, welche der identifizierten Site-Charakteristika sich positiv auf die Werbeziele des Unternehmens auswirken.

- Zunächst lässt sich aus den Ausführungen in Abschnitt 2.1 die Notwendigkeit der Identifikation geeigneter Werbeziele ableiten, denen die Wirkung der Sitegestaltung direkt und ohne Streuverluste zugeordnet werden kann.

---

[341] Vgl. Damanpour 1991, der davon ausgeht, dass die generelle Offenheit für Innovationen im Allgemeinen die Effizienz einer Organisation steigert.

- Die Ausführungen in Abschnitt 2.1 machen deutlich, dass die Wahrnehmung des Werbemittels den *kognitiven Werbezielen* zugeordnet werden kann und sich auf nachgelagerte Werbeziele auswirkt.
- Die Einstellung zur Site wurde als geeignetes Kriterium identifiziert, das die Wirkung der Sitewahrnehmung ohne Streuverluste erfasst und einen guten Indikator für sämtliche Werbeziele bildet. (Abschnitt 2.2.2.3.3.)
- In Hinblick auf die *Modellentwicklung* lässt sich aus den Werbewirkungsmodellen die positive Abhängigkeit der Einstellung zum Werbemittel von der Wahrnehmung des Werbemittels ableiten. Hypothesen, die sich auf die vermutete Dimensionalität des Konstruktes und die Differenzierung der Wirkung hinsichtlich einzelner Dimensionen beziehen, lassen sich aber auf Basis der den Werbewirkungsmodellen zugrundeliegenden Erkenntnissen nicht entwickeln.
- Aus den empirischen Studien der Onlineforschung lassen sich Erkenntnisse zu dem Zusammenhang zwischen der Sitewahrnehmung und der Einstellung zur Site in Hinblick auf einzelne Dimensionen ableiten (Abschnitt 2.4.2.2.) Einzelne Studien weisen zudem auf mögliche Theorien hin, die der Hypothesenentwicklung zu den Zusammenhängen zwischen den noch zu spezifizierenden Dimensionen und der Einstellung zur Site zugrundelegt werden können.
- Im Rahmen der vorliegenden Arbeit muss innerhalb der Hypothesengenerierung zu den Dimensionen der Sitewahrnehmung ein Rückgriff auf weitere theoretische Bezugspunkte außerhalb der Werbewirkungs- und Online-Forschung erfolgen.

Die *dritte Zielsetzung* der Arbeit besteht in der Entwicklung und empirischen Überprüfung des Einflusses möglicher moderierender Einflussgrößen.

- In Abschnitt 2.4.3.1 wird auf die *Aktivität* des Werbemittelkontaktes im Internet hingewiesen. Diese unterstreicht die Bedeutung der Erwartungen und Motive der Nutzer und damit die Bedeutung nutzerabhängiger Merkmale bei der Modellierung der Werbewirkungszusammenhänge im Internet.
- Aus den funktionellen Aspekten lässt sich eine *Kategorisierung der Motive* der Internetnutzung ableiten (Abschnitt 2.4.3.1)
- Aus den in Abschnitt 2.2.2 dargestellten Werbewirkungsmodellen lassen sich die produktabhängigen Merkmale *Rationalität/Emotionalität* und *Involvement* der Kaufentscheidung als moderierende Einflussgrößen der Werbewirkung ableiten.

- Die Hypothesengenerierung zu den moderierenden Effekten kann nicht vollständig auf Basis der dargestellten Theorien erfolgen. Folglich muss auch innerhalb der Hypothesengenerierung zu den moderierenden Effekten ein Rückgriff auf weitere theoretische Bezugspunkte außerhalb der Werbewirkungs- und Online-Forschung erfolgen.

Zur Beantwortung der *übergreifende Forschungsfrage* der vorliegenden Arbeit nach den aus Nutzersicht relevanten Merkmalen der Sitegestaltung und deren Bedeutung in verschiedem Kontext sind folglich weitere Schritte notwendig. Zur Modellierung der Zusammenhänge im Rahmen der Hypothesenentwicklung bieten sowohl die Werbewirkungsforschung als auch die Online-Forschung kein übertragbares Messinstrument, das die Sitewahrnehmung in seiner Dimensionalität umfassend abbildet. Diese *erste Forschungslücke* wird im Rahmen der Arbeit über die empirische Entwicklung eines Messinstrumentes zur Erfassung der Sitewahrnehmung in Abschnitt 3.2 geschlossen.

Die *zweite Forschungslücke* der Werbewirkungsforschung und der Online-Forschung zeigt sich in der bislang unzureichenden theoretischen Fundierung sowohl des Zusammenhangs zwischen den zu spezifizierenden Dimensionen der Sitewahrnehmung und der Einstellung zur Site als auch des möglichen Einflusses der zu untersuchenden moderierenden produktabhängigen Einflussgrößen Involvement und Rationalität/Emotionalität der Kaufentscheidung sowie der nutzerabhängigen Einflussgrößen Motive der Internetnutzung auf diesen Zusammenhang. Um die theoretische Fundierung der Hypothesen zu möglichen Zusammenhängen zu erlauben, werden in Abschnitt 3.3 weitere Bezugspunkte aus verwandten Forschungsbereichen der Neuen Institutionenökonomie sowie den Verhaltenswissenschaften dargestellt. Im Anschluss an diese beiden Abschnitte erfolgt in Abschnitt 3.4 die theoretische Konzeption des Modells.

3 Konzeption des Untersuchungsmodells

3.1 Methodische Grundlagen der Operationalisierung von Konstrukten

Bei den in Abschnitt 2.2.3.1 dargestellten Elementen des Basismodells, den moderierenden Variablen und den im folgenden Abschnitt zu entwickelnden Elementen des Messmodells handelt es sich um theoretische bzw. hypothetische Konstrukte, die sich einer direkten Beobachtung verschließen.[342] Empirische Relevanz erlangen die theoretischen Konstrukte erst mittels einer *Operationalisierung* d.h. einer Identifikation der Messmodelle.[343] Die Grundlage der Operationalisierung der Konstrukte bildet dabei eine quantitative Datenerhebung.[344]

Inwiefern ein Messinstrument/Messmodell eine hypothetische Größe hinreichend präzise erfasst, zeigen insbesondere zwei Kriterien, die Reliablität (Zuverlässigkeit) und die Validität (Gültigkeit).[345] Hinweise über die Zuverlässigkeit und Gültigkeit liefert eine Vielzahl von Verfahren, die sich in Verfahren der ersten und zweiten Generation einstufen lassen.[346] Verfahren der ersten Generation stellen das *Cronbachsche Alpha*, *Item-to-Total-Korrelationen* und die *explorative Faktorenanalyse* dar. Zu den Verfahren der zweiten Generation zählt in erster Linie die *konfirmatorische Faktorenanalyse*.[347]

Als Maß für die interne Konsistenz der Indikatoren eines Konstruktes eignet sich das auf Cronbach zurückgehende *Cronbachs Alpha* (CA).[348] Es stellt den Mittelwert aller Korrelationen dar, die daraus resultieren, dass die Indikatoren des Faktors auf alle möglichen Arten in zwei Hälften geteilt werden und die Summen der sich ergebenden Variablenhälften anschließend miteinander korreliert werden.[349] Der zwischen null und eins liegende Wert von Cronbachs Alpha steht somit in positivem Zusammenhang

---

[342] Vgl. zum Begriff des hypothetischen bzw. theoretischen Konstruktes Bagozzi/Fornell 1982, S. 24.
[343] Vgl. Homburg/Pflesser 2000.
[344] Zum Begriff der Operationalisierung vgl. Giering 2000.
[345] Reliabilität definiert Churchill als „...the degree to which measures are free from random error". Die Validität verweist auf die konzeptionelle Richtigkeit der Messung. Diese liegt vor, wenn das Messergebnis weder durch zufällige noch durch systematische Messfehler gestört wird. Vgl. hierzu sowie zu den verschiedenen Varianten der Validität Bagozzi 1979; Bagozzi/Phillips 1982, S. 468f.
[346] Vgl. Fornell 1986; Gerbing/Anderson 1988; Homburg/Giering 1996. Zum mathematischen Hintergrund der einzelnen Kriterien vgl. ausführlich Giering 2000, S. 72ff. Die Kriterien der zweiten Generation sind in Hinblick auf die zugrundeliegenden Annahmen weniger restriktiv, sie finden in der Marketingforschung zunehmend Anwendung. Vgl. Baumgartner/Homburg 1996, S. 140ff.
[347] Vgl. Gerbing/Anderson 1988; Homburg/Giering 1996.
[348] Vgl. Cronbach 1947. Das Cronbachsche Alpha stellt nach Peterson den bekanntesten und am häufigsten angewendeten Reliabilitätskoeffizienten der ersten Generation dar. Vgl. Peterson 1994.

mit der Anzahl der einbezogenen Indikatoren. Aus diesem Grunde muss die kritische Ausprägung des Maßes, ab der ein Messmodell als reliabel gilt, in Abhängigkeit von der Anzahl der berücksichtigten Variablen festgelegt werden.[350] Innerhalb der vorliegenden Untersuchung wird für das Cronbachsche Alpha ein Wert von mindestens 0,7 gefordert.

Erreicht der Wert des Cronbachschen Alpha nicht das Mindestmaß, kommt es zu einem Ausschluss von Variablen auf Basis der *Item-to-Total-Korrelationen* (ItT). Unter einer Item-to-Total-Korrelation wird die Korrelation zwischen einem Indikator und der Summe aller dem jeweiligen Faktor zugeordneten Indikatoren verstanden.[351]

Die Ergebnisse der *explorativen Faktorenanalyse* erlauben schließlich Aussagen über die Validität des Messmodells. Als Maß für die Validität des Messmodells dient die *durchschnittliche Varianzerklärung* (DEV), des identifizierten Faktors, wobei sich als ein Mindestwert ein 50%-ige durchschnittliche Varianzerklärung bewährt hat.[352] Wird dieser Wert nicht erreicht, liefern die Faktorladungen Anhaltspunkte für die Elimination von Indikatoren. Bei einem Indikator, der eine kleinere Ladung als 0,4 aufweist empfiehlt sich dessen Elimination aus dem Messmodell.[353]

Gerbing/Anderson sowie *Homburg/Giering* schlagen eine zweistufige Vorgehensweise vor, die einen kombinierten Einsatz der exploratorischen und konfirmatorischen Faktorenanalyse umfasst. Die erste Stufe, die die Verfahren der ersten Generation beinhaltet, dient der „initial purification" des Messmodells. Die konfirmatorische Faktorenanalyse der zweiten Stufe eignet sich zur Überprüfung des auf Basis der Methoden der ersten Generation entwickelten Messmodells.[354]

Die auf Arbeiten von *Jöreskog* zurückgehende konfirmatorische Faktorenanalyse verdient innerhalb der *Methoden der zweiten Generation* besondere Aufmerksamkeit.[355]

---

[349] Vgl. Carmines/Zeller 1979, S. 45.
[350] Vgl. Nach Ansicht von Ohlwein erweist sich ein aus zwei Indikatoren bestehendes Messmodell dann als zuverlässig, wenn Cronbachs Alpha mindestens 0,5 erreicht. Bei drei Indikatoren steigt die untere Grenze des Reliabilitätsmaßes auf 0,6, bei vier oder mehr beobachtbaren Variablen auf 0,7. Vgl. Ohlwein 1999, S. 224. Cortina 1993, S. 98ff.
[351] Vgl. Nunally 1978, S. 274.
[352] Vgl. Homburg 1989.
[353] Vgl. Homburg/Giering 1996, S. 8.
[354] Vgl. Gerbing/Anderson 1988; Homburg/Giering 1996.
[355] Vgl. Jöreskog 1966; Jöreskog 1969.

Das der Familie der Kovarianzstrukturanalysen angehörende Verfahren[356] überprüft einen a-priori definierten Zusammenhang zwischen Indikatoren und einem zu messenden Konstrukt. Das vorab spezifizierte Messmodell wird an die empirische Kovarianzmatrix der Indikatoren angeglichen. Hierbei werden die Modellparameter so geschätzt, dass die empirische Kovarianzmatrix möglichst gut durch das Modell reproduziert wird.[357]

Im Rahmen der *Modellbeurteilung* wird die *Güte*, mit der das spezifizierte Messmodell die empirischen Daten widerspiegelt, analysiert. Dabei stehen diverse Gütemaße und inferenzstatistische Tests zur Verfügung.[358] Über diese kann die Reliabilität und Validität des Messmodells analysiert werden. Während globale Gütemaße die Beurteilung der Konsistenz des Gesamtmodells mit den erhobenen Daten ermöglichen[359], erlauben lokale Gütemaße die Überprüfung der Messgüte einzelner Indikatoren und Faktoren. *Homburg/Baumgartner* bieten einen Überblick über die bei einer Modellbeurteilung prinzipiell anwendbaren *globalen Gütemaße*.[360] Im Rahmen der Arbeit kommen die globalen Gütemaße *Chi-Quadrat-Test* (χ^2), *Root Mean Squared Error of Approximation* (RMSEA), *Goodness of Fit Index* (GFI), *Adjusted Goodness of Fit Index* (AGFI), *Comparative Fit Index* (CFI) sowie *Normed Fit Index* (NFI) zur Anwendung.

Die χ^2-*Teststatistik* sowie der *RMSA* stellen *inferenzstatistische Anpassungmaße* der, d.h. sie führen anhand statistischer Tests eine Beurteilung der Modellgüte durch. Dabei stellt die χ^2-*Teststatistik* ein Anpassungsmaß dar, das die Nullhypothese der Übereinstimmung der empirischen Kovarianzmatrix mit der vom Modell reproduzierten Kovarianzmatrix überprüft.[361] Die Beurteilung des χ^2-Wertes erfolgt anhand des p-Wertes. Dieser gibt die Wahrscheinlichkeit an, mit der ein größerer als der tatsächlich ermittelte χ^2-Wert erhalten werden kann, obwohl das spezifizierte Modell richtig ist.[362] Dieser Test reagiert sehr empfindlich auf die Stichprobengröße. Aus diesem Grunde

---

[356] Die konfirmatorische Faktorenanalyse ist ein Spezialfall der Kovarianzstrukturanalyse, die im Sprachgebrauch oft Kausalanalyse genannt wird. Vgl. Homburg 1989, S. 2.
[357] Für eine ausführliche Darstellung der Vorgehensweise vgl. Backhaus et al. 2003 sowie Homburg/Baumgartner 1995; Homburg/Pflesser 2000.
[358] Zur Beurteilung der Anpassungsgüte vgl. u.a. Bagozzi/Yi/Phillips 1991; Jöreskog/Sörbom 1993 sowie Jöreskog/Sörbom 1996. Einen umfassenden Überblick geben Homburg/Baumgartner 1995, S. 165ff.
[359] Erst bei einem Messmodell, das aus mindestens vier Indikatoren besteht, liefert die konfirmatorische Faktorenanalyse globale Gütemaße. Vgl. Ohlwein 1999.
[360] Vgl. Homburg/Baumgartner 1995.
[361] Anpassungsmaße, die auf inferenzstatistischen Tests basieren, wie χ^2-Teststatistik, werden auch als inferenzstatistische Anpassungsmaße bezeichnet. Vgl. Homburg/Baumgartner 1995 sowie Homburg 1989, S. 188.
[362] Vgl. Giering 2000; Homburg/Giering 1996.

wird empfohlen, den Quotienten aus dem χ^2-Wert und der Zahl der Freiheitsgrade als deskriptives Gütemaß zu betrachten.[363] Als Grenzwert für eine gute Modellanpassung wird ein Wert unter fünf gefordert.[364] Durch den *RMSA* kann die Güte der Approximation des Modells an die empirischen Daten ermittelt werden.[365] Werte von unter 0,08 deuten auf eine akzeptable Modellanpassung hin, Werte von unter 0,05 auf deuten auf eine gute Modellanpassung hin.

Zu den *deskriptiven Anpassungsmaßen* gehören der *AGFI* und der *GFI*. Deskriptive Anpassungsmaße ermöglichen im Gegensatz zu inferenzstatistischen Gütemaßen keine Modellbeurteilung anhand statistischer Tests. Die Bewertung der Güte des Modells wird anhand vorgegebener Mindeststandards durchgeführt. Die beiden Gütemaße können Werte zwischen Null und Eins annehmen, wobei der Wert eins die perfekte Anpassung des Modells an die empirischen Daten bezeichnet.[366] Anhand des GFI wird der Anteil der Varianzen und Kovarianzen angegeben, der durch das Modell erklärt wird. Der AGFI relativiert die Anpassung des GFI über die Anzahl der verwendeten Freiheitsgrade.[367]

Den *inkrementellen Anpassungsmaßen* liegt ein Referenzmodell zugrunde, zu welchem das interessierende Model in Relation gesetzt wird.[368] Meist wird als Basismodell ein Modell eingesetzt, bei dem hinsichtlich aller Indikatoren Unabhängigkeit angenommen wird (Nullmodell).[369] Der NFI und der CFI messen die Verbesserung der Anpassungsgüte beim Übergang von einem Nullmodell zum relevanten Modell. Durch die Vernachlässigung der Freiheitsgrade ist die Aussagekraft des NFI eingeschränkt. Diesem Defizit begegnet der CFI, welcher durch die Berücksichtigung der Freiheitsgrade die Aussagekraft des Ergebnisses verbessert. Für die deskriptiven sowie die inkrementellen Anpassungsmaße gelten Werte von 0,9 nach herkömmlicher Meinung als zufriedenstellend.[370]

Lokale Gütemaße schließlich erlauben die Beurteilung der Messgüte einzelner Indikatoren sowie Faktoren. Im Rahmen der vorliegenden Untersuchung kommen die loka-

---

[363] Vgl. Giering 2000.
[364] Vgl. Balderjahn 1986. Homburg fordert in einer strengeren Betrachtung sogar einen Wert unter drei. Vgl. Homburg 2000, S. 93.
[365] Vgl. Steiger 1990.
[366] Vgl. Sharma 1996.
[367] Vgl. Homburg/Baumgartner 1995.
[368] Vgl. Bentler/Bonett 1982.
[369] Vgl. Giering 2000, S. 83.
[370] Vgl. Homburg/Baumgartner 1995 sowie Giering 2000, S. 83f.

len Gütemaße *standardisierte Faktorladung* (SF), *Indikatorreliablität* (IR), *Faktorreliabilität* (FR) und *durchschnittlich erfasste Varianz* (DEV) zum Einsatz.

Die *standardisierten Faktorladungen* (SF) geben an, wie gut einzelne Indikatoren den zugrundeliegenden Faktor messen. Die Standardisierte Faktorladung sollte nach *Giering* mindestens einen Wert von 0,4 erreichen.[371] *Die Indikatorreliablität* (IR) bezeichnet umgekehrt die Höhe der Varianz eines Indikators, die durch eine latente Variable erklärt wird. Sie beschreibt folglich, wie gut ein einzelner Indikator durch den ihm übergeordneten Faktor repräsentiert wird. Der nicht durch den Faktor erklärte Varianzanteil geht dabei auf Messfehlereinflüsse zurück.[372] Der Wertebereich dieser Größe liegt zwischen null und eins, wobei ebenfalls ein Mindestwert von 0,4 gefordert wird.[373]

Die *Faktorreliabilität* (FR) sowie die *durchschnittlich erfasste Varianz* (DEV) geben Rückschlüsse auf die *Güte des Faktors*. Sie geben an, wie gut ein Faktor durch die Gesamtheit der ihm zugeordneten Indikatoren gemessen wird. Auch diese Werte können Maße zwischen null und eins annehmen, wobei wiederum hohe Werte auf eine gute Modellanpassung hindeuten. In der Literatur werden für die Faktorreliabilität Werte von mindestens 0,6 und für die durchschnittlich erfasste Varianz Werte von mindestens 0,5 gefordert.[374]

Ein *vollständiger Validierungsprozess* erfordert auch die Überprüfung der *Diskriminanzvalidität*. Bei mehrfaktoriellen Konstrukten muss sichergestellt werden, dass die einzelnen Faktoren auch verschiedene Facetten desselben Konstruktes messen. Prinzipiell kommen zur Erfassung der Diskriminanzvalidität der χ^2-*Differenztest* sowie die Überprüfung nach dem *Fornell-Larcker-Kriterium* in Frage. Das Fornell-Larcker-Kriterium stellt ein wesentlich strengeres Kriterium dar. Bei diesem wird von Diskriminanzvalidität ausgegangen, wenn die durchschnittlich erfasste Varianz des Faktors größer ist als jede quadrierte Korrelation des Faktors mit einem anderen Faktor desselben Konstrukts.[375] Im Rahmen der vorliegenden Arbeit wird folglich im Rahmen der Überprüfung der Diskriminanzvalidität zunächst dieses Kriterium angewandt. Nur,

---

[371] Vgl. Giering 2000, S. 85.
[372] Vgl. Homburg/Baumgartner 1995, S. 170.
[373] Vgl. Bagozzi/Baumgartner 1994; Homburg 2000, S. 91; Homburg/Giering 1996, S. 13.
[374] Vgl. Bagozzi/Yi 1988; Homburg/Baumgartner 1995.
[375] Vgl. Homburg/Dobratz 1992.

wenn die Daten den Anforderungen dieses Kriteriums nicht genügen, wird der χ^2-Differenztest angewandt.

Nachdem die methodischen Grundlagen der Gütebeurteilung der Konstruktmessung in knapper Form dargestellt wurden, kann im Folgenden die Entwicklung des Messinstrumentes zur Erfassung der Sitewahrnehmung dargestellt werden.

3.2 Entwicklung eines Messinstrumentes zur Erfassung der Sitewahrnehmung

3.2.1 Konzeptionelle Grundlagen der Untersuchung

3.2.1.1 Methodische Konzeption

Ziel des vorliegenden Abschnittes stellt die Entwicklung eines Messinstrumentes dar, das das Konstrukt Sitewahrnehmung in seiner Dimensionalität umfassend abbildet und dabei mit einer möglichst geringen Anzahl an Indikatoren auskommt. Zur Entwicklung eines solchen Messinstrumentes eignet sich die Vorgehensweise der Skalenentwicklung, wie sie in der Entwicklung von Inventaren zur Abbildung der Markenpersönlichkeit üblicherweise zum Einsatz kommt.[376] Um die Validität des Messinstrumentes sicherzustellen, wird der Entwicklung der Ansatz von *Malhotra* zugrundegelegt, welcher den Prozess der Skalenentwicklung für die Messung verschiedenster Konstrukte beschreibt.[377] Ein valide messbares Konstrukt der Sitewahrnehmung ist Voraussetzung für die Untersuchung seiner Konsequenzen. Dieser Ansatz wird als *faktoranalytischer Ansatz* bezeichnet. Er dient der Förderung einer Theoriebildung, die sich durch empirische Forschung absichern lässt.[378]

Grundlagen dieser Skalenentwicklung sind die *umfassende Abbildung* des einen Untersuchungsgegenstand repräsentierenden Merkmalsraumes anhand einer großen Merkmalsmenge (Totalansatz) sowie die Reduktion dieser Merkmalsmenge auf möglichst wenige zentrale Merkmale, die geeignet sind, den Merkmalsraum vollständig aufzuspannen.[379] Die Skalenentwicklung bedient sich dabei folgender *Schritte*:

---

[376] Gute Darstellungen der Vorgehensweise finden sich bei Aaker 1997; Aaker/Benet-Martínez/Garolera 2001 sowie ausführlich bei Mäder 2005.
[377] Vgl. Malhotra 1981.
[378] Vgl. Mäder 2005, S. 81 ff.
[379] Nur eine geeignete (repräsentative) Merkmalsauswahl führt zu einer brauchbaren Faktorlösung. Vgl. Backhaus et al. 2003, S. 269; Hair et al. 1995, S. 371.

- In einem ersten Schritt erfolgt die *Entwicklung* des durch die Skala abzubildenden Merkmalsraums. Sämtliche das Untersuchungsobjekt beschreibenden Merkmale werden erfasst (Totalansatz). Das Resultat dieses Untersuchungsschrittes ist eine große Merkmalsmenge, die den interessierenden Merkmalsraum umfassend abdeckt.[380]

- In den nächsten Schritten muss diese Ausgangsmenge an Merkmalen verdichtet werden, ohne wesentliche Teile der Ursprungsinformation zu verlieren. Zunächst erfolgt diese Verdichtung über die Merkmalsreduktion anhand heuristischer Verfahren. Eine besondere Relevanz kommt dabei der Elimination *redundanter Merkmale* zu. Weiter erfolgt die Elimination solcher Merkmale, die nicht zur Messung des Untersuchungsobjektes geeignet erscheinen, weil sie entweder die zugrundeliegende Definition des Untersuchungsgegenstandes nicht wiedergeben oder aber messtechnisch problematisch erscheinen. Bereits an dieser Stelle können quantitative Voruntersuchungen die inhaltlichen Überlegungen stützen.

- Im dritten Schritt erfolgt die Aufdeckung der zentralen Struktur des untersuchten Merkmalsraums. Über das Verfahren der explorativen Faktorenanalyse werden die grundlegenden *Dimensionen* des Merkmalsraums extrahiert. Die Bestimmung der zu wählenden Anzahl an Dimensionen erfolgt dabei unter Berücksichtigung sowohl statistischer als auch inhaltlicher Überlegungen.

- Die weiteren Schritte dienen der Reduktion der Merkmalsanzahl innerhalb der Dimensionen unter Beibehaltung deren Inhalts. Hierzu werden die extrahierten Dimensionen zunächst auf ihre inhaltlichen *Facetten* überprüft, wobei wiederum das Verfahren der explorativen Faktorenanalyse zum Einsatz kommt. Dieser Untersuchungsschritt dient der inhaltlichen Differenzierung der Dimensionen und führt zu einem besseren Verständnis und einer besseren Interpretierbarkeit der Dimensionen. Innerhalb des weiteren Vorgehens kann nun darauf geachtet werden, dass die Facetten durch die verbleibenden Merkmale ausreichend repräsentiert bleiben, um wiederum den Erhalt der Ursprungsinformation sicherzustellen.

- Die weitere Merkmalsreduktion erfolgt folglich innerhalb der Facetten. Die Merkmale innerhalb der Facetten werden geclustert und jeweils ein Merkmal pro Cluster wird zur Repräsentation der Facette beibehalten. Das Ergebnis dieser Vorgehens-

---

[380] Nach Mäder löst der Totalansatz die Repräsentativitätsproblematik dadurch, dass die Grundgesamtheit aller zur Beschreibung des Objektes geeigneten Merkmale den Ausgangspunkt der Analyse bilden. Vgl. Mäder 2005, S. 52.

weise stellt ein Messinstrument dar, das den ursprünglichen Merkmalsraum vollständig abbildet. Die Dimensionen dieses Merkmalsraumes bleiben erhalten und sind inhaltlich (auf Basis wesentlich weniger Merkmale) genauso ausdifferenziert wie die Ursprungsdimensionen. Bei der Entwicklung des Messinstrumentes werden folglich auf Basis statistischer Kriterien ausschließlich redundante Merkmale entfernt.

- Damit ist die Skalenentwicklung nicht abgeschlossen. In einem letzten Schritt muss das entwickelte Messinstrument auf Validität und Reliabilität überprüft werden.

Die beschriebene Vorgehensweise bietet im Vergleich zur Konzeptionalisierung und Operationalisierung von Konstrukten auf Basis theoretischer Fundierung für den Untersuchungsgegenstand der vorliegenden Arbeit folgende *Vorteile*:

- Der Forschungsansatz ist *nicht hypothesengeleitet*, deshalb bietet sich dieser Ansatz speziell für das noch junge Forschungsgebiet Werbewirkung im Internet an. Zum einen konnte für das Forschungsgebiet nicht davon ausgegangen werden, dass in der Literatur zum Zeitpunkt der Untersuchung *sämtliche* für die Sitewahrnehmung *relevanten Merkmale* bereits abgebildet wurden. Zum anderen ist davon auszugehen, dass innerhalb der Literatur ein *Bias* zugunsten zu einem frühen Zeitpunkt entdeckter Merkmale, die in späteren Publikationen zitiert und differenziert weiterentwickelt wurden, auftritt.

- Der Totalansatz hingegen hilft, diesen Bias zu vermeiden. Auch über wenige Merkmale abgebildete Dimensionen bleiben im Rahmen der statistischen Verdichtung erhalten, breit abgebildete Dimensionen werden hingegen hinsichtlich der Anzahl ihrer Merkmale stark verdichtet.

- Die Itemreduktion unter Berücksichtigung der wesentlichen sowie der redundanten Information auf Dimensions-, Facetten- sowie auf Merkmalsebene führt zum Erhalt der gesamten Information des betrachteten Merkmalsraums. Im Gegensatz dazu honoriert die Optimierung verschiedener Gütekriterien der bei der Messung von Konstrukten üblichen Vorgehensweise eine Konstruktmessung anhand ähnlicher Merkmale anstelle einer Konstruktmessung anhand von Merkmalen, die das zu messende Konstrukt breit aufspannen.

Im folgenden Abschnitt werden die *Prämissen* des gewählten Ansatzes dargestellt. Auf Basis dieser Grundlagen wird in den darauf folgenden Abschnitten 3.2.2 bis 3.2.4

ein Messinstrument zur Erfassung der Sitewahrnehmung entwickelt, das in Abschnitt 3.2.5 dargestellt wird.

3.2.1.2 Prämissen des faktoranalytischen Ansatzes

Malhotra geht von verschiedenen *Prämissen des faktoranalytischen Ansatzes* aus.[381] Grundlegend ist die Annahme, dass das zu messende Konstrukt Sitewahrnehmung in einzelne *Merkmale aufteilbar* ist. Die Sitewahrnehmung als Ganzes kann folglich durch eine Menge von Wahrnehmungsmerkmalen erfasst werden. Diese lassen sich durch Adjektive (z.B. „originell"), Substantive (z.B. „Originalität") oder Aussagesätze (z.B. „So eine Art von Site habe ich noch nie gesehen") beschreiben.

Die zweite Prämisse geht von einer *hierarchischen Struktur dieser Merkmale* aus. Der faktoranalytische Ansatz postuliert, dass die Merkmale der Sitewahrnehmung einen unterschiedlichen Abstraktionsgrad aufweisen und ihnen folglich hierarchische Strukturen zugrunde liegen. Diese Annahme führt zur Rechtfertigung des Einsatzes der Faktorenanalyse als Instrument zur Aufdeckung impliziter Strukturen bei einer gegebenen Merkmalsmenge.[382] Die Analyse entdeckt Ähnlichkeiten der zugrunde liegenden Merkmale über deren statistische Abhängigkeiten. Korrelierende Merkmale werden zu Konzepten höherer Ordnung verdichtet, die durch die Faktorenanalyse identifiziert werden können und als Wahrnehmungsdimensionen bezeichnet werden. Umgekehrt betrachtet, können den identifizierten Dimensionen die einzelnen Facetten zugeordnet werden. Die folgende Abbildung veranschaulicht das Prinzip hierarchischer Merkmalsstrukturen.

---

[381] Vgl. Malhotra 1981.
[382] Vgl. Chang 1983.

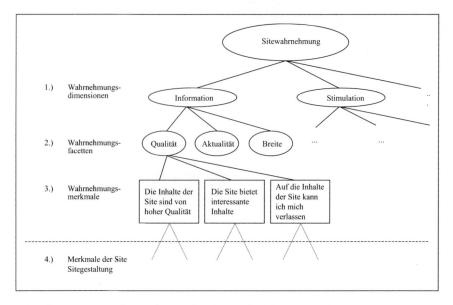

Abbildung 7: Beispiel einer hierarchischen Wahrnehmungsstruktur
Quelle: in Anlehnung an Eyseneck 1967, S. 36 sowie Mäder 2005, S. 51.

Die dritte Prämisse stellt die *Sicherstellung der Repräsentativität* von Untersuchungsobjekten, Untersuchungsmerkmalen sowie Untersuchungspersonen für die Gesamtheit an Objekten, Merkmalen und Personen, die der Untersuchung zugrunde liegen, dar. Diese Gesamtheit bezeichnet den *Bezugsrahmen* eines Messinstruments und definiert dessen Anwendungs- bzw. Geltungsbereich.[383]

Bei dem zu bewertenden *Objekt* handelt es sich um Internet-Presence-Sites von Konsumgütermarken. Wie in Abschnitt 2.4.2.1 definiert, bezeichnen Internet-Presence-Sites solche Sites, die der Darstellung und Beschreibung von Produkten, Dienstleistungen oder Unternehmen dienen, nicht aber dem Vertrieb von Produkten oder Dienstleistungen. Um einen Vergleich verschiedener Sites durchführen zu können, muss das Messinstrument einen möglichst allgemeingültigen Wahrnehmungsraum abbilden. Um eine solche Allgemeingültigkeit zu gewährleisten, müssen die Sites, die der Entwicklung des Messinstrumentes zugrunde liegen, den *Objektbereich* Internet-Presence-Sites repräsentativ abbilden.

---

[383] Die Forderung nach der Spezifikation des Bezugsrahmens hinsichtlich Objekten, Merkmalen und Personen geht auf Rossiter zurück. Vgl. Rossiter 2002, S. 308ff.

In der vorliegenden Untersuchung wird der Auswahl der Untersuchungsobjekte das FCB-Grid von *Foote/Cone/Belding* zugrundegelegt, das Produkte und Dienstleistungen im zweidimensionalen Raum, der von den Achsen Involvement und Rationalität/Emotionalität der Produktwahl aufgespannt wird, anordnet.[384] Die in die Entwicklung des Messinstrumentes einbezogenen Sites entstammen paritätisch den vier Quadranten High Involvement/Rational, High Involvement/Emotional, Low Involvement/Rational und Low Involvement/Emotional der Einteilung des FCB-Grid.[385] Diesem Vorgehen in der Objektauswahl liegt die Annahme zugrunde, dass insbesondere das Involvement und die Rationalität/Emotionalität der Kaufentscheidung die Bedeutung der Dimensionen und Facetten der Sitewahrnehmung beeinflussen. Die Gleichverteilung der ausgewählten Produktkategorien innerhalb des durch die Dimensionen Involvement und Rationalität/Emotionalität aufgespannten Raums sorgt für die Repräsentativität der Abbildung der Bezugsgesamtheit durch die Untersuchungsgesamtheit.

Als Basis der Auswahl der Produktkategorien diente ein Siteverzeichnis nach Produktklassen auf einem großen Internetportal. Für die Untersuchung wurden innerhalb jedes Quadranten jeweils sechs bis sieben Produktkategorien ausgewählt, die innerhalb des Verzeichnisses durch zwei bis drei möglichst unterschiedliche Sites[386] repräsentiert wurden. Die resultierenden 24 Produktkategorien wurden jeweils durch eine, zwei oder drei Sites repräsentiert, so dass jedem Quadranten schließlich 12 oder 13 Untersuchungsobjekte zugeordnet werden konnten. Die folgende Tabelle gibt die Domainnamen der untersuchten Sites wieder:

---

[384] Vgl. Ratchford 1987 sowie Abschnitt 2.4.4.2 dieser Arbeit.
[385] Vgl. hierzu auch Abschnitt 2.2.2.2.2 dieser Arbeit.
[386] Unterschieden wurde nach Unternehmensgröße, Anzahl an Unterseites, Professionalität des Auftritts, Emotionalität des Auftritts.

		Rational	Emotional
High Involvement	**Computer:** http://de.fujitsu.com http://www.hewlett-packard.de **Haushaltsgeräte:** http://www.aeg.hausgeraete.de http://www.miele.de http://www.bsh-group.com **Kameras:** http://www.jenoptik-camera.com http://www.leica-camera.com **Kreditkarten:** http://www.americanexpress.de http://www.eurocard.de http://www.visa.de **Versicherungen:** http://www.continentale.de http://www.huk.de http://www.allianz.de		**Brillen:** http://www.fielmann.de http://www.rodenstock.de **Automobile der Oberklasse:** http://www.bmw.de http://www.mercedes-benz.com **Hochwertige Kleidung:** http://www.hugoboss.de http://www.strenesse.de **Exklusive Uhren:** http://www.glashuette.de http://www.mauricelacroix.com **Kleinwagen:** http://www.fiat.de http://www.smart.de **Sportwagen:** http://www.porsche.de **Unterwäsche/Dessous:** http://www.triumph-international.de http://www.beedees.de
Low Involvement	**Batterien:** http://www.varta.de **Benzin:** http://www.esso.de http://www.aral.de **Feinwaschmittel:** http://www.rei.de http://www.sanso.de **Haarshampoo:** http://www.fructis.de http://www.schwarzkopf.de **Waschmittel:** http://www.ariel.de http://www.persil.de **Zahnbürsten:** http://www.dr-best.de **Zahncreme:** http://www.perlweiss.de http://www.sensodyne.de		**Bier:** http://www.tannenzapfle.de http://www.bitburger.de **Brotaufstrich:** http://www.nutella.de http://www.schwartau.de **Kaffee:** http://www.jacobs.de http://melitta.de **Schokolade:** http://www.ritter-sport.de http://www.milka.de **Softdrinks:** http://www.granini.de http://www.schweppes.de **Zigaretten:** http://www.davidoff-cigarettes.de http://www.west.de

Tabelle 8: Untersuchungsobjekte innerhalb des FCB-Grid

Die Beurteilung der Sites findet durch *Personen* statt. Die Untersuchung bezieht sich auf die Grundgesamtheit sämtlicher Internet-Nutzer in Deutschland. Die Validität der eingesetzten *Merkmale* lässt sich nur relativ zum festgelegten Objektbereich beurteilen.[387] Dies impliziert, dass die verwendeten Merkmale relevant und repräsentativ für die Beschreibung von Internet-Presence-Sites sein müssen. Somit wird die Sicherstellung der Repräsentativität in Hinblick auf die Merkmalsauswahl gefordert. Diese ist

---

[387] Vgl. Rossiter 2002, S. 308ff.

zur Absicherung der inhaltlichen Validität von entscheidender Bedeutung, da die Ergebnisse von Faktorenanalysen stark von der Ausgangsmenge der Variablen abhängen.[388]

Die *Repräsentativitätsproblematik* bzgl. der Merkmale wird in der vorliegenden Untersuchung dadurch gelöst, dass die Grundgesamtheit aller Merkmale, die sich zur Beschreibung von Sites eignen, den Ausgangspunkt der Analyse bilden (Totalansatz). Zur umfassenden Abbildung des Wahrnehmungsraumes kann dabei beispielsweise, wie in den Arbeiten von *Aaker* bei der Entwicklung von Inventaren der Markenpersönlichkeit der lexikalische Ansatz gewählt werden, bei dem eine anhand eines aktuellen Lexikons generierte Adjektivliste sukzessive verdichtet wird. Wie die Arbeit von *Chen/Wells* zeigt eignet sich dieser Ansatz nur bedingt zur Entwicklung eines Messinstrumentes der Sitewahrnehmung, insbesondere, wenn anhand dieses Messinstrumentes die Ableitung von Managementimplikationen in Bezug auf die auf die Sitegestaltung möglich sein soll.[389]

Im Rahmen der vorliegenden Arbeit wird folglich ein Rückgriff auf qualitative Forschung zur Generierung eines umfassenden Merkmalspools, der die Sitewahrnehmung abbildet, notwendig. Die Verdichtung des Merkmalspools erfolgt im Anschluss rein empirisch. Der gewählte Ansatz positioniert sich folglich zwischen qualitativer und quantitativer Forschung.

Um die inhaltliche Vollständigkeit der Merkmale der Sitewahrnehmung sicherzustellen wurden eine *Literaturbestandsaufnahme* sowie mehrere *Experteninterviews* und *Nutzerbefragungen* durchgeführt. Die *Literaturbestandsaufnahme* verfolgt die Zielsetzungen, (1) die relevanten Dimensionen der Sitewahrnehmung zu identifizieren sowie (2) spezifische Merkmale für die empirische Operationalisierung abzuleiten. Die Zielsetzungen der anschließenden *Experteninterviews* sind (1) die Validierung und Ergänzung der entwickelten Dimensionen auf Grundlage der Expertenaussagen, (2) die Schaffung eines umfassenden Verständnisses der Beurteilung der Sitegestaltung aus Nutzersicht und (3) die Ableitung zusätzlicher spezifischer Merkmale für die empirische Operationalisierung. Innerhalb der anschließenden *Nutzerbefragungen* wurden die Zielsetzungen der (1) Validierung und Ergänzung der Ergebnisse aus Nutzersicht und (2) die Ableitung ergänzender Items für die empirische Validierung verfolgt.

---

[388] Vgl. Backhaus et al. 2003, S. 269.
[389] Vgl. Chen/Wells 1999.

Im Folgenden wird die Vorgehensweise innerhalb der qualitativen Analyse vorgestellt. Zielsetzung war die umfassende Entwicklung der Dimensionen der Sitewahrnehmung sowie die Schaffung einer umfassenden Merkmalsbatterie, die sämtliche Facetten dieser Dimensionen abbildet. Die Ergebnisse dieser explorativen Untersuchung stellen die Grundlage der späteren Operationalisierung der Konstrukte dar.

3.2.2 Qualitative Analyse der Wahrnehmung von Internet-Presence-Sites

3.2.2.1 Literaturbestandsaufnahme

Wie in Abschnitt 2.2.1 dieser Arbeit dargestellt, beschäftigen sich verschiedene Publikationen mit der Wahrnehmung klassischer Werbemittel.[390] Für den Online-Bereich wurde die Auswirkung von Merkmalen der Sitewahrnehmung auf die Erreichung ausgewählter Erfolgskriterien untersucht (Abschnitt 2.4.2.2).[391] Da innerhalb der Entwicklung des Merkmalspools eine Vielzahl von Quellen zusammengefasst wird, muss bereits an dieser Stelle eine grobe Kategorisierung der Indikatoren stattfinden, um im weiteren Vorgehen die Elimination von Redundanzen zu erleichtern.

Die *Entwicklung der Kategorien* erfolgte dabei analog der Überlegungen von *Krugman*, der die Kategorien Information, Stimulation und Irritation als zentrale Reaktionen auf die Gestaltung von Werbemitteln vorschlägt.[392] Die Kategorien der in Abschnitt 2.2.1 vorgestellten Skalen zur Erfassung der Wahrnehmung klassischer Werbemittel wurden zunächst diesen Kategorien zugeordnet. Wo eine solche Zuordnung nicht möglich war, wurde eine neue Kategorie eröffnet. Die Auswertung der Literatur zur klassischen Werbung lieferte sieben Kategorien auf der Ebene der Wahrnehmungsdimensionen. Die folgende Tabelle stellt die identifizierten Kategorien dar und gibt an, innerhalb welcher Quellen jeweils Indikatoren zu den genannten Kategorien vertreten sind.

---

[390] Vgl. Abschnitt 2.2.5 dieser Arbeit zu den Merkmalen der Wahrnehmung in klassischen Medien.
[391] Vgl. Petty/Cacioppo 1980.
[392] Vgl. Krugman 1972.

Kategorie	Quellen
Informationswert (Neuigkeitswert der Site, Qualität der Informationen, Relevanz der Informationen)	Aaker/Stayman 1990; Aaker/Bruzzone 1981; Lastovicka 1983; Leavitt 1970; Leavitt 1975; Schlinger 1979a; Schlinger 1979b; Schlinger/Green 1980; Olson/Schlinger/Young 1982; Plummer 1971; Wells 1964; Wells/Leavitt/McConville 1971
Stimulationswert (Unterhaltung durch die Site, Aktivierung durch die Site, Lebendigkeit der Site)	Aaker/Stayman 1990; Aaker/Bruzzone 1981; Lastovicka 1983; Leavitt 1970; Leavitt 1975; Moldovan 1985; Olson/Schlinger/Young 1982; Plummer 1971; Schlinger 1979a, Schlinger 1979b; Schlinger/Green 1980; Wells 1964; Wells/Leavitt/McConville 1971
Irritation (Irritation, Konfusion, ablenkende Elemente)	Aaker/Stayman 1990; Aaker/Bruzzone 1981; Lastovicka 1983; Olson /Schlinger/Young 1982; Plummer 1971; Schlinger 1979a, Schlinger 1979b; Schlinger/Green 1980; Wells/Leavitt/McConville 1971
Einzigartigkeit der Site (Eigenständigkeit, Vertrautheit)	Lastovicka 1983; Leavitt 1970; Leavitt 1975; Schlinger 1979a; Schlinger 1979b; Schlinger/Green 1980; Meyer-Henschel 1983; Olson/Schlinger/Young 1982; Plummer 1971; Wells/Leavitt/McConville 1971
Produktstärkung (Verdeutlichung des Produktnutzens, Erweckung von Kaufinteresse)	Olson/Schlinger/Young 1982; Plummer 1971; Schlinger 1979a; Schlinger 1979b, Schlinger/Green 1980
Visuelle Umsetzung (Beurteilung der Graphik, der Farben, des Layouts)	Meyer-Henschel 1983; Moldovan 1985; Wells 1964
Akustische Gestaltung	McEwen/Leavitt 1976

Tabelle 9:   Kategorien der Werbemittelwahrnehmung klassischer Medien auf Basis der Literaturbestandsaufnahme

Zur Generierung des Merkmalspools für den deutschsprachigen Raum war es im Folgenden notwendig, die jeweiligen Merkmale der dargestellten Studien aus der meist englischsprachigen Literatur zu übersetzen. Da die Studien sich auf klassische Werbemittel beziehen, wurden die Bezeichnung des jeweils genannten Werbemittels dabei durch den Begriff „Site" übersetzt. Des Weiteren beziehen sich einige der genannten Studien auf sogenannte Adjektivlisten (z.B. unique) oder kurze Bezeichnungen (z.B. good taste). Diese wurden im Rahmen der Übersetzung in Aussagesätze (z.B. Die Site ist einzigartig, das ist eine geschmackvolle Site) umgewandelt.[393] Auf Basis der Literaturbestandsaufnahme wurden in Bezug auf die klassischen Medien insgesamt *335 Merkmale* in den Merkmalspool aufgenommen.

An dieser Stelle sei darauf hingewiesen, dass die Kategorisierung lediglich eine aus Plausibilitätsüberlegungen generierte grobe Zuordnung darstellt. Die innerhalb des zu entwickelnden Messinstrumentes zu entwickelnden Dimensionen bzw. die innerhalb dieser zusammengefassten Facetten werden im weiteren aber ausschließlich auf Basis statistisch-empirischer Kriterien entwickelt. Dem faktoranalytische Ansatz liegen kei-

---

[393] Beispielsweise basiert die Aussage „das ist eine geschmackvolle Site" auf dem Item „good taste" der Dimension Tastefulness bei Moldovan 1984. Vgl. Moldovan 1984, S. 20.

nerlei Hypothesen zu möglichen Dimensionen im Vorfeld der empirischen Entwicklung zugrunde. Die auf Plausibilitätsüberlegungen basierende Ordnung soll lediglich die heuristische Itemreduktion erleichtern. Innerhalb der quantitativen Entwicklung des Messinstrumentes muss davon ausgegangen werden, dass sich die entwickelten Kategorien nur teilweise bestätigen lassen. Mit anderen Worten: weder die Vollständigkeit der Kategorien noch deren Redundanzfreiheit kann an dieser Stelle garantiert werden. Auch können sich zusätzlich Überschneidungen zwischen den Kategorien zeigen, so dass Merkmale auf Basis der quantitativen Ergebnisse einer anderen Kategorie zugeordnet werden, als die Plausibilitätsüberlegungen vermuten ließen.

Im Anschluss an die Literaturbestandsaufnahme in Bezug auf die klassischen Medien erfolgte die *Literaturbestandsaufnahme* zu den Merkmalen der Sitewahrnehmung für den *Onlinebereich*. Für diesen ließen sich bis auf die Produktstärkung zunächst sämtliche Kategorien bestätigen.[394] Die Mehrzahl der Merkmale der Sitewahrnehmung, die auf Basis der Auswertung der Online-Literatur entwickelt wurden, ließen sich den restlichen sechs der oben genannten Kategorien zuordnen. Aus der Besonderheit des Mediums ließen sich für die bestätigten Kategorien zusätzliche spezifische Wahrnehmungsmerkmale ableiten.[395] Insbesondere innerhalb der Kategorien visuellen Umsetzung, akustische Gestaltung und Irritation wurden medienspezifisch neue Merkmale gefunden.

Während des Zuordnungsprozesses galt auch hier: ließ sich eine Kategorie oder ein Indikator aus der Literatur den bestehenden Kategorien nicht zuordnen, wurde eine neue Kategorie entwickelt. Dieses Vorgehen führte zu einer Erweiterung des Zuordnungsschemas um die Kategorie *Interaktivität*. Folglich wies das Zuordnungsschema nun insgesamt acht Kategorien auf. Die folgende Tabelle stellt die Quellen, innerhalb derer sich Merkmale zur Wahrnehmung der Interaktivität einer Site finden ließen, dar.

---

[394] Vgl. Abschnitt 3.2.2.2.
[395] Vgl. Abschnitt 3.2.2.2.

Kategorie	Quellen
Interaktivität (Geschwindigkeit, Anzahl der Interaktionsmöglichkeiten, Natürlichkeit)	*Alpar 2001; Bauer/Grether 2001; Bauer/Mäder/Fischer 2001; Brackett/Carr 2001; Chen/Wells 1999; Childers et al. 2001; Cho 1999; Cho/Leckenby 1999; Cho/Lee/Tharp 2001; Coyle/Thorson 2001; Dabholkar/Thorpe/Rentz 1996; Ducoffe 1996; Erickson 1990; Eroglu/Machleit/Davis 2001; Ghose/Dou 1998; Hoffman/Novak/Yung 2000; Jee/Lee 2002; Koufaris/Kambil/Labarbera 2001/2002; Lee/Lee/Kim/Stout 2004; Liu/Arnett 2000; Loiacono/Watson/Goodhue 2002; Macias 2003; Macias/Lewis 2003/2004; McMillan/Hwang 2002; McMillan/Hwang/Lee 2003; Montoya-Weiss/Voss/Grewal 2000; Mountford 1990; Muylle/Moenaert/Despontin 1999; Novak/Hoffman/Yung 2000; Rafaeli/Sudweeks 1997; Rice 2002; Rodgers/Thorson 2000; Schlosser/Kanfer 2001; Srinivasan/Anderson/Ponnavolu 2002; Szymanski/Hise 2000; Yoo/Donthu 2001*

Tabelle 10: Ergänzende Kategorien der Sitewahrnehmung auf Basis der Literaturbestandsaufnahme

Auf Basis der Literaturauswertung ließen sich insgesamt *92 Merkmale* für den Online-Bereich generieren, die spezifisch für das Werbemittel Internet sind. Diese wurden dem Merkmalspool der klassischen Medien hinzugefügt, so dass auf Basis der Literaturauswertung *427 Merkmale* die Ausgangsmenge der Analyse bilden. Die einzelnen Merkmale auf Basis der Literaturauswertung finden sich in Tabelle 56 im Anhang.

3.2.2.2 Experteninterviews

Experteninterviews stellen eine Form des qualitativen Interviews dar. Sie bieten aufgrund einer hohen Zahl an Freiheitsgraden gute Möglichkeiten zur Erfassung problemrelevanter Information.[396] Wesentliches Charakteristikum des Experteninterviews ist der geringe Standardisierungsgrad, der die Festlegung individueller Schwerpunkte durch den Befragten und eine natürliche Gesprächssituation ermöglicht. Zur Strukturierung der ansonsten offen gehaltenen Interviews bietet sich ein Interviewerleitfaden an, der während des Interviews zur Kontrolle herangezogen wird. Zur Durchführung von Experteninterviews hat es sich als sinnvoll erwiesen, möglichst unterschiedliche Ansprechpartner zu befragen, um eine möglichst große Zahl unterschiedlicher Facetten einer Fragestellung beleuchten zu können.

Im Rahmen von Experteninterviews zum Thema Sitewahrnehmung sollten dem Indikatorenpool aktuelle Erkenntnisse aus der Unternehmenspraxis zugrundegelegt werden, die insbesondere bei den Unternehmenspraktikern zu finden sind, die sich mit der

---

[396] Vgl. Kepper 1996, S. 34.

Entwicklung, Gestaltung und dem Betrieb von Sites beschäftigen. Daher wurden Ansprechpartner *unterschiedlicher Hierarchie- und Funktionsbereiche* befragt, insgesamt wurden Interviews mit zwölf Experten geführt. Es wurden vier Ansprechpartner mit General-Management-Verantwortung (Geschäftsführer) in Internet-Startups befragt sowie acht Ansprechpartner in leitender Funktion in verschiedenen funktionalen Bereichen (Marktforschung, Marketing, Projektleitung, Websitegestaltung, Kundenbetreuung) aus Industrie- und Dienstleistungsunternehmen. Ein Interviewerleitfaden, der die relevanten Punkte zur Beantwortung der in Abschnitt 1.2. dargestellten Zielsetzungen der Arbeit enthält, wurde zur besseren Strukturierung des Interviews erstellt. Die Dauer der Experteninterviews betrug zwischen 60 und 150 Minuten.

Ein wesentliches Ergebnis der Interviews ist die Feststellung, dass das entwickelte Basismodell der Werbewirkung im Internet plausibel erscheint. Weiterhin wurde bestätigt, dass das Modell sämtliche der im Rahmen der Interviews angesprochenen Phänomene abzubilden in der Lage ist. Insgesamt kann daher konstatiert werden, dass das Modell diesen Praxistest bestanden hat. Dieses Ergebnis stellt eine wichtige Voraussetzung für die empirische Untersuchung dar.

Ein zweites Ergebnis betrifft das Konstrukt der Sitewahrnehmung. Die aufgrund der Literaturrecherche erarbeiteten Kategorien fanden bei den Befragten grundsätzlich Zustimmung. Im Hinblick auf die Zielsetzung Ableitung zusätzlicher spezifischer Merkmale für die empirische Operationalisierung ergaben die Experteninterviews eine Vielzahl zusätzlicher Erkenntnisse. Diese konnten den aus der Literaturauswertung entwickelten Kategorien ausnahmslos zugeordnet werden. Die auf Basis der Literaturauswertung entwickelten Kategorien mussten folglich nicht durch weitere Kategorien ergänzt werden, sondern wurden lediglich durch zusätzliche Merkmale erweitert. Dem Merkmalspool konnten insgesamt *168 Merkmale* der Sitewahrnehmung zugefügt werden, womit der Merkmalspool insgesamt *595 Merkmale* umfasst. Auch die Merkmale auf Basis der Experteninterviews finden sich in Tabelle 56 im Anhang.

3.2.2.3 Nutzerinterviews

Literaturauswertung und Experteninterviews lieferten acht Kategorien der Sitewahrnehmung, die über eine Batterie von insgesamt *595 Merkmalen* abgebildet werden. Nach *Wells/Leavitt/McConville* ist die Meinung von Konsumenten vor allem nützlich, wenn sie nicht den Erwartungen des Werbetreibenden entspricht.[397] Im Rahmen von Nutzerinterviews werden die vorliegenden Kategorien überprüft und erweitert, die Merkmalsbatterie wird um weitere Indikatoren ergänzt.

In der vorliegenden Untersuchung wurden 23 Personen um eine Bewertung von jeweils drei verschiedenen Websites innerhalb der Quadranten, die sich aus der Kombination der Merkmale Involvement und Rationalität/Emotionalität ergeben, gebeten. Die Personen wurden angehalten, sich auf der Site so zu verhalten, wie sie sich verhalten würden, wenn sie die Site aus privaten oder beruflichen Gründen aufgesucht hätten. Der Erhebung der Nutzeraussagen lag ebenfalls ein Interviewerleitfaden zugrunde. Während der Sitenutzung und im Anschluss wurden die Kommentare zu den positiven wie negativen Eindrücken der Nutzer erfasst. Sämtliche Gedanken, die die Probanden während des Sitebesuchs äußerten, wurden notiert.

Zur weiteren Auswertung wurde das qualitative Verfahren der Inhaltsanalyse gewählt. Die Inhaltsanalyse kann nach *Berelson* definiert werden als „...research technique for the objective, systematic, and quantitative description of the manifest content of communication".[398] Im Rahmen der vorliegenden Untersuchung dient die Inhaltsanalyse in Anlehnung an *Berelson* zur Ermittlung von Kommunikationsinhalten.

Zur Durchführung der Inhaltsanalyse wird in der Regel ein schrittweises Vorgehen empfohlen.[399] Dabei kommt folgende Vorgehensweise zur Anwendung:
1. Festlegung der Erhebungseinheit
2. Entwicklung eines Kategorienschemas
3. Kodierung der Erhebungseinheiten nach dem Kategorienschema und
4. Erfassung und Auswertung der Daten

Im Rahmen der vorliegenden Untersuchung stellen die Erhebungseinheiten die Bewertung einer Site durch eine Befragungsperson dar. Insgesamt ergeben sich nach dieser Festlegung 69 Erhebungseinheiten für die Inhaltsanalyse. Eine differenzierte Betrachtung nach den Produktkategorien des FCB-Grid[400] liefert 20 Sites der Kategorie Low Involvement/Emotional, 17 Sites der Kategorie Low Involvement/Rational, 17 Sites

---

[397] Vgl. Wells/Leavitt/McConville 1971, S. 11.
[398] Vgl. Berelson 1952.
[399] Vgl. Berelson 1952; Faßnacht 1996; Kromrey 1990.
[400] Vgl. ausführlich Abschnitt 2.2.2.2.2 zum FCB-Grid.

der Kategorie High Involvement/Emotional sowie 15 Sites der Kategorie High Involvement/Rational.

Im nächsten Schritt der Inhaltsanalyse wird ein *Kategorienschema* entwickelt, das der systematischen Erfassung der interessierenden Information dient.[401] Für die Zuordnung der Statements wurden die acht Kategorien aus der Literaturbestandsaufnahme und den Experteninterviews übernommen. Zur Kodierung der 69 Erhebungseinheiten wurden die Aufzeichnungen der Nutzeraussagen untersucht und die entsprechenden Informationen im Kategorienschema erfasst.

Die Auswertung der gewonnenen Daten lieferte *Häufigkeiten* bezüglich der interessierenden Dimensionen. Insgesamt konnten 98 Prozent der Aussagen den Kategorien zugeordnet werden. Um die Bewertungsdimensionen zu identifizieren, die eine besondere Bedeutung bei der Wahrnehmung von Sites besitzen, wurde die Häufigkeit ihrer Nennung innerhalb der 69 Erhebungseinheiten ermittelt. Die folgenden fünf Kategorien wurden in mindestens 40 Prozent der Fälle genannt (Häufigkeit der Nennungen in %): Visuelle Umsetzung (78), Information (78), Interaktion (72), Irritation (67) und Stimulationswert (52). Die folgende Tabelle stellt die Häufigkeit der Nennungen dar:

	Anzahl der Erhebungseinheiten, innerhalb derer Kategorie angesprochen wurde	Prozentualer Anteil der Nennung über die Gesamtheit der Erhebungseinheiten
Visuelle Umsetzung	54	78 %
Informationswert	54	78 %
Interaktivität	50	72 %
Irritation	46	67 %
Stimulationswert	36	52 %
Produktstärkung	25	36 %
Akustische Gestaltung	23	33 %
Einzigartigkeit der Site	14	20 %

Tabelle 11: Ergebnisse der inhaltlichen Auswertung der Nutzerinterviews

Dem Merkmalspool konnten *143 Merkmale* der Sitewahrnehmung zugefügt werden.[402] Insgesamt führten Literaturrecherche, Experteninterviews und Nutzerinterviews somit zu einer *Ausgangsmenge von 738 Merkmalen* innerhalb der acht Kategorien.

---

[401] Vgl. Kepper 1996, S. 62.
[402] Merkmale, die bereits in sehr ähnlicher Formulierung aus der Literaturbestandsaufnahme und den Experteninterviews vorhanden waren, wurden nicht neu aufgenommen. Ebenso wurden Merkmale, die ähnlich lautend mehrmals genannt wurden nicht einzeln aufgenommen.

Um den entwickelten Merkmalspool zur Entwicklung eines Messinstrumentes der Sitewahrnehmung einsetzen zu können, sind weitere Modifikationen notwendig. Zunächst wird anhand einiger Beispiele die Problematik des Merkmalspools dargestellt. Darauf aufbauend wird die Verdichtung des Merkmalpools beschrieben.

3.2.3 Verdichtung des Merkmalpools anhand heuristischer Verfahren

Die folgende Tabelle stellt beispielhaft jeweils drei Merkmale unter Angabe der jeweiligen Ursprungskategorie zu den entwickelten Kategorien dar.

Kategorie	Beispielhafte Indikatoren	Quelle (Kategorienbezeichnung)
Informationswert	Das ist eine informative Site.	*Moldovan 1985 (Clarity)*
	Auf der Site habe ich etwas Neues gelernt.	*Schlinger/Green 1980 (Relevant News)*
	Auf der Site habe ich viel Neues erfahren	*Nutzerinterview*
Stimulationswert	Die Werbung erfordert meine ganze Aufmerksamkeit	*Moldovan 1985 (Stimulation)*
	Das ist eine aufregende Site.	*Wells/Leavitt/McConville 1971 (Vigor)*
	Die Site ist schlau und unterhaltend	*Schlinger/Green 1980 (Stimulation)*
Irritation	Die Site irritiert mich	*Wells/Leavitt/McConville 1971 (Irritation)*
	Die Site wirkt zerstückelt	*McEwen/Leavitt 1976 (Confusion)*
	Um der Site zu folgen, musste ich mich sehr anstrengen	*Schlinger/Green 1980 (Confusion)*
Einzigartigkeit der Site	Die Site ist einzigartig	*Wells/Leavitt/McConville 1971 (Uniqueness)*
	Die Art von Site ist mir vertraut	*Schlinger/Green 1980 (Familiarity)*
	Die Site ist mal was anderes	*Meyer-Henschel 1983 (ohne Kategorie)*
Produktstärkung	Ich würde das angebotene Produkt auf jeden Fall kaufen	*Moldovan 1985 (Persuasion)*
	Die Site verdeutlicht die Produktnutzung	*McEwen/Leavitt 1976 (Empathic Product Integration)*
	Nach dem Sitebesuch möchte man das Produkt erwerben	*McEwen/Leavitt 1976 (Persuasive Stimulation)*
Visuelle Umsetzung	Die Farben auf der Site sprechen mich an	*Wells 1964 (Vitality)*
	Das ist eine geschmackvolle Site	*Moldovan 1985 (Tastefulness)*
	Die Graphik der Site spricht mich emotional an	*Meyer-Henschel 1983*
Akustische Gestaltung	Die Musik auf der Site ist unverwechselbar	*McEwen/Leavitt 1976 (Persuasive Stimulation)*
	Der Sound/die Musik gefallen mir	*Experteninterview*
	Der Sound/die Musik passen zur Website	*Experteninterviews*
Interaktivität	Innerhalb der Menüs habe ich mir die meisten Einzelfeatures angeschaut	*Bauer/Mäder/Fischer 2001 (Exploratives Verhalten)*
	Auf der Site ist die Wartezeit zwischen meinen Aktionen und den Reaktionen des Computers gering	*Novak/Hoffman/Yung 2000 (Interaktivität)*
	Auf der Site kann ich mich schnell durchklicken	*Experteninterview*

Tabelle 12: Beispielhafte Indikatoren der Literaturbestandsaufnahme, Experten- und Nutzerinterviews

Die beispielhafte Nennung einzelner Indikatoren macht bereits anhand der wenigen dargestellten Indikatoren die Problematik des Indikatorenpools deutlich. Betrachtet man die Indikatoren der Dimension Information wird deutlich, dass das Merkmal „auf der Site habe ich viel Neues gelernt" aus der Skala von *Schlinger/Green* denselben Inhalt wiedergibt wie das Merkmal „Auf der Site habe ich viel Neues erfahren" aus den Nutzerinterviews. Innerhalb des großen Indikatorenpools trifft eine solche inhaltliche Überschneidung für eine Vielzahl an Merkmalen zu. Im Rahmen des weiteren Vorgehens muss der Indikatorenpool folglich auf *Redundanzen und Synonyme* untersucht werden. Diese müssen aus der weiteren Untersuchung ausgeschlossen werden.

Das Merkmal „Die Site wirkt zerstückelt" der Skala von *McEwen/Leavitt* wurde der Kategorie Irritation zugeordnet und bezeichnet ursprünglich eine schlechte Schnittführung bei TV Spots. Bei einer Übertragung auf das Werbemittel Site ist dieses Merkmal nicht ohne weiteres verständlich. Somit kann festgehalten werden, dass die Merkmale des Merkmalspool auf ihre *Verständlichkeit* überprüft, und wo diese nur bedingt gegeben ist, aus der weiteren Untersuchung ausgeschlossen werden müssen.

Das Merkmal „die Site ist schlau und unterhaltend" der Kategorie Stimulation, das der Skala von *Schlinger/Green* entstammt, ist hingegen nicht eindeutig. Wird eine Site bezüglich dieses Merkmals schlecht bewertet (Das Merkmal trifft nicht zu), kommt durch diese Bewertung nicht zum Ausdruck, ob sie aufgrund des Mangels an Intelligenz oder Unterhaltungswert der Site zustandekommt. Folglich muss eine Einordnung der Merkmale nach Maßgabe ihrer *Eindeutigkeit* stattfinden.

Die Kategorien Einzigartigkeit sowie Produktstärkung hingegen sind Beispiele für übergeordnete Kategorien, die keine Ableitung von Handlungsempfehlungen zulassen. Bewertungen innerhalb dieser Kategorien stellen häufig Globalurteile dar. Sie treffen zwar Aussagen über die Wirkung einer Site, geben aber keinen Einblick in die Ursachen dieser Wirkung.[403] Die faktoranalytische Forschung plädiert dafür, Merkmale zu wählen, die beschreiben, wie sich verschiedene Objekte (hier Sites) voneinander unterscheiden, um aus der Summe dieser Unterschiede die Einzigartigkeit der Objekte abzuleiten.[404] Für die vorliegende Arbeit gilt: aus den Unterschieden der Merkmale der Sitewahrnehmung können die Unterschiede der Einstellung zur Site abgeleitet werden. Die den Kategorien Einzigartigkeit und Produktstärkung zugeordneten Merkmale müssen folglich dahingehend untersucht werden, ob sie *Globalurteile* der Site darstellen.

Schließlich lässt das Merkmal „die Musik auf der Site ist unverwechselbar" keine differenzierte Bewertung zu, da es für die Sites, die keine Musik haben, keine Bewertung zulässt. Ebenso wenig ist das Merkmal „die Suchfunktion der Site ist verbesserungsfähig" für Sites ohne Suchfunktion differenzierbar. Das Merkmal „die Site hat eine

---

[403] Vgl. Angleitner/Ostendorf 1994, S. 372 sowie Mäder 2005, S. 72.
[404] Vgl. Johnson 1997, S. 87.

Suchfunktion" lässt lediglich eine *0-1 Bewertung* zu. Merkmale, die die Wahrnehmung von Gestaltungselementen beschreiben, die sich nicht auf jeder Site finden lassen, müssen folglich ebenfalls aus der weiteren Untersuchung ausgeschlossen werden.

Der Merkmalspool wird im Folgenden durch Filterprozesse reduziert, um der dargestellten Problematik zu begegnen. Den Prozess der Identifikation einer geeigneten Merkmalsauswahl stellt Abbildung 8 dar.

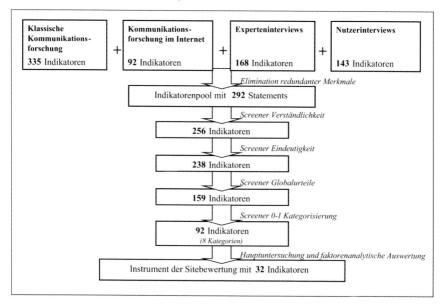

Abbildung 8: Vorgehensweise im Rahmen der Merkmalsreduktion

In einem ersten Reduktionsschritt wird der Merkmalspool auf *Synonyme und Redundanzen* hin untersucht. Grundlage dieser Untersuchung war die in Abschnitt 3.2.2.1 dargestellte Grobkategorisierung. Die Untersuchung führte zu einer Reduktion des Merkmalspools um *446 Merkmale* und einer Ausgangsmenge von *292 Indikatoren* für die weitere Analyse.

In den nächsten beiden Schritten werden Expertenaussagen zu *Verständlichkeit* und *Eindeutigkeit* der Merkmale erhoben. Sechs Experten bewerteten die Merkmale jeweils auf einer Skala von 1 bis 3 bezüglich ihrer Verständlichkeit und ihrer Eindeutigkeit. Semantisch unklare Merkmale sind zwangsläufig mit geringen Reliabilitäten verbunden und eignen sich daher nicht zur Verwendung in Messinstrumenten. Die Formulierung der Indikatoren muss bei der schriftlichen Online-Befragung, die keine

Rückfragen zulässt, einfach und eindeutig gestaltet sein. Konsequenterweise werden die 36 Merkmale aus der Liste entfernt, die nicht alle sechs Experten als klar verständlich bewerteten. Des Weiteren werden 18 Merkmale entfernt, die die Experten nicht auch als völlig eindeutig beurteilten. Der derart reduzierte Merkmalspool umfasst 238 Indikatoren.

Der vierte Reduktionsschritt dient dazu, die Indikatorenauswahl an den Bereich Merkmale der Sitewahrnehmung anzupassen. In diesem Reduktionsschritt werden Aussagen entfernt, die ein Globalurteil bzgl. der betrachteten Site beinhalten und sich nicht auf einzelne Merkmale der Wahrnehmung beziehen. Die Beurteilung der einzelnen Aussagen wurde erneut durch vier Experten vorgenommen, die jede Aussage auf einer Skala von 0 bis 5 bewerteten. Im Merkmalspool verbleiben diejenigen Aussagen, die einen Mittelwert von mindestens 4 aufweisen können. Insgesamt werden 79 Merkmale der globalen (Un-)ähnlichkeit sowie der globalen Bewertung identifiziert, so dass der Merkmalspool schließlich 159 Aussagen umfasst. Innerhalb dieses Reduktionschritts wurden sämtliche Merkmale, die den Kategorien Produktstärkung und Einzigartigkeit zugeordnet sind, eliminiert.

Im letzten Reduktionsschritt werden Aussagen aus der Untersuchung ausgeschlossen, die lediglich eine 0-1 Kategorisierung zulassen bzw. Elemente betreffen, die nicht auf jeder Site vorhanden sind. Dies führt zu einer weiteren Reduktion um 67 Merkmale, so dass 92 Indikatoren in der Analyse verbleiben. Merkmale, die die akustische Gestaltung der Site betreffen, wurden innerhalb dieses Reduktionsschrittes ausgeschlossen. Folglich verdichten sich die theoretischen Kategorien nach der Reduktion des Indikatorenpools auf die verbleibenden *fünf Kategorien* Information, Stimulation, Irritation, Visuelle Umsetzung und Interaktivität.

Nach der umfassenden Entwicklung der Merkmale der Sitewahrnehmung und deren heuristischer Verdichtung im Rahmen der qualitativen Analyse bildet die empirische, quantitative Analyse der Merkmale die dritte Stufe der vorliegenden explorativen Untersuchung. Innerhalb dieser erfolgt über verschiedene explorative Verfahren der Datenanalyse die Entwicklung der den Merkmalen zugrundeliegenden Faktorenstruktur sowie die Identifikation der Merkmale, die die Faktoren jeweils am besten repräsentieren. Im Folgenden wird die quantitative Analyse der Merkmalsmenge dargestellt.

3.2.4 Quantitative Analyse

3.2.4.1 Datenerhebung

Aufbauend auf den Ergebnissen der qualitativen Analyse erfolgt nun die quantitative Analyse der Merkmalsmenge. Zunächst muss dafür eine geeignete Erhebungsmethode gewählt werden. Der Anspruch der Entwicklung eines Messinstrumentes sowie dessen Reliabilitäts- und Validitätsbeurteilung stellen hohe Anforderungen an den *Umfang der Stichprobe*. Den dabei zum Einsatz kommenden anspruchsvollen Methoden der Datenanalyse liegt ein Schätzalgorithmus zugrunde, der eine verhältnismäßig große Stichprobe erfordert.[405]

Weitere Ansprüche ergeben sich aus der Besonderheit, dass die Datenerhebung nicht nur die Grundlage der Entwicklung des Messinstrumentes darstellen soll, sondern der selbe Datensatz im weiteren Vorgehen die Grundlage der Überprüfung des Untersuchungsmodells sowie der moderierenden Effekte bilden wird. Auch innerhalb dieser Untersuchungsschritte werden anspruchsvolle Verfahren der Datenanalyse zum Einsatz kommen. Zusätzlich fordert die im Rahmen der Überprüfung der moderierenden Effekte zum Einsatz kommende Mehrgruppenkausalanalyse eine umfangreiche Datenbasis, die eine gruppenspezifische Betrachtung des Modellzusammenhangs zulässt.

Die dargestellten Aspekte legen den Einsatz der schriftlichen Befragung nahe.[406] Bei einer großen Stichprobe überwiegen die Kostenvorteile der schriftlichen Befragung meist über die möglichen Vorteile anderer Befragungsmethoden.[407] Für den Bezugsrahmen der vorliegenden Arbeit kann diese schriftliche Befragung über das Internet erfolgen.[408] Die Repräsentativitätsproblematik, die bei Online-Befragungen häufig auftritt, tritt für den Objektbereich Site und die Grundgesamtheit Internetnutzer nicht auf. Aus diesem Grunde scheint die *schriftliche Online-Befragung* am besten geeignet.[409] Die Datenerhebung erfolgte über das *Online-Panel der GfK AG* (ursprünglich GfK-Nürnberg Gesellschaft für Konsumforschung e.V.) in Nürnberg.

---

[405] Vgl. Bagozzi/Baumgartner 1994.
[406] Vgl. zur Eignung der schriftlichen Befragung als Methode der Datenerhebung im Rahmen der Überprüfung von Kausalmodellen Ohlwein 1999, S. 215.
[407] Vgl. Pöstschke/Simonson 2001, S. 14ff.
[408] Vgl. Hauptmanns/Leander 2001, S. 28 sowie Pöstschke/Simonson 2001, S. 14ff.
[409] Vgl. zur Eignung der schriftlichen Befragung als Datenerhebungsmethode Berekoven/Eckert/Ellenrieder 1996.

Es stellt sich die Frage nach der Sicherstellung der Repräsentativität der Stichprobe für die Grundgesamtheit und somit nach einem geeigneten *Stichprobenverfahren*. Das angewandte Stichprobenverfahren umfasst zwei Stufen. Das Online-Panel der GfK bildet bzgl. der Soziodemographika und zentraler Variablen der Internetnutzung die Struktur der Grundgesamtheit der Internet-Nutzer in Deutschland ab und stellt somit eine bewusste Auswahl nach dem Quota-Verfahren dar (Stufe 1). Innerhalb des Online-Panels wurde eine zufällige Stichprobe gezogen (Stufe 2). Bei dem gewählten Verfahren kann von der Repräsentativität der Stichprobe für die Grundgesamtheit ausgegangen werden, auch wenn es sich nicht um eine probabilistische Zufallsauswahl handelt.[410]

Die Probanden des Online-Panels wurden per E-Mail zur Teilnahme aufgefordert. Internetnutzer, die Mitglied im Online-Panel der GfK sind, haben sich bereit erklärt, zu verschiedenen Fragestellungen, die das Internet betreffen, bei Bedarf zeitnah Auskunft zu geben. Die Honorierung erfolgt dabei über ein Punktesystem, bei dem der Panelteilnehmer nach Erreichung einer gewissen Punktezahl eine geringe finanzielle Entlohnung erhält. Eine kurze Erläuterung wies die Probanden in die Aufgabenstellung ein. Die Zuordnung der ausgewählten Probanden zu den Sites erfolgte anhand mehrerer Filterfragen. Anschließend wurde den Probanden eine aus der jeweiligen Produktgruppe zufällig ausgewählte Site per Link präsentiert.

Die beschriebene Vorgehensweise führte zu einer Befragung von insgesamt 974 Personen. Nach der Bereinigung von nicht sorgfältig beantworteten Befragungen ergab sich eine endgültige Stichprobe von 951 Probanden. Die Größe der Stichprobe stellt eine ausreichende Datengrundlage für die Entwicklung des Messmodells dar.

Die Erhebung der Wahrnehmung der durch die beschriebene Prozedur identifizierten Site fand anhand der in den Abschnitten 3.2.2 und 3.2.3 entwickelten 92 Merkmale statt. Sämtliche Merkmale wurden 7-stufig Likert-skaliert. Diese Skalierungsform weist eine hohe Effizienz sowie eine einfache und flexible Handhabung auf.[411] Jeder Proband bewertete lediglich eine Site. Hierdurch wurde die individuelle Belastung gering gehalten, um eine möglichst hohe Validität der Einschätzungen zu erzielen. Die folgende Tabelle stellt die soziodemographische Struktur der Befragung dar.

---

[410] Zu den verschiedenen Datenerhebungsmethoden siehe u. a. Scheffler 2000, S. 69ff.
[411] Vgl. Alreck/Settle 1995; Trommsdorff 2002.

		Stichprobe	Kategorie des FCB-Grids			
			HI/Rational	HI/Emotional	LI/Rational	LI/Emotional
Geschlecht	Weiblich	38,7%	32,8%	41,1%	42,7%	38,6%
	Männlich	61,3%	67,2%	58,9%	57,3%	61,4%
Alter	14 bis 19	4,7%	3,6%	4,6%	4,3%	6,6%
	20 bis 29	41,3%	39,2%	41,5%	46,6%	38,2%
	30 bis 39	34,1%	35,6%	29,9%	36,3%	34,6%
	40 bis 49	13,5%	15,6%	15,4%	9,8%	13,2%
	50 bis 59	5,1%	4,8%	6,2%	3,0%	6,6%
	60 bis 69	0,9%	0,8%	2,1%		0,9%
	über 69	0,2%	0,4%	0,4%		
Höchster erreichter Abschluss	Kein Schulabschluss	1,5%	1,2%	0,8%	2,6%	1,3%
	Grundschule/Hauptschule	8,6%	7,6%	7,1%	9,4%	10,5%
	Mittlere Reife	29,9%	30,8%	29,9%	30,8%	28,1%
	Abitur	30,3%	28,8%	25,3%	34,6%	32,9%
	Fachhochschule	14,2%	15,6%	17,4%	9,4%	14,0%
	Hochschule/Universität	15,5%	16,0%	19,5%	13,2%	13,2%

Tabelle 13:   Soziodemographika der Stichprobe

3.2.4.2 Dimensionen der Wahrnehmung

Die Identifikation der Dimensionen der Sitewahrnehmung erfolgt entsprechend den konzeptionellen Überlegungen über eine explorative Faktorenanalyse. Als strukturentdeckendes Verfahren benötigt die explorative Faktorenanalyse keine hypothetischen Annahmen über die Beschaffenheit der Faktorenstruktur, die einer Merkmalsmenge zugrunde liegt.[412] Innerhalb der vorliegenden Untersuchung ist dieses Vorgehen insbesondere vorteilhaft, da dadurch das Ergebnis von Ad-hoc-Annahmen unbeeinflusst bleibt und so auch unbekannte Dimensionen identifiziert werden können. Durch die umfassende Erhebung möglicher Merkmale der Sitewahrnehmung wird gleichzeitig die Repräsentativität der Merkmalsmenge sichergestellt, so dass eine inhaltlich valide Faktorenstruktur aufgedeckt werden kann.

Innerhalb einer Faktorenanalyse wird einer Menge beobachtbarer Variablen (Merkmale) aufgrund ihrer Abhängigkeitsstruktur eine geringere Anzahl nicht beobachtbarer Variablen zugeordnet. Diese bezeichnet man als Faktoren oder Konstrukte.[413] Im Kontext der vorliegenden Untersuchung stellen solche Faktoren auf der obersten Ebene Wahrnehmungsdimensionen dar. Faktorenanalysen verfolgen das Ziel, mit einem möglichst geringen Informationsverlust die Ausgangsinformationen auf eine sparsamere Struktur zu reduzieren.[414] Die Faktorenanalyse geht dabei davon aus, dass sich

---

[412] Vgl. Backhaus et al. 2003.
[413] Vgl. Bortz 1999, S. 495 sowie Backhaus et al 2003, S. 260.
[414] Vgl. Backhaus et al. 2003, S.190, Churchill 1987; S. 776 sowie ausführlich zum Vorgehen Weiber 1984.

jede beobachtbare Variable als Linearkombination der mit dem Verfahren identifizierten Faktoren darstellen lässt.[415]

Zur Faktorenanalyse der 92 Ausgangsmerkmale kam die *Hauptkompontenanalyse* zum Einsatz.[416] Bei diesem Verfahren wird der erste Faktor so bestimmt, dass er einen möglichst großen Teil der Gesamtstreuung der Variablen erklärt. Der zweite Faktor wird anschließend so ermittelt, dass er sich zum ersten Faktor rechtwinklig verhält und einen möglichst großen Teil der verbliebenen Streuung erklärt.[417] Um die Zuordnung der einzelnen Indikatoren zu den extrahierten Faktoren deutlicher abbilden zu können erfolgte im Anschluss eine Faktorrotation nach dem Varimax-Verfahren.[418]

Zunächst stellte sich die Frage nach der *Anzahl* zu extrahierender Faktoren. *Aaker* nennt vier Kriterien, die der Entscheidung bzgl. der adäquaten Faktorlösung zugrunde liegen. Neben dem 1) Elbowkriterium und der 2) inhaltlichen Interpretierbarkeit fordert sie, dass 3) die Faktorlösung eine hohe Varianzerklärung liefert und 4) die Stabilität und Robustheit der Faktorlösung sichergestellt ist.[419]

Das *Elbowkriterium* bedient sich der Analyse der Eigenwerte. Eigenwerte bezeichnen den Beitrag eines Faktors zur Erklärung der gesamten Varianz des Datensatzes. Die Hauptkomponentenanalyse liefert 17 extrahierbare Faktoren mit Eigenwerten über eins.[420] Der Scree-Plot untersucht den Verlauf der Eigenwerte der extrahierbaren Fak-

---

[415] Vgl. Hartung/Epelt 1992, S. 505.
[416] Die Identifikation der Dimensionen der Sitewahrnehmung in den Augen der Konsumenten ist Ziel der vorliegenden Untersuchung. Hierbei sind individuelle Unterschiede in der Wahrnehmung bestimmter Merkmale der Sitegestaltung von Relevanz, weshalb nicht auf die Bildung von Mittelwerten über die einzelnen Marken zurückgegriffen werden kann. Die faktoranalytische Auswertung erfolgt anhand von Individualdaten Vgl. Aaker 1997, S. 350, die für den Kontext Markenpersönlichkeit die Mittelwerte bzgl. einer Marke analysiert. So könnte z.B. ein erfahrener Nutzer eine hohe Komplexität der Site (Merkmal der Sitegestaltung) als anregend empfinden und entsprechend Wahrnehmungsmerkmale, die Stimulation widerspiegeln (Merkmal der Wahrnehmung) hoch bewerten. Ein anderer, weniger erfahrener Nutzer, könnte dieselbe Site als irritierend empfinden und deshalb die Wahrnehmungsmerkmale, die Stimulation widerspiegeln, niedrig bewerten, dafür aber andere Wahrnehmungsmerkmale, die Irritation wiedergeben, hoch bewerten. Diese Unterschiede würden über die Bildung von Mittelwerten bzgl. der Wahrnehmungsmerkmale einer Marke nivelliert und eine Analyse des Einflusses interindividueller Unterschiede wäre nicht mehr möglich. Die vorliegende Untersuchung hat aber nicht die Erfassung der Gestaltungsmerkmale von Sites, sondern die Erfassung der Wahrnehmungsmerkmale, die die interindividuellen Konsequenzen der sitespezifischen Gestaltungsmerkmale darstellen, zum Inhalt. In der Untersuchung wird folglich von der Bildung von Mittelwerten abgesehen. Vgl. Aaker 1997.
[417] Vgl. Brosius 2002, S. 737.
[418] Vgl. Harman 1967; Norusis 1993. Die Varimax-Methode rotiert die Achsen so, dass die Anzahl von Variablen mit hoher Faktorladung minimiert wird. Vgl. ausführlich Weiber 1984, S. 55.
[419] Vgl. Aaker 1997, S. 350.
[420] Vgl. Kaiser 1974 sowie Brosius 2002, S. 740. Zur Festlegung der Faktorenanzahl werden in der Literatur unterschiedliche Techniken vorgeschlagen. Vgl. ausführlich Churchill 1987, S. 766 sowie Überla 1971, S. 125.

toren.[421] Knickt die Kurve ab und geht in eine quasi-horizontale Linie über (Elbow), deutet das darauf hin, dass der Erklärungsgehalt der nachfolgenden Faktoren im Vergleich zu den vorherigen deutlich geringer ausfällt.[422] Das vorliegende Diagramm weist Knickstellen nach Faktor drei und fünf auf. Die Eigenwerte der rotierten Faktorlösung lassen darauf schließen, dass prinzipiell sowohl eine drei-, vier- und fünffaktorielle Lösung sinnvoll scheint. Die folgende Abbildung stellt die Eigenwerte der nicht rotierten Faktorlösung dar.

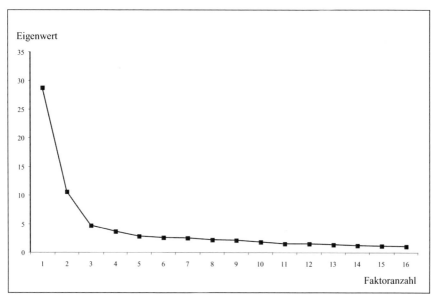

Abbildung 9: Eigenwerte der nicht rotierten Faktorlösung (92 Merkmale)

Die Bestimmung der Anzahl der Faktoren kann jedoch nicht losgelöst von *inhaltlichen Fragestellungen* erfolgen. Um zu prüfen, ob eine adäquate Lösung möglicherweise eine andere Faktorzahl als die über das Elbowkriterium angezeigte umfasst, wurden verschiedene Faktorlösungen näher untersucht. Es zeigte sich, dass die *vierfaktorielle Lösung* die besten Ergebnisse erzielt. Diese Lösung zeichnet sich neben einer sehr guten inhaltlichen Interpretierbarkeit durch eine hohe Stabilität und Robustheit aus, wie im Weiteren gezeigt wird.

---

[421] Scree bedeutet soviel wie Geröll oder Geröllhang und bringt die typische Form des Kurvenverlaufs, wie er auch in Abbildung 9 dargestellt ist zum Ausdruck. Vgl. Brosius 2002, S. 740.
[422] Vgl. auch Mäder 2005.

Die erste Dimension fasst Indikatoren zusammen, die die *Qualität, Vollständigkeit und den Neuigkeitswert* der angebotenen Informationen beschreiben („Die Inhalte der Site sind von hoher Qualität", „Auf der Site habe ich viel Neues erfahren"). Diese Dimension wird folglich mit *Information* (ξ_1) benannt. Die zweite Dimension bezeichnet die *Navigation auf der Site und deren Geschwindigkeit* (z.b. „Auf der Site kann ich mich schnell durchklicken", „Die Navigation auf der Site ist natürlich und vorhersehbar"). Sie wird mit *Interaktivität* (ξ_2) benannt. Innerhalb der dritten Dimension finden sich Indikatoren zur *Komplexität* (z.B. „Auf der Site werde ich von Informationen überflutet") und zur *Irritation auf der Site* (z.b. „Das verwendete Bildmaterial weist qualitative Mängel auf". Diese Dimension wird mit *Irritation* (ξ_3) bezeichnet. Schließlich finden sich in der letzten Dimension Indikatoren, die den *Unterhaltungswert und das Design der Site* beschreiben. (z.B.„Die Site ist unterhaltend", „Die Animationen auf der Site gefallen mir"). Diese Dimension wird mit *Stimulation* (ξ_4) benannt.

Die vier Wahrnehmungsdimensionen werden mit *Information* (ξ_1), *Interaktivität* (ξ_2), *Irritation* (ξ_3) und *Stimulation* (ξ_4) benannt. Es wird deutlich, dass die drei Dimensionen, die *Krugman* beschreibt und die in sämtlichen Untersuchungen zu den klassischen Medien vorhanden sind, sowie eine zusätzliche Dimension Interaktivität extrahiert wurden und die Dimensionen somit konsistent mit bisherigen Forschungsergebnissen sind.[423] Die Faktoren liefern 52 % Varianzerklärung und sind somit als zufriedenstellend bzgl. ihres Erklärungsgehaltes zu bezeichnen.[424]

Betrachtet man die in Abschnitt 3.2.2 als Hilfestellung der heuristischen Verdichtung entwickelten Kategorien zeigt sich eine Abweichung. Die rein aus der Empirie entwickelten Kategorien bilden nicht die nach der heuristischen Verdichtung in Abschnitt 3.2.3 verbleibenden fünf Kategorien Information, Stimulation, Irritation, Visuelle Umsetzung und Interaktivität ab;[425] innerhalb der Faktorenanalyse wurde die Kategorie visuelle Umsetzung nicht extrahiert.[426] Die folgende Tabelle gibt die Matrix der Faktorladungen auf Basis der 92 Merkmale wieder.

---

[423] Vgl. Krugman 1972.
[424] Vgl. Nunally 1978.
[425] Bezüglich der Kategorien Einzigartigkeit, Produktstärkung und akustische Gestaltung wurde bereits in Abschnitt 3.2.3 dargestellt, dass die diesen Kategorien zugeordneten Merkmale weitgehend der heuristischen Merkmalsreduktion bei der Elimination sogenannter Globalurteile sowie 0-1-Merkmalen zugefallen sind.
[426] Merkmale, die die visuelle Umsetzung beschreiben, laden auf den Faktor Stimulation.

x_i	ξ_1	ξ_2	ξ_3	ξ_4
Die auf der Site angebotenen Informationen beantworten meine Fragen über das Produkt	**0,696**	0,362	-0,050	-0,078
Die Inhalte der Site sind von hoher Qualität	**0,695**	0,264	0,072	0,151
Wenn ich Informationen zu diesem Produkt suche, finde ich sie auf der Site	**0,681**	0,420	-0,078	-0,081
Die Site enthält ausreichend Informationen über das Produkt	**0,674**	0,346	-0,036	-0,108
Die Site bietet interessante Inhalte	**0,667**	0,273	0,014	0,237
Die Site bietet eine breite Auswahl an gut strukturierten Themen	**0,655**	0,309	0,017	0,146
Die Site ist überzeugend	**0,641**	0,343	-0,084	0,313
Die Inhalte auf der Site sind aktuell	**0,639**	0,234	-0,012	0,037
Auf der Site ist es einfach, weitere Informationen (z.B. per Post) anzufordern	**0,627**	-0,137	-0,117	0,241
Die Informationen, die ich auf der Site bekomme, sind aus meiner Sicht vollständig	**0,618**	0,384	-0,012	0,013
Auf der Site kann ich einfach Kontakt zum Unternehmen aufbauen	**0,613**	-0,091	-0,175	0,182
Auf die Inhalte der Site kann ich mich verlassen	**0,613**	0,268	-0,006	0,07
Ich habe etwas gelernt, das ich vorher nicht wusste	**0,609**	0,191	0,024	0,365
Das Unternehmen geht auf Anregungen und Kritik ein	**0,606**	-0,135	-0,001	0,345
Auf der Site habe ich viel Neues erfahren	**0,603**	0,170	0,042	0,373
Das Unternehmen nimmt meine persönlichen Anliegen ernst	**0,587**	-0,125	0,035	0,305
Das Unternehmen ist offen für Anregungen und Kritik	**0,586**	-0,067	-0,063	0,262
Die Site hat mir Neuigkeiten vermittelt	**0,567**	0,195	0,005	0,328
Die Site ist sehr glaubwürdig	**0,566**	**0,417**	-0,149	0,124
Die Site hilft mir, Vertrauen zum Unternehmen aufzubauen	**0,560**	0,289	0,014	0,373
Die Site ist offen und ehrlich	**0,539**	0,297	-0,098	0,162
Die Bilder lassen sofort erkennen, um welche Marke es sich handelt	**0,535**	0,081	-0,207	0,02
Auf der Site erkenne ich die Marke sofort	**0,520**	0,170	-0,293	0,082
Die Farben der Marke finde ich auf der Site wieder	**0,511**	0,087	-0,231	0,109
Auf der Site erkenne ich die Bilder aus dem Offline-Auftritt wieder	**0,460**	0,108	-0,153	0,176
Die Gestaltung der Site erinnert mich an das, was ich sonst von der Marke kenne	**0,450**	0,194	-0,228	0,129
Die Übersichtsseiten sind gut strukturiert und hilfreich	**0,433**	**0,423**	-0,393	0,267
Die Aufteilung der Site ist gut	**0,426**	0,343	-0,389	**0,397**
Auf jeder Seite kann ich sehr schnell das Wesentliche erfassen	**0,422**	0,349	**-0,443**	0,333
Die Gestaltung lädt zum Erkunden der Inhalte ein	**0,411**	0,354	-0,181	**0,507**
Auf der Site habe ich nichts dazugelernt	-0,382	-0,099	0,131	-0,261
Auf der Site kann ich mich schnell durchklicken	0,123	**0,827**	-0,077	0,037
Die Site baut sich sehr schnell auf	-0,009	**0,813**	-0,020	0,104
Auf der Site gibt es kaum Wartezeiten	0,016	**0,809**	-0,055	0,086
Ich erhalte schnell Rückmeldungen	0,009	**0,726**	-0,043	0,161
Die Wartezeit zwischen meinen Eingaben und den Rückmeldungen des Computers ist sehr gering	0,092	**0,715**	0,068	0,092
Auf der Site komme ich schnell zum Ziel	0,370	**0,644**	-0,317	0,186
Ich weiß sofort, wo sich das für mich Wesentliche befindet	0,367	**0,639**	-0,302	0,188
Das Angebot ist klar und übersichtlich strukturiert	0,402	**0,594**	**-0,400**	0,178
Auf der Site weiß ich sofort, wie ich meine Ziele erreiche	0,398	**0,593**	-0,284	0,222
Die Navigation auf der Site folgt einer klaren Logik	0,291	**0,573**	**-0,404**	0,135
Die einzelnen Seiten der Site sind gut verlinkt	0,437	**0,570**	-0,252	0,035
Die Site gibt mir die Möglichkeit, genau das auszuwählen, was mich interessiert	0,458	**0,568**	-0,278	0,112
Die Navigation auf der Site ist natürlich und vorhersehbar	0,275	**0,567**	-0,348	0,168
Die Interaktion mit der Site ist langsam und ermüdend	-0,076	**-0,563**	0,354	-0,028
Die Site ist sehr gut entwickelt	0,453	**0,561**	-0,210	0,282
Die Navigation auf der Site entspricht meinen Gewohnheiten	0,322	**0,558**	-0,115	0,032
Ich weiß, wie ich Informationen, die mich interessieren auf der Site finde	0,383	**0,549**	-0,28	0,136
Was mich nicht interessiert, kann ich schnell wegklicken	0,352	**0,546**	-0,202	0,091
Auf der Site kann ich entscheiden, was ich mir anschaue	0,370	**0,526**	-0,313	0,034
Die Site hat eine einfache Bedienerführung	0,302	**0,518**	**-0,408**	0,095
Diese Site können auch Leute, die erst seit kurzer Zeit im Internet sind, bedienen	0,212	**0,517**	-0,372	0,091
Das Design der Site gefällt mir	0,290	**0,492**	-0,152	**0,513**
Auf der Site kann ich Stöbern und werde dabei rumgeführt	0,395	**0,477**	-0,212	0,297
Das Layout ist ansprechend	0,260	**0,470**	-0,213	**0,525**
Bei der Nutzung der Site fühle ich mich sicher	0,363	**0,465**	-0,167	0,122
Auf der Site ist mir immer klar, was mich erwartet	0,261	**0,415**	-0,089	0,084
Die Farben auf der Site sprechen mich an	0,369	**0,412**	-0,143	**0,427**
Die Schrift auf der Site ist leicht lesbar	-0,032	0,353	-0,131	0,233

x_i	ξ_1	ξ_2	ξ_3	ξ_4
Der Nutzer kann sich in der Vielfalt des Informationsangebots verlaufen	-0,035	-0,115	**0,783**	-0,086
Auf der Site werde ich von Informationen überflutet	-0,034	-0,035	**0,761**	-0,064
Auf der Site ist zu viel los	-0,012	-0,047	**0,750**	-0,005
Auf der Site kann man unmöglich alles erfassen	0,084	-0,067	**0,716**	-0,049
Ich musste mich ziemlich anstrengen, um der Site zu folgen	-0,035	-0,219	**0,703**	0,222
Bei der Vielzahl an Möglichkeiten kann ich mich oft schlecht entscheiden	0,128	0,064	**0,693**	0,004
Es ist anstrengend, allem was auf der Site passiert gleichzeitig zu folgen	0,036	-0,151	**0,658**	0,176
Die Site ist ein einziges Durcheinander	-0,222	-0,355	**0,657**	-0,031
Die Navigation ist sehr kompliziert	-0,207	-0,433	**0,650**	-0,021
Die Navigation ist manchmal umständlich	-0,166	-0,443	**0,622**	-0,085
Auf der Site geht es mir oft ein bisschen zu schnell	-0,044	0,070	**0,616**	0,340
Bei der Navigation bin ich viele Umwege gegangen	-0,102	-0,419	**0,605**	-0,054
Die Überschriften und Menüpunkte sind zum Teil missverständlich formuliert	-0,185	-0,365	**0,587**	-0,160
Es ist manchmal unklar, was sich hinter einzelnen Menüpunkten verbirgt	-0,128	-0,341	**0,583**	-0,216
Das verwendete Bildmaterial weist qualitative Mängel auf	-0,218	-0,044	**0,566**	0,205
Die Technik der Site ist verbesserungsfähig	-0,196	-0,135	**0,531**	-0,163
Während meines Besuchs musste ich mehrmals zur Homepage zurückkehren	-0,095	-0,345	**0,520**	-0,134
Die Site wirkt aufgeräumt	0,317	0,327	**-0,501**	0,324
Die Site weist technische Mängel auf	-0,31	-0,233	**0,495**	0,091
Auf der Site komme ich oft nicht weiter	-0,319	-0,176	**0,466**	0,133
Die Navigation auf der Site ist nicht sehr intuitiv	-0,071	-0,304	**0,439**	-0,201
Die Site hat Links, die ins Leere führen	-0,175	-0,082	**0,410**	0,210
Die Site versucht einen zu beeinflussen	0,028	-0,143	0,362	0,118
Die Site ist übertrieben sachlich	-0,024	0,054	0,299	0,013
Die Site ist amüsant gemacht	0,120	0,106	0,064	**0,788**
Die Site ist phantasievoll	0,283	0,159	-0,010	**0,788**
Die Site ist lustig	0,036	0,118	0,080	**0,783**
Die Site ist ein kleines Kunstwerk	0,263	0,189	0,102	**0,766**
Die Site bietet optische Aha-Erlebnisse	0,363	0,165	0,012	**0,737**
Die Site ist unterhaltend	0,311	0,059	0,044	**0,730**
Die Animationen auf der Site gefallen mir	0,317	0,252	-0,013	**0,717**
Die Site stellt einen guten Test meiner Fähigkeiten dar	0,212	0,028	0,279	**0,520**
Die Nutzung der Site ist anspruchsvoll	0,206	0,129	**0,408**	0,452

Tabelle 14: Rotierte Matrix der Faktorladungen (92 Merkmale)

Die Analyse der Ladungsmatrix liefert Hinweise, inwiefern einzelne Merkmale durch die extrahierten Faktoren wiedergeben werden. Zur Erhöhung der Diskriminanzvalidität der Dimensionen ist es angebracht, Merkmale, die schwache Ladungen auf die einzelnen Faktoren aufweisen, aus dem Merkmalspool zu entfernen, da diese keinen zusätzlichen Erklärungsgehalt aufweisen.[427] Sämtliche Merkmale, die eine Ladung unter 0,5 aufweisen, werden aus der Untersuchung entfernt. Anschließend wird die Matrix der Faktorladungen aufgrund der sich ergebenden Merkmalsmenge neu berechnet. Dieses Vorgehen wird so lange wiederholt, bis alle Merkmale eine Ladung von mindestens 0,5 auf einen der Faktoren aufweisen.

---

[427] Vgl. Nunally 1987. Nach *Nunally* weisen Merkmale mit einer Ladung von unter 0,4 keinen zusätzlichen Erklärungsgehalt auf. Aaker 1997 wählt ebenfalls das Kriterium 0,4 während bei Mäder nur Iterms mit einer Faktorladung von mindestens 0,7 im Itempool verbleiben. Vgl. Mäder 2005, S. 91.

Innerhalb dieses Reduktionsschrittes konnte bereits der überwiegende Anteil von Merkmalen, die neben ihrer primären (höchsten) Ladung deutliche Querladungen auf andere Faktoren aufweisen, eliminiert werden. Die Faktorladungsmatrix enthält jedoch noch substantielle Querladungen. Vor dem Hintergrund einer möglichst großen Diskriminanzvalidität wurden im Anschluss diejenigen Merkmale entfernt, die eine Querladung von mindestens 0,5 auf einen anderen Faktor aufweisen.[428] Die Prozedur führte zu einer weiteren Reduktion der Merkmalsmenge um 27 Merkmale.

Die folgende Tabelle stellt die sich ergebende Faktorladungsmatrix mit 65 Merkmalen dar.

x_i	ξ_1	ξ_2	ξ_3	ξ_4
Die Inhalte der Site sind von hoher Qualität	**0,719**	0,070	0,221	0,211
Die Site bietet interessante Inhalte	**0,707**	-0,007	0,226	0,273
Die auf der Site angebotenen Informationen beantworten meine Fragen über das Produkt	**0,703**	-0,137	0,369	-0,059
Wenn ich Informationen zu diesem Produkt suche, finde ich sie auf der Site	**0,691**	-0,165	0,412	-0,061
Die Site bietet eine breite Auswahl an gut strukturierten Themen	**0,675**	-0,033	0,276	0,166
Die Site enthält ausreichend Informationen über das Produkt	**0,673**	-0,123	0,357	-0,087
Die Inhalte auf der Site sind aktuell	**0,657**	-0,030	0,199	0,082
Die Site ist überzeugend	**0,648**	-0,121	0,279	0,343
Auf die Inhalte der Site kann ich mich verlassen	**0,641**	-0,051	0,205	0,056
Auf der Site kann ich einfach Kontakt zum Unternehmen aufbauen	**0,638**	-0,187	-0,139	0,152
Ich habe etwas gelernt, das ich vorher nicht wusste	**0,638**	-0,004	0,137	0,354
Auf der Site habe ich viel Neues erfahren	**0,637**	0,021	0,094	0,365
Die Informationen, die ich auf der Site bekomme, sind aus meiner Sicht vollständig	**0,633**	-0,101	0,379	0,030
Auf der Site ist es einfach, weitere Informationen (z.B. per Post) anzufordern	**0,630**	-0,145	-0,173	0,206
Das Unternehmen ist offen für Anregungen und Kritik	**0,620**	-0,085	-0,113	0,201
Die Site ist sehr glaubwürdig	**0,606**	-0,168	0,305	0,163
Das Unternehmen geht auf Anregungen und Kritik ein	**0,605**	-0,014	-0,123	0,301
Das Unternehmen nimmt meine persönlichen Anliegen ernst	**0,582**	0,033	-0,103	0,288
Die Site hilft mir, Vertrauen zum Unternehmen aufzubauen	**0,581**	-0,006	0,219	**0,406**
Die Site hat mir Neuigkeiten vermittelt	**0,578**	-0,029	0,166	0,308
Die Site ist offen und ehrlich	**0,577**	-0,102	0,205	0,191
Der Nutzer kann sich in der Vielfalt des Informationsangebots verlaufen	-0,004	**0,807**	-0,091	-0,048
Auf der Site werde ich von Informationen überflutet	-0,025	**0,803**	0,000	-0,022
Auf der Site ist zu viel los	-0,004	**0,780**	-0,022	0,061
Auf der Site kann man unmöglich alles erfassen	0,080	**0,750**	-0,059	-0,013
Bei der Vielzahl an Möglichkeiten kann ich mich oft schlecht entscheiden	0,115	**0,740**	0,057	0,067
Ich musste mich ziemlich anstrengen, um der Site zu folgen	-0,079	**0,684**	-0,144	0,224
Die Navigation ist manchmal umständlich	-0,148	**0,682**	-0,388	-0,073
Die Navigation ist sehr kompliziert	-0,207	**0,674**	-0,380	-0,014
Die Site ist ein einziges Durcheinander	-0,197	**0,668**	-0,326	-0,051
Es ist anstrengend, allem was auf der Site passiert gleichzeitig zu folgen	-0,006	**0,667**	-0,118	0,165
Bei der Navigation bin ich viele Umwege gegangen	-0,113	**0,653**	-0,364	-0,028
Die Überschriften und Menüpunkte sind zum Teil missverständlich formuliert	-0,159	**0,637**	-0,357	-0,140
Es ist manchmal unklar, was sich hinter einzelnen Menüpunkten verbirgt	-0,114	**0,630**	-0,319	-0,151
Auf der Site geht es mir oft ein bisschen zu schnell	-0,049	**0,621**	0,051	0,319
Die Site wirkt aufgeräumt	0,275	**-0,531**	0,277	0,246
Während meines Besuchs musste ich mehrmals zur Homepage zurückkehren	-0,086	**0,512**	-0,335	-0,145
Die Site baut sich sehr schnell auf	0,057	-0,072	**0,818**	0,102
Auf der Site gibt es kaum Wartezeiten	0,057	-0,091	**0,807**	0,080

---

[428] Gerundet wurde auf eine Stelle hinter dem Komma.

x_i	ξ_1	ξ_2	ξ_3	ξ_4
Auf der Site kann ich mich schnell durchklicken	0,076	-0,171	**0,798**	0,075
Ich erhalte schnell Rückmeldungen	0,075	-0,100	**0,724**	0,130
Die Wartezeit zwischen meinen Eingaben und den Rückmeldungen des Computers ist sehr gering	0,140	-0,004	**0,709**	0,093
Die Interaktion mit der Site ist langsam und ermüdend	-0,063	0,347	**-0,591**	-0,046
Auf der Site komme ich schnell zum Ziel	0,304	-0,448	**0,588**	0,212
Ich weiß sofort, wo sich das für mich Wesentliche befindet	0,323	-0,413	**0,574**	0,225
Was mich nicht interessiert, kann ich schnell wegklicken	0,323	-0,277	**0,546**	0,133
Die Site gibt mir die Möglichkeit, genau das auszuwählen, was mich interessiert	**0,435**	-0,399	**0,540**	0,155
Die einzelnen Seiten der Site sind gut verlinkt	**0,402**	-0,369	**0,537**	0,074
Die Site ist sehr gut entwickelt	**0,407**	-0,270	**0,529**	0,334
Auf der Site weiß ich sofort, wie ich meine Ziele erreiche	0,349	**-0,421**	**0,528**	0,230
Die Navigation auf der Site entspricht meinen Gewohnheiten	0,230	-0,217	**0,522**	0,095
Ich weiß, wie ich Informationen, die mich interessieren auf der Site finde	0,333	**-0,408**	**0,512**	0,161
Auf der Site kann ich entscheiden, was ich mir anschaue	0,331	**-0,418**	**0,505**	0,072
Die Site ist phantasievoll	0,265	-0,010	0,091	**0,821**
Die Site ist amüsant gemacht	0,141	0,008	0,082	**0,796**
Die Site ist lustig	0,064	0,036	0,067	**0,794**
Die Site bietet optische Aha-Erlebnisse	0,334	0,020	0,106	**0,779**
Die Site ist unterhaltend	0,290	0,024	0,048	**0,770**
Die Site ist ein kleines Kunstwerk	0,294	0,083	0,149	**0,767**
Die Animationen auf der Site gefallen mir	0,298	-0,046	0,198	**0,754**
Das Layout ist ansprechend	0,290	-0,245	0,387	**0,551**
Das Design der Site gefällt mir	0,325	-0,164	0,379	**0,538**
Die Site stellt einen guten Test meiner Fähigkeiten dar	0,201	0,284	0,021	**0,525**
Die Gestaltung lädt zum Erkunden der Inhalte ein	0,384	-0,198	0,280	**0,519**

Tabelle 15: Rotierte Matrix der Faktorladungen (65 Merkmale)

Der nächste Analyseschritt dient der Überprüfung der *Stabilität und Generalisierbarkeit* der Vier-Faktorlösung.[429] Er dient der Klärung, ob die Vier-Faktor-Lösung potentielle Unterschiede bzgl. verschiedener Personengruppen aufweist. Sind solche Unterschiede nicht nachweisbar, ist das ein Hinweis darauf, dass das zu entwickelnde Messinstrument sich zur Anwendung über verschiedene Untersuchungsgruppen eignet.

Aufgrund der vorliegenden Datenbasis kann eine Überprüfung der Stabilität der Vier-Faktorlösung bzgl. der erfassten *soziodemografischen Merkmale* Alter, Geschlecht und Bildungsniveau erfolgen. Zur Prüfung der Stabilität der Vier-Faktorlösung bezüglich dieser Merkmale werden für jedes Merkmal durch Aufteilung der Gesamtdaten zwei Datensätze generiert. Innerhalb der soziodemografischen Merkmale erfolgt eine Aufteilung aufgrund der Merkmale Geschlecht (weibliche vs. männliche Teilstichprobe), Alter (junge Teilstichprobe bis zu 39 Jahre vs. alte Teilstichprobe ab 40 Jahre) sowie Bildungsstand (Gruppe mit geringer Bildung: Volks-/Hauptschulabschluss, Mittlere Reife vs. Gruppe mit hoher Bildung (Abitur, Studium). Die Tabellen der rotierten Faktormatrizen der Teilstichproben finden sich im Anhang.

---

[429] Die Überpüfung der Generalisierbarkeit ist insbesondere von Relevanz vor dem Hintergrund des Stichprobenverfahrens, das wie in Abschnitt 3.2.4.1 dargestellt keine probabilistische Zufallsauswahl darstellen.

Die Lösungen für die einzelnen Teilstichproben sind sowohl qualitativ als auch quantitativ identisch mit der Gesamtlösung. In den einigen Teilstichproben zeigt sich lediglich eine leichte Veränderung der Varianzanteile der Dimensionen. Es zeigt sich, dass die Teillösungen den von *Osgood/Suci/Tannenbaum* postulierten Kriterien für die Vergleichbarkeit von Faktorlösungen entsprechen.[430] Dieselbe Anzahl an Faktoren wird extrahiert, die Faktoren spiegeln denselben Inhalt wieder, d.h. dieselben Merkmale laden auf den jeweiligen Faktor und die relative Varianzerklärung der Faktoren ist ähnlich.

Nach der Entwicklung der einzelnen Dimensionen gilt es im Folgenden, innerhalb des Merkmalpools die Merkmale zu identifizieren, die die vier Dimensionen der Sitewahrnehmung am besten repräsentieren. Diese Identifikation dient einer Reduktion des Merkmalpools, um die Erfassung der Dimensionen für zukünftige Untersuchungen forschungsökonomisch handhabbar zu machen. Im nächsten Abschnitt werden die Merkmale der Dimensionen bzgl. ihrer zugrundeliegenden Struktur weiter untersucht.

3.2.4.3 Facetten der Wahrnehmung

Facettenstrukturen dienen der weiteren Differenzierung des Bedeutungsgehaltes von Dimensionen.[431] Facetten werden jedoch nicht als eigenständige Subfaktoren verstanden, sondern als inhaltliche Ausdifferenzierung der Dimensionen. Damit liefert eine Facettenstruktur Anhaltspunkte für die weitere Reduktion der Merkmalsauswahl bei gleichzeitiger Berücksichtigung der gleichbleibenden inhaltlichen Abdeckung des Konstrukts.

Um zu untersuchen, inwieweit sich die vier Dimensionen der Sitewahrnehmung in Facetten ausdifferenzieren lassen, werden die ihnen zugeordneten Merkmale jeweils separaten Faktorenanalysen unterzogen.[432] Innerhalb jeder Dimension werden sämtliche Faktoren extrahiert, die einen Eigenwert größer als eins aufweisen. Zur Verbesserung des inhaltlichen Verständnisses werden diese Facetten an dieser Stelle benannt. Die Dimension Stimulation lässt sich in die beiden Facetten *Unterhaltung (1)* und *Design (2)* aufteilen. Innerhalb der Dimension Information werden die vier Facetten *Qualität (1)*, *Vollständigkeit (2)*, *Kontakt (3)* und *Neuigkeiten (4)* extrahiert. Die Dimension Interaktivität wird durch die beiden Facetten *Struktur (1)* und *Geschwindigkeit (2)* gebil-

---

[430] Vgl. Osgood/Suci/Tannenbaum 1971.
[431] Vgl. Mäder 2005, S. 92.

det. Die Dimension Irritation lässt sich schließlich in die drei Facetten *Umständlichkeit (1), Komplexität (2)* und *Anstrengung (3)* aufteilen.

Tabellen 16 bis 19 bilden die Facettenstrukturen der einzelnen Dimensionen anhand der zugrundeliegenden Faktorladungsmatrizen ab.

Facette	Eigenwert vor Rotation	Eigenwert nach Rotation	Merkmale	ξ_1	ξ_2
1	6,45	3,95	Die Site ist amüsant gemacht	**0,872**	0,252
			Die Site ist lustig	**0,869**	0,176
			Die Site ist unterhaltend	**0,761**	0,414
			Die Site ist phantasievoll	**0,661**	0,537
			Die Site ist ein kleines Kunstwerk	**0,638**	0,476
			Die Site bietet optische Aha-Erlebnisse	**0,603**	0,570
			Die Site stellt einen guten Test meiner Fähigkeiten dar	**0,517**	0,101
2	1,22	3,73	Das Design der Site gefällt mir	0,202	**0,894**
			Das Layout ist ansprechend	0,173	**0,893**
			Die Gestaltung lädt zum Erkunden der Inhalte ein	0,287	**0,749**
			Die Animationen auf der Site gefallen mir	0,473	**0,672**

Tabelle 16: Facettenstruktur mit Ladungsmatrix für den Faktor Stimulation

---

[432] Vgl. zu diesem Vorgehen Aaker 1997 sowie Mäder 2005.

Facette	Eigenwert vor Rotation	Eigenwert nach Rotation	Merkmale	ξ_1	ξ_2	ξ_3	ξ_4
1	11,28	5,10	Die Inhalte der Site sind von hoher Qualität	**0,787**	0,204	0,223	0,212
			Die Site bietet interessante Inhalte	**0,763**	0,237	0,154	0.336
			Die Site ist eine gute Quelle der Information	**0,758**	0,263	0,225	0,238
			Die Site bietet eine breite Auswahl an gut strukturierten Themen	**0,723**	0,251	0,209	0,235
			Die Inhalte auf der Site sind aktuell	**0,656**	0,241	0,242	0,154
			Auf die Inhalte der Site kann ich mich verlassen	**0,633**	0,307	0,212	0,141
			Die Site ist überzeugend	**0,604**	0,457	0,216	0,243
			Die Site hilft mir, Vertrauen zum Unternehmen aufzubauen	**0,559**	0,414	0,224	0,215
			Die Site ist offen und ehrlich	**0,513**	0,499	0,167	0,098
2	2,37	4,47	Die Site enthält ausreichend Informationen über das Produkt	0,231	**0,878**	0,144	0,126
			Die auf der Site angebotenen Informationen beantworten meine Fragen über das Produkt	0,279	**0,850**	0,174	0,140
			Wenn ich Informationen zu diesem Produkt suche, finde ich sie auf der Site	0,287	**0,850**	0,142	0,154
			Die Informationen, die ich auf der Site bekomme, sind aus meiner Sicht vollständig	0,287	**0,815**	0,104	0,210
			Die Site ist sehr glaubwürdig	0,456	**0,591**	0,205	0,145
3	1,66	3,99	Das Unternehmen ist offen für Anregungen und Kritik	0,206	0,129	**0,864**	0,091
			Das Unternehmen geht auf Anregungen und Kritik ein	0,153	0,162	**0,837**	0,228
			Das Unternehmen nimmt meine persönlichen Anliegen ernst	0,170	0,122	**0,805**	0,213
			Auf der Site kann ich einfach Kontakt zum Unternehmen aufbauen	0,251	0,159	**0,789**	0,034
			Auf der Site ist es einfach, weitere Informationen (z.B. per Post) anzufordern	0,238	0,127	**0,783**	0,116
4	1,15	2,91	Ich habe etwas gelernt, das ich vorher nicht wusste	0,333	0,216	0,215	**0,889**
			Die Site hat mir Neuigkeiten vermittelt	0,304	0,205	0,162	**0,866**
			Auf der Site habe ich viel Neues erfahren	0,332	0,207	0,248	**0,832**

Tabelle 17: Facettenstruktur mit Ladungsmatrix für den Faktor Information

Facette	Eigenwert vor Rotation	Eigenwert nach Rotation	Merkmale	ξ_1	ξ_2
1	8,26	6,21	Auf der Site weiß ich sofort, wie ich meine Ziele erreiche	**0,842**	0,198
			Ich weiß, wie ich Informationen, die mich interessieren auf der Site finde	**0,841**	0,161
			Auf der Site komme ich schnell zum Ziel	**0,838**	0,310
			Die Site gibt mir die Möglichkeit, genau das auszuwählen, was mich interessiert	**0,835**	0,184
			Ich weiß sofort, wo sich das für mich Wesentliche befindet	**0,833**	0,217
			Auf der Site kann ich entscheiden, was ich mir anschaue	**0,760**	0,129
			Die Site ist sehr gut entwickelt	**0,732**	0,182
			Die einzelnen Seiten der Site sind gut verlinkt	**0,716**	0,209
			Was mich nicht interessiert, kann ich schnell wegklicken	**0,680**	0,246
			Die Navigation auf der Site entspricht meinen Gewohnheiten	**0,526**	0,261
2	2,63	4,68	Auf der Site gibt es kaum Wartezeiten	0,186	**0,910**
			Die Site baut sich sehr schnell auf	0,197	**0,900**
			Ich erhalte schnell Rückmeldungen	0,241	**0,860**
			Die Wartezeit zwischen meinen Eingaben und den Rückmeldungen des Computers ist sehr gering	0,139	**0,836**
			Auf der Site kann ich mich schnell durchklicken	0,331	**0,811**
			Die Interaktion mit der Site ist langsam und ermüdend	-0,275	**-0,698**

Tabelle 18: Facettenstruktur mit Ladungsmatrix für den Faktor Interaktion

Facette	Eigenwert vor Rotation	Eigenwert nach Rotation	Merkmale	ξ_1	ξ_2	ξ_3
1	7,83	4,92	Die Navigation ist manchmal umständlich	0,820	0,189	0,182
			Bei der Navigation bin ich viele Umwege gegangen	0,807	0,198	0,246
			Die Navigation ist sehr kompliziert	0,805	0,163	0,264
			Die Site ist ein einziges Durcheinander	0,783	0,185	0,295
			Die Überschriften und Menüpunkte sind zum Teil missverständlich formuliert	0,761	0,248	0,040
			Es ist manchmal unklar, was sich hinter einzelnen Menüpunkten verbirgt	0,743	0,259	0,016
			Während meines Besuchs musste ich mehrmals zur Homepage zurückkehren	0,648	0,149	0,055
			Die Site wirkt aufgeräumt	-0,560	-0,252	-0,142
2	2,04	3,86	Auf der Site werde ich von Informationen überflutet	0,226	0,857	0,172
			Auf der Site kann man unmöglich alles erfassen	0,234	0,826	0,189
			Der Nutzer kann sich in der Vielfalt des Informationsangebots verlaufen	0,317	0,814	0,158
			Bei der Vielzahl an Möglichkeiten kann ich mich oft schlecht entscheiden	0,209	0,782	0,216
			Auf der Site ist zu viel los	0,249	0,755	0,273
3	1,27	2,36	Auf der Site geht es mir oft ein bisschen zu schnell	0,076	0,253	0,846
			Ich musste mich ziemlich anstrengen, um der Site zu folgen	0,318	0,163	0,795
			Es ist anstrengend, allem was auf der Site passiert gleichzeitig zu folgen	0,225	0,394	0,727

Tabelle 19: Facettenstruktur mit Ladungsmatrix für den Faktor Irritation

Der nächste Analyseschritt dient der Identifikation der Merkmale innerhalb jeder Facette, die die inhaltliche Struktur der Facetten bestmöglich abbilden. Um einerseits eine ausreichend hohe Anzahl an Freiheitsgraden bei der Erfassung jeder Facette sicherstellen und gleichzeitig die Forschungsökonomie des zu entwickelten Messinstrumentes über eine möglichst geringe Anzahl an Indikatoren sicherzustellen, sollten drei Merkmale pro Facette beibehalten werden. Ein weiteres Ziel dieses Schrittes ist die Erhöhung der Reliabilität und Verständlichkeit bei gleichzeitiger Eliminierung möglicher Redundanzen der Merkmalssammlung. Hierzu wird die von *Nunnally* dargestellte *Clustering-Methode* angewandt.[433]

Innerhalb jeder Facette wird zunächst das Merkmal mit der höchsten Item-to-Total-Korrelation als Zentrum des ersten Clusters ausgewählt. Im nächsten Schritt werden diesem Merkmal weitere Merkmale innerhalb der Facette zugeordnet, die eine hohe Korrelation (> 0,7) mit dem Merkmal aufweisen. Unter den verbleibenden Merkmalen der Facette wird im nächsten Schritt das Merkmal mit der nun höchsten Item-to-Total-

---

[433] Nunally empfiehlt eine Korrelation von höher/niedriger 0,9, diese wird in der vorliegenden Untersuchung bzgl. einer Korrelation von 0,7 modifiziert. In der vorliegenden Untersuchung sind die Merkmale Aussagesätze und nicht Adjektive, was notwendigerweise zu geringeren Korrelationen führt. Die Betrachtung der

Korrelation ausgewählt, das nun das Zentrum des zweiten Clusters bildet. Auch diesem werden innerhalb der verbleibenden Merkmale diejenigen mit hoher Korrelation (> 0,7) zum zweiten Clusterzentrum und niedrigen Korrelation (< 0,7) zum ersten Clusterzentrum zugeordnet. Diese Prozedur wird nach Auswahl von drei Clusterzentren abgebrochen. Merkmale, die den Clusterzentren zugeordnet sind, bilden den selben Inhalt wie die Clusterzentren ab und sind folglich redundant. Sie werden aus der Merkmalssammlung entfernt. Die Messung der Facetten erfolgt im Weiteren über die Clusterzentren. Diese Prozedur ergab 32 Merkmale, d.h. eine Reduktion um 33 Merkmale.

Um zu überprüfen, ob die verbleibenden 32 Merkmale die inhaltliche Struktur der ursprünglichen Merkmalsmenge immer noch abbilden, wurden die verbleibenden 32 Merkmale wiederum einer Faktorenanalyse unter Vorgabe einer vierfaktoriellen Lösung unterzogen. Die folgende Tabelle stellt die rotierte Matrix der Faktorladungen über die verbleibenden 32 Merkmale dar. Es wird deutlich, dass auch die nach der statistischen Itemreduktion verbleibenden Merkmale die Dimensionen Information (ξ_1), Stimulation (ξ_4), Interaktion (ξ_2) und Irritation (ξ_3) wiedergeben.

x_i	ξ_3	ξ_1	ξ_4	ξ_2
Auf der Site werde ich von Informationen überflutet	**0,776**	0,053	-0,146	0,032
Auf der Site ist zu viel los	**0,770**	-0,009	-0,074	-0,051
Bei der Vielzahl an Möglichkeiten kann ich mich oft schlecht entscheiden	**0,767**	0,093	0,000	0,016
Es ist anstrengend, allem was auf der Site passiert gleichzeitig zu folgen	**0,751**	0,002	0,007	-0,036
Auf der Site geht es mir oft ein bisschen zu schnell	**0,671**	-0,046	0,096	0,100
Ich musste mich ziemlich anstrengen, um der Site zu folgen	**0,660**	-0,066	0,018	-0,121
Die Navigation ist manchmal umständlich	**0,569**	-0,117	-0,080	**-0,458**
Es ist manchmal unklar, was sich hinter einzelnen Menüpunkten verbirgt	**0,557**	-0,211	-0,039	-0,393
Die Überschriften und Menüpunkte sind zum Teil missverständlich formuliert	**0,551**	-0,228	-0,063	-0,374
Wenn ich Informationen zu diesem Produkt suche, finde ich sie auf der Site	-0,149	**0,680**	0,084	0,287
Die auf der Site angebotenen Informationen beantworten meine Fragen über das Produkt	-0,102	**0,667**	0,129	0,301
Die Site enthält ausreichend Informationen über das Produkt	-0,123	**0,660**	0,088	0,273
Die Site ist eine gute Quelle der Information	-0,022	**0,659**	0,369	0,136
Das Unternehmen ist offen für Anregungen und Kritik	-0,072	**0,631**	0,003	-0,038
Das Unternehmen geht auf Anregungen und Kritik ein	0,022	**0,607**	0,054	-0,094
Das Unternehmen nimmt meine persönlichen Anliegen ernst	0,045	**0,604**	0,118	-0,096
Die Site bietet eine breite Auswahl an gut strukturierten Themen	0,015	**0,604**	0,336	0,165
Die Site ist überzeugend	-0,098	**0,549**	**0,515**	0,225
Die Site ist unterhaltend	0,012	0,131	**0,850**	0,014
Die Site ist amüsant gemacht	0,056	0,020	**0,831**	0,029
Die Site ist lustig	0,087	-0,022	**0,807**	0,016
Das Design der Site gefällt mir	-0,158	0,291	**0,689**	0,200
Die Gestaltung lädt zum Erkunden der Inhalte ein	-0,206	0,278	**0,689**	0,162
Das Layout ist ansprechend	-0,179	0,281	**0,665**	0,219
Auf der Site habe ich viel Neues erfahren	0,018	**0,517**	**0,522**	0,080
Die Site hat mir Neuigkeiten vermittelt	-0,013	**0,479**	**0,508**	0,093

Clusterzuordnungen bestätigen die inhaltliche Redundanz der eliminierten Merkmale auch beim Kriterium von 0,7. Vgl. Nunally 1987.

x_i	ξ_3	ξ_1	ξ_4	ξ_2
Auf der Site gibt es kaum Wartezeiten	-0,034	0,025	0,101	**0,860**
Die Site baut sich sehr schnell auf	0,004	0,047	0,079	**0,855**
Ich erhalte schnell Rückmeldungen	-0,029	0,063	0,133	**0,805**
Auf der Site komme ich schnell zum Ziel	-0,446	0,338	0,217	**0,551**
Ich weiß sofort, wo sich das für mich Wesentliche befindet	-0,436	0,353	0,179	**0,488**
Das Angebot ist klar und übersichtlich strukturiert	-0,470	**0,409**	0,219	**0,475**

Tabelle 20: Rotierte Matrix der Faktorladungen (32 Merkmale)

Bei der Analyse der Faktorladungsmatrix zeigen sich Doppelladungen einzelner Merkmale auf mehrere Dimensionen. Es stellt sich die Frage, ob den durch diese Merkmale abgebildeten Facetten im Rahmen des zu entwickelnden Modells Doppelladungen bezüglich mehrerer Dimensionen zugeordnet werden sollen.[434] Im Rahmen der Modellentwicklung wird zu prüfen sein, welche Modellstruktur die Struktur des mehrdimensionalen Konstruktes Sitewahrnehmung bestmöglich abbildet.

3.2.4.4 Validitätsprüfung

Das Ergebnis der Reduktionsschritte ist ein *forschungsökonomisch handhabbares Messinstrument* mit 32 Merkmalen der Sitewahrnehmung. Sämtliche Reduktionsschritte fanden unter der Maßgabe einer hohen Validität des Messinstrumentes statt. Trotzdem ist die Validitätsprüfung noch nicht vollständig, innerhalb dieses Abschnittes wird zunächst die Prüfung der Konvergenzvalidität stattfinden.

Die *Konvergenzvalidität* bezeichnet das Ausmaß der Übereinstimmung zweier oder mehrerer Versuche einer Konstruktmessung. Einen Aspekt der Konvergenzvalidität stellt die interne Konsistenz eines Messinstrumentes dar. Diese bezeichnet das Ausmaß, mit dem die Merkmale in Übereinstimmung zueinander stehen. Im vorliegenden Fall muss die interne Konsistenz der Messmodelle der vier Dimensionen der Sitewahrnehmung überprüft werden. Das klassische Maß zur Erfassung der internen Konsistenz eines Messmodells stellt *Cronbachs Alpha* dar. In der Literatur wird häufig von einer Mindestanforderung von 0,7 ausgegangen.[435] Betrachtet man die Ergebnisse in Tabelle 22 wird deutlich, dass die Werte der vier genannten Dimensionen sämtlich der genannten Anforderung entsprechen.

---

[434] Doppelladungen werden innerhalb von Lisrel-Modellen ausdrücklich zugelassen. Vgl. Homburg/Giering 1996.
[435] Vgl. Homburg/Giering 1996, S. 8.

In einem Forschungsstadium, in dem die Dimensionalität eines Konstruktes bekannt ist, gestatten *konfirmatorische Faktorenanalysen* eine inferenzstatistische Prüfung der Anpassung eines Messmodells an einen Datensatz. Sie zeichnen sich durch die Möglichkeit aus, nicht durch die latenten Variablen erklärbare Varianzanteile als Messfehler zu modellieren. Eine Validitätsprüfung, die auf konfirmatorischen Faktorenanalysen basiert, stellt somit eine sinnvolle Ergänzung zur Strukturenaufdeckung durch explorative Faktorenanalysen dar.

Die Güte der Anpassung der modelltheoretischen Korrelationsmatrix an die empirisch beobachtete Struktur kann anhand verschiedener *globaler Gütekriterien* abgebildet werden.[436] Die folgende Tabelle gibt die Mindestanforderungen für alle genannten Gütekriterien wieder.

Gütekriterien der 1. Generation	Anspruchsniveau
Erklärte Varianz (VE)	>= 50%
Faktorladung (SF)	>= 0,4
Cronbachsches Alpha (CA)	>= 0,7
Item-to-Total-Korrelation (ItT)	_1)
Gütekriterien der 2. Generation	**Anspruchsniveau**
χ^2/df	<= 5
RMSEA	<= 0,08
GFI	>= 0,9
AGFI	>= 0,9
NFI	>= 0,9
CFI	>= 0,9
Indikatorreliabilität (IR)	>= 0,4
Faktorreliabilität (FR)	>= 0,6
Durchschnittlich erfasste Varianz (DEV)	>= 0,5
χ^2-Differenztest	Differenz >= 3,841
Fornell-Larcker-Kriterium	DEV >= quadrierte Korrelation

[1] Elimination des Faktors mit der niedrigsten Item-to-Total-Korrelation, falls das Cronbachsche Alpha kleiner als 0,7 ist

Tabelle 21: Mindestwerte der Gütekriterien
In Anlehnung an Giering 2000, S. 89

Im Rahmen der quantitativen Analyse wurde zur Überprüfung der den Facetten zugrundeliegenden Struktur für jede Facette eine explorative Faktorenanalyse durchgeführt. Für jede Facette wurde das Cronbachsche Alpha und die Item-to-Total-Korrelation der zugrundeliegenden Indikatoren berechnet.

---

[436] Vgl. Homburg/Baumgartner 1995, S. 167 ff. Ausführlich werden diese Gütekriterien in der Arbeit von Giering 2000 dargestellt.

Das Messinstrument kann durch die *Kriterien der ersten Generation* ausnahmslos als bestätigt angesehen werden. Für die Indikatoren jeder Facette wurde genau ein Faktor extrahiert. Die niedrigste Varianzerklärung liegt dabei bei 67% für die Facette „Qualität der Inhalte". Die den Facetten zugrundeliegenden Indikatoren erreichen dabei durchgängig Faktorladungen von mindestens 0,5. Auch das Cronbachsche Alpha liegt für jede Facette über dem geforderten Mindestwert von 0,7.

Im Anschluss erfolgt die Evaluierung des Messinstrumentes anhand der Kriterien der *zweiten Generation*. Hierzu wird im Rahmen der konfirmatorischen Faktorenanalyse ein *Messmodell auf Basis der elf Facetten* spezifiziert, welchen jeweils eine einfaktorielle Struktur zugrundegelegt wurde. Bei dem Vergleich der Güte des Messmodells unter Berücksichtigung/ohne Berücksichtigung der Querladungen, die sich in der Matrix zu den Faktorladungen der verbleibenden 32 Merkmale zeigen, wird deutlich, dass die Berücksichtigung der Querladungen die Güte des Messmodells erheblich verbessert. Deshalb werden die Querladungen innerhalb des Modells berücksichtigt.

Die Ergebnisse der Prüfungen sind in Tabelle 22 dargestellt. Bei einem Vergleich dieser Werte mit den in Tabelle 21 dargestellten Anforderungsniveaus für diese Kriterien ist unmittelbar ersichtlich, dass die geforderten Mindestwerte der Kriterien durchgängig überschritten werden. Bei der Betrachtung der anspruchsvolleren *Kriterien der zweiten Generation* zeigt sich, dass die *inferenzstatistischen Indizes GFI* und *NFI* in der vorliegenden Untersuchung sehr gute Werte erreichen. Der *Koeffizient χ^2/df* liegt ebenfalls auf einem sehr hohen Niveau.

Konsistent mit den hohen Faktorladungen der explorativen Faktorenanalyse und den hohen Item-to-Total-Korrelationen liegen auch die geschätzten Ladungen der konfirmatorischen Faktorenanalysen auf einem sehr hohen Niveau. Dies spiegelt sich in den *Indikatorreliabilitäten* wieder, die durchweg weit über dem empfohlenen Mindestmaß liegen. Die konfirmatorische Prüfung des Messmodells belegt somit ein sehr hohes Maß an interner Konsistenz.

Des Weiteren ist von Bedeutung, wie gut die interessierenden latenten Konstrukte durch ihre Indikatoren gemessen werden können. Zur Beurteilung dieses Aspektes eignen sich die *Faktorreliabilität* und die *durchschnittlich erfasste Varianz*. Auch die empfohlenen Mindestmaße dieser beiden Prüfgrößen werden im vorliegenden Messmodell bei allen Dimensionen deutlich übertroffen. Das Messmodell erweist sich somit als intern konsistent. Dies gilt sowohl für die Beziehung der Indikatoren untereinander als auch für die Beziehung zwischen den zu messenden Facetten und Indikatoren. Die folgende Abbildung gibt die Anpassungsmaße des Messinstrumentes der Sitewahrnehmung wieder.

Facette	Merkmal	SF	IR	ItT	VE	FR	CA	DEV
Design	Das Layout ist ansprechend	,92	,67	,81				
	Das Design der Site gefällt mir	,93	,54	,81	80	,83	,88	,61
	Die Gestaltung lädt zum Erkunden der Inhalte ein	,84	,63	,67				
Unterhaltung	Die Site ist amüsant gemacht	,94	,63	,87				
	Die Site ist unterhaltend	,90	,69	,77	85	,87	,91	,70
	Die Site ist lustig	,93	,78	,84				
Neuigkeiten	Die Site hat mir Neuigkeiten vermittelt	,95	,77	,81	91	,90	,90	,81
	Auf der Site habe ich viel Neues erfahren	,95	,85	,81				
Qualität	Die Site ist eine gute Quelle der Information	,88	,64	,68				
	Die Site bietet eine breite Auswahl an gut strukturierten Themen	,76	,54	,51	68	,83	,76	,61
	Die Site ist überzeugend	,83	,66	,61				
Kontakt	Das Unternehmen nimmt meine persönlichen Anliegen ernst	,57	,35	,51				
	Das Unternehmen ist offen für Anregungen und Kritik	,59	,70	,65	68	,83	,75	,61
	Das Unternehmen geht auf Anregungen und Kritik ein	,69	,58	,61				
Vollständigkeit	Die auf der Site angebotenen Informationen beantworten meine Fragen über das Produkt	,76	,76	,81				
	Wenn ich Informationen zu diesem Produkt suche, finde ich sie auf der Site	,80	,80	,83	85	,91	,91	,77
	Die Site enthält ausreichend Informationen über das Produkt	,76	,77	,82				
Struktur	Auf der Site komme ich schnell zum Ziel	,93	,79	,85				
	Ich weiß sofort, wo sich das für mich Wesentliche befindet	,93	,78	,84	86	,92	,92	,80
	Das Angebot ist klar und übersichtlich strukturiert	,92	,82	,83				
Geschwindigkeit	Auf der Site gibt es kaum Wartezeiten	,94	,70	,86				
	Die Site baut sich schnell auf	,93	,82	,85	86	,92	,92	,80
	Ich erhalte schnell Rückmeldungen	,91	,85	,80				
Umständlichkeit	Die Navigation ist manchmal umständlich	,81	,70	,62				
	Die Überschriften und Menüpunkte sind zum Teil missverständlich formuliert	,90	,69	,74	75	,84	,83	,64
	Es ist manchmal unklar, was sich hinter einzelnen Menüpunkten verbirgt	,89	,53	,73				
Komplexität	Auf der Site werde ich von Informationen überflutet	,90	,63	,76				
	Auf der Site ist zu viel los	,87	,65	,71	78	,86	,86	,66
	Bei der Vielzahl an Möglichkeiten kann ich mich oft schlecht entscheiden	,87	,71	,71				
Anstrengung	Auf der Site geht es mir oft ein bisschen zu schnell	,87	,59	,69				
	Es ist anstrengend, allem was auf der Site passiert gleichzeitig zu folgen	,86	,66	,67	74	,83	,82	,62
	Ich musste mich ziemlich anstrengen, um der Site zu folgen	,86	,59	,68				

Globale Anpassungsmaße:
χ^2 (Freiheitsgrade)   1355 (409)
χ^2/df 3,313
RMSEA   0,049
GFI   0,921
AGFI   0,898
NFI   0,936
CFI   0,954

Tabelle 22:   Anpassungsmaße des Messinstrumentes

Die nächste Fragestellung bezieht sich auf die *Diskriminanzvalidität* zwischen den Faktoren. Zur Überprüfung der Diskriminanzvalidität wird das *Fornell/Larcker-*

Kriterium herangezogen, welches fordert, dass die durchschnittlich erfasste Varianz der beiden Faktoren größer ist als die quadrierte Korrelation der Faktoren untereinander. Wird dieses erfüllt, kann davon ausgegangen werden, dass auch der weniger anspruchsvolle χ^2-Differenztest erfolgreich ist und auf dessen Durchführung verzichtet werden kann.[437] Die Fragestellung nach der Diskriminanzvalidität kann erschöpfend anhand von Tabelle 23 beantwortet werden, in der das *Fornell/Larcker*-Kriterium zur Beurteilung der Diskriminanzvalidität für die elf Facetten des Messinstrumentes dargestellt ist.

Facette		Desig	Unter	Neuig	Qual	Kont	Volls	Struk	Gesch	Umst	Komp	Anstr
	DEV	0,61	0,7	0,81	0,61	0,61	0,77	0,8	0,8	0,64	0,66	0,62
Design	0,61											
Unterhaltung	0,7	0,54										
Neuigkeiten	0,81	0,39	0,28									
Qualität	0,61	0,61	0,28	0,56								
Kontakt	0,61	0,08	0,06	0,13	0,18							
Vollständigkeit	0,77	0,18	0,08	0,18	0,44	0,10						
Struktur	0,8	0,09	0,07	0,13	0,30	0,07	0,28					
Geschwindigkeit	0,8	0,30	0,02	0,05	0,09	0,02	0,09	0,21				
Umständlichkeit	0,64	0,13	0,02	0,04	0,12	0,02	0,16	0,54	0,14			
Komplexität	0,66	0,05	0,00	0,00	0,00	0,00	0,01	0,18	0,01	0,29		
Anstrengung	0,62	0,02	0,00	0,00	0,01	0,00	0,03	0,12	0,02	0,23	0,43	

Tabelle 23: Fornell/Larcker-Kriterium zur Beurteilung der Diskriminanzvalidität des Messinstrumentes

Die Tabelle zeigt, dass keine einzige Verletzung des Fornell/Larcker-Kriteriums festzustellen ist. Es wird deutlich, dass von ausreichend Diskriminanzvalidität zwischen den Facetten ausgegangen werden kann.

Zusammen mit den dargestellten Ergebnissen des Messinstrumentes kann folglich eine hervorragende Güte der im Rahmen der Arbeit vorgestellten Operationalisierung der Sitewahrnehmung festgestellt werden. Die Güte bezieht sich sowohl auf die Reliabilität als auch auf die Validität der Messung. Als Resultat wird festgehalten, dass die Sitewahrnehmung über elf Facetten erfasst wird, welche die vier Dimensionen Information, Stimulation, Interaktion und Irritation modellieren.

---

[437] Vgl. Götz 2006 sowie Giering 2000.

3.2.5 Zusammenfassende Darstellung des Instrumentes zur Erfassung der Sitewahrnehmung

Betrachtet man die Merkmale und Facetten, die den vier Dimensionen zugrundeliegen wird deutlich, dass die Dimension *Stimulation* Wahrnehmungsinhalte zusammenfasst, die sich zum einen aus der Stimulation durch die ästhetische Erfahrung mit der Site ergeben und sich zum anderen aus der Anregung durch unterhaltende Elemente der Site entwickeln lassen. Die Facette Neuigkeitswert, die innerhalb der Dimension Information entwickelt wurde, weist bei der Analyse der Faktorladungsmatrix deutliche Querladungen auf die Dimension Stimulation auf. Inhaltlich macht diese Querladung deutlich, dass die Stimulation, die von einer Site ausgeht, nicht nur über ästhetische und unterhaltende Elemente, sondern auch über die dort erfahrenen Neuigkeiten zustande kommt. Die Dimension Stimulation bildet somit die Wahrnehmung des Unterhaltungswertes der Site, der ästhetischen Erfahrung sowie den Neuigkeitswert der Site ab.

Die Dimension *Information* bezeichnet zusammenfassend diejenigen Merkmale, die einen Informationswert für den Nutzer darstellen. Zum einen sind dies die Qualität und Vollständigkeit sowie der Neuigkeitswert der Information. Zum anderen stellt die Kontaktmöglichkeit zum Unternehmen ein Mittel dar, das weitere, spezifische Information auf bequeme Weise erreichbar macht und somit den Informationswert der Site steigert.[438]

Die Dimension *Interaktion* umfasst die Facetten Geschwindigkeit und Struktur sowie die innerhalb der Dimension Information entwickelte Facette Vollständigkeit und die innerhalb der Dimension Irritation entwickelte Facette Umständlichkeit. Die Vollständigkeit der Informationen impliziert mehr Wahlmöglichkeiten und stellt eine (positive) Facette der Interaktivität dar.[439] Auch die Geschwindigkeit und die Struktur stellen eine positive Facette der Interaktivität dar, was aufgrund der Literaturbestandsaufnahme zu diesen Kriterien nicht erstaunt.[440] Die Umständlichkeit der Navigation hingegen stellt eine negative Facette der Interaktivität der Site dar.[441]

---

[438] Die Möglichkeit des direkten Kontaktes mit dem Nutzer ist eine der besonderen Eigenschaften der Kommunikation im Internet. Vgl. Hoffman/Novak/Chatterjee 1995; Lee/Park 2004 sowie McMillan/Hwang 2002, S. 30.
[439] Zu Breite und Tiefe der Information und den Dimensionen der Interaktivität vgl. Steuer 1992 sowie Trevino/Webster 1992, S. 544.
[440] Vgl. Chen/Wells 1999; McMillan/Hwang 2002, S. 30 sowie Trevino/Webster 1992, S. 544ff.
[441] Vgl. Chen/Wells 1999; Yoo/Donthu 2001.

Die vierte Dimension schließlich fasst Elemente zusammen, die sich auf die *Irritation* während eines Sitebesuchs beziehen. Diese sind neben der schon genannten Umständlichkeit die Facetten Komplexität und Anstrengung. Die Facette Komplexität fasst Merkmale zusammen, die die Wahrnehmung zu vieler Elemente auf einer Site wiedergeben. Die Facette Anstrengung hingegen beinhaltet Merkmale, die die direkte Wahrnehmung einer Überforderung durch die Site wiedergeben.

In der folgenden Abbildung sind die vier Dimensionen, die insgesamt elf Facetten der Sitewahrnehmung zusammenfassen, dargestellt.

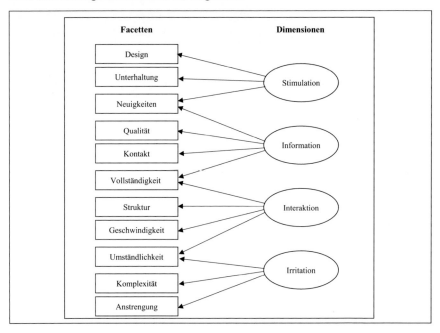

Abbildung 10: Dimensionen und Facetten der Sitewahrnehmung

3.3 Theoretische Bezugspunkte

3.3.1 Überblick

Im vorigen Abschnitt wurde ein Messinstrument entwickelt, das die Sitewahrnehmung auf der Basis von 32 Merkmalen umfassend und redundanzfrei erfasst. Wie in Abschnitt 1.2 formuliert, stellt die Identifikation der relevanten Dimensionen der Sitegestaltung die Voraussetzung der Optimierung der Sitegestaltung dar.[442] Die erste Zielsetzung der Arbeit, die in der Identifikation der relevanten Merkmale der Sitewahrnehmung besteht, wurde somit mit der Entwicklung des Messinstrumentes zur Erfassung der Sitewahrnehmung erfüllt.

Aufgrund des in der zweiten und dritten Zielsetzung formulierten Anspruchs der Arbeit, die Ableitung allgemeingültiger Aussagen mit Bezug auf die Werbeziele des Unternehmens und den Zusammenhang zwischen den Dimensionen der Sitewahrnehmung und der Einstellung zur Site sowie der Variation der relativen Bedeutung dieser Dimensionen in Abhängigkeit von moderierenden Variablen zu ermöglichen, ergibt sich die Notwendigkeit einer *umfassenden theoretischen Fundierung*. In diesem Zusammenhang werden im Folgenden zunächst Theorien dargestellt, die sich ursprünglich mit dem *Verhalten der Marktteilnehmer* auseinandersetzen. Im Anschluss erfolgt die Besprechung von Theorien, die grundsätzlich *das Verhalten von Individuen* zu erklären versuchen. Bei der Ableitung spezifischer Erkenntnisse aus dem theoretischen Fundament der Arbeit wird allerdings auf die Trennung zwischen Aussagen bzgl. aggregierter Gruppen von Marktteilnehmern und Aussagen über das Individuum als Kunde verzichtet. Das Ziel ist vielmehr, aus den entsprechenden Theorien unter Abstraktion von der originären Perspektive allgemeine Erkenntnisse im Hinblick auf den Untersuchungsgegenstand der Arbeit zu erlangen.

Vor dem Hintergrund dieser Zielsetzung werden Theorien, die zur theoretischen Durchdringung des Untersuchungsgegenstandes Sitewahrnehmung beitragen können, vorgestellt. Zum anderen werden Theorien, die zur Erklärung der Beziehung zwischen den einzelnen Konstrukten des Werbewirkungsmodells und zur Erklärung des Einflusses von Produkt- und Nutzercharakteristika herangezogen werden können, aufgezeigt. Im Einzelnen werden Theorien der Neuen Institutionenökonomie (vgl. Abschnitt 3.2.2) sowie verhaltenswissenschaftliche Theorien (vgl. Abschnitt 3.3.3) erörtert. Innerhalb des Abschnittes 3.3.4 erfolgt schließlich eine überblicksartige Zusammenfassung des Erkenntnisbeitrags der theoretischen Bezugspunkte, die der Hypothesengenerierung und –überprüfung in den weiteren Kapiteln dieser Arbeit zugrunde liegt.

---

[442] Vgl. Bauer/Hammerschmidt/Garde 2006, S. 156.

3.3.2 Theorien der Neuen Institutionenökonomie

3.3.2.1 Zur Neuen Institutionenökonomie

Wesentliches Ziel der *Neuen Institutionenökonomie* ist es, die künstlich und abstrakt konstruierte Modellwelt der mikroökonomischen Gleichgewichtstheorie realitätsnäher zu gestalten.[443] Dies geschieht primär über die Einbeziehung der Erkenntnisse aus den Verhaltenswissenschaften. Die Kritik an der mikroökonomischen Theorie richtet sich dabei besonders gegen folgende Annahmen[444]: Die Annahme vollständiger Information, einer unendlich schnellen Marktreaktion, des Preises als alleinigem Koordinationsmechanismus sowie des Nichtvorhandenseins habitualisierter Präferenzbildungen.

Die Neue Institutionenökonomie setzt auf *verhaltenswissenschaftliche* Konzepte wie begrenzte Rationalität, unvollständige Information, Vertragsprobleme durch Opportunismus, Transaktionskosten und habitualisierte, subjektive Präferenzbildung.[445] Die Abkehr von bestimmten Annahmen der mikroökonomischen Theorie bedeutet jedoch nicht, dass sich die Vertreter der Neuen Institutionentheorie insgesamt von dieser distanzieren. Ihre Überlegungen basieren vielmehr auf der Theorie des totalen Konkurrenzgleichgewichtes und beziehen sich ebenfalls auf Unternehmungen und Märkte als ökonomische Koordinationsinstitutionen unter dem Aspekt der volkswirtschaftlich optimalen Faktorallokation. Tabelle 24 fasst die Antworten der Neuen Institutionenökonomie auf die Kritik an der Mikroökonomie überblickartig zusammen:

Annahmen der Mikroökonomie	Antworten der Neuen Institutionenökonomie
- Vollständige Information	- Unvollständige Information
- Unendlich schnelle Marktreaktion	- Begrenzte Rationalität
- Preis als alleiniger Koordinationsmechanismus	- Vertragsprobleme durch Opportunismus
- Nichtvorhandensein habitualisierter Präferenzbildungen.	- Transaktionskosten
	- Habitualisierte, subjektive Präferenzbildung

Tabelle 24: Kritik und Antworten der Neuen Institutionenökonomie an den Annahmen der Mikroökonomie

Im Marketing findet die Neue Institutionenökonomie *wachsende Anwendung*. Vor allem die Fundierung wichtiger Marketingthemen durch die Neue Institutionenökonomie ist zu beobachten.[446] Innerhalb der Neuen Institutionenökonomie entstanden un-

---
[443] Vgl. Ebers/Gotsch 1999.
[444] Vgl. Furubotn/Richter 1984.
[445] Vgl. Williamson 1975.
[446] Vgl. Kaas 1992.

terschiedliche Forschungsrichtungen. Zu diesen zählen die Informationsökonomie, die Transaktionskostentheorie, die Prinzipal-Agenten-Theorie und die Property-Rights-Theorie.[447]

Zur Betrachtung des Werbewirkungsprozesse im Internet spielt insbesondere die *Informationsökonomie* eine große Rolle. Gegenstand der Informationsökonomie ist die Analyse *ungleich verteilter Information* innerhalb von Austauschprozessen. Sie befasst sich mit der hieraus resultierenden Entscheidungsunsicherheit sowie Strategien zur Unsicherheitsreduktion in Form von Informationsgewinnung.[448] Der Ansatz der Informationsökonomie wird im Folgenden ausführlich dargestellt.

3.3.2.2 Die Informationsökonomie

In den 50er Jahren entstand die *Informationsökonomie* aus Untersuchungen zur unvollkommenen und asymmetrisch verteilten Information.[449] Sie geht von begrenzter Rationalität und Opportunismus der Akteure aus, wobei letzterer erst durch *asymmetrische Informationen* möglich wird.

Durch die unvollkommene und asymmetrisch verteilte Information entsteht nach Aussage der Informationsökonomie *Unsicherheit*.[450] Diese kann sowohl auf Anbieter- als auch auf Nachfragerseite existieren. Es wird konstatiert, dass während eines Austauschprozesses zwischen Anbieter und Kunde Umweltunsicherheit („event uncertainty") und Marktunsicherheit („market uncertainty") auftreten können.[451] Umweltunsicherheit liegt vor, wenn sich die Informationsdefizite der Transaktionspartner auf Variablen der exogenen Umwelt beziehen, die außerhalb der Austauschbeziehung liegen[452]:

Diese externe Art der Unsicherheit ist für das Untersuchungsobjekt der Informationsökonomie von geringerer Bedeutung. Im Mittelpunkt des Interesses steht die *Marktunsicherheit*. Diese impliziert, dass die Transaktionspartner innerhalb ihrer Beziehung unvollständig über relevante Marktbedingungen informiert sind und die Unsicherheit folglich auf die *asymmetrische Informationsverteilung* zwischen den Partnern zurück-

---

[447] Vgl. AufderHeide/Backhaus 1995, S. 53f.; Kaas 1992; Weiber/Adler 1995.
[448] Vgl. Kaas 1995a, S. 972.
[449] Vgl. Marschak 1954.
[450] Vgl. Kaas 1995a.
[451] Vgl. Hopf 1983, S. 20f.
[452] Vgl. Kleinaltenkamp 1994, S. 10f.

zuführen ist.[453] Unsicherheit ist dabei auf die Bedeutung und die Komplexität des Produktes sowie auf die *Charakteristika des Kunden* zurückzuführen, die sich im Produktinvolvement sowie in den Maßnahmen zur Unsicherheitsreduktion seitens des Kundens manifestieren.

Das Vorliegen ungleich verteilter Information, das den Informationsvorsprung eines Transaktionspartners bedingt, führt bei positiven Informationskosten zur Möglichkeit von opportunistischem Verhalten.[454] Die Transaktionspartner sind bemüht, durch Informationsübertragung Informationssymmetrie herzustellen. Die Informationsökonomie nennt folgende zwei prinzipiellen Formen der Informationsübertragung:
- *Signaling* als aktive Informationsübertragung der besser informierten Seite und
- *Screening* als aktive Informationsbeschaffung der schlechter informierten Seite.

Beim *Signaling* wird die Initiative durch den informierten Marktteilnehmer ergriffen, dabei handelt es sich in der Regel um den Anbieter. Um die Informationsdefizite auf Kundenseite zu verringern, übermittelt der Anbieter Signale an den Kunden mit der Zielsetzung, dem Kunden die Vorteile der eigenen Produkte zu vermitteln.[455] Die Kommunikationsmaßnahmen eines Anbieters stellen eine Möglichkeit der konkreten Ausgestaltung solcher Marktinformationssignale dar. Aus informationsökonomischer Sicht gilt allerdings, dass das Signal tatsächlich in der Lage sein muss, Informationsnachteile abzubauen, d.h. die Informationen müssen *glaubwürdig* sein.[456] Marktinformationssignale wie eine gute Unternehmensreputation, Garantien oder sonstige Kundenbindungsmaßnahmen (z.B. Kunden-Hotlines) sind aufgrund ihrer irreversiblen Investitionen und der damit verbundenen höheren Überzeugungskraft oft besser geeignet,[457] bei dem Kunden Unsicherheit zu reduzieren als reine Werbeaktivitäten.[458]

Beim *Screening* wird die Initiative durch den weniger gut informierten Transaktionspartner ergriffen, analog zu den obigen Ausführungen ist dies meist der Kunde. Dieser versucht durch Informationsbeschaffung die Gefahr eines Fehlkaufs einzugrenzen.[459] Die aktive Informationssuche im Internet stellt eine konkrete Ausgestaltung einer solchen Informationsbeschaffung dar. Aus informationsökonomischer Sicht gilt auch

---

[453] Vgl. Adler 1994, S. 10f.
[454] Vgl. Kaas 1995b; Spremann 1990.
[455] Vgl. Kaas 1992, S. 36f.
[456] Vgl. Kaas 1995a, S. 976.
[457] Vgl. Bauer/Hammerschmidt/Garde 2006, nach denen diese Selbstbindung Glaubwürdigkeit schafft.
[458] Vgl. Wehrli/Wirtz 1997.
[459] Vgl. Adler 1994, S. 63f.

hier, dass die beschafften Informationen in der Lage sein müssen, das Informationsdefizit zu verringern. Die gesuchten Informationen müssen folglich vorhanden und auffindbar sein und deren Qualität und Glaubwürdigkeit muss gegeben sein.

Diese Ausführungen lassen unmittelbare Bezugspunkte der Informationsökonomie zu dem Untersuchungsobjekt der vorliegenden Arbeit zu:

- Qualität und Vielfalt der Informationen einer Site helfen dem Nutzer bei der Reduktion seiner Unsicherheit.[460] Der wahrgenommene *Informationswert* einer Site wirkt sich somit positiv auf die Einstellung zur Site aus.

- *Irritierende Elemente* der Site reduzieren die Glaubwürdigkeit und Professionalität des Auftritts und wirken sich negativ auf die Einstellung zur Site aus.[461]

- Produktkategorien mit hohem durchschnittlichen *Involvement* liegt ein stärkeres Unsicherheitsempfinden zugrunde als Produktkategorien mit niedrigem durchschnittlichen Involvement. Da der Grad der empfundenen Unsicherheit den Informationsbedarf des Nutzers bedingt, ist dieser folglich abhängig von der Produktkategorie. Das produktabhängige Involvement stellt damit eine Moderatorvariable dar, die sich positiv verstärkend auf den Zusammenhang zwischen der Wahrnehmung des Informationswertes einer Site und der Einstellung zur Site und negativ verstärkend auf den Zusammenhang zwischen der Wahrnehmung der Irritation einer Site und die Einstellung zur Site auswirkt.

- *Individuelle Merkmale* des Nutzers bedingen dessen empfundene Unsicherheit und damit den Informationsbedarf. Der Zusammenhang zwischen der Wahrnehmung des Informationswertes und der Irritation durch die Site und der globalen Beurteilung einer Site ist somit abhängig von den individuellen Merkmalen der Nutzer.

3.3.3 Verhaltenswissenschaftliche Ansätze und Theorien

3.3.3.1 Die Aktivierungstheorie

Die *Aktivierungstheorie* gründet sich auf die Forschung zur Aktivierung, die bis in die Anfänge des Jahrhunderts zurückgeht und in den 70er Jahren konkretisiert wurde.[462]

---

[460] Vgl. Kaas 1992 sowie Adler 1994.
[461] Vgl. Kaas 1995a, S. 976.
[462] Vgl. Duffy 1934; Yerkes/Dodson 1908 sowie Duffy 1972, S. 577; Raskin 1973, S. 127.

Aktivierung bezeichnet den Zustand der Erregung einer Person[463] und stellt ein Konstrukt dar, das die Stärke energetischer Prozesse innerhalb des Konsumenten misst.[464] Kennzeichnend für Aktivierung ist die Intensitätskomponente, die über die Stärke der emotionalen Vorgänge die kognitive Verarbeitung beeinflusst.[465]

Aktivierung lässt sich nach der tonischen und der phasischen Aktivierungsebene unterscheiden.[466] Interessant für die vorliegende Untersuchung ist insbesondere die *phasische Aktivierung*. Sie bezieht sich auf kurzfristige, durch spezifische Reize induzierte Veränderungen des Wachheitszustandes und der inneren Spannung. Die Intensität der phasischen Aktivierung ist von der *Stärke des Stimulus* abhängig. Durch die Messung der Intensität auf physiologischer Ebene, motorischer Ebene und der subjektiver Erlebnisebene wird ein Vergleich der Aktivierungsstärke verschiedener Stimuli möglich.[467] Die phasische Aktivierung stellt somit den Teil der Aktivierung dar, der auch als Stimulation bezeichnet wird. Die *tonische Aktivierung* beschreibt einen zeitlich relativ stabilen Zustand, dem eine Prädisposition des Organismus zugrunde liegt.[468]

Die Aktivierung bestimmt die *Leistungsbereitschaft des Organismus*, wobei der Zusammenhang zwischen Aktivierung und Leistung einen umgekehrt u-förmigen Kurvenverlauf darstellt.[469] Aktivierungsspitzen, die ein kurzfristiges Abweichen vom Aktivierungstonus darstellen, werden als angenehm empfunden, wenn damit gerechnet werden kann, dass die Aktivierung danach wieder abnimmt. Die Toleranz dieser Aktivierung und damit die optimale Aktivierung ist abhängig vom Alter und von Persönlichkeitsmerkmalen des Nutzers. Die folgende Abbildung stellt die Beziehung zwischen Leistung und Aktivierung dar:

---

[463] Vgl. Steffenhagen 1992.
[464] Vgl. Kroeber-Riel 1979, S. 247.
[465] Vgl. Rosenstiel/Neumann 1991, S. 149ff.
[466] Vgl. Fröhlich/Laux 1969, S. 257.
[467] Vgl. Kroeber-Riel 1984b, S. 58.
[468] Die tonische und die phasische Aktivierung bestimmen gemeinsam das Aktivierungspotenzial. Dieses beschreibt die mögliche Aktivierung durch die Gesamtheit der stimulierenden Einflüsse. Das Aktivierungsniveau kann folglich nach Maßgabe des Aktivierungspotenzials eines Stimuli, z.B. der Summe aller Reize eines Werbemittels, erhöht werden. Um ein gewisses Aktivierungsniveau zu halten, ist die laufende Zuführung stimulierender Einflüsse notwendig. Vgl. Berlyne 1960.
[469] Vgl. Hebb 1955; Malmo 1959; Yerkes/Dorson 1908.

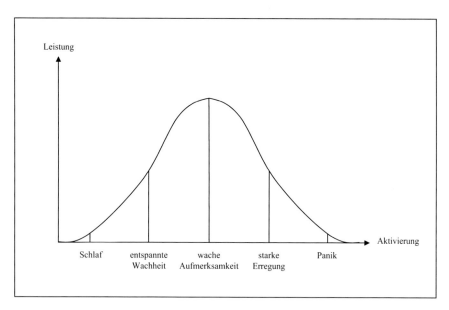

Abbildung 11: Die Beziehung zwischen Leistung und Aktivierung
Quelle: Yerkes/Dodson 1908

Die Auslösung der Aktivierung wird über drei Reizarten erreicht.[470]

- *Emotionale Reiztypen* sind geeignet, die Aufmerksamkeit des Konsumenten zu gewinnen. Hierzu können biologische Schlüsselreize gezählt werden.

- Bei *gedanklich-kognitiven Reiztypen* erfolgt die Aktivierung über einen Vergleich der Information mit bestehendem Wissen. Es lassen sich u.a. die kollativen Faktoren Neuartigkeit, Überraschung, Komplexität und Inkonsistenz unterscheiden.[471]

- *Physische Reiztypen* werden durch ihre formale Beschaffenheit wie z.B. Größe, Farbe, Helligkeit und Lautstärke bestimmt.[472]

In der Realität kommt es meist zu einer Mischung dieser Typen, wobei gegenseitige Verstärkungseffekte realisierbar sind. Bis zu einem bestimmten Level gilt: je höher die Aktivierung desto besser sind die Voraussetzungen für eine effektive Informationsverarbeitung.[473] Fällt die Stimulation unter ein bestimmtes Mindestmaß, ist der Betroffene

---

[470] Vgl. Kroeber-Riel 1984b, S. 66.
[471] Vgl. Berlyne 1978, S. 126 u. 168 sowie Berlyne 1960.
[472] Vgl. Kroeber-Riel/Meyer-Hentschel 1982, S. 67.
[473] Vgl. Abbildung 11 innerhalb des Abschnittes 3.3.3.1 zur Aktivierungstheorie.

bestrebt, durch neue Erfahrungen oder Abwechslung den idealen Level wieder herzustellen.[474] Übersteigt das Stimulationsniveau hingegen das subjektiv als ideal empfundene Maß, strebt der Mensch nach einer Reduktion z.b. über die Stärkung gleichartiger Aktivitäten oder die Betonung von Regelmäßigkeit an.

Das Bedürfnis nach Stimulation kann der Erforschung verschiedener Sachverhalte zugrunde gelegt werden. Dies sind insbesondere[475]:

- Untersuchung der Reaktion auf *Neuigkeiten und Unerwartetes*,
- Untersuchung des *Informationsverhaltens* von Konsumenten und
- Untersuchung *individueller Unterschiede* im explorativen Verhalten.

Empirische Studien zur Bestimmung des optimalen Stimulationslevels und zur Überprüfung von dessen Determinanten weisen auf Variationen in *Abhängigkeit von individuellen Variablen* hin. In der Literatur werden u.a. Geschlecht, Alter, Geburtsrang, Ausbildung und Einkommen als individuelle Charakteristika, die einen Einfluss auf das Bedürfnis nach Stimulation haben, genannt.[476]

Für die *vorliegende Arbeit* lässt sich aus der Aktivierungstheorie ein Zusammenhang der in Abschnitt 3.2 entwickelten Dimensionen Stimulation sowie Irritation mit der Einstellung zur Site ableiten. So wie die Dimension Stimulation innerhalb des Messinstruments erfasst wird, wird grundsätzlich von einem positiven Zusammenhang zwischen dem Stimulationswert einer Site und der Einstellung zur Site ausgegangen. Die *Aktivierungstheorie* geht aber davon aus, dass auch eine zu starke Stimulation gibt.[477] In dem entwickelten Messinstrument der Sitewahrnehmung bildet die Dimension Irritation eine solche Überstimulation ab.

Aus diesen Ausführungen folgen unmittelbare Bezugspunkte zum Untersuchungsobjekt der vorliegenden Arbeit.

- Aktivierung kann durch die Merkmale der Sitegestaltung beeinflusst werden und drückt sich innerhalb der kognitiven sowie der emotionalen Kommunikationswirkung aus.

---

[474] Vgl. Faison 1977, S. 172.
[475] Vgl. Raju 1980, S. 272.
[476] Vgl. Raju 1980, S. 273 sowie Robertson 1971.
[477] Eine solche Überstimulation weisen z.B. Thompson/Hamilton/Rust empirisch nach. Vgl. Thompson/Hamilton/Rust 2005.

- Individuen nehmen Aktivierung bis zu einem bestimmten Niveau als intrinsisch befriedigend wahr und suchen diese bewusst auf.[478] Der Stimulationswert der Site beeinflusst die Einstellung zur Site grundsätzlich positiv. Der Stimulationswert kann durch Neuigkeiten und positiv Überraschendes zustande kommen.

- Individuen nehmen Aktivierung ab einem subjektiv als ideal empfundenen Maß als unangenehm war. Aktivierung über diesem als ideal empfundenen Maß wird im Rahmen des Messmodells über die Dimension Irritation erfasst. Die Irritation durch die Site beeinflusst die Einstellung zur Site grundsätzlich negativ. Irritation kann durch Komplexität und Überforderung zustande kommen.

- Aktivierung bis zu einem bestimmten Niveau beeinflusst die Informationsverarbeitungskapazität und damit die Verarbeitung des Werbemittels positiv. Aktivierung über diesem Niveau beeinflusst die Informationsverarbeitungskapazität und damit die Verarbeitung des Werbemittels negativ.

- Das Bedürfnis nach Aktivierung ist abhängig von individuellen Charakteristika unterschiedlich stark ausgeprägt.

3.3.3.2 Die Risikotheorie

Grundlegende Annahme der *Risikotheorie* ist, dass das Kaufverhalten von Kunden wesentlich durch Versuche zur *Reduzierung des subjektiv wahrgenommenen Risikos* bestimmt wird.[479] Das subjektiv wahrgenommene Risiko ist definiert als das Ausmaß, in dem der Konsument unsicher über die Konsequenzen eines Kaufes ist.[480] Das Ausmaß dieses wahrgenommenen Risikos hängt im Wesentlichen davon ab, wie unerfreulich *mögliche Konsequenzen* sein können und wie *wahrscheinlich das Auftreten* dieser ist.[481]

Im Allgemeinen werden folgende fünf Risikoarten unterschieden:[482]

- *Funktionelles Risiko* stellt das Risiko dar, dass das Produkt nicht gewünschte Eigenschaften aufweist oder sogar überhaupt nicht funktioniert,

---

[478] Vgl. Maddi 1968.
[479] Vgl. Bauer 1960.
[480] Vgl. Hoyer/MacInnis 1997, S. 45.
[481] Vgl. Peter/Olson 2002, S. 87.
[482] Vgl. Homburg/Giering/Hentschel 1998; Stone/Mason 1995, S. 144f.

- *Monetäres* oder *finanzielles Risiko* ist das Risiko, dass sich die finanzielle Investition beim Produktkauf nicht lohnt und das investierte Geld damit quasi verloren ist,
- *Physisches Risiko* meint das Risiko, dass die körperliche Integrität durch das Produkt gefährdet wird,
- *Soziales Risiko* stellt das Risiko dar, dass das Produkt der eigenen sozialen Stellung unzuträglich ist und
- *Psychologisches Risiko* ist das Risiko, dass das Produkt mit der eigenen Selbsteinschätzung nicht übereinstimmt.

Die Darstellung der Risikoarten macht deutlich, dass das Ausmaß der wahrgenommenen Risikoarten sowohl *produkt-* als auch *personen-* und *situationsabhängig* ist. So wird monetäres Risiko beispielsweise vor allem bei teuren Produkten wahrgenommen. Das psychische Risiko hängt ebenfalls von der betreffenden Produktkategorie ab. Die Wahrnehmung von sozialem und psychologischem Risiko ist hingegen stark von der Persönlichkeit des Kunden determiniert. Situationsabhängig ist die Risikowahrnehmung dadurch, dass unabhängig von Produkt oder Kunde die Situation dazu führen kann, dass einer bestimmten Kaufentscheidung besondere Bedeutung zugemessen wird. Zum Beispiel kann die Wahl eines Dosenschinkens mit einer erheblichen Risikowahrnehmung verbunden sein, wenn dieser bei einer Einladung des Vorgesetzten konsumiert werden soll.[483]

Einige Autoren fassen die drei Einflussgrößen der Risikowahrnehmung zusammen und führen an, dass das wahrgenommene Risiko in Zusammenhang mit dem *Involvement* des Kunden steht.[484] Involvement wird in diesem Zusammenhang als das Ausmaß der wahrgenommenen persönlichen Bedeutung und/oder des Interesses, das durch einen Stimulus in einer spezifischen Situation hervorgerufen wird, definiert.[485] Vor diesem Hintergrund gilt die Annahme, dass bei einer Produktwahl mit geringem Involvement der Kunde nur ein geringes Risiko wahrnimmt, während bei hohem Involvement auch ein hohes Kaufrisiko empfunden wird.[486]

Nimmt ein Kunde in einer bestimmten Situation ein hohes Kaufrisiko wahr, so versucht er ab einer individuellen Toleranzschwelle, das Ausgangsrisiko durch bestimmte

---

[483] Vgl. Loudon/Della Bitta 1979, S. 511.
[484] Vgl. Beatty/Kahle/Homer 1988, S. 146; Laurent/Kapferer 1985, S. 43.
[485] Vgl. Antil 1984, S. 204.
[486] Vgl. Engel/Blackwell/Miniard 1995, S. 276.

Risikoreduktionsstrategien auf ein akzeptables Restrisikoniveau zu reduzieren. Mögliche Risikoreduktionsstrategien sind:[487]

- Beschaffung zusätzlicher Informationen,
- Orientierung an zusätzlichen Entscheidungshilfen sowie
- loyales Kaufverhalten.

Wie die obigen Ausführungen zeigen, nehmen involvierte Kunden ein besonders hohes Kaufrisiko wahr. Vor diesem Hintergrund gilt für diese Kunden in verstärktem Umfang, dass sie Risikoreduktionsstrategien zum Einsatz bringen. Hiermit ergeben sich unmittelbar folgende Implikationen für die vorliegende Arbeit:

- Das Informationsverhalten von Kunden wird von dessen Ausmaß des *Involvement* in die Kaufentscheidung beeinflusst.

- Irritationen wirken sich verstärkend auf das wahrgenommene Risiko aus und wirken dem Effekt der durch die Informationssuche erlangten Risikoreduktion entgegen. Sie wirken sich folglich negativ auf die Einstellung zur Site aus. Dieser Effekt ist bei einer hohen Risikowahrnehmung in Zusammenhang mit hohem produktabhängigem Involvement stärker ausgeprägt.

- Die Darstellung der Risikoarten macht deutlich, dass das Ausmaß des wahrgenommenen Risikos sowohl *produkt-* als auch *personenabhängig* ist.

3.3.3.3 Der Uses and Gratifications Approach

Das Interesse an den *Motiven des Medienkonsums* lässt sich bis zum Beginn der empirischen Medienforschung zurückdatieren.[488] Bezeichnend für den Uses and Gratifications Approach ist das *Postulat*, dass Medien eine Ressource darstellen, die die Konsumenten heranziehen, um bestimmten Bedürfnissen zu befriedigen.[489] *Katz/Blumler/Gurevitch* fassen die grundlegenden Annahmen des Uses and Gratifications Approach wie folgt zusammen[490]:

---

[487] Vgl. Kroeber-Riel/Weinberg 1996, S. 396.
[488] Vgl. Katz/Blumler/Gurevitch 1974, S. 509.
[489] Vgl. O'Donohoe 1993, S. 52.
[490] Vgl. Katz/Blumler/Gurevitch 1974, S. 510.

- Die Uses-and-Gratifications-Theorie geht von *aktiven* Konsumenten aus, die die Medien *zielorientiert* nutzen.[491]
- Des Weiteren obliegt die Initiative der *Medienwahl* zur optimalen Bedürfnisbefriedigung weitgehend dem Konsumenten.
- Dabei *konkurriert die Medienwahl mit anderen Quellen* zur Bedürfnisbefriedigung. Die Bedürfnisse, die durch den Medienkonsum befriedigt werden können, stellen nur einen kleinen Teil der menschlichen Bedürfnisse dar.
- Die Mediennutzer sind sich ihrer *Interessen und Motive bewusst*, was methodisch dazu führt, dass die Erhebung dieser per Selbstauskunft möglich ist.
- Schließlich beinhalten die Gratifikationen der Mediennutzung sowohl *Information als auch Entspannung und Unterhaltung*. Diese Bedürfnisse variieren sowohl inter- als auch intraindividuell. [492]

Bezüglich der Klassifikation von Motiven der Mediennutzung liegt eine Vielzahl von Untersuchungen vor. In einer Untersuchung des Mediennutzungsverhaltens von Kindern entwickelt *Greenberg* insgesamt sieben Motivdimensionen: Gewohnheit (Habit), Zeitvertreib (Pass Time), Gesellschaft (Companionship), Erregung (Arousal), Lernen (Learning), Entspannung (Relaxation) und Vergessen (To Forget).[493] Die Typologien von *Lasswell* sowie *Wright* kommen mit nur vier Dimensionen aus: Umweltüberwachung (Surveillance), Vergleich (Correlation), Unterhaltung (Entertainment) und Sozialisation (Cultural Transmission or Socialisation).[494] *McQuail/Blumler/Brown* entwickeln die Motivdimensionen Ablenkung (Diversion), Beziehungen (Personal Relationships), Identifikation (Personal Identity) und Umweltüberwachung (Surveillance).[495] Ablenkung beinhaltet dabei Faktoren wie das Bedürfnis nach Unterhaltung, eskapistische Motive und die Suche nach emotionaler Entspannung. Die Dimension Beziehungen illustriert das Bedürfnis nach Gesellschaft und den Aspekt der sozialen Nützlichkeit, der sich z.B. darin ausdrückt, dass das Medium Inhalte für das persönliche Gespräch liefert. Der Faktor Umweltbeobachtung bezieht sich auf Aspekte des Lernens.

---

[491] Vgl. auch McQuail/Blumler/Brown 1972 sowie Schramm/Lyle/Parker 1961.
[492] Vgl. Katz/Blumler/Gurevitch 1974, S. 509.
[493] Vgl. Greenberg 1973.
[494] Vgl. Lasswell 1948 sowie Wright 1960.
[495] Vgl. McQuail/Blumer/Brown 1972.

Um die Zusammenhänge zwischen grundlegenden Bedürfnissen und Gratifikationen des Medienkonsums zu erklären, strukturieren *Katz/Blumler/Gurevitch* die Einflüsse *sozialer und umweltbedingter Faktoren* auf die Bedürfnisse der Mediennutzung.[496] Den Autoren zufolge wirken sich soziale und umweltbedingte Faktoren wie folgt aus.

1) Soziale und umweltbedingte Faktoren bewirken die Entwicklung von Anspannung und Konflikt. Dem Medienkonsum liegt das Bedürfnis nach *Entspannung* zugrunde.

2) Soziale und umweltbedingte Faktoren wecken das Bewusstsein bzgl. bestimmter Probleme. Dem Medienkonsum liegt die *Suche* nach problemrelevanter *Information* zugrunde.

3) Soziale und umweltbedingte Faktoren führen zur Empfindung von Armut bezüglich der Möglichkeiten der realen Umwelt. In den Medien wird die *Komplettierung* der in der Realität nicht zu verwirklichenden Wünsche gesucht.

4) Soziale und umweltbedingte Faktoren bedingen das Wertesystem. Die *Bekräftigung und Weiterentwicklung des Wertesystems* als Orientierung für das eigene Leben stellt das über die Mediennutzung befriedigte Bedürfnis dar.[497]

5) Soziale und umweltbedingte Faktoren führen zu Erwartungen bezüglich der Vertrautheit mit bestimmten Medien. Deren Inhalte müssen verfolgt werden, um die *Gruppenzugehörigkeit* zur sozialen Gruppe sicherzustellen.

Nach *Katz/Blumler/Gurevitch* werden Mediengratifikationen durch mindestens drei Quellen gespeist, durch 1) den spezifischen Medieninhalt, 2) den Akt der Mediennutzung und 3) den sozialen Kontext, in dem Mediennutzung stattfindet.[498] Die Charakteristika des Mediums, dessen Gestaltung sowie die Rezeptionssituation bedingen die Eignung eines Mediums für die Befriedigung bestimmter Bedürfnisse.[499]

Von Bedeutung ist der *Zusammenhang* zwischen den *Merkmalen bestimmter Medien* (technische und ästhetische Attribute) und den *Bedürfnissen der Nutzer*.[500] Von Medien, die sich in ihren Merkmalen ähneln, wird vermutet, dass sie ähnlichen Bedürfnis-

---

[496] Vgl. Katz/Blumler/Gurevitch 1974, S. 513ff.
[497] Vgl. Katzman 1972, S.212.
[498] Vgl. Katz/Blumler/Gurevitch 1974.
[499] Vgl. Katz/Blumler/Gurevitch 1974, S. 514f. sowie Cskikszentmihalyi/Kubey 1981, S. 318.
[500] Vgl. Katz/Blumler/Gurevitch 1974, S. 515.

sen nachzukommen in der Lage sind. Bücher und Kino entsprechen beispielsweise insbesondere dem Bedürfnis, zu sich selbst zu finden. Zeitungen, Radio und Fernsehen helfen dem Konsumenten, in Verbindung mit der Gesellschaft zu treten.[501] *Katz/Blumler/Gurevitch* gehen jedoch davon aus, dass ein Medienkonzept/-inhalt eine Vielzahl von Bedürfnissen befriedigen kann und individuell zur Befriedigung verschiedener Bedürfnisse herangezogen werden kann.[502]

Der Forschung zu den Uses and Gratifcations führt insbesondere zu *zwei Erkenntnissen*. Erstens verlangen die *Bedürfnisse der Konsumenten* genauso viel *Aufmerksamkeit* wie die kommunikativen Ziele des Kommunikators.[503] Zweitens muss der Einfluss der *Bedürfnisse des Publikums* als *intervenierende Variable* bei der Untersuchung kommunikativer Zusammenhänge berücksichtigt werden.[504]

Das interaktive Element des *Internet* verlangt ein Mindestmaß an Involvement seitens des Konsumenten.[505] Verschiedene Studien weisen auf die *Aktivität* der Nutzer beim Internetkonsum hin.[506] Es ist somit nicht erstaunlich, dass der Uses and Gratifications Approach in jüngster Zeit eine Renaissance erlebt.[507] In Abschnitt 2.4.2.1 wurden empirische Studien, die sich mit den funktionellen Aspekten aus Nutzersicht beschäftigen, dargestellt. Diese Studien basieren zum Großteil auf dem Uses and Gratifications Approach.[508]

Innerhalb der Literatur besteht ein Konsens, dass sich die Motive grundsätzlich nach ihrem zugrundeliegenden Modus in zwei Gruppen unterscheiden lassen.[509] *Song et al.* definieren *inhalts-* und *prozessorientierte* Motive.[510] Inhaltsorientierte Motive resultieren aus Lernerfahrungen und deren anschließender Anwendung, prozessorientierte Motive folgen aus der Erfahrung des Vergnügens während der Mediennutzung. Sie

---

[501] Vgl. Vgl. Katz/Blumler/Gurevitch 1974, S. 515f.
[502] Vgl. Katz/Blumler/Gurevitch 1974, S. 517f.
[503] Vgl. Katz/Blumler/Gurevitch 1974, S. 518 sowie Cushing 1985, S. 242.
[504] Vgl. Glaser 1965, S. 86; Katzman 1972.
[505] Vgl. Korgaonkar/Wolin 1999, S. 54.
[506] Vgl. Rodgers/Thorson 2000, S. 7.
[507] Vgl. Korgaonkar/Wolin 1999, S. 54.
[508] Vgl. Abschnitt 2.4.2.1.
[509] Vgl. Song et al. 2004, S. 385 (inhaltsorientierte und prozessorientierte Motive) Vergleicht man die Ansätze, so zeigt sich, dass die Unterschiede in den Begrifflichkeiten mehr definitorisch als substantiell sind. McGuire 1976, S. 315 (kognitive und affektive Motive), Li/Bukovac 1999 sowie Rodgers/Thorson 2000, S. 8 (Researcher und Surfer).
[510] Vgl. Song et al. 2004, S. 385.

stellen fest, dass prozessorientierte Motive sich auf den Medienkonsum selbst beziehen und den Nutzer von der Realität wegführen.[511]

Childers et al. unterscheiden in *hedonistische/extrinsische* und *utilitaristische/intrinsische Motive*.[512] *McGuire* unterscheidet zwischen *kognitiven* und *affektiven* Motiven.[513] Kognitive Motive beinhalten das Bedürfnis, sich an die Umgebung anzupassen und Bedeutungssinn zu erreichen. Affektive Motive beinhalten das Bedürfnis, befriedigende Gefühlszustände zu erlangen und emotionale Ziele zu erreichen.

Li/Bukovac unterscheiden die Internetnutzer in Nutzer, die ihrem Internetbesuch die Suche nach Informationen zugrundelegen (*Researcher*) sowie in Nutzer, die den Prozess des Aufenthalts im Internet genießen (*Surfer*).[514] Sie postulieren, dass Internetnutzer, die sich primär an der Informationssuche orientieren, zu einer sehr viel zielgerichteteren Herangehensweise an den Besuch im Internet tendieren.[515]

Aus den Motiven der Internetnutzung resultiert nach *Rodgers/Thorson* ein bestimmter *Modus*.[516] Dieser bestimmt das Ausmaß der Zielorientierung des Nutzers und bewegt sich entlang eines Kontinuums von *sehr zielorientiert* bis *spielerisch*. Individuen, die sehr zielorientiert vorgehen, sind ernsthafter und konzentrieren sich stärker auf die Zukunft als auf die Gegenwart. Die zielorientierte Herangehensweise resultiert in stärker kognitiv ausgeprägten Anstrengungen, mit denen der Nutzer die Erreichung seiner Ziele verfolgt.

Zusammenfassend lassen sich aus der Vielzahl der Studien und Klassifizierungsansätze folgende Aussagen ableiten.

- Verschiedene Menschen nutzen das gleiche Medium zu unterschiedlichen Zwecken.
- Die Motive haben Einfluss auf die an die Site gestellten Anforderungen. Die Motive beeinflussen Ausmaß und die Art der Interaktion mit dem Internet.[517]
- Die Unterschiede in den Begrifflichkeiten sind mehr definitorisch als substantiell.

---

[511] Vgl. Song et al. 2004, S. 385.
[512] Vgl. Childers et al. 2001
[513] Vgl. McGuire 1976, S. 315.
[514] Vgl. Li/Bukovac 1999. Dieser Meinung schliessen sich auch Rodgers/Thorson an. Vgl. Rodgers/Thorson 2000, S. 8.
[515] Vgl. Rodgers/Thorson 2000, S. 9.
[516] Vgl. Rodgers/Thorson 2000.
[517] Vgl. Ko/Cho/Roberts 2005, S. 58.

- Es besteht weitgehend Einigkeit, dass sich die Motive der Internetnutzung nach Maßgabe ihrer Zielorientierung in zwei Gruppen unterteilen lassen.

Im Einzelnen lassen sich auf Basis der Literatur zur Uses-and-Gratifications-Theorie folgende Bezugspunkte für die vorliegende Arbeit ableiten:

- Die Motive der Mediennutzung haben Einfluss auf die an die Website gestellten Anforderungen. Daraus resultiert ein Zusammenhang zwischen der Motivstruktur eines Nutzers und der Bewertung spezifischer Merkmale des Mediums.[518]
- Der Verlauf der Werbewirkung im Internet variiert in Abhängigkeit von den Motiven der Nutzer.
- Die Motive der Mediennutzung sind dabei abhängig vom Individuum[519] und lassen sich im Wesentlichen in *inhaltsorientierte Motivation* und *prozessorientierte Motivation während der Mediennutzung* unterscheiden.[520]
- Ein bestimmter Motivtypus weist einen Zusammenhang mit einem bestimmten Typus der Interaktion auf. Inhaltsorientierte Motive sind zukunftsorientiert und realitätsnah. Sie bedingen eine zielorientierte Herangehensweise bei der Mediennutzung.
- Prozessorientierte Motive sind gegenwartsorientiert und führen den Nutzer in eine andere Welt. Die Internetnutzung aufgrund prozessorientierter Motive gestaltet sich spielerisch.

3.3.3.4 Erkenntnisse aus der Hirnforschung

Erkenntnissen aus der *Hirnforschung* zufolge liegt den anatomisch getrennten Gehirnhälften eine Spezialisierung in der Informationsverarbeitung zugrunde.[521] Die *linke Gehirnhälfte* befasst sich mit verbalen, linearen, analytischen sowie kognitiven Stimuli, sie arbeitet sequentiell und ist verantwortlich für die Fähigkeit zur Aufmerksamkeit und Wiedergabe von Vorgängen. Die Verarbeitung innerhalb der linken Gehirnhälfte bedingt die logische, deduzierte Verarbeitung eigenschaftsrelevanter Informationen.

---

[518] Vgl. Ko/Cho/Roberts 2005, S. 60 sowie Katz/Blumler/Gurevitch 1974, S. 515.
[519] Vgl. Katz/Blumler/Gurevitch 1974.
[520] Vgl. Song et al. 2004, S. 385.
[521] Vgl. Weinstein 1982, S. 62.

Die *rechte Gehirnhälfte* arbeitet, ohne dass das Individuum sich dieser Prozesse bewusst ist, intuitiv und visuell. Sie ist zuständig für die Orientierung im Raum, die Gesichtererkennung, künstlerische Talente sowie die Verarbeitung emotionaler Stimuli.[522] Empirische Ergebnisse weisen darauf hin, dass die Verarbeitung innerhalb der beiden Gehirnhälften parallel erfolgt.[523]

Die Dominanz der Gehirnhälften ist *situations-*[524] oder *personenabhängig*. Die Annahme der *Situationsabhängigkeit* der Dominanz der Gehirnhälften geht davon aus, dass jedes Individuum sowohl zur linksseitig dominierten als auch zur rechtsseitig dominierten Verarbeitung fähig ist und dass die relative Dominanz der Gehirnhälften von situativen Faktoren und den Spezifika der Entscheidung abhängt.[525] Das *Medium* Fernsehen wird z.B. überwiegend über die rechte Gehirnhälfte, also emotional und ganzheitlich visuell verarbeitet, Printmedien werden primär logisch-deduktiv mit überwiegender Beteiligung der linken Gehirnhälfte verarbeitet.[526]

Die Annahme *interindividueller Unterschiede* der schwerpunktmäßigen Verarbeitung innerhalb der beiden Gehirnhälften führt das zu der Erwartung individuell stabiler Muster der Informationsverarbeitung innerhalb der Entscheidungsfindung. Bei manchen Personen dominiert die Verarbeitung über die linke Gehirnhälfte, während bei anderen die Verarbeitung über die rechte Gehirnhälfte überwiegt.[527] *Hansen* geht von vier unterschiedlichen Typen der Informationsverarbeitung aus.[528] Diese lassen sich über die Kombination extensive vs. weniger extensive Tätigkeit der linken bzw. rechten Hirnhälfte unterscheiden.[529] Die folgende Abbildung stellt die Einteilung nach *Hansen* dar:

---

[522] Vgl. Vaughn 1980, S. 30 sowie Appel/Weinstein/Weinstein 1979, S. 7; Hansen 1981, S. 23; Weinstein 1982, S. 62. Der Konsument ist nicht an substantiellen Informationen interessiert, sondern verlässt sich auf den übergeordneten Eindruck der Qualität. Seine Einstellung gründet sich nur zu einem sehr geringen Teil auf spezifische Information und kognitive Eigenschaften. Die Einstellungsbildung findet aufgrund emotionaler Appelle, z.B. der Assoziation des Einstellungsobjektes mit positiv geladenen Bildern, Personen und Situationen, statt. Vgl. Hansen 1981; Ratchford 1980.
[523] Vgl. Appel/Weinstein/Weinstein 1979, S. 8ff.
[524] Vgl. Appel/Weinstein/Weinstein 1979.
[525] Vgl. Hansen 1981, S. 27.
[526] Vgl. Appel/Weinstein/Weinstein 1979, S. 8 sowie Csikszentmihalyi/Kubey 1981, S. 320ff.
[527] Vgl. Hansen 1981, S. 27. Linksseitig dominierte Personen verlassen sich auf verbale, sequentielle Verarbeitung von Informationen während rechtsseitig dominierte Personen durch die Anregung ihrer Vorstellungskraft beeinflusst werden.
[528] Vgl. Hansen 1981, S. 33f.
[529] Vgl. Hansen 1981, S. 33.

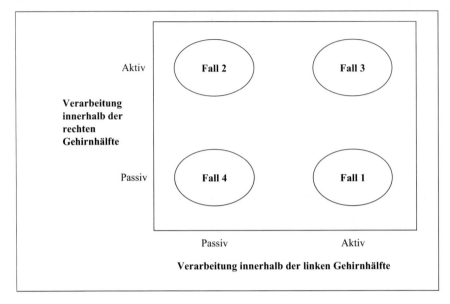

Abbildung 12: Die Fälle der Informationsrezeption nach Hansen
Vgl. Hansen 1983, S. 33

Fall 1 stellt den Fall extensiver Verarbeitung der linken bei geringer Verarbeitung innerhalb der rechten Gehirnhälfte dar, Fall 2 bezeichnet Individuen mit extensiver Verarbeitung innerhalb der rechten Gehirnhälfte bei geringer Verarbeitung innerhalb der linken Gehirnhälfte. Fall 3 bezeichnet Individuen, die zur Verarbeitung von Informationen sowohl die rechte als auch die linke Gehirnhälfte aktiv nutzen, während der ebenfalls existierende Fall 4 Personen umfasst, die zur Verarbeitung von Inhalten weder die linke noch die rechte Gehirnhälfte übermäßig beanspruchen. Informationsverarbeitung anhand rechtsseitig dominierter Aufmerksamkeitsprozesse wird nach *Hansen* in unterschiedlichem Ausmaß beim gleichen Individuum in verschiedenen Situationen stattfinden. Innerhalb der gleichen Situation treten interindividuelle Unterschiede in der Informationsverarbeitung auf.

Für die vorliegende Arbeit sind die Erkenntnisse der Hirnforschung insbesondere von Bedeutung, da das Internet wie kein anderes Medium die Chance birgt, beiden Formen der Informationsverarbeitung zu entsprechen und somit die medialen Angebote von Fernsehen/Zeitschriften einerseits und informationslastigen Printmedien andererseits zu kombinieren. Die Eigenschaften Hypermedialität und Interaktivität[530] des Mediums Internet legen es dem Nutzer anheim, sich die seinem Bedürfnis entsprechenden Inhalte zu wählen. Der Einfluss der Sitegestaltung hängt somit von situativen und individuellen Charakteristika ab.[531]

Aus den Erkenntnissen der Hirnforschung lassen sich folgende direkte Bezugspunkte für die vorliegende Arbeit ableiten:

- Grundsätzlich sind zwei Arten der Informationsverarbeitung zu unterscheiden. Diese stellen die jeweils schwerpunktmäßige Verarbeitung innerhalb einer der beiden Gehirnhälften dar. Dabei werden verbale Inhalte innerhalb der linken, visuelle Inhalte innerhalb der rechten Gehirnhälfte verarbeitet.[532]

- Situative Bedingungen und individuelle Unterschiede wirken sich auf die relative Dominanz der linken und rechten Gehirnhälfte aus. Hohes Produktinvolvement oder eine hohe Rationalität der Entscheidung verstärkt die informationslastige Verarbeitung innerhalb der linken Gehirnhälfte.

- Geringes Produktinvolvement oder eine hohe Emotionalität der Entscheidung verstärkt die ganzheitliche Verarbeitung innerhalb der rechten Gehirnhälfte.

- Linksseitig dominierte Personen verlassen sich auf verbale, sequentielle Verarbeitung von Informationen, während rechtsseitig dominierte Personen durch die Anregung ihrer Vorstellungskraft beeinflusst werden.[533]

- Das Medium Internet kann sowohl mit Dominanz der linken als auch mit Dominanz der rechten Gehirnhälfte verarbeitet werden. Über seine besonderen Eigenschaften bietet es die Chance der situationsabhängigen Entsprechung individueller Bedürfnisse.

3.3.3.5 Das Flow-Konstrukt

Das Flow-Konstrukt geht auf *Csikszentmihalyi* und dessen Forschung in den vergangenen drei Jahrzehnten zurück.[534] Der Begriff *Flow* beschreibt die Erlebnisqualität einer Erfahrung (optimale Erfahrung), bei der alle Gedanken und Gefühle widerspruchs-

---

[530] Vgl. Abschnitt 2.4.1 dieser Arbeit.
[531] Vgl. Hansen 1981, S. 33.
[532] Vgl. Appel/Weinstein/Weinstein 1979, S. 8.
[533] Vgl. Hansen 1981, S. 27.
[534] Vgl. Csikszentmihalyi 1990, 1997 sowie Csikszentmihalyi/LeFevre 1989.

frei auf ein Ziel ausgerichtet sind.[535] Das völlige Aufgehen in der Tätigkeit ist dabei so erfreulich, dass es zum eigentlichen Grund für die Ausübung der Tätigkeit wird (intrinsische Motivation) und extrinsische Belohnungen nicht mehr erforderlich sind.[536] Das Flow-Erlebnis wird auch als autotelische oder an sich lohnende Erfahrung bezeichnet.[537]

Die Flow-Channel-Segmentation-Modelle begreifen das Phänomen als Ergebnis eines Gleichgewichts zwischen *Fähigkeiten/Kontrolle* und *Herausforderungen/Aktivierung* auf hohem Niveau.[538] Treffen hohe Herausforderungen und eine hohe Aktivierung auf entsprechende Fähigkeiten und damit verbundener Kontrolle, kann es zum Flow-Erlebnis kommen. Diese Momente treten dann auf, wenn ein Individuum freiwillig bis an seine Grenzen geht, um etwas Schwieriges zu erreichen.[539] Diese Erkenntnisse entsprechen der Erklärung *intrinsischer Motivation* von *White/Deci*[540], die die wahrgenommene Kontrolle über die Tätigkeit als zentrale Komponente intrinsischer Motivation anführen, sowie den Erkenntnissen des *Aktivierungstheorie* die ein optimales Stimulationsniveau ab einem bestimmten individuell verschiedenen Minimum dann als gegeben ansehen, wenn die individuellen Möglichkeiten des Verarbeitens von den Stimulationsreizen nicht überschritten werden.[541]

Hohe Fähigkeiten können physischer, sensorischer oder intellektueller Art sein.[542] Das Gefühl, im Besitz ausreichender Fähigkeiten zu sein, um die Herausforderungen und Handlungsmöglichkeiten einer Situation zu bewältigen, ist die Grundlage des Flow-Erlebnisses.[543] *Hohe Herausforderungen* sind gegeben, wenn die Tätigkeit etwas Neues enthält bzw. als erfreulich empfunden wird.[544] Dies kann für jede Handlungsmöglichkeit gelten: die Möglichkeit, Worte zu reimen, den Abschluss eines erfolgreichen Geschäftes oder das Schließen einer Freundschaft.[545] Sind die Herausforderungen zu hoch, empfindet das Individuum Kontrollverlust und wird unruhig oder frustriert. Sind

---

[535] Vgl. Cskiszentmihalyi, 1995a; Csikszentmihalyi 1997 sowie Csikszentmihalyi 1999.
[536] Vgl. Privette 1983; Privette/Bundrick 1987 sowie Steuer 1992.
[537] Vgl. Csikszentmihalyi 1999.
[538] Vgl. Allison/Duncan, S. 145ff.; Csikszentmihalyi 1995a, S. 43; Csikszentmihalyi 1995b, S. 285; Csikszentmihalyi 1999; Lefevre 1995; Massimini/Carli 1988; Nakamura 1988; Wells 1995.
[539] Vgl. Deci/Ryan 1985; Ghani/Deshpande 1994, S. 382.
[540] Vgl. Deci 1975, S. 61f.; Deci/Ryan 1985, S. 32; White 1959, S. 297ff.
[541] Zur Optimalen Stimulation vgl. Abschnitt 3.3.3.1. Vgl. auch Csikszentmihalyi 1999; Ghani/Desphande 1994, S. 62 sowie Lepper/Malone 1987 zur Faszination von Computerspielen bei empfundener Kontrolle.
[542] Vgl. Bauer/Grether/Borrmann 2001, S. 18.
[543] Vgl. Bauer/Grether/Borrman 2001, S. 19; Hoffman/Novak 1996; Novak/Hoffman/Yung, 1998 S. 7.
[544] Vgl. Berlyne 1960.
[545] Vgl. Csikszentmihalyi 1995a, S. 44.

die Herausforderungen zu gering, verliert das Individuum das Interesse und empfindet Langeweile. Um im Flow zu bleiben, muss die *Komplexität* einer Aktivität ständig *erhöht* werden, indem neue Fertigkeiten entwickelt werden und entsprechend neue Herausforderungen gesucht werden.[546] Die Eignung einer Aktivität zum Erleben von Flow hängt folglich davon ab, inwiefern sich die mit ihr verbundenen Anforderungen und Fähigkeiten steigern lassen. So erleben Chirurgen, die häufig dieselbe Operation etwa des Blinddarms vornehmen, schnell Langeweile wohingegen Universitätschirurgen, die jeweils die neuesten und schwierigsten Operationen ausführen von Flow-Erlebnissen berichten, die so intensiv sind wie die von Künstlern oder Sportlern.[547]

Neben den oben genannten Punkten werden *Konzentration* und *Involvement* als Determinanten des Flow aufgeführt.[548] Konzentration und Involvement bedingen die Motivation, sich gegebenen Herausforderungen zu stellen. Von Einfluss für das Flow-Erleben sind außerdem *persönliche Merkmale* wie Begabung[549], Schichtzugehörigkeit[550] und Familienkontext[551]. Das Flow-Erlebnis wurde in einer Vielzahl von Studien nachgewiesen und präzisiert.[552] Wesentliche Konsequenzen des Flow stellen das explorative Verhalten, eine positive Stimmung und ein verbessertes Lernverhalten dar. Die *Interaktion mit dem Computer* bietet in besonderem Maße schnelle und eindeutige *Rückmeldungen* und damit das Gefühl der *Handlungskontrolle*.[553] Auch bietet die *multimediale* Darbietung der Inhalte ein hohes *Aktivierungspotenzial*.[554] Die *Interaktivität*, welche sich insbesondere in der Geschwindigkeit von Rückmeldungen, aber auch der Interaktionsbreite sowie der Natürlichkeit der Interaktion äußert wirkt sich verstärkend auf das Flow-Erlebnis aus.[555] Bei der Interaktion mit dem Computer ist häufig eine vollständige Fokussierung auf die Technologie und das Ausschalten irrelevanter Gedanken und Wahrnehmungen, also eine vollständige Konzentration, zu beobachten.[556] Das Flow-Erlebnis wirkt sich positiv auf die Navigationstiefe, Informations-, Nut-

---

[546] Vgl. Lefevre 1995.
[547] Vgl. Csikszentmihalyi 1995a, S. 45.
[548] Vgl. Hoffman/Novak 1996; Novak/Hoffman/Yung 2000.
[549] Vgl. Nakamura 1988.
[550] Vgl. Csikszentmihalyi 1995b, S. 282.
[551] Vgl. Rathunde 1995.
[552] Vgl. Bauer/Grether/Borrman 2001 sowie Bauer/Mäder/Fischer 2001. Ein Überblick zu empirischen Studien und Alternativen der Modellierung findet sich in Novak/Hoffman/Yung 2000, S. 24ff.
[553] Vgl. Trevino/Webster 1992, S. 540; Webster/Trevino/Ryan 1993. Steuer definiert Interaktivität als das Ausmaß zu dem ein Nutzer Form oder Inhalt des Mediums beeinflussen kann. Er unterscheidet zwischen Interaktionsgeschwindigkeit, - breite und – natürlichkeit.Vgl. Steuer 1992, S. 80ff.
[554] Vgl. Trevino/Webster 1992, S. 541.
[555] Vgl. Ghani/Desphande 1994, S. 383; Hoffman/Novak 1996; Novak/Hoffman/Yung 2000, S. 27.
[556] Vgl. Trevino/Webster 1992, S. 540.

zungs-, Kommunikations- und Kaufabsicht aus.[557] Moderatoren des Flow stellen unter anderem die Nutzungsabsicht[558] und die Kompetenz der Mediennutzung[559] dar.

Aus dem Konzept des Flow ergeben sich folgende unmittelbare Bezugspunkte für die vorliegende Arbeit:

- Charakteristika der Interaktion wie z.b. Interaktionsgeschwindigkeit, Natürlichkeit der Interaktion sowie Interaktionsbreite beeinflussen die wahrgenommene Herausforderung/Aktivierung und damit das Vergnügen, das bei der Tätigkeit empfunden wird und damit die Einstellung zur Site positiv.

- Die Aktivierung bzw. Stimulation, die von einer Tätigkeit ausgeht, beeinflusst das Vergnügen, das bei der Tätigkeit empfunden wird und damit die Einstellung zur Site positiv.

- Die Fähigkeiten/wahrgenommene Kontrolle beeinflussen das Vergnügen, das bei der Tätigkeit empfunden wird und damit die Einstellung zur Site positiv. Hohe Fähigkeiten bedingen die Möglichkeiten des Individuums, sich den Herausforderungen der Site aktiv zu stellen und damit die Möglichkeiten des Individuums, sich mit der Vielzahl der Informationen und Inhalte einer Site auseinander zusetzen. Hohe Fähigkeiten beeinflussen somit den Zusammenhang zwischen der Wahrnehmung des Informationswertes einer Site und dem Vergnügen, das auf der Site empfunden wird, respektive der globalen Beurteilung der Site positiv.

- Das Involvement beeinflusst über die Verstärkung der Motivation, sich den gegebenen Herausforderungen zu stellen, die Fähigkeiten und damit die Auseinandersetzung mit eigenschaftsspezifischen Informationen. Das Involvement wirkt sich somit verstärkend auf den Zusammenhang zwischen dem Informationsgehalt einer Site und der resultierenden Einstellung zur Site aus.

- Das Involvement wirkt sich über die Verstärkung der Übereinstimmung von Fähigkeiten und Herausforderung auf das Empfinden von Flow und damit auf das Vergnügen, das bei der Tätigkeit empfunden wird sowie die Einstellung zur Site positiv aus. Somit ist dem Involvement auch ein verstärkender Effekt auf den Zusammenhang zwischen der Wahrnehmung des Stimulationswertes und der Einstellung zur Site zuzuschreiben.

---

[557] Vgl. Bauer/Grether/Borrmann 1999, S. 39.
[558] Vgl. Ghani/Despande 1994.
[559] Vgl. Trevino/Webster 1992.

3.3.4 Zusammenfassung des Erkenntnisbeitrags der theoretischen Bezugspunkte

In den vorigen Abschnitten wurden theoretische Perspektiven vorgestellt, die einen Betrag zur theoretischen Durchdringung der Fragestellungen dieser Arbeit leisten. In der folgenden Tabelle werden die Erkenntnisbeiträge der theoretischen Bezugspunkte noch einmal zusammenfassend gegenübergestellt.

Theorien und Ansätze	Aussagen über die Determinanten der Einstellung zur Site	Aussagen über moderierende Effekte
Informationsökonomie	- Positiver Zusammenhang zwischen der Wahrnehmung des **Informationswertes** und der Einstellung zur Site. - Negativer Zusammenhang zwischen der Wahrnehmung der **Irritation** und der Einstellung zur Site	- Positiv moderierender Effekt des **Involvement** auf den Zusammenhang zwischen der Wahrnehmung des **Informationswertes** sowie der **Irritation** und der Einstellung zur Site - Moderierender Effekt von **Produkt- und Nutzercharakteristika** auf den Zusammenhang zwischen der Wahrnehmung des **Informationswertes** sowie der **Irritation** und der Einstellung zur Site
Aktivierungstheorie	- Positiver Zusammenhang zwischen der Wahrnehmung des **Stimulationswertes** und der Einstellung zur Site	- Moderierender Effekt der **Nutzercharakteristika** auf den Zusammenhang zwischen der Wahrnehmung des **Stimulationswertes** und der Einstellung zur Site
Risikotheorie	- Positiver Zusammenhang zwischen der Wahrnehmung des **Informationswertes** und der Einstellung zur Site. - Negativer Zusammenhang zwischen der Wahrnehmung der **Irritation** und der Einstellung zur Site	- Positiv moderierender Effekt des **Involvement** auf den Zusammenhang zwischen der Wahrnehmung des **Informationswertes** sowie der **Irritation** und der Einstellung zur Site - Moderierender Effekt von **Produkt- und Nutzercharakteristika** auf den Zusammenhang zwischen der Wahrnehmung des **Informationswertes** sowie der **Irritation** und der Einstellung zur Site

Theorien und Ansätze	Aussagen über die Determinanten der Einstellung zur Site	Aussagen über moderierende Effekte
Uses and Gratifications Approach	-	- Moderierender Effekt der **Motive** auf den Zusammenhang zwischen den Dimensionen der Sitewahrnehmung und der Einstellung zur Site - Positiv moderierender Effekt des **Motivs Produktinformation** auf den Zusammenhang zwischen der Wahrnehmung des **Informationswertes** und der Einstellung zur Site - Positiv moderierender Effekt des Motivs, sich mit **Freunden über Inhalte im Netz** auszutauschen auf den Zusammenhang zwischen der Wahrnehmung des **Informationswertes** sowie der **Interaktivität** und der Einstellung zur Site
Erkenntnisse aus der Hirnforschung	- Positiver Zusammenhang zwischen der Wahrnehmung des **Informationswertes** sowie des **Stimulationswertes** und der Einstellung zur Site. - Negativer Zusammenhang zwischen der Wahrnehmung der **Irritation** und der Einstellung zur Site.	- Positiv moderierender Effekt des **Involvement** auf den Zusammenhang zwischen der Wahrnehmung des **Informationswertes** und der Einstellung zur Site - Negativ moderierender Effekt des **Involvement** auf den Zusammenhang zwischen der Wahrnehmung des **Stimulationswertes** und der Einstellung zur Site - Moderierender Effekt der **Nutzercharakteristika** auf den Zusammenhang zwischen der Wahrnehmung des **Informationswertes** sowie des **Stimulationswertes** und der Einstellung zur Site.
Flow-Theorie	- Positiver Zusammenhang zwischen der Wahrnehmung des **Informationswertes**, des **Stimulationswertes** sowie der **Interaktivität** und der Einstellung zur Site.	- Positiv moderierender Effekt des **Involvement** auf den Zusammenhang zwischen der Wahrnehmung des **Informationswertes** sowie des **Stimulationswertes** und der Einstellung zur Site. - Moderierender Effekt der Nutzercharakteristika auf den Zusammenhang zwischen der Wahrnehmung des Informationswertes und der Einstellung zur Site

Tabelle 25: Erkenntnisbeitrag der theoretischen Bezugspunkte im Hinblick auf das Untersuchungsobjekt der Arbeit

Wie aus Tabelle 25 ersichtlich ist, lassen sich aus den Theorien zunächst Aussagen über den Zusammenhang zwischen den einzelnen Dimensionen der Sitewahrnehmung und der Einstellung zur Site ableiten. Die verhaltenswissenschaftlichen Theorien begründen anhand kognitiver und motivationaler Phänomene die Existenz eines Zusammenhangs zwischen den Konstrukten.

Neben der Betrachtung dieses Zusammenhangs erlauben die dargestellten Theorien Rückschlüsse auf externe Einflussgrößen. Diese moderierenden Größen beeinflussen die Stärke des Zusammenhangs zwischen den einzelnen Dimensionen der Sitewahrnehmung und der Einstellung zur Site.

Im folgenden Abschnitt 3.4.1 erfolgt nun die Erweiterung des in Abschnitt 2.2.3.1 bereits dargestellten Basismodells sowie die Formulierung von Hypothesen bezüglich des grundlegenden Zusammenhangs zwischen den empirisch entwickelten Dimensionen der Sitewahrnehmung und der Einstellung zur Site. Diese Hypothesengenerierung findet auf Basis der Werbewirkungsmodelle sowie der im vorigen Kapitel dargestellten theoretischen Bezugspunkte statt. In Abschnitt 3.4.2 erfolgt im Anschluss ebenfalls auf Basis der Werbewirkungsmodelle und der theoretischen Bezugspunkte die Konzeption der Moderatoreffekte.

3.4 Erweiterung des Untersuchungsmodells

3.4.1 Hypothesenformulierung bezüglich des Basismodells

In Abschnitt 2.3.3.1 wurde aus den Erkenntnissen der Werbewirkungsforschung bereits ein *Basismodell* für die vorliegende Untersuchung entwickelt. Die Erarbeitung der Theorien der Werbewirkungsforschung erlaubte aber keine abschließende Aussage bezüglich der Dimensionalität des Konstruktes Sitewahrnehmung, so dass innerhalb des aufgrund der Literatur zur Werbewirkungsforschung entwickelten Basismodells lediglich von einer Mehrdimensionalität des Konstruktes Sitewahrnehmung ausgegangen werden konnte, dessen Dimensionsanzahl sowie Dimensionsinhalt aber nicht näher spezifiziert werden konnte.

Nachdem innerhalb des Abschnittes 3.2 die Dimensionen des Konstruktes Sitewahrnehmung empirisch entwickelt wurden, kann nun die Hypothesenformulierung in Hinblick auf das Basismodell der Dimensionen der Sitewahrnehmung und der Einstellung zur Site erfolgen. In Abschnitt 3.3 erfolgte die Darstellung theoretischer Bezugspunkte außerhalb der Werbewirkungsforschung. Diese sowie die bereits in Abschnitt 2.2.2 dargestellten Theorien, die den Werbewirkungsmodellen zugrunde liegen und im Folgenden ebenfalls als theoretische Bezugspunkte bezeichnet werden, dienen im weiteren Vorgehen der Formulierung von Hypothesen zu den grundlegenden Effekten vier Dimensionen.

Zunächst stellt sich die Frage nach dem Einfluss der wahrgenommenen *Stimulation* auf die Einstellung zur Site. Wie bei der Darstellung des Messinstrumentes dargestellt, bündelt diese Dimension die Facetten Design, Unterhaltung und Neuigkeiten. Betrachtet man die den Facetten zugeordneten Merkmale, ist festzustellen, dass diese durchweg positiv formuliert sind. Aus der *Aktivierungstheorie* geht hervor, dass eine Site, die vom Nutzer als stimulierend empfunden wird, von diesem besser bewertet wird und aktiv aufgesucht wird,[560] solange sich diese Stimulation unterhalb eines bestimmten Punktes bewegt. So wie die Dimension Stimulation innerhalb des Messinstruments erfasst wird,[561] muss grundsätzlich davon ausgegangen werden, dass für die Dimension Stimulation gilt: mehr ist besser. Innerhalb des Messinstrumentes wird nur der Bereich unterhalb des Optimums erfasst. Es kann folglich von einem positiven Zusammenhang zwischen der Dimension Stimulation und der Einstellung zur Site ausgegangen werden.

Auch nach der Theorie des *Attitude-towards-the-Ad-Modells* beeinflusst die Stimulation die Einstellung zur Site positiv. Dieser Einfluss kann auf drei Arten stattfinden.[562] Zunächst wirkt sich die Wahrnehmung des Stimulationswertes direkt auf die Einstellung zur Site aus. Zweitens beeinflusst die Stimulation durch die Site die Stimmung während der Begegnung mit dem Werbemittel. Der aus der Stimulation resultierende Einfluss auf die Stimmung wird mit der Site assoziiert. Und drittens wirkt sich dieser aus der Stimulation resultierende Einfluss auf die Stimmung positiv auf die Informationsverarbeitung aus.[563] Auch nach der *Flow-Theorie* ist die Stimulation in Abhängigkeit von der Sitegestaltung zu sehen und wirkt sich über das empfundene Vergnügen positiv auf die Einstellung zur Site aus.[564]

Folglich kann auf Basis der theoretischen Bezugspunkte der Arbeit zusammenfassend angenommen werden, dass die Einstellung zur Site durch den Stimulationswert der Si-

---

[560] Vgl. Raju 1980, S. 272. Vgl. auch Orth/Bourrain 2005, S. 613 sowie Steenkamp/Baumgartner 1992, S. 434.
[561] Zur Auswirkung unterhaltender Elemente und Farben vgl. ausführlich Gelb/Pickett 1983 sowie Gebert 1977.
[562] Vgl. Lutz 1985, S. 55.
[563] Vgl. zusätzlich Ray/Batra 1983, S. 543ff. Diese Annahmen des Attitude-towards-the-Ad-Modells basieren auf den theoretischen Annahmen des Elaboration-Likelihood-Modells und konkretisieren diese über die Zusammenfassung der Vielzahl der innerhalb des Modells definierten und auf Basis der Modelltheorie untersuchten peripheren und zentralen Reize zu spezifischen Konstrukten, denen spezielle Einflusspfade zugeordnet sind.
[564] Vgl. Csikszentmihalyi 1995a, S. 43; Massimini/Carli 1988; Trevino/Webster 1992, S. 541.

te, wie er im vorliegenden Messinstrument abgebildet ist, positiv beeinflusst wird. Grundsätzlich ist von einem positiven Zusammenhang zwischen der Stimulation und der Einstellung zur Site auszugehen.

Auch der Einfluss der zweiten Dimension, des wahrgenommenen *Informationswertes* einer Site auf die Einstellung sollte grundsätzlich positiv ausfallen. Nach der *Uses-and-Gratifications-Theorie* suchen Nutzer das Medium Internet aktiv auf, um ihrem Bedürfnis nach Information nachzukommen.[565] Nach der *Risikotheorie* und der *Informationsökonomie* wird deutlich, dass die Informationssuche auf Sites ohne Transaktionsmöglichkeiten, wie sie in der vorliegenden Untersuchung betrachtet werden, dabei insbesondere der Reduktion des wahrgenommenen Risikos und der Unsicherheit im Vorfeld der Kaufentscheidung dient.[566] Grundsätzlich ist von einem positiven Zusammenhang zwischen dem Informationswert einer Site und der Einstellung zur Site auszugehen.[567]

Die Annahme zum grundlegenden Einfluss der dritten Dimension *Interaktion* auf die Einstellung zur Site begründet sich zunächst auf der Theorie des *Uses and Gratifications Approach*, die davon ausgeht, dass die Interaktionsmöglichkeit mit der Site prozessorientierte Bedürfniskategorien befriedigt.[568] Struktur, Geschwindigkeit und Auswahlmöglichkeiten stellen Bestandteile der wahrgenommenen Interaktivität einer Site dar.[569] Aus der *Flow-Theorie* lässt sich folgern, dass die wahrgenommene Interaktivität einer Site zu einer Verstärkung der Herausforderung und Aktivierung durch die Site führt und damit das Vergnügen auf der Site und die Einstellung zur Site positiv beeinflusst.[570] Grundsätzlich ist folglich von einem positiven Zusammenhang zwischen der Interaktivität einer Site und der Einstellung zur Site auszugehen. Eine Vielzahl empirischer Studien weist auf einen positiven Zusammenhang zwischen Interaktivität und Einstellung zur Site hin.[571]

---

[565] Vgl. Katz/Blumler/Gurevitch 1974, S. 510.
[566] Vgl. Adler 1994 sowie Kroeber-Riel/Weinberg 1996, S. 388.
[567] Hanssens/Weitz 1980 bieten einen Überblick der Forschungsergebnisse zum Einfluss des Informationswertes bis Ende der 70er Jahre. Der Großteil dieser Untersuchungen bezieht sich auf Anzeigen, lediglich Haller 1972 und McEwen/Leavitt 1976 beschäftigen sich mit der Wirkung von als informativ empfundenen TV-Spots.
[568] Vgl. Korgaonkar/Wolin 1999.
[569] Vgl. Coyle/Thorson 2001, S. 67.
[570] Vgl. Ghani/Despande 1994, S. 381ff.; Novak/Hoffman/Yung 2000, S. 27.
[571] Vgl. Cho/Leckenby 1999; Jee/Lee 2002; Ko/Cho/Roberts 2005; Stafford/Stafford/Schkade 2004 sowie Wu 1999.

Die vierte Dimension, die *Irritationen* auf einer Site sollten nach Möglichkeit vermieden werden.[572] Aus der *Informationsökonomie* und der *Risikotheorie* lässt sich aus den Effekten irritierender Elemente auf Glaubwürdigkeit, Professionalität und wahrgenommenes Risiko ein negativer Zusammenhang zwischen der Dimension Irritation und der Einstellung zur Site ableiten. Die *Flow-Theorie* geht von der Annahme aus, dass die Reduktion der Fähigkeiten durch irritierende Elemente dazu führt, dass sich der Nutzer den gestellten Herausforderungen und Aktionsmöglichkeiten auf der Site nicht mehr gewachsen sieht und folglich das Flow-Erlebnis nicht eintreten kann. Aus der *Aktivierungstheorie* kann abgeleitet werden, dass sich der Nutzer durch die Komplexität und Umständlichkeit in einem Zustand der Überforderung wiederfinden kann, der als unangenehm empfunden wird.[573] Folglich lässt sich als Annahme bezüglich des grundlegenden Zusammenhangs zwischen der Irritation und der Einstellung zur Site folgern, dass die Dimension Irritation einen negativen Einfluss auf die Einstellung zur Site hat.

Zusammenfassend kann als Ergebnis der Literaturauswertung sowie der theoretischen Fundierung festgehalten werden, dass von einem positiven Zusammenhang zwischen den Konstrukten Stimulation, Information und Interaktion und der Einstellung zur Site sowie von einem negativen Zusammenhang zwischen dem Konstrukt Irritation und der Einstellung zur Site ausgegangen werden kann. Folglich kommt die Untersuchung zu folgenden Hypothesen bezüglich des Basismodells zu den Dimensionen der Sitewahrnehmung und der Einstellung zur Site:

H_{1-1}: *Die wahrgenommene Stimulation übt einen positiven Effekt auf die Einstellung zur Site aus.*

H_{1-2}: *Die wahrgenommene Information übt einen positiven Effekt auf die Einstellung zur Site aus.*

H_{1-3}: *Die wahrgenommene Interaktion übt einen positiven Effekt auf die Einstellung zur Site aus.*

H_{1-4}: *Die wahrgenommene Irritation übt einen negativen Effekt auf die Einstellung zur Site aus.*

---

[572] Vgl. Coyle/Thorson 2001, S. 67. Vgl. auch Erickson 1990 sowie Laurel 1986.
[573] Vgl. Faison 1977, S. 172.

3.4.2 Konzeption der Moderatorvariablen und Hypothesenformulierung zu den moderierenden Effekten

3.4.2.1 Involvement

Innerhalb der vorliegenden Arbeit stellen, wie in Abschnitt 2.2.3 zur Grobkonzeption des Modells dargestellt, sowohl *Merkmale des Produktes* als auch *Merkmale des Nutzers* potentielle Moderatoren des Zusammenhangs zwischen den Dimensionen der Sitewahrnehmung und der Einstellung zur Site dar. Die Untersuchung der moderierenden Effekte soll der Ableitung von Managementimplikationen dienen, wobei die Optimierung der Sitegestaltung jeweils für eine *Produktkategorie* erfolgt. Folglich ist zu prüfen, ob sich die Anforderungen an die Sitegestaltung in Abhängigkeit von produktabhängigen Merkmalen unterscheiden. Von Interesse für die Ableitung von Managementimplikationen ist außerdem die Ausrichtung der Sitegestaltung an den Bedürfnissen der *Zielgruppe*. Anders ausgedrückt wird davon ausgegangen, dass der Einfluss der Dimensionen der Sitewahrnehmung auf die Einstellung zur Site – und damit die optimale Sitegestaltung - in Abhängigkeit von bestimmten Produkt- und Nutzereigenschaften variieren kann.

Während das Elaboration-Likelihood-Modell sich auf die Verarbeitungswahrscheinlichkeit bezieht und diese in Abhängigkeit von der Motivation zur Informationsverarbeitung sowie den Fähigkeiten zur Informationsverarbeitung setzt, welche wiederum vom Involvement oder das Involvement bestimmenden Faktoren beeinflusst werden, rekurriert das Attitude-towards-the-Ad-Modell direkt auf den Begriff des *Involvement* und leitet in Abhängigkeit von dessen Ausprägung verschiedene Wirkungspfade ab. Auch das FCB-Grid und das Modell-der-Wirkungspfade nehmen ihre Fallunterscheidung in Abhängigkeit von der Ausprägung des Involvement vor. Dabei unterscheiden die dargestellten Theorien vereinfachend in geringes und hohes Involvement (Low-Involvement vs. High-Involvement).[574] Involvement ist aber als innerer Vorgang nicht

---

[574] Grundsätzlich lässt sich festhalten, dass das auf einen bestimmten Stimulus bezogene Involvement zu unterschiedlichen Reaktionsweisen hinsichtlich der Informationsaufnahme, - verarbeitung und –speicherung von Individuen führt. Vgl. Deimel 1989, S. 153ff.; Trommsdorff 1998, S. 52ff. Nach Trommsdorff ist im Rahmen der *Informationsaufnahme bzw. –suche* festzustellen, dass hohes Involvement prinzipiell eine hohe Aufmerksamkeitszuwendung und Sensibilisierung der Wahrnehmung des Konsumenten gegenüber dem entsprechenden Produkt zur Folge hat. Niedriges Involvement resultiert dagegen aufgrund der geringen Relevanz des entsprechenden Reizes für den Konsumenten in einer limitierten Aufmerksamkeitsreaktion, die sich als passives Ausgesetztsein charakterisieren lässt. Analog dazu zieht nach Pepels Low-Involvement in der Phase der *Informationsverarbeitung* nur eine geringe Verarbeitungstiefe und insgesamt schwache Gedächtnisleistung nach sich, während hoch involvierte Konsumenten sich in der Regel durch die gleichzeitige, in-

zweiwertig, sondern kann auf einer Skala von sehr schwach bis sehr stark beliebig viele Ausprägungen annehmen und ist somit ein Kontinuum.[575]

Involvement stellt somit eine potentielle moderierende Variable für den Zusammenhang zwischen der Sitewahrnehmung und der Einstellung dar. Nach *Schwaiger* wird die Höhe des Involvement unter anderem von Produkteigenschaften wie wahrgenommenes Risiko, Preis und soziale Sichtbarkeit der Produkte sowie von Persönlichkeitseigenschaften wie Werthaltungen und Motiven bedingt.[576]

Im Folgenden stellt sich die Frage, ob sich aus den theoretischen Bezugspunkten der Arbeit Rückschlüsse auf den moderierenden Effekt des Involvement ableiten lassen. Nach der *Informationsökonomie* setzt der Nutzer sich mit steigendem Involvement intensiver mit der Entscheidung auseinander, er sammelt die verfügbaren *Informationen* und bewertet die sich bietenden Alternativen.[577] Bei High-Involvement-Produkten wird nach der *Risikotheorie* versucht, eine Fehlentscheidung bereits im Vorfeld durch den Aufbau einer fundierten Wissensbasis zu vermeiden.[578] Durch das Informationsbedürfnis des Nutzers wird das Interesse am Kontakt mit dem Unternehmen in der Regel erhöht.[579] Für die vorliegende Untersuchung gilt: der Nutzer bildet sein Einstellung zur Site in Abhängigkeit davon, ob diese seinem Bedürfnis nach Information (Screening) entspricht. Das Involvement wirkt sich somit verstärkend auf den Zusammenhang zwischen der Wahrnehmung des Informationswertes einer Site und der resultierenden Einstellung zur Site aus.

Auch die dargestellten Werbewirkungsmodelle lassen Aussagen zum moderierenden Effekt des Involvement zu. Bei der Entwicklung von Hypothesen zu den moderierenden Effekten werden das *Elaboration-Likelihood-Modell,* das *Modell-der-Wirkungspfade* sowie das *FCB-Grid*, die sich ursprünglich mit der Einstellungsbildung zum Produkt beschäftigen, auf die Einstellungsbildung zur Site übertragen. Der Über-

---

tensive kognitive Verarbeitung einer hohen Zahl von Stimulusmerkmalen auszeichnen. Vgl. Pepels 1999, S. 61. Hinsichtlich der *Informationsspeicherung* lässt sich festhalten, dass niedriges Involvement in der Regel durch passives Lernen zum Ausdruck kommt, während der Lernerfolg prinzipiell durch die repetitive Darbietung des entsprechenden Reizes gesteigert werden kann. Bei High-Involvement ist bereits nach wenigen Wiederholungen eine umfassende Informationsspeicherung festzustellen, die sich in einer hohen Immunität der Konsumenten gegenüber Manipulationsversuchen ausdrückt. Eine Beeinflussung erfordert eine hohe Qualität und Glaubwürdigkeit der Quelle.

[575] Vgl. Schwaiger 1997.
[576] Vgl. Schwaiger 1997, S. 28f.
[577] Vgl. Kaas 1992 sowie Adler 1994.
[578] Vgl. Engel/Blackwell/Miniard 1995.
[579] Vgl. Adler 1994.

tragung liegt die Annahme zugrunde, dass die Merkmale der Sitewahrnehmung, die die Einstellung zum Produkt positiv beeinflussen, eine Übereinstimmung mit den Bedürfnissen des Rezipienten aufweisen und über die Befriedigung dieser Bedürfnisse auch zu einer positiven Beurteilung der Site führen.[580]

Das Elaboration-Likelihood-Modell, das vielen Annahmen der zuletzt genannten Modelle zugrunde liegt, kann aber auch *direkt auf das Einstellungsobjekt Site* bezogen werden, wie die Ausführungen von *MacKenzie/Lutz* zeigen.[581] *MacKenzie/Lutz* unterscheiden in zwei Arten von Involvement, die Einfluss auf die Werbemittelverarbeitung haben. Neben dem *Involvement in die Werbebotschaft (Ad Message Involvement)*, das z.B. aus einem hohen wahrgenommenen Risiko resultieren kann und in den Produkt- sowie Nutzereigenschaften gründet, nennen sie das *Involvement in die Werbemitteldarbietung (Ad Execution Involvement)*. Dieses hängt von der Bedeutung des Werbemittels ab, bei Werbemittelpretests – also auch bei der vorliegenden Untersuchung – ist generell von hohem Werbemittelinvolvement auszugehen.[582] Die Autoren differenzieren vier Fälle der Werbewirkung in Abhängigkeit von den beiden Involvementarten, wovon für die vorliegende Untersuchung aufgrund des postulierten hohen Ad Execution Involvement aber nur zwei relevant sind. Wo im Weiteren vereinfachend von Involvement gesprochen wird, ist das Involvement in die Werbebotschaft (Ad Message Involvement) gemeint. Das Werbemittelinvolvement wird jeweils ausdrücklich benannt.

Nach *MacKenzie/Lutz* erfolgt die *Bildung der Einstellung zur Site* bei hohem Werbemittelinvolvement generell über die Verarbeitung der Sitegestaltung entlang der zentralen Route. Für die *Bildung der Einstellung zur Marke* hingegen ist das Involvement in die Werbebotschaft (Ad Message Involvement) relevant. Bei hohem Ad Message Involvement erfolgt diese entlang der zentralen Route (hohe Verarbeitungstiefe) über die deduktive Verarbeitung von Produktinformationen.[583] Bei geringem Ad Message Involvement erfolgt die Einstellungsbildung zur Marke auf Basis einfacher Entscheidungsregeln (auch: peripherer Reize). Innerhalb des entwickelten Messinstrumentes der Sitewahrnehmung stellen solche einfachen Entscheidungsregeln der Stimulationswert und die Interaktivität der Site dar.

---

[580] Diese Annahme wird von Haley/Baldinger 1991 bestätigt, die hohe Korrelationen der Einstellung des Werbemittels mit nachgelagerten Werbezielen nachweisen.
[581] Vgl. MacKenzie/Lutz 1989.
[582] Vgl. MacKenzie/Lutz 1989, S. 51ff.
[583] Vgl. Cacioppo/Petty 1982; Chaiken 1980; Petty/Cacioppo/Schuman 1983 sowie Abschnitt 2.2.2.3.2.

Je nach Ausprägung des Involvement in die Werbebotschaft werden nach MacKenzie/Lutz entweder die Argumentequalität oder periphere Reize als relevante Kriterien der Site eingestuft.[584] Die Einstellung zur Site wird folglich bei hohem Ad Message Involvement auf Basis der Argumentequalität sowie auf Basis der peripheren Reize gebildet. Bei niedrigem Ad Message Involvement wird sie ausschließlich auf Basis der peripheren Reize gebildet. Der Zusammenhang zwischen den peripheren Reizen und der Einstellung zur Site ist bei niedrigem Ad Message Involvement stärker ausgeprägt als bei hohem Ad Message Involvement.

Bezugnehmend auf das entwickelte Messinstrument der Sitewahrnehmung wird die Site unter *High-Involvement-Bedingungen* entlang der zentralen Route sowohl auf Basis des Informationswertes und der Irritation als auch auf Basis des Stimulationswertes und der Interaktivität bewertet. Der Stimulationswert, der Informationswert und die Interaktivität weisen dabei einen positiven Effekt auf die Einstellung zur Site auf, Irritationen beeinflussen diese negativ. Unter *Low-Involvement-Bedingungen* erfolgt die Bildung der Einstellung zur Site ausschließlich auf Basis des Stimulationswertes und der Interaktivität. Der Informationswert und die Irritationen werden bei niedrigem Involvement bei der Einstellungsbildung zur Site nicht beurteilt.

Die unter *Irritation* zusammengefassten Aspekte reduzieren nach dem *Elaboration-Likelihood-Modell* die Motivation und Fähigkeit des Nutzers zur Informationsverarbeitung und wirken sich entlang der zentralen Route (hohe Verarbeitungstiefe) negativ aus. Die Dimension Irritation ist dann von Bedeutung, wenn der Nutzer an der Erfüllung seines Bedürfnisses nach zentraler Verarbeitung eigenschaftsspezifischer Informationen gehindert wird. Dieses Bedürfnis ist wie oben aufgeführt bei High-Involvement-Produkten zentral. Die Irritation stellt somit einen nach dem Elaboration-Likelihood-Modell *primären Bestimmungsfaktor* dar, der indirekt auf die Fähigkeit zur Informationsverarbeitung wirkt.

Diese Annahmen werden durch die *Aktivierungstheorie* gestützt. Eine hohe Ausprägung der Irritation bedeutet eine Überstimulation, die sich negativ auf die Fähigkeit zur Informationsverarbeitung auswirkt.[585] Auch nach der *Informationsökonomie* und der *Risikotheorie* ergibt sich ein Effekt irritierender Elemente auf die Unsicherheit und

---

[584] Vgl. MacKenzie/Lutz 1989, S. 51ff.
[585] Auch hier wird deutlich: die Indikatoren, die der Dimension Irritation zugeordnet sind, bilden Inhalte ab, die nur bei dem Versuch der Informationsverarbeitung wahrgenommen werden („die Überschriften und Menüpunkte sind umständlich formuliert", „es ist anstrengend, der Site zu folgen").

Risikowahrnehmung,[586] weshalb der Effekt der Irritation auf die Einstellung bei hohem Involvement negativ ist. Für den Nutzer bleibt bei dem Versuch der Bewertung von High-Involvement-Produkten aufgrund der eingeschränkten Möglichkeiten des Informationszugriffs eine Restunsicherheit dahingehend bestehen, ob das Produkt tatsächlich von hoher Qualität ist.[587] Das Involvement wirkt sich somit verstärkend auf den Zusammenhang zwischen der Wahrnehmung der *Irritation* einer Site und der resultierenden Einstellung zur Site aus.

Die folgende Tabelle stellt die auf dem Elaboration-Likelihood-Modell basierenden Annahmen bezüglich der Effekte der Dimensionen der Sitewahrnehmung nochmals im Überblick dar. Die Spalten „Wirkung entlang der zentralen Route" sowie „Wirkung entlang der peripheren Route" beschreiben dabei die Art des Einflusses der vier Dimensionen der Sitewahrnehmung bei jeweils hoher bzw. niedriger Verarbeitungstiefe. Innerhalb der Spalte „grundsätzliche Wirkung" wird dargelegt, welchen Dimensionen ohne Fallunterscheidung in Pretest-Situationen grundsätzlich eine Wirkung auf die Einstellung zur Site zugeschrieben wird. Es wird deutlich, dass dieser Einfluss, der bei einer gemeinsamen Betrachtung von Fällen hoher und geringer Elaborationswahrscheinlichkeit postuliert wird, die Annahmen in Hinblick auf das Basismodell in Abschnitt 3.4.1 stützt. Es muss allerdings gesagt werden, dass das Elaboration-Likelihood-Modell eine solche gemeinsame Betrachtung eigentlich nicht vorsieht.

---

[586] Vgl. Adler 1994; Stone/Mason 1995, S. 144f.
[587] Vgl. Kaas 1995a, S. 976 sowie Kroeber-Riel/Weinberg 1996, S. 396.

Dimensionen der Sitewahrnehmung	Wirkung entlang der zentralen Route (High Involvement)			Wirkung entlang der peripheren Route (Low Involvement)			Grundsätzliche Wirkung
	Direkt	Indirekt	Wirkung auf die Site-Beurteilung	Direkt	Indirekt	Wirkung auf die Site-Beurteilung	
Stimulation		Wirkung auf die Informationsverarbeitung (+)	✗	Peripherer Reiz		✗	✗
Information	Zentraler Reiz		✗				(✗)
Interaktion		Wirkung auf die Informationsverarbeitung (+)	✗	Peripherer Reiz	Wirkung auf die Stimulation (+)	✗	✗
Irritation		Wirkung auf die Informationsverarbeitung (-)	✗				(✗)

Tabelle 26: Moderierende Effekte des Involvement im Überblick

Die Tabelle macht deutlich, dass die Einstellungsbildung zur Site bei hohem Involvement anhand der Dimensionen Stimulation, Information, Interaktion und Irritation erfolgt.[588] Bei niedrigem Involvement erfolgt die Beurteilung der Site aber nur anhand der Stimulation und der Interaktivität. Der Informationswert der Site wird nicht wahrgenommen, weil aufgrund des geringen Involvement eine zentrale Verarbeitung nicht stattfindet. Folglich werden auch die Informationsverarbeitung hindernde irritierende Elemente nicht verarbeitet.

Es stellt sich die Frage, ob einzelne Produkte oder Zielgruppen den Kategorien Low Involvement oder High Involvement zugeordnet werden können. Das *Involvement in eine Produktkategorie* hängt für den Nutzer insbesondere von Preis, Langlebigkeit und Funktionalität ab.[589] Je höher der monetäre Preis, je länger die voraussichtliche Nutzungsdauer und je größer die Unsicherheit bezüglich des Vorhandenseins bestimmter

---

[588] Dabei sei an dieser Stelle darauf hingewiesen, dass dem Stimulationswert und der Interaktivität bei der Beurteilung der Site ein deutlich größeren Einfluss zukommt als bei der Beurteilung des Produktes.
[589] Vgl. Laurent/Kapferer 1985, S. 41.

Produkteigenschaften ist[590], desto größer ist das Risiko, das der Nutzer mit der Kaufentscheidung verbindet[591] und desto intensiver setzt er sich folglich mit der Entscheidung auseinander.[592] High-Involvement-Produkte sind folglich dadurch gekennzeichnet, dass der Nutzer sich bereits im *Vorfeld der Entscheidung* so gut wie möglich mit den Eigenschaften des entsprechenden Produktes auseinandersetzt.[593]

Aufgrund seiner Zielgerichtetheit kann dem Konstrukt Involvement aber nach *Trommsdorff* auch motivationaler Charakter bescheinigt werden.[594] Aus nutzerspezifischen Merkmalen wie den Motiven der Internetnutzung lässt sich ein *personenabhängiges Involvement* ableiten, das von der Ausprägung bestimmter Motive abhängt. Der Untersuchung liegt die Annahme zugrunde, dass das Involvement sowohl von produktabhängigen als auch nutzerabhängigen Merkmalen bestimmt wird

In den folgenden Abschnitten werden für die beiden Kategorien „Merkmale des Produktes" sowie „Merkmale des Nutzers" die zugehörigen Moderatorvariablen vorgestellt. Wo die Gruppierung anhand der Moderatorvariable zu jeweils einer Gruppe mit hohem/niedrigem Ad Message Involvement führt, wird auf das oben dargestellte Schema zurückgegriffen. Im Anschluss werden Hypothesen in Hinblick auf den moderierenden Effekt der produkt- und nutzerabhängigen Moderatorvariablen entwickelt.

3.4.2.2 Merkmale des Produktes

3.4.2.2.1 Definition und Darstellung der Konstrukte

Die Kategorie *Merkmale des Produktes* umfasst Eigenschaften, die einen unmittelbaren Bezug zur Produktkategorie aufweisen. Die Bestandsaufnahme hat als zentrale produktabhängige Charakteristika der Kaufentscheidung die Merkmale Involvement und Rationalität/Emotionalität der Kaufentscheidung geliefert.[595]

Das in Abschnitt 2.2.2.2.2 vorgestellte FCB-Grid beinhaltet beide Merkmale und unterscheidet anhand der Kombination der Konstrukte vier Arten von Kaufentscheidungsprozessen. Die vorliegende Untersuchung beinhaltet die Untersuchung des moderierenden Effektes der Konstrukte Involvement und Rationalität/Emotionalität sowie

---

[590] Vgl. Abschnitt 2.4.3.2 zu den Risikoarten.
[591] Vgl. Claycomb/Frankwick 1997, S. 7.
[592] Vgl. Beatty/Kahle/Homer 1988, S. 146; Kuß 1987.
[593] Vgl. Kapferer/Laurent 1985/86 sowie Burnkrant/Sawyer 1983.
[594] Vgl. Trommsdorff 1998, S. 43.

des Einflusses, der sich aus einer Kombination dieser beiden Dimensionen ergibt. Im Folgenden werden die beiden Konstrukte sowie die Merkmale, die sich aus ihrer Kombination ergeben, dargestellt.

(a) Involvement

In der vorliegenden Arbeit wird Involvement als verhaltenswissenschaftliches Konstrukt betrachtet und zunächst in Bezug *zu einem bestimmten Produkt* gesetzt. In diesem Zusammenhang wird von High-Involvement- und Low-Involvement-Produkten gesprochen. Als Merkmal des Produktes bezieht sich das *Involvement* auf die Wichtigkeit, die aus den Produkteigenschaften resultiert und nicht auf die Wichtigkeit, die sich aufgrund unterschiedlicher Präferenzen und Interessen der Individuen ergibt.[596] Der Fokus verschiebt sich vom Kunden zum Produkt: bei einem High-Involvement-Produkt ist die Mehrzahl der Nutzer involviert.[597] Das Konstrukt Involvement beschreibt die Relevanz, den Grad der Aktivierung und das Interesse, die ein Produkt aufgrund der Tragweite seiner Konsequenzen und der daraus resultierenden Bedeutung des Entscheidungsprozesses mit sich bringt.[598] *Ratchford* fasst Involvement wie folgt zusammen: Involvement impliziert die Aufmerksamkeit gegenüber einem Produkt aufgrund dessen Relevanz oder Bedeutung.[599]

Insbesondere, weil im Rahmen der Arbeit die Kombination der produktabhängigen Merkmale Involvement und Rationalität/Emotionalität untersucht werden soll, wie sie dem FCB-Grid zugrunde liegt, muss sich die Definition des Involvement an der im FCB-Grid erfolgten orientieren. *Ratchford* bezieht sich in seinen Publikationen zum FCB-Grid auf die Involvement-Definition von *Kapferer/Laurent*.[600] Innerhalb der Konzeptionalisierung und Operationalisierung der Dimensionen stellt *Ratchford* bezüglich der Definitionsvielfalt in der Involvementforschung zusammenfassend fest, dass Involvement Aufmerksamkeit aufgrund der Bedeutung eines Objektes bezeichnet.[601] Nach *Kapferer/Laurent* unterscheidet er fünf Facetten von Involvement: Interesse (Interest or Importance), Risikoausmaß (Risk Importance), Risikowahrschein-

---

[595] Vgl. insbesondere die Ausführungen in den Abschnitten 2.2.2.
[596] Vgl. Mühlbacher 1988.
[597] Vgl. Schwaiger 1997, S. 29.
[598] Vgl. Greenwald/Leavitt 1984; Zaichowsky 1985 sowie die Ausführungen in den Abschnitt 3.4.2.1 dieser Arbeit.
[599] Vgl. Ratchford 1987, S. 25.
[600] Vgl. Ratchford 1987, S. 25 sowie Laurent/Kapferer 1985, S.43.
[601] Vgl. Ratchford 1987, S. 25. Vgl. auch Abschnitt 2.2.2.2.2 dieser Arbeit.

lichkeit (Risk Probability), Ausdruckswert (Sign Value) und Vergnügen (Hedonic Value). Der Operationalisierung innerhalb des FCB-Grid wird jedoch die engere Definition von *Zaichkowsky*[602] zugrundegelegt, nicht ohne die Übereinstimmung empirischer Ergebnisse bei einem Vergleich der beiden Definitionen zu betonen.[603]

Die Definition des Involvement als produktabhängiges Merkmal innerhalb dieser Arbeit schließt sich folglich ebenfalls den Definitionen von *Kapferer/Laurent* und *Zaichkowsky* an. Die Operationalisierung des produktabhängigen Involvement im Rahmen der empirischen Untersuchung erfolgt anhand der Involvement-Skala des FCB-Grid. Das im Rahmen produktabhängiger Merkmale interessierende Produktinvolvement stellt die erste Moderatorvariable dar, die bei der Untersuchung produktabhängiger moderierender Effekte untersucht werden wird.

(b) Rationalität/Emotionalität

Das Konstrukt *Rationalität/Emotionalität* bezeichnet nach *Vaughn* die relative Dominanz rationaler bzw. emotionaler Gründe im Kaufentscheidungsprozess.[604] Dem Kaufentscheidungsprozess von Produkten mit hoher *Rationalität* liegen überwiegend Bedürfnisse, die sich auf objektive, logische Produkteigenschaften beziehen, zugrunde.[605] Aus diesen Bedürfnissen resultierende Gründe sind. die vorteilhafte Beurteilung des Preises oder die positive Bewertung des Produktes bezüglich der Funktionalität bestimmter Attribute. Rationale Gründe befriedigen somit utilitaristische Motive des Konsumenten.[606] Ist der Kaufentscheidungsprozess innerhalb einer Produktkategorie von der Dominanz rationaler Gründe geprägt steht bei der Werbemittelverarbeitung die Informationsverarbeitung funktioneller Kriterien im Vordergrund.[607]

Produkte mit hoher *Emotionalität* der Kaufentscheidung sind dadurch gekennzeichnet, dass der Kaufentscheidungsprozess durch die relativ hohe Bedeutung emotionaler Gründe geprägt ist,[608] die sich auf subjektive, intangible Produkteigenschaften beziehen. Die hohe Bedeutung emotionaler Gründe resultiert aus der Dominanz affektiver Bedürfnisse, die nach McGuire die Suche nach befriedigenden Gefühlszuständen bzw.

---

[602] Vgl. Zaichkowsky 1985.
[603] Vgl. Ratchford 1987.
[604] Vgl. Vaughn 1979, S. 30 sowie Ratchford 1987, S. 25.
[605] Vgl. Ratchford 1987, S. 25 sowie McGuire 1976, S. 316.
[606] Vgl. Batra 1986 sowie Biel/Bridgewater 1990, S. 38.
[607] Vgl. McGuire 1974.
[608] Vgl. Ratchford 1987, S. 25.

die Erreichung emotionaler Ziele darstellen.[609] Die Konzeptionalisierung der Emotionalität bezieht sich ebenfalls auf *McGuire*, der drei Kategorien affektiver Motive unterscheidet:

- *Ego Gratification* bezeichnet das Bedürfnis nach dem Ausdruck der eigenen Persönlichkeit,
- *Social Acceptance* beschreibt den Wunsch nach sozialer Anerkennung und
- *Sensory* ist der Wunsch nach sinnlichem Vergnügen, beispielhaft der Wunsch nach gutem Essen oder guter Musik.[610]

Vorrangig affektive Motive haben Entscheidungen zur Folge, die zu einer ganzheitlichen, symbolischen Informationsverarbeitung führen.[611]

Das Konstrukt *Rationalität/Emotionalität* bezeichnet die *relative Bedeutung* rationaler im Vergleich zu emotionalen Gründen bei der Entscheidung bezüglich einer bestimmten Produktkategorie. Rationalität und Emotionalität stellen dabei ein Kontinuum in dem Sinne dar, dass manche Entscheidungen entweder der einen oder der anderen Seite zuzuordnen sind, viele Entscheidungen aber Elemente beider Dimensionen enthalten.[612] Auch die Rationalität/Emotionalität wird als Produkteigenschaft interpretiert. Bei Produkten, denen eine hohe Rationalität der Kaufentscheidung zugeschrieben wird, wird folglich davon ausgegangen, dass bei den meisten Nutzern rationale Gründe den Entscheidungsprozess dominieren.[613] Bei Produkten mit hoher Emotionalität wird von einer Dominanz emotionaler Gründe ausgegangen.

(c) Kombination der Merkmale Involvement und Rationalität/Emotionalität

Durch Kombination der Merkmale Involvement und Rationalität/Emotionalität entlang zweier Dimensionen lassen sich vier Quadranten bilden, denen nach *Ratchford* sämtliche Produkte über die Produktklassen, denen sie zugehörig sind, zugeordnet werden können.[614] Die Kaufentscheidungen innerhalb dieser Quadranten sind dabei durch spezifische Charakteristika im Entscheidungsprozess und in der Verarbeitung von Werbemitteln gekennzeichnet.

---

[609] Vgl. Vaughn 1980 sowie McGuire 1974, McGuire 1976.
[610] Vgl. McGuire 1976, S. 316 sowie Ratchford 1987 S. 25ff.
[611] Vgl. Batra/Ray 1985; Holbrook/Moore 1981.
[612] Vgl. Vaughn 1980. S. 30.
[613] Vgl. Ratchford 1987, S. 30f.
[614] Vgl. Ratchford 1987, Vaughn 1980 sowie Vaughn 1986.

Bei einem Vergleich der Konzeptionalisierung des Involvement und der Rationalität/Emotionalität zeigt sich, dass das von *McGuire* dargestellte Motiv nach Ausdruck der Persönlichkeit (Ego Gratification), auf dem die Konzeptionalisierung der Emotionalität beruht, dem in der Involvementdefinition von *Laurent/Kapferer* beschriebenen Ausdruckswert (Sign Value) ähnelt. Das Bedürfnis nach Sozialer Anerkennung (*Social Acceptance*) ist ebenfalls verwandt mit dem Ausdruckswert von *Laurent/Kapferer*. Das Motiv Befriedigung sinnlicher Bedürfnisse (Sensory) ist verwandt mit deren Emotionalem Wert (Hedonic Value).[615]

Wie die Ausführungen zeigen, sind die *Skalen zum Involvement und der Rationalität/Emotionalität nicht unabhängig* voneinander. Ist ein Entscheidungsprozess von hoher kognitiver und/oder affektiver Beteiligung geprägt, so ist ebenfalls hohes Involvement zu verzeichnen.[616] Eine hohe Rationalität beinhaltet die relativ hohe Bedeutung der „objektiven" Facetten Interesse, Risikoausmaß und Risikowahrscheinlichkeit der Involvement-Definition von *Kapferer/Laurent*.[617] Eine hohe Emotionalität bedeutet die hohe Ausprägung der „subjektiven" Facetten Ausdruckswert und Emotionaler Wert des Involvement-Konstruktes. Innerhalb eines Entscheidungsprozesses können aber parallel starke kognitive und affektive Prozesse ablaufen. *Vaughn* und *Ratchford* lösen diese Abhängigkeit über die Subtraktion der Facetten innerhalb ihrer Skala Rationalität/Emotionalität[618] und stellen diesem relativen Anteil das Involvement auf Basis der Aufmerksamkeit und des Interesses nach der Definition von *Zaichkowsky* gegenüber.[619] Die resultierende Skala erfasst folglich den überwiegenden Beitrag emotionaler/kognitiver Beteiligung, während die davon unabhängige Dimension Involvement die Bedeutung der Entscheidung erfasst und sich ausschließlich auf die kognitiven Facetten der Definition von *Laurent/Kapferer* bezieht.[620] Die sich ergebende Matrix bildet einen zweidimensionalen Raum ab.

In Abbildung 13 ist der Raum, der sich aus Kombination der „subjektiven" Motivs Ausdruckswert mit des „objektiven" Motivs Risikoausmaß ergibt, nach *Lau-*

---

[615] Vgl. Laurent/Kapferer 1985, S. 43; McGuire 1974; McGuire 1976.
[616] Vgl. Park/Mittal 1985 nach Ratchford 1987.
[617] Vgl. Laurent/Kapferer 1985.
[618] Vgl. Ratchford 1987, S. 30.
[619] Vgl. Ratchford 1987, S. 25 sowie Zaichowsky 1986.
[620] Vgl. Park/Mittal 1985; Ratchford 1987, S. 36.

rent/Kapferer dargestellt.[621] Über diesen sind zur Veranschaulichung die Quadranten des FCB-Grids gelegt.[622]

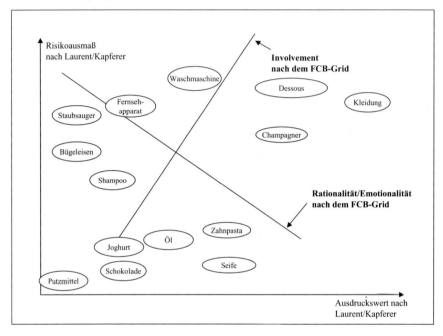

Abbildung 13: Zweidimensionaler Raum auf Basis der Facetten des Involvement nach Laurent/Kapferer im Vergleich mit den Quadranten des FCB-Grid

Quelle: *Laurent/Kapferer 1985*, S. 46 sowie *Ratchford 1987*, S. 31

Kaufentscheidungen des Typs *High Involvement/Rationalität* sind nach *Vaughn* durch einen hohen Grad an Involvement gekennzeichnet.[623] Die objektiven Facetten des Involvement sind stark ausgeprägt, die subjektiven Facetten können auch wirksam sein, sind aber auf jeden Fall geringer. Der Kaufentscheidungsprozess basiert auf rationalen Gründen.[624] Die Werbung von Produkten, deren Kaufentscheidungsprozess dieses Schema zugrunde liegt, sollte insbesondere informativ gestaltet sein.[625] Produkte dieser Kategorie sind beispielsweise größere Haushaltsgeräte oder Versicherungen.

---

[621] Vgl. Laurent/Kapferer 1985, S. 46.
[622] Zum zweidimensionalen Raum auf Basis der Dimensionen Involvement und Rationalität/Emotionalität des FCB-Grid vgl. auch Tabelle 8 in Abschnitt 3.2.1.2 sowie die empirischen Ergebnisse zum FCB-Grid in Abbildung 15.
[623] Vgl. Vaughn 1980.
[624] Vgl. McGuire 1976 sowie Ratchford 1987.
[625] Vgl. Vaughn 1979, S. 30.

Die Entscheidungen der Kategorie *High Involvement/Emotionalität* weisen einen hohen Grad an Involvement und eine hohe Bedeutung emotionaler Gründe im Kaufentscheidungsprozess auf.[626] In dieser Kategorie sind die subjektiven Facetten des Involvement absolut und relativ - zu den rationalen Gründen - stark ausgeprägt.[627] Werbung für Produkte dieser Kategorie sollte emotional gestaltet sein.[628] Beispiele für Kaufentscheidungen dieser Kategorie sind der Kauf Exklusiver Mode oder Parfums.

Die Entscheidungen der Kategorie *Low Involvement/Rationalität* sind durch geringes Involvement gekennzeichnet. Sowohl objektive als auch subjektive Facetten des Involvement sind schwach ausgeprägt, objektive Facetten sind aber auf geringerem Niveau relativ bedeutender.[629] Kaufentscheidungen von Produkten diesen Typs liegt meist ein routinemäßiges Verhalten zugrunde.[630] Werbung für Produkte dieser Kategorie sollte somit Verhaltensmuster entwerfen und verstärken.[631] Beispiele dieser Kategorie von Entscheidungsprozessen sind der Kauf von Waschmittel, Zahnpasta oder Benzin.

Produkte der Kategorie *Low Involvement/Emotionalität* sind von persönlichen Vorlieben abhängig und können als „kleine Freuden des Lebens" bezeichnet werden. Entscheidungen bezüglich der Produkte dieser Kategorie liegt geringes Involvement und die höhere Bedeutung emotionaler Gründe im Vergleich zu rationalen Gründen im Kaufentscheidungsprozess zugrunde.[632] Die Werbung dieser Produkte sollte insbesondere die Befriedigung persönlicher Bedürfnisse hervorheben.[633] Beispiele von Entscheidungsprozessen dieser Kategorie sind der Kauf von Bier oder der Besuch eines Fast-Food-Restaurants.

3.4.2.2.2 Hypothesenformulierung

Die im vorigen Abschnitt dargestellten Produkteigenschaften bedingen Unterschiede in der Verarbeitung von Sites. Die aus den Produkteigenschaften resultierenden Be-

---

[626] Vgl. Vaughn 1986.
[627] Vgl. Ratchford 1987.
[628] Vgl. Vaughn 1979, S. 31.
[629] Vgl. Ratchford 1987.
[630] Vgl. Vaughn 1979, S. 31.
[631] Vgl. Vaughn 1979, S. 32 sowie Plummer 1971, S. 317.
[632] Vgl. Vaughn 1986 sowie Ratchford 1987.
[633] Vgl. Vaughn 1979, S. 32.

dürfnisse führen dazu, dass sich der Zusammenhang zwischen einzelnen Dimensionen der Sitewahrnehmung und der Einstellung zur Site verschiebt.[634]

(a) Involvement

In Abschnitt 3.4.2.1 wurde der moderierende Effekt des Ad Message Involvement auf Basis der Literaturbestandsaufnahme hergeleitet. Auf Basis der Literatur kann davon ausgegangen werden, dass das Involvement, das eine Produktkategorie mit sich bringt, in starkem Maße das Involvement in die Werbebotschaft bedingt.[635] Für den Bereich der produktabhängigen Merkmale wird das Involvement in Abhängigkeit zur Produktkategorie gesetzt und als Produktinvolvement bezeichnet. Für den moderierenden Effekt des Produktinvolvement treten folglich die in Abschnitt 3.4.2.1 postulierten Auswirkungen in Kraft. Die entsprechenden Hypothesen für das Merkmal Involvement lauten demnach wie folgt.

Je höher das Involvement in die Produktkategorie ist,

H_{2-1}: desto schwächer ist der Zusammenhang zwischen der wahrgenommenen Stimulation und der Einstellung zur Site,

H_{2-2}: desto stärker ist der Zusammenhang zwischen dem wahrgenommenen Informationswert und der Einstellung zur Site,

H_{2-3}: desto schwächer ist der Zusammenhang zwischen der wahrgenommenen Interaktion und der Einstellung zur Site und

H_{2-4}: desto stärker ist der Zusammenhang zwischen der wahrgenommenen Irritation und der Einstellung zur Site.

H_{2-5}: Für Produktkategorien mit hohem Involvement weisen sämtliche Wahrnehmungsdimensionen einen Zusammenhang mit der Einstellung zur Site auf.

H_{2-6}: Für Produktkategorien mit geringem Involvement besteht kein Zusammenhang zwischen dem wahrgenommenen Informationswert bzw. der Irritation der Site und der Einstellung zur Site.

---

[634] Auswirkungen der Produkteigenschaften auf die Verarbeitung von Werbemitteln finden sich im FCB-Grid, dem Modell-der-Wirkungspfade sowie dem Elaboration-Likelihood-Modell. Vgl. Kroeber-Riel/Weinberg 1996; Petty/Cacioppo 1980; Ratchford 1987; Vaughn 1979.
[635] Vgl. die Ausführungen in den Abschnitten 2.2.2; 3.3 und 3.4.2.1.

(b) Rationalität/Emotionalität

Nach *Ratchford* führen utilitaristische Bedürfnisse bei der Produktwahl zu kognitiver Verarbeitung eigenschaftsspezifischer Informationen,[636] affektive Bedürfnisse aber zur Entscheidungsbildung aufgrund ganzheitlicher, symbolhafter Information.[637] Bei Produkten mit hoher *Rationalität* der Kaufentscheidung wird die Site folglich in Abhängigkeit von deren *Informationswert* bewertet. Der Zusammenhang zwischen dem wahrgenommenen Informationswert einer Site und der resultierenden Einstellung zur Site ist höher als bei Produkten mit geringer Rationalität der Kaufentscheidung.

Im Gegensatz dazu sind bei Produkten mit einer relativ hohen Bedeutung *emotionaler Gründe* bei der Kaufentscheidung die Sitebestandteile, die die Befriedigung emotionaler Bedürfnisse durch den Produktkonsum versprechen, von großer Relevanz für die Sitebeurteilung.[638] Emotionale Bedürfnisse werden durch Merkmale befriedigt, die in der Dimension *Stimulation* zusammengefasst sind. Bei relativem Übergewicht emotionaler Gründe im Kaufentscheidungsprozess ist der Zusammenhang zwischen dem wahrgenommenen Stimulationswert einer Site und der resultierenden Einstellung zur Site folglich höher als bei Produkten mit relativ geringer Emotionalität der Kaufentscheidung.

Die *Interaktivität* wirkt sich nach der *Flow-Theorie* positiv auf die Stimulation durch die Site aus.[639] Bei Produkten mit relativ hoher Emotionalität der Kaufentscheidung sollte die Interaktivität somit einen stärkeren Zusammenhang mit der Einstellung zur Site aufweisen als bei Produkten von relativ hoher Rationalität der Kaufentscheidung

Die Dimension *Irritation* liegt nach den Annahmen der *Informationsökonomie* und der *Risikotheorie* dann vor, wenn der Nutzer an der Verarbeitung eigenschaftsspezifischer Informationen gehindert wird.[640] Irritierende Merkmale hindern den Informationszugriff und wirken sich negativ auf die Beurteilung der Site aus. Folglich sollte die wahrgenommene Irritation nur bei Produkten mit hoher Rationalität der Kaufentscheidung einen Zusammenhang mit der Einstellung zur Site aufweisen. Zusammenfassend

---

[636] Vgl. Ratchford 1987, S. 25.
[637] Ganzheitliche, symbolhafte Information stellt z.B. die Zufriedenheit eines Testimonials mit dem Produkt dar (Steffi Graf liebt Barilla), eigenschaftsspezifische Informationen stellt z.B. Information, die sich auf Produktbestandteile bezieht dar (Birkel enthält nur Vollei). Vgl. Ratchford 1987, S. 25 der auf Holbrook/Moore 1981 sowie Batra/Ray 1985 verweist. Vgl. auch Hansen 1981, S. 23ff.
[638] Vgl. McGuire 1976, S. 316 sowie Ratchford 1987 S. 25ff.
[639] Vgl. die Ausführungen in Abschnitt 3.3.3.5.
[640] Vgl. Abschnitt 3.3.2.2. und 3.3.3.2 dieser Arbeit.

lassen sich folgende Hypothesen bezüglich der Effekte der Dimensionen der Sitewahrnehmung auf die Einstellung zur Site ableiten:

Je höher die Dominanz rationaler im Vergleich zu emotionalen Gründen der Kaufentscheidung ist,

$H_{3\text{-}1}$: *desto schwächer ist der Zusammenhang zwischen der wahrgenommenen Stimulation und der Einstellung zur Site,*

$H_{3\text{-}2}$: *desto stärker ist der Zusammenhang zwischen dem wahrgenommenen Informationswert und der Einstellung zur Site,*

$H_{3\text{-}3}$: *desto schwächer ist der Zusammenhang zwischen der wahrgenommenen Interaktivität und der Einstellung zur Site und*

$H_{3\text{-}4}$: *desto stärker ist der Zusammenhang zwischen der wahrgenommenen Irritation und der Einstellung zur Site.*

(c) Kombination der Merkmale Involvement und Rationalität/Emotionalität

Den vier Quadranten, die sich durch *Kombination der Moderatorvariablen Involvement und Rationalität/Emotionalität* ergeben, können die untersuchten Produktkategorien nach Maßgabe des durchschnittlichen Skalenwertes der Dimensionen zugeordnet werden. Die Quadranten sind jeweils durch eine spezifische Verarbeitung von Werbemitteln gekennzeichnet. Daraus resultieren abhängig von der Quadrantenzugehörigkeit unterschiedliche Anforderungen an die Sitegestaltung.

Wie in Abschnitt 2.2.2.2.2 dargelegt, ist der Einfluss rationaler und emotionaler Gründe bei der Kaufentscheidung nicht unabhängig vom Involvement in die Kaufentscheidung.[641] Vielmehr ist eine höhere Relation bei hohem Involvement auch von einer absolut höheren Bedeutung der rationalen Gründe geprägt.[642] Bei hohem Involvement spielen zusätzlich emotionale Gründe eine – im Vergleich unbedeutendere – Rolle.[643] Bei gleichem Verhältnis der Rationalität/Emotionalität und niedrigem Involvement sind die rationalen Gründe meist deutlich geringer ausgeprägt. Emotionale Gründe spielen hingegen meist gar keine Rolle. Die folgende Abbildung macht die Zusammenhänge von Involvement und Rationalität/Emotionalität nochmals deutlich:

---

[641] Vgl. Park/Mittal 1985 sowie Ratchford 1987. Innerhalb Abschnitt 2.2.2.2.2 vgl. insbesondere die Ausführungen zu Abbildung 1.
[642] Vgl. Park/Mittal 1985.

	Rationalität	Emotionalität
High Involvement	- Hohe Bedeutung **rationaler Gründe** - Relativ geringere Bedeutung emotionaler Gründe	- Hohe Bedeutung **emotionaler Gründe** - Relativ geringere Bedeutung rationaler Gründe
	Hohe Verarbeitungstiefe	Hohe Verarbeitungstiefe
Low Involvement	- Geringe Bedeutung **rationaler Gründe** - Keine oder fast keine Bedeutung emotionaler Gründe	- Geringe Bedeutung **emotionaler Gründe** - Keine oder fast keine Bedeutung rationaler Gründe
	Geringe Verarbeitungstiefe	Geringe Verarbeitungstiefe

Tabelle 27: Ausprägung rationaler/emotionaler Gründe der Kombination der Merkmale Involvement und Rationalität/Emotionalität

Für die Auswirkung der Quadrantenzugehörigkeit auf den Zusammenhang zwischen den Dimensionen der Sitewahrnehmung und der Einstellung zur Site wird zunächst der Einfluss des Involvement auf die Verarbeitungstiefe berücksichtigt, wie er innerhalb des in Abschnitt 3.4.2.1 dargestellten Schemas entwickelt wurde. Die weitere Differenzierung nach Maßgabe der Dominanz rationaler/emotionaler Gründe führt zu folgenden Annahmen für die vier Quadranten:

Für Kaufentscheidungen des Quadranten *High Involvement/Rationalität* bedeutet die Dominanz rationaler Gründe eine weitere Stärkung des Informationswertes und der Irritation bei gleichzeitiger Schwächung des Stimulationswertes und der Interaktivität im Vergleich zu der hinsichtlich der Rationalität/Emotionalität heterogenen High-Involvement-Gruppe.

Für den Quadranten Low Involvement/Emotionalität ist hingegen davon auszugehen, dass die hohe Bedeutung emotionaler Gründe sich im Vergleich zu in Bezug auf die Rationalität/Emotionalität heterogenen Low-Involvement-Gruppe positiv moderierend auf den Effekt des Stimulationswertes auswirkt. Auf Basis der *Flow-Theorie* und des *Elaboration-Likelihood-Modells* ist außerdem von einem stark positiv moderierenden Einfluss der Emotionalität auf die Interaktivität auszugehen.

---

[643] Vgl. Ratchford 1987, S. 26.

Für die Quadranten *High Involvement/Emotionalität* sowie *Low Involvement/Rationalität* müssen die sich aus der Kombination der Merkmale Involvement und Rationalität/Emotionalität ergebenden Zusammenhänge aber näher beleuchtet werden. Für diese beiden Quadranten sind die Annahmen in Bezug auf die Auswirkung der beiden Größen zum Teil gegenläufig.

Für den Quadranten *High Involvement/Emotionalität* ergibt sich aus der Dominanz emotionaler Gründe bei hohem Involvement eine Abschwächung der Effekte des Involvement. Der Informationswert und die Irritation werden sich weniger stark auf die Einstellung zur Site auswirken als bei einer Betrachtung sämtlicher Produktkategorien mit hohem Produktinvolvement oder gar des Quadranten High Involvement/Rationalität. Hingegen wird aus der Dominanz emotionaler Gründe ein positiv moderierender Effekt auf den Zusammenhang zwischen Stimulationswert und Einstellung zur Site innerhalb des Quadranten High Involvement postuliert. In diesem Quadranten sind der Ausdruckswert und der emotionale Wert die wichtigen Komponenten des Involvement. Die Einstellung zur Site bildet sich auf Basis ganzheitlicher Informationen. Für hochwertige Kleidung ist der Schnitt, die Sinnlichkeit des Materials und die Vorstellung von Situationen, in denen diese getragen wird zentral in den Augen der Trägerin. Für den Quadranten *Low Involvement/Rationalität* folgt aus der Dominanz rationaler Gründe bei niedrigem Involvement in erster Linie eine geringe Verarbeitungstiefe nach dem *Elaboration-Likelihood-Modell*. Aufgrund der Dominanz rationaler Gründe ist die Einstellung zur Site aber trotzdem stark vom Informationswert abhängig. Die Wahrnehmung des Informationswertes ist aber bei geringer Verarbeitungstiefe nach dem Elaboration-Likelihood-Modell insbesondere von peripheren Kriterien wie der Anzahl der Argumente und der Seriosität der Quelle abhängig und wird nicht wie bei hoher Verarbeitungstiefe durch deduktive Verarbeitung eigenschaftsrelevanter Informationen beeinflusst.

Für die Wahrnehmung irritierender Elemente bedeutet die geringe Verarbeitungstiefe, dass diese nicht zum Tragen kommen. Die Informationsverarbeitung findet nicht statt, kann folglich auch nicht behindert werden. Der Stimulationswert hat im Vergleich zum Quadranten mit hohem Involvement und der Dominanz rationaler Gründe einen höheren, im Vergleich zum Quadranten mit geringerem Involvement und der Dominanz emotionaler Gründe einen geringeren Effekt auf die Einstellung zur Site.

Für die Kombination der Merkmale Involvement und Rationalität/Emotionalität gelten folgende Hypothesen:

H_{4-1}: Der Zusammenhang zwischen dem wahrgenommenen Stimulationswert und der Einstellung zur Site

- ist am größten für die Quadranten mit geringem Involvement, dabei ist die Bedeutung der Stimulation bei hoher Emotionalität größer als bei hoher Rationalität,
- ist geringer für die Quadranten mit hohem Involvement. Dabei ist die Bedeutung der Stimulation bei hoher Emotionalität größer als bei hoher Rationalität.

H_{4-2}: Der Zusammenhang zwischen der wahrgenommenen Informationswert und der Einstellung zur Site

- ist am größten für die Quadranten mit hohem Involvement, dabei ist die Bedeutung des Informationswertes bei hoher Rationalität größer als bei hoher Emotionalität,
- ist geringer für die Quadranten mit geringem Involvement. Dabei ist die Bedeutung des Informationswertes bei hoher Rationalität größer als bei hoher Emotionalität.

H_{4-3}: Der Zusammenhang zwischen der wahrgenommenen Interaktivität und der Einstellung zur Site ist am größten für die Quadranten mit geringem Involvement und geringer für die Quadraten mit hohem Involvement.

H_{4-4}: Der Zusammenhang zwischen der wahrgenommenen Irritation und der Einstellung zur Site ist am größten für den Quadranten High Involvement/Rational und am zweitgrößten für den Quadranten High Involvement/Emotional. Für die übrigen Quadranten ist kein Einfluss nachzuweisen.

Die folgende Tabelle gibt die postulierten Zusammenhänge der Übersichtlichkeit halber zusammenfassend wieder. Dabei bezeichnet die Anzahl der Additionszeichen die relative Stärke des postulierten Zusammenhangs bei einem Vergleich über die Quadranten. Ein Subtraktionszeichen symbolisiert, dass vermutet wird, dass kein Zusammenhang nachweisbar ist.

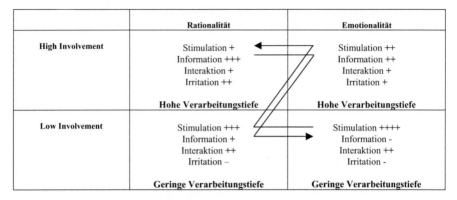

Tabelle 28: Moderierende Effekte der Kombination der Merkmale Involvement und Rationalität/Emotionalität

3.4.2.3 Merkmale des Nutzers

3.4.2.3.1 Definition und Darstellung der Konstrukte

Die Motive der Internetnutzung besitzen einen starken Einfluss auf das Informationsverhalten.[644] Weil Konsumenten das Internet aktiv aufsuchen, um ihre Ziele zu erreichen, müssen die Funktionen, die das Internet erfüllt, in ein Modell der Werbewirkung im Internet integriert werden.[645] Nutzer bewerten das Medium in Abhängigkeit von dessen Beitrag zur Bedürfnisbefriedigung.[646] Die Motive der Internetnutzung stellen somit potentielle nutzerabhängige Moderatoren des Zusammenhangs zwischen den Dimensionen der Sitegestaltung und der Einstellung zur Site dar.

In den Abschnitten 2.4.3.1 sowie 3.3.3.3 wurden Klassifizierungsansätze der Motive der Internetnutzung dargestellt. Wie die Ausführungen in Abschnitt 2.4.3.1 zeigen, lassen sich diese zu fünf Motivdimensionen zusammenfassen. Innerhalb der vorliegenden Untersuchung werden folglich fünf Konstrukte zu den Motiven der Internetnutzung bezüglich ihrer moderierenden Effekte untersucht:

---

[644] Vgl. Katz/Blumler/Gurevitch 1974, S. 513. Plummer macht den Vorschlag, die Werbekommunikation als einen Prozess zu betrachten, der sowohl das Werbemittel als auch den Rezipienten einschließt. Vgl. Plummer 1971, S. 317. Rogers/Thorson gehen davon aus, dass die Informationsverarbeitung im Internet von der Funktion sowie der Struktur des Mediums abhängig ist. Vgl. Rodgers/Thorson 2000, S. 3.
[645] Vgl. Rodgers/Thorson 2000, S. 3.
[646] Vgl. Katz/Blumler/Gurevitch 1974.

Das Motiv *Ausbruch aus der Realität* (Escapism) subsummiert die Dimensionen Entspannung[647], Unterhaltung[648] sowie sozialer Ausbruch[649] der in Abschnitt 2.4.3.2 dargestellten Untersuchungen. Das Konstrukt „Escapism" bezeichnet den Wunsch des Nutzers, durch die Internetnutzung die Realität und deren Probleme hinter sich zu lassen und Anregungen zu erhalten.

Das Bedürfnis Neues zu erfahren und mitzubekommen, was in der Welt passiert, kennzeichnet das Motiv *Information* (Information). Dieses Motiv wurde in sämtlichen der untersuchten Klassifizierungsansätze extrahiert.[650] Das Motiv enthält den Wunsch nach Lernerfahrungen, Recherche und Neuigkeiten.

Das dritte Motiv, das in die vorliegende Untersuchung aufgenommen wird, lässt sich am besten als das tägliche Bedürfnis eines Besuchs im Internet aufgrund dessen Zugehörigkeit zum täglichen Leben des Nutzers beschreiben. Diese tägliche Routine äußert sich über den Wunsch nach *Austausch über Inhalte im Netz* (Talkabout). Der Nutzer unterhält sich über Inhalte im Netz und gibt an, dass ein Besuch im Internet zu seinem Tagesablauf gehört. Dieses Motiv stellt einen inhaltlichen Bestandteil des Motivs Sozialisation aus der Bestandsaufnahme der bisherigen Forschung dar.[651]

Der zweite inhaltliche Bereich des Motivs Sozialisation und damit das vierte Motiv dieser Untersuchung stellt der *Austausch mit anderen im Netz* (Exchange) dar. Dieses entspricht der Sozialisation, wie sie zum Beispiel in den Untersuchungen von *Stafford/Stafford/Schkade* sowie *Song et al.* definiert ist.[652] Dem Motiv liegt der Wunsch zugrunde, sich im Internet auszutauschen und neue Leute kennenzulernen.

Schließlich stellen die *Suche nach Produkten* (Shopping) und der Erwerb günstiger oder besonderer Produkte das fünfte Motiv der Internetnutzung dar. Diesem Motiv sind die ökonomischen Gründe der Internetnutzung[653] sowie das Motiv Bequemlichkeit zugeordnet.[654] Nutzer suchen Produktinformationen im Netz, wenn sie eine größere Anschaffung tätigen wollen, wenn sie neue oder außergewöhnliche Produkte erwer-

---

[647] Vgl. Parker/Plank 2000, Song et al. 2004.
[648] Vgl. Parker/Plank 2000.
[649] Vgl. Korgaonkar/Wolin 1999.
[650] Vgl. Abschnitte 2.4.3.2 sowie 3.3.3.3.
[651] Vgl. insbesondere Korgaonkar/Wolin 1999, S. 56 sowie Parker/Plank 2000, S. 47 deren Klassifikationen in Abschnitt 2.4.3.2 dieser Arbeit dargestellt sind.
[652] Vgl. Stafford/Stafford/Schkade 2004 sowie Song et al. 2004.
[653] Vgl. die Motive Information und Recherche bei Stafford/Stafford/Schkade 2004 sowie Finanzielle Motiation bei Song et al. 2004.

ben wollen oder wenn sie Einkäufe bequem erledigen wollen. Auch wenn in der vorliegenden Untersuchung keine Transaction-Sites untersucht werden, ist dieses Motiv von Bedeutung, da das Motiv „Shopping" auch dem Erwerb vorgelagert ist und z.b. bei der Informationsgewinnung auf Internet-Presence-Sites zur Anwendung kommt.

Im Folgenden werden die Hypothesen bezüglich des Einflusses der Motive der Internetnutzung auf die Zusammenhänge der Werbewirkung im Internet formuliert. Die Hypothesengenerierung erfolgt dabei auf Basis der Bestandsaufnahme der bisherigen Forschung und berücksichtigt die Erkenntnisse aus den theoretischen Bezugspunkten der Arbeit[655].

3.4.2.3.2 Hypothesenformulierung

(a) Einzelmotive der Internetnutzung

Auf Basis des *Uses and Gratifications Approach* kann in Hinblick auf die Motive der Internetnutzung von einem Zusammenhang zwischen den Motiven und dem Einfluss bestimmter Wahrnehmungsbestandteile auf die Einstellung zur Site ausgegangen werden.[656] Auf Basis des *Uses and Gratifications Approach* lässt sich die grundsätzliche Einteilung der Motive in *inhaltsorientierte* und *prozessorientierte* Motive ableiten.[657] *Rodgers/Thorson* postulieren, dass Internetnutzer, die sich primär an der Informationssuche orientieren, zu einer sehr viel zielgerichteteren Herangehensweise an den Besuch im Internet und stärkeren kognitiven Anstrengungen tendieren. Die Autoren gehen von einem Kontinuum dieser Zielorientierung von sehr zielorientiert bis überhaupt nicht zielorientiert aus, auf dem sich jeder Nutzer nach Maßgabe seiner Motivstruktur anordnen lässt.[658]

Nutzer, die der Nutzung des Mediums Internet insbesondere *inhaltsorientierte Motive* zugrundelegen, bewerten die Merkmale positiv, die die Befriedigung dieser Bedürfnisse erlauben.[659] Inhaltsorientierte Motive sind der Wunsch nach *Information* (Information) sowie die *Suche nach Produkten* (Shopping*).* Auch der Wunsch nach *Austausch*

---

[654] Vgl. Kaye/Johnson 2001 sowie Papachorisi/Rubin 2000.
[655] Vgl. innerhalb des Abschnittes 3.3.4 insbesondere Tabelle 25 zu einem Überblick über den Erkenntnisbeitrag der theoretischen Bezugspunkte.
[656] Vgl. die Ausführungen in Abschnitt 3.3.3.3.
[657] Vgl. Li/Bukovac 1999; McGuire 1976; Rodgers/Thorson 2000; Song et al. 2004.
[658] Vgl. Rodgers/Thorson 2000, S.9.
[659] Vgl. Katz/Blumler/Gurevitch, S. 515 sowie Korganokar/Wolin 1999, S. 64.

über Inhalte im Netz (Talkabout) stellt nach *Korgaonkar/Wolin* ein zukunftsgerichtetes und somit eher am Inhalt als am Prozess orientiertes Motiv dar.[660]

Ein *prozessorientiertes Motiv* stellt insbesondere der *Wunsch nach Ausbruch aus der Realität* (Escapism) dar. In Hinblick auf das Motiv *Austausch mit anderen im Netz* (Exchange) wird das Medium Internet bezüglich seiner Qualitäten als Intermediär bewertet und kann somit auch den prozessorientierten Motiven zugeordnet werden.

Nach dem *Elaboration-Likelihood-Modell* wird angenommen, dass die Verarbeitungstiefe positiv vom Involvement und negativ von der Bereitschaft zur kognitiven Anstrengung abhängig ist.[661] Bei einer hohen Ausprägung *inhaltsorientierter Motive* kann auf Basis des *Uses and Gratifications Approach* neben einem hohen Involvement auch von einer hohen Bereitschaft zur kognitiven Anstrengung ausgegangen werden.[662] Bei einer hohen Ausprägung *prozessorientierter Motive* stellt sich die Frage, ob der positiv moderierende Effekt einer hohen Ausprägung prozessorientierter Motive auf das Involvement und damit auf die Verarbeitungstiefe durch die bei einer hohen Ausprägung prozessorientierter Motive geringere Bereitschaft zur kognitiven Auseinandersetzung konterkariert wird.

Nach *Song et al.* führt der Wunsch nach *Ausbruch aus der Realität* (Escapism) dazu, dass die Nutzer die Merkmale positiv bewerten, die eine emotionale Komponente aufweisen oder Ablenkung versprechen.[663] Nutzer, die eine hohe Ausprägung *prozessorientierter Motive* angeben, sollten nach *Rodgers/Thorson* bei der Bildung der Einstellung zur Site in verstärktem Maße die Wahrnehmung der Dimensionen, die gestalterische Aspekte der Website betreffen, heranziehen.[664]

Andererseits wird nach dem *Uses and Gratifications Approach* davon ausgegangen, dass die hohe Ausprägung prozessorientierter Motive ein höheres medienabhängiges Involvement bedingt.[665] Aus den Erkenntnissen der *Involvement-Forschung* lässt sich ein positiver Effekt sämtlicher Motive auf das Involvement ableiten. Es wird deutlich,

---

[660] Nach Korgaonkar/Wolin führt das Motiv Austauch über Inhalte im Netz (Talkabout) zu einer Honorierung des Inhaltes. Vgl. Korganokar/Wolin 1999, S. 64.
[661] Vgl. Petty/Cacioppo 1980.
[662] Vgl. Rodgers/Thorson 2000, S. 9.
[663] Song et al. bezeichnen dieses Motiv mit „Wunsch nach Entspannung und der Komplettierung der Realität". Vgl. Song et al., S. 385. Zu emotionalen Motiven vgl. ausführlich Katz/Blumler/Gurevitch, S. 515.
[664] Vgl. Rodgers/Thorson 2000, S. 22.
[665] Vgl. Rahtz/Sirgy/Meadow 1989 zu medienabhängigem Involvement in Hinblick auf das Medium Fernsehen.

dass eine integrative Betrachtung der Motive unabdingbar für das Verständnis des Zusammenhangs zwischen Motiven und Werbemittelverarbeitung ist.

Insgesamt wird von einem negativ moderierenden Effekt der prozessorientierten Motive auf die Verarbeitungstiefe ausgegangen. Diese Annahme stützt sich insbesondere auf das Elaboration-Likelihood-Modell, das die Konstrukte „Browsing Orientation" und „Vermeidung kognitiver Anstrengung" als Bestimmungsfaktoren einer geringen Motivation zur Verarbeitung eigenschaftsrelevanter Informationen und damit einer geringen Verarbeitungstiefe empirisch nachweist.[666]

Für die *prozessorientierten Motive* wird folglich auf Basis der *Uses and Gratifications Approach* und des *Elaboration-Likelihood-Modells* ein positiv moderierender Effekt der Motive auf den Zusammenhang zwischen dem wahrgenommenen Stimulationswert und der Interaktivität und ein negativ moderierender Effekt der Motive auf den Zusammenhang zwischen dem wahrgenommenen Informationswert und der Einstellung zur Site postuliert.

Für die *inhaltsorientierten Motive* kommt das in Abschnitt 3.4.2.1 für die moderierenden Effekte des Involvement vorgestellte Schema zur Anwendung. Zusammenfassend werden für die Merkmale „Escapism", „Information", „Talkabout", „Exchange" und „Shopping" folgende Wirkungen auf den Zusammenhang zwischen den Dimensionen der Sitewahrnehmung und der Einstellung zur Site postuliert:

Je stärker die Ausprägung der inhaltsorientierten Motive "Information", „Shopping", „Talkabout" ausfällt,

H_{5-1}: *desto schwächer ist der Zusammenhang zwischen der wahrgenommenen Stimulation und der Einstellung zur Site,*

H_{5-2}: *desto stärker ist der Zusammenhang zwischen dem wahrgenommenen Informationswert und der Einstellung zur Site,*

H_{5-3}: *desto schwächer ist der Zusammenhang zwischen der wahrgenommenen Interaktivität und der Einstellung zur Site und*

H_{5-4}: *desto stärker ist der Zusammenhang zwischen der wahrgenommenen Irritation und der Einstellung zur Site.*

---

[666] Vgl. Abbildung 54 im Anhang.

Je stärker die Ausprägung der prozessorientierten Motive „Escapism" und „Exchange" ausfällt,

H_{6-1}: *desto stärker ist der Zusammenhang zwischen der wahrgenommenen Stimulation und der Einstellung zur Site,*

H_{6-2}: *desto schwächer ist der Zusammenhang zwischen dem wahrgenommenen Informationswert und der Einstellung zur Site,*

H_{6-3}: *desto stärker ist der Zusammenhang zwischen der wahrgenommenen Interaktivität und der Einstellung zur Site und*

H_{6-4}: *desto schwächer ist der Zusammenhang zwischen der wahrgenommenen Irritation und der Einstellung zur Site.*

(b) Integrative Betrachtung der Motive

Ko/Cho/Roberts konstatieren die interindividuelle Variation der Motive und stellen die These verschiedener *Klassen von Internetnutzern* abhängig von ihren Motiven auf.[667] Innerhalb der vorliegenden Arbeit wird die Untersuchung des Einflusses der Motive der Internetnutzung auf die Verarbeitung einer Site zum einen nach Maßgabe der Ausprägung der Einzelmotive stattfinden. Zum anderen wird im empirischen Teil dieser Arbeit eine integrative Betrachtung der Motive erfolgen.

In Anlehnung an *Hansen*, der von vier Typen der Informationsrezeption ausgeht,[668] stellt sich nun die Frage, ob Internetnutzer sich nach Maßgabe der Bedeutung ihrer Motive nicht nur in zwei (hohe Ausprägung inhaltsorientierter Motive vs. hohe Ausprägung prozessorientierter Motive), sondern über die Kombination der beiden Dimensionen in vier Gruppen aufteilen lassen. Aus der Kombination der beiden Dimensionen würden sich folglich die Typen "hohe Ausprägung inhaltsorientierter Motive bei schwacher Ausprägung prozessorientierter Motive (Typ 1)", „hohe Ausprägung prozessorientierter Motive bei schwacher Ausprägung inhaltsorientierter Motive (Typ 2)", „hohe Ausprägung sowohl inhaltsorientierter als auch prozessorientierter Motive (Typ 3)" sowie „schwache Ausprägung sowohl inhaltsorientierter als auch prozessorientierter Motive (Typ 4)" ergeben. Die folgende Tabelle stellt diese vier Typen dar.

---

[667] Vgl. Ko/Cho/Roberts 2005.
[668] Vgl. Hansen 1981, S. 33f. sowie insbesondere Abschnitt 3.3.3.4 dieser Arbeit.

	Hohe Ausprägung inhaltsorientierter Motive	Geringe Ausprägung inhaltsorientierter Motive
Hohe Ausprägung prozessorientierter Motive	Typ 3	Typ 2
Geringe Ausprägung prozessorientierter Motive	Typ 1	Typ 4

Tabelle 29:   Typen der Ausprägung inhalts- und prozessorientierter Motive

Zur Überprüfung dieser Annahmen erfolgt in Abschnitt 4.2.3.3 eine clusteranalytische Verdichtung der Einzelmotive und die Beschreibung der Gruppen von Nutzern, die sich durch homogene Motivstruktur-Ausprägungen von anderen Nutzergruppen unterscheiden lassen. Im Anschluss wird überprüft werden, ob sich diese den vier Typen der Ausprägung der Motive zuordnen lassen.

Aus den Hypothesen zu den Auswirkungen der Einzelmotive lassen sich auch für die Motivstruktur Effekte auf den Zusammenhang zwischen den Wahrnehmungsdimensionen und der Einstellung zur Site ableiten. Für *Typ 1* folgt aus der hohen Ausprägung inhaltsorientierter Motive auf Basis des *Elaboration-Likelihood-Modells* und des *Uses and Gratifications Approach* die Vermutung einer hohen Verarbeitungstiefe entlang der zentralen Route. Sowohl Informationswert als auch Irritation sollten einen hohen Zusammenhang mit der Einstellung zur Site aufweisen. Der Einfluss des Stimulationswertes und des Interaktionswertes sollte im Gegensatz dazu relativ gering sein. Nach *MacKenzie/Lutz* wird für die Kontextfaktoren bei hohem Involvement ein relativ geringer Einfluss auf die Einstellungsbildung zur Site angenommen.[669] Der Zusammenhang zwischen dem Stimulationswert und der Interaktivität mit der Einstellung zur Site sollte folglich relativ gering sein.

Für *Typ 3* wird bei einer hohen Ausprägung inhaltsorientierter Motive ein negativ moderierender Effekt der prozessorientierten Motive auf die Verarbeitungstiefe postuliert. Nach *Petty/Cacioppo* wird davon ausgegangen, dass die (zusätzliche) Prozessorientierung im Vergleich zum Typ 1 ein Indikator für die geringere Bereitschaft zur kogniti-

---

[669] Vgl. MacKenzie/Lutz 1989, S. 51f.

ven Anstrengung darstellt.[670] Der Informationswert und die Irritation sollten von geringerem Einfluss, der Stimulationswert und die Interaktivität hingegen von höherem Einfluss auf die Sitebeurteilung als bei Typ 1 sein.

Beim *Typ 4* sollte die Einstellungsbildung aufgrund der schwachen Ausprägung inhaltsorientierter Motive nicht auf Basis der Wahrnehmung des Informationswertes sowie der Irritation der Site erfolgen. Hingegen sollte auf Basis des *Elaboration-Likelihood-Modells* die Wahrnehmung des Stimulationswertes und der Interaktivität sehr wohl einen Zusammenhang mit der Einstellung zur Site aufweisen. Nach *MacKenzie/Lutz* weist die Motivstruktur von Typ 4 auf geringes Ad Message Involvement bei hohem Ad Execution Involvement hin.[671] Die Verarbeitungstiefe sollte demnach sehr gering sein. Die Einstellungsbildung sollte folglich ausschließlich auf Basis der Beurteilung peripherer Reize erfolgen.

Fraglich bleibt, wie sich im Vergleich zum Typ 4 die höhere Ausprägung prozessorientierter Motive bei *Typ 2* auf die Verarbeitungstiefe auswirkt. Bei hoher Ausprägung inhaltsorientierter Motive wurde ein negativ moderierender Effekt prozessorientierter Motive auf die Verarbeitungstiefe aufgrund der Annahme geringerer Bereitschaft zur kognitiven Anstrengung postuliert. Für den Fall schwacher Ausprägung inhaltsorientierter Motive wird im Gegensatz dazu ein positiv moderierender Effekt prozessorientierter Motive auf die Verarbeitungstiefe postuliert. Es wird davon ausgegangen, dass für Nutzer mit geringer inhaltsorientierter Motivation die positive Auswirkung der prozessorientierten Motivation auf die Verarbeitungstiefe aufgrund des höheren Involvement über die negative Auswirkung auf die Bereitschaft zur kognitiven Anstrengung dominiert.

Zusammenfassend wird deutlich, dass von einem *Kontinuum* der Verarbeitungstiefe ausgegangen wird. Dies mag zunächst irritieren, da die Verarbeitungstiefe im Elaboration-Likelihood-Modell als zweiwertige Skala dargestellt ist. Dies ist aber, wie auch die Ausführungen von *Chaiken* deutlich machen, auf Gründe der modelltheoretischen Vereinfachung sowie auf messtheoretische Gründe zurückzuführen.[672] Verarbeitungstiefe ist als innerer Vorgang nicht nur zweiwertig, sondern kann auf einer Skala von sehr schwach bis sehr stark beliebig viele Ausprägungen haben.

---

[670] Vgl. Petty/Cacioppo 1984b.
[671] Die Einstellungsbildung sollte folglich nach dem Schema Contextual Transfer, d.h. ausschließlich auf Basis der Beurteilung der peripheren Faktoren erfolgen. Vgl. MacKenzie/Lutz 1989, S. 51f.
[672] Vgl. Chaiken 1980; Chaiken/Maheswaran 1994.

Abhängig von der aus der Kombination inhalts- und prozessorientierter Motive resultierenden Verarbeitungstiefe verschiebt sich der Zusammenhang zwischen den Dimensionen der Sitewahrnehmung und der Einstellung zur Site nach Maßgabe eines Schemas. Je höher die Verarbeitungstiefe, desto stärker ist der Zusammenhang zwischen Informationswert sowie Irritationen und Einstellung zur Site, je geringer die Verarbeitungstiefe, desto stärker ist der Zusammenhang zwischen Stimulationswert und Interaktivität und Einstellung zur Site.

Zusammenfassend kann bezüglich der Auswirkungen prozess- und inhaltsorientierter Motive auf die Verarbeitungstiefe folgende Zusammenhänge festgehalten werden:

- Inhaltsorientierte Motive wirken sich positiv auf das Involvement und damit auf die Verarbeitungstiefe aus.

- Prozessorientierte Motive wirken sich positiv auf das Involvement und damit auf die Verarbeitungstiefe aus. Gleichzeitig stellen prozessorientierte Motive einen Indikator für die geringere Bereitschaft des Nutzers zur kognitiven Anstrengung dar und wirken sich somit wiederum negativ auf die Verarbeitungstiefe aus.

- Welche Auswirkung dominiert, muss in Abhängigkeit von der Ausprägung der sonstigen Motive postuliert werden. Bei hoher Ausprägung inhaltsorientierter Motive wird von einem negativ moderierenden Effekt prozessorientierter Motive ausgegangen, bei geringer Ausprägung inhaltsorientierter Motive wird ein positiv moderierender Effekt prozessorientierter Motive postuliert.

Bezüglich der *integrativen Betrachtung der Motive* und der clusteranalytischen Verdichtung der Einzelmotive ergeben sich folglich zusätzlich folgende Hypothesen.

H_{7-0}: Die Nutzergruppen, die sich aus der clusteranalytischen Verdichtung der Einzelmotive ergeben, lassen sich nach Maßgabe der hohen/niedrigen Ausprägung ihrer inhalts-/prozessorientierten Motive einem der vier Typen „hohe Ausprägung inhaltsorientierter Motive bei schwacher Ausprägung prozessorientierter Motive (1)", „hohe Ausprägung prozessorientierter Motive bei schwacher Ausprägung inhaltsorientierter Motive (2)", „hohe Ausprägung sowohl inhaltsorientierter als auch prozessorientierter Motive (3)" sowie „schwache Ausprägung sowohl inhaltsorientierter als auch prozessorientierter Motive (4)" zuordnen.

Für die aus der Ausprägung inhalts- und prozessorientierter Motive ableitbaren Nutzergruppen ergeben sich folgende angenommene Zusammenhänge:

H_{7-1}: *Der Zusammenhang zwischen der wahrgenommenen Stimulation und der Einstellung zur Site*

- *ist am stärksten für den Typ 4 (geringe Ausprägung sowohl inhalts- als auch prozessorientierter Motive),*
- *am zweitstärksten für den Typ 2 (geringe Ausprägung inhaltsorientierter Motive bei hoher Ausprägung prozessorientierter Motive),*
- *am drittstärksten für den Typ 3 (hohe Ausprägung inhaltsorientierter Motive bei hoher Ausprägung prozessorientierter Motive) und*
- *am schwächsten für den Typ 1 (hohe Ausprägung inhaltsorientierter Motive bei geringer Ausprägung prozessorientierter Motive).*

H_{7-2}: *Der Zusammenhang zwischen dem wahrgenommenen Informationswert und der Einstellung zur Site*

- *am stärksten für den Typ 1 (hohe Ausprägung inhaltsorientierter Motive bei geringer Ausprägung prozessorientierter Motive),*
- *am zweistärksten für den Typ 3 (hohe Ausprägung inhaltsorientierter Motive bei hoher Ausprägung prozessorientierter Motive),*
- *am drittstärksten für den Typ 2 (geringe Ausprägung inhaltsorientierter Motive bei hoher Ausprägung prozessorientierter Motive) und*
- *ist am schwächsten für den Typ 4 (geringe Ausprägung sowohl inhalts- als auch prozessorientierter Motive.*

H_{7-3}: *Der Zusammenhang zwischen der wahrgenommenen Interaktivität und der Einstellung zur Site*

- *ist am stärksten für den Typ 4 (geringe Ausprägung sowohl inhalts- als auch prozessorientierter Motive),*
- *am zweitstärksten für den Typ 2 (geringe Ausprägung inhaltsorientierter Motive bei hoher Ausprägung prozessorientierter Motive),*
- *am drittstärksten für den Typ 3 (hohe Ausprägung inhaltsorientierter Motive bei hoher Ausprägung prozessorientierter Motive) und*

- am schwächsten für den Typ 1 (hohe Ausprägung inhaltsorientierter Motive bei geringer Ausprägung prozessorientierter Motive).

H_{7-4}: Der Zusammenhang zwischen der wahrgenommenen Irritation und der Einstellung zur Site

- am stärksten für den Typ 1 (hohe Ausprägung inhaltsorientierter Motive bei geringer Ausprägung prozessorientierter Motive),
- am zweistärksten für den Typ 3 (hohe Ausprägung inhaltsorientierter Motive bei hoher Ausprägung prozessorientierter Motive),
- am drittstärksten für den Typ 2 (geringe Ausprägung inhaltsorientierter Motive bei hoher Ausprägung prozessorientierter Motive) und
- ist am schwächsten für den Typ 4 (geringe Ausprägung sowohl inhalts- als auch prozessorientierter Motive).

Die folgende Tabelle gibt die postulierten Zusammenhänge zu den moderierenden Effekten der Ausprägung inhalts- und prozessorientierter Motive nochmals im Überblick wieder. Die Anzahl der Additionszeichen symbolisiert die relative Stärke des postulierten Zusammenhangs bei einem Vergleich über die Quadranten. Ein Subtraktionszeichen symbolisiert, dass angenommen wird, dass kein Zusammenhang nachweisbar ist.

	Hohe Ausprägung inhaltsorientierter Motive	Geringe Ausprägung inhaltsorientierter Motive
Hohe Ausprägung prozessorientierter Motive	Information ++ Stimulation ++ Interaktion ++ Irritation ++	Information + Stimulation +++ Interaktion +++ Irritation +
Geringe Ausprägung prozessorientierter Motive	Information +++ Stimulation + Interaktion + Irritation +++	Information - Stimulation ++++ Interaktion ++++ Irritation -

Tabelle 30: Moderierende Effekte der Typen der Ausprägung inhalts- und prozessorientierter Motive

Nachdem die Hypothesen in Hinblick auf das Basismodell und die moderierenden Effekte entwickelt wurden erfolgt innerhalb des nächsten Kapitels die empirische Überprüfung des Untersuchungsmodells. Hierbei wird in einem ersten Schritt das Basismodell des Zusammenhangs zwischen der Sitewahrnehmung und der Einstellung zur Site untersucht (Abschnitt 4.1). Dieser Abschnitt dient folglich der Überprüfung der grundlegenden Hypothesen H_{1-1} bis H_{1-4}. In diesem Rahmen wird zunächst die Operationalisierung des Konstruktes Einstellung zur Site beschrieben. Anschließend werden die Ergebnisse der Hypothesenprüfung verdeutlicht.

Darauf aufbauend erfolgt in Abschnitt 4.2 die empirische Überprüfung der postulierten moderierenden Effekte der produkt- und nutzerabhängigen Merkmale auf den Zusammenhang zwischen der Sitewahrnehmung und der Einstellung zur Site. Der Abschnitt dient folglich der Überprüfung der Hypothesen H_{2-1} bis H_{2-6}; H_{3-1} bis H_{3-4} sowie H_{4-1} bis H_{4-4} zu den moderierenden Effekten produktabhängiger Merkmale sowie der Hypothesen H_{5-1} bis H_{5-4}, H_{6-1} bis H_{6-4} sowie H_{7-1} bis H_{7-4} zu den moderierenden Effekten nutzerabhängiger Merkmale. In diesem Zusammenhang erfolgt jeweils zuerst die Operationalisierung der moderierenden Konstrukte. Im Anschluss werden in Abschnitt 4.3 die wichtigsten Ergebnisse der empirischen Untersuchung nochmals zusammenfassend dargestellt.

4 Empirische Überprüfung des Modells der Werbewirkung im Internet

4.1 Empirische Überprüfung des Basismodells

4.1.1 Konzeptionalisierung und Operationalisierung der Einstellung zur Site

Die Einstellung zur Site bildet ein sogenanntes hypothetisches Konstrukt, das sich einer direkten Messung verschließt.[673] Hypothetische Konstrukte werden auch als latente Variable bezeichnet und erhalten erst durch eine Operationalisierung empirischen Bezug. Wie die Literaturbestandsaufnahme gezeigt hat, empfiehlt sich bei der Messung der Einstellung eine direkte Abfrage von Einstellungsurteilen.[674] Gemäß der erarbeiteten Definition von Einstellung beziehen sich die Einstellungsurteile hierbei auf die symbolische Beurteilung der Site.[675] Um die Komplexität der Untersuchung nicht unnötig zu erhöhen, wird im Rahmen der Arbeit auf eine mehrdimensionale Einstellungsmessung verzichtet. Zur aggregierten Erfassung der Einstellung zur Site wurden drei Indikatoren entwickelt.

Der erste Bewertungsschritt im Rahmen der quantitativen Analyse beinhaltet eine *explorative Faktorenanalyse* (EFA) und die Überprüfung von Cronbachs Alpha (CA) und der Item-to-Total-Korrelation (ItT). Die explorative Faktorenanalyse erlaubt eine Aussage über die dem Konstrukt zugrundeliegende Struktur. Erwartungsgemäß wird genau ein Faktor extrahiert, der 86% der Varianz der drei Indikatoren erklärt. Die ermittelten Faktorladungen weisen Werte zwischen 0,91 und 0,93 auf. Das Cronbachsche Alpha erreicht einen Wert von 0,92. Die ermittelten Item-to-Total-Korrelationen liegen mit Werten zwischen 0,81 und 0,85 durchgängig über dem geforderten Anspruchsniveau von 0,7. Die Indikatormenge kann anhand der Kriterien der ersten Generation folglich ausnahmslos als valide angesehen werden.

Im Anschluss erfolgt die Evaluierung der Einstellungsmessung anhand der anspruchsvolleren *Kriterien der zweiten Generation*. Hierfür wird im Rahmen der *konfirmatorischen Faktorenanalyse* (CFA) ein Messmodell spezifiziert, dem eine einfaktorielle Struktur zugrunde liegt. Die errechneten Indikatorreliabilitäten (IR) liegen mit Werten zwischen 0,72 und 0,82 durchgängig über dem geforderten Mindestmaß. Auch die Faktorreliablität (FR) mit einem Wert von 0,92 und die durchschnittlich erfasste Vari-

---

[673] Den Begriff eines theoretischen Konstruktes erläutern u.a. Bagozzi/Baumgartner 1994 sowie Homburg/Giering 1996.
[674] Vgl. Abschnitt 2.2.3.1 dieser Arbeit.
[675] Vgl. Bauer 1976.

anz (DEV) mit einem Wert von 0,78 weisen auf eine sehr hohe Güte der Messung hin. Die folgende Tabelle stellt die Gütekriterien zu den drei Indikatoren der Einstellungsmessung dar.

Merkmal	Gütekriterien							
	SF EFA	SF CFA	IR	ItT	VE	FR	CA	DEV
Die Site gefällt mir	0,93	0,90	0,81	0,84	86 %	0,92	0,92	0,78
Die Site ist interessant	0,93	0,91	0,82	0,85				
Die Site ist es wert, dass man sich an sie erinnert	0,91	0,85	0,72	0,81				
Globale Anpassungsmaße[1]:								
χ^2 (Freiheitsgrade)	_[1]							
χ^2/df	_[1]							
RMSEA	_[1]							
GFI	_[1]							
AGFI	_[1]							
NFI	_[1]							
CFI	_[1]							

[1] Bei drei Indikatoren hat ein konfirmatorisches Modell keine Freiheitsgrade. Die Berechnung dieser Maße ist daher nicht sinnvoll.

Tabelle 31: Ergebnisse der konfirmatorischen Faktorenanalyse für das Konstrukt Einstellung

Als Resultat der Konzeptionalisierung und Operationalisierung der Einstellung kann somit festgehalten werden, dass das Konstrukt Einstellung über drei Indikatoren gemessen wird, die einem einzigen Faktor zugeordnet sind.

4.1.2 Ergebnisse der Hypothesenprüfung

Zur Überprüfung der Hypothesen H_{1-1} bis H_{1-4} wird ein vollständiges Kausalmodell herangezogen, dessen grundlegende Struktur in Abbildung 14 verdeutlicht wird. Die Werte der elf Wahrnehmungsfacetten werden dabei jeweils als Mittelwert der zugehörigen Indikatoren berechnet.[676] Wie in Abschnitt 3.2.4.4 dargestellt, wurden die Querladungen bezüglich der Facetten Neuigkeiten, Vollständigkeit und Umständlichkeit innerhalb der Modellstruktur berücksichtigt. Drei der elf Facetten werden somit jeweils zwei Dimensionen zugeordnet.[677]

---

[676] Zu diesem Vorgehen vgl. Homburg/Giering 1996, S. 17f.
[677] Der kausalanalytische Ansatz lässt solche Strukturen ausdrücklich zu. Vgl. Homburg/Giering 1996, S. 17; Jöreskop/Sörbom 1989, S. 178.

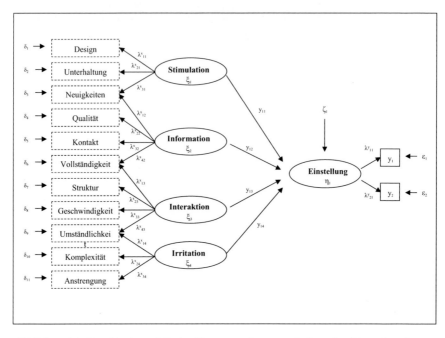

Abbildung 14: Das Basismodell des Zusammenhangs zwischen der Sitewahrnehmung und der Einstellung zur Site

Das Konstrukt Einstellung zur Site stellt die endogene Variable dar, die über drei Indikatoren gemessen wird. Die exogenen Variablen werden durch die vier Wahrnehmungsdimensionen repräsentiert, wobei den Dimensionen Stimulation und Irritation jeweils drei, den Dimensionen Information und Interaktion jeweils vier Facetten zugeordnet sind.[678] Die Stärke des Zusammenhangs zwischen den exogenen und der endogenen Variable wird durch die entsprechenden γ-Werte ausgedrückt. Die Ergebnisse der Parameterschätzung des Strukturmodells sowie die Gütebeurteilung des spezifizierten Modells sind in folgender Tabelle dargestellt.

---

[678] Vgl. Abschnitt 3.2.5 dieser Arbeit.

Dimension	Parameter	Parameterwert (standardisiert)	Signifikanz[1]	Quadrierte multiple Korrelation
Stimulation	γ_{11}	0,714	***	
Information	γ_{12}	0,300	***	0,739
Interaktion	γ_{13}	0,081	*	
Irritation	γ_{14}	-0,081	**	
Globale Anpassungsmaße:				
χ^2 (Freiheitsgrade)		196,926 (64)		
χ^2/df		3,077		
RMSEA		0,046		
GFI		0,972		
AGFI		0,954		
NFI		0,969		
CFI		0,979		

[1]:
*: Der resultierende Wert ist auf dem 10%-Niveau signifikant
**: Der resultierende Wert ist auf dem 5%-Niveau signifikant
***: Der resultierende Wert ist auf dem 1%-Niveau signifikant.

Tabelle 32: Parameterschätzung für das Basismodell

Die globalen Anpassungsmaße lassen insgesamt darauf schließen, dass das Modell die empirische Datenstruktur sehr gut widerspiegelt. Insgesamt wird fast 74% der Varianz der Einstellung zur Site durch die Dimensionen der Sitewahrnehmung erklärt. Die Strukturkoeffizienten γ_{11} bis γ_{13} zu den Dimensionen Stimulation, Information und Interaktion weisen signifikant positive Werte auf, wodurch die Hypothesen H_{1-1} bis H_{1-3} bestätigt werden. Der Strukturkoeffizient γ_{14} weist einen signifikant negativen Wert auf, wodurch die Hypothese H_{1-4} zum negativen Zusammenhang zwischen der Irritation durch die Site und der Einstellung der Site ebenfalls bestätigt wird.

Der größte Effekt auf die Einstellung zur Site geht von dem wahrgenommenen Stimulationswert der Site aus. Eine deutlich schwächere Wirkung hat der wahrgenommene Informationswert der Site. Die Interaktivität der Site und die Irritation durch die Site haben deutlich schwächere Wirkungen auf die Einstellung zur Site als die Dimensionen Stimulation und Information. Aus den Werten der Strukturkoeffizienten wird deutlich, dass die Einstellung zur Site in hohem Maße von der Wahrnehmung des Stimulationswertes abhängt und die Wahrnehmung des Informationswertes eine nachgelagerte Bedeutung für die Einstellung zur Site hat. Die Wahrnehmung der Interaktivität und der Irritation sind nur von geringem Einfluss für die Einstellung zur Site.

Nachdem die Auswirkung der vier Wahrnehmungsdimensionen auf die Einstellung zur Site empirisch bestätigt werden konnte, soll nun der Einfluss möglicher Produkt- und Nutzercharakteristika berücksichtigt werden, die die Stärke des Zusammenhangs zwischen einzelnen Dimensionen der Sitewahrnehmung und der Einstellung zur Site betreffen. Im folgenden Abschnitt wird untersucht, inwieweit die ermittelten Abhängigkeitsbeziehungen zwischen der Sitewahrnehmung und der Einstellung zur Site durch moderierende Einflussgrößen verändert werden.

4.2 Untersuchung der moderierenden Effekte

4.2.1 Methodische Grundlagen

Als *moderierend* wird eine Variable bezeichnet, wenn die Stärke des Zusammenhangs zwischen einer exogenen und einer endogenen Variablen vom Wert dieser dritten Variablen abhängt.[679] Eine positive Moderation bedeutet, dass der Zusammenhang durch den Effekt der moderierenden Größe verstärkt wird. Ist der Effekt der exogenen auf die endogene Variable bei niedrigen Werten der moderierenden Variable stärker ausgeprägt als bei hohen Werten liegt ein sogenannter negativ moderierender Effekt vor.[680]

Die Untersuchung moderierender Effekte kann grundsätzlich über die *Mehrgruppenkausalanalyse* erfolgen.[681] Bei dieser werden Kausalmodelle für verschiedene Teildatensätze in einem ersten Schritt simultan getrennt geschätzt.[682] Der Datensatz wird hierzu durch einen Median Split bezüglich der moderierenden Variablen in zwei etwa gleich große Teildatensätze aufgespalten.[683] Diese weisen jeweils eine hohe bzw. eine niedrige Ausprägung bezüglich der moderierenden Größe auf.

Um mit Hilfe des multiplen Gruppenvergleichs den Einfluss einer metrisch skalierten Moderatorvariablen zu analysieren, bedarf es zuvor einiger Transformationsschritte. Hierbei muss die metrisch skalierte Variable in eine kategoriale Variable überführt werden. Handelt es sich bei den moderierenden Variablen um latente Variablen, gilt es zunächst, die Indikatoren zu einer Größe zu verdichten. Hierzu eignet sich die konfirmatorische Faktorenanalyse. Über den Median Split der individuellen Faktorwerte lässt sich eine Gruppierung der Probanden vornehmen.

---

[679] Vgl. Baron/Kenny 1986, S. 1176; Sharma/Durand/Gur-Arie 1981 unterscheiden zwischen konfundierenden und moderierenden Variablen sowie Mediatoren. Vgl. ausführlich Giering 2000, S. 93ff. sowie Sauer 2003, S. 203ff. Zur Unterscheidung von Moderator- und Mediatorvariablen vgl. auch Sauer/Dick 1993, S. 637.
[680] Vgl. Sharma/Durand/Gur-Arie 1981.
[681] Vgl. Hayduk 1987; MacKenzie 2001, S. 161f.
[682] Vgl. Hayduk 1987, S. 281. Vgl. auch Byrne 1998, S. 295ff. zum Grundprinzip der simultanen Modellschätzung im Rahmen der Rahmen der Mehrgruppenkausalanalyse.
[683] Bei dieser Dichotomisierung (bzw. Trichotomisierung) muss ein Informationsverlust in Kauf genommen werden. Vgl. Davis 1994, S. 1.

Um Aussagen über die Unterschiedlichkeit der Parameter zwischen den analysierten Gruppen treffen zu können, ist die Spezifikation einer *Identitätsrestriktion* notwendig.[684] Eine Schätzung unter Identitätsrestriktion bezeichnet die Fixierung bestimmter Modellparameter bei der simultanen Schätzung der Kausalmodelle für die Teildatensätze.[685]

Innerhalb der vorliegenden Arbeit werden die moderierenden Effekte auf den Zusammenhang zwischen den Konstrukten Sitewahrnehmung und Einstellung zur Site untersucht. Folglich werden die γ-Parameter, die die Stärke des Zusammenhangs zwischen den Dimensionen der Sitewahrnehmung und der Einstellung zur Site bezeichnen, für die jeweiligen Teildatensätze restringiert. In anderen Worten: diese Parameter werden im Modell gleichgesetzt. Alle übrigen Parameter werden in den Teildatensätzen weiterhin unabhängig voneinander geschätzt.

Im Folgenden wird die Anpassungsgüte dieses Modells unter Identitätsrestriktion mit der Anpassungsgüte des Modells ohne Gleichsetzung der Parameter verglichen.[686] Diesem Vergleich liegt die *Nullhypothese* zugrunde, die besagt, dass kein Unterschied in Hinblick auf die Parameterwerte für die Teildatensätze besteht, d.h. dass die unterschiedliche Ausprägung der Parameterwerte rein zufällig entstanden ist. Dieser Vergleich erfolgt über die Differenz der χ^2-Werte, die die Anpassungsgüte der beiden Modelle beschreiben. Über den χ^2-Differenztest kann die Wahrscheinlichkeit des irrtümlichen Zurückweisens der Nullhypothese bestimmt werden. Das ist die Wahrscheinlichkeit dafür, dass unter der Voraussetzung, dass die Nullhypothese richtig ist – der Unterschied zwischen den Parameterwerten in den Teildatensätzen also rein zufällig entstanden ist – ein χ^2-Wert erhalten wird, der zur Aussage führt, dass der Unterschied zwischen den Parameterwerten auf inhaltliche Überlegungen zurückzuführen ist.

Über die Identitätsrestriktion kann prinzipiell die Gleichsetzung eines oder mehrerer Parameter gleichzeitig erfolgen.[687] In der vorliegenden Arbeit erfolgt die gleichzeitige Fixierung sämtlicher γ-Parameter, die die Stärke des Zusammenhangs zwischen den Dimensionen der Sitewahrnehmung und der Einstellung zur Site beschreiben.[688] Die

---

[684] Vgl. Hayduk 1987, S. 277 und S. 281.
[685] Vgl. Mullen 1995.
[686] Vgl. Jöreskog/Sörborn 1982, S. 404ff.
[687] Vgl. Jöreskog/Sörborn 1982, S. 404.
[688] Vgl. Abbildung 14 in Abschnitt 4.1.2.

gleichzeitige Betrachtung wird gewählt, weil in der vorliegenden Arbeit die Struktur der Veränderung der relativen Auswirkung der Dimensionen auf die Einstellung zur Site von Relevanz ist. Weniger relevant ist die Veränderung der Stärke des Zusammenhangs zwischen einer einzelnen Dimension der Sitewahrnehmung und der Einstellung zur Site.

Lässt sich in Hinblick auf die Identität der Parameter eine signifikante Verschlechterung der Modellgüte nachweisen, besteht Grund, die Teildatensätze getrennt zu betrachten. Für die vorliegende Arbeit bedeutet dies die Zulässigkeit einer Interpretation produkt- und nutzerabhängiger Einflussmerkmale auf den Zusammenhang zwischen den Dimensionen der Sitewahrnehmung und der Einstellung zur Site.

4.2.2 Merkmale des Produktes

4.2.2.1 Operationalisierung der Konstrukte

Zunächst erfolgt die Operationalisierung der Konstrukte. Da es sich bei den Variablen *Involvement* und *Rationalität/Emotionalität* um Variablen, die einer jeweiligen Produktkategorie zugeordnet werden, handelt, werden diese beiden Variablen über die Mittelwerte der Produktkategorien untersucht. Die Operationalisierung der Variablen Involvement und Rationalität/Emotionalität erfolgt folglich auf Basis der 25 Fälle der Produktkategorien. Auf die Glättung individueller Unterschiede beim Antwortverhalten durch Mittelwertbildung lassen sich die hervorragenden Werte der Gütekriterien der Konstruktmessung, wie sie im Folgenden dargestellt werden, zurückführen.

(a) Involvement

Die Skala zur Messung des „Involvement der Kaufentscheidung" wurde von *Ratchford* übernommen und umfasst drei Items.[689] Die Gütekriterien der ersten Generation liefern durchgehend hervorragende Ergebnisse. Mit einem Cronbachschen Alpha von 0,95 und einer erklärten Varianz von 93% liefert die Messung durch diese drei Items ein sehr gutes Ergebnis. Unter Berücksichtigung der sehr guten Ergebnisse auch in Hinblick auf die Gütekriterien der zweiten Generation, die neben der durchschnittlich erfassten Varianz von 90 % sehr hohe Werte zwischen 0,84 und 0,99 für die Indikatorreliabilität und einen ebenfalls hohen Wert von 0,96 für die Faktorreliabilität aufweisen, kann die Messung in der vorliegenden Form als hervorragend bewertet werden.

Die folgende Tabelle stellt die Werte für die einzelnen Gütekriterien zur Messung des Konstruktes Involvement im Überblick dar.

Merkmal	Gütekriterien							
	SF EFA	SF CFA	IR	ItT	VE	FR	CA	DEV
Die Wahl dieses Produktes ist eine wichtige Entscheidung für mich	0,91	0,92	0,85	0,90	93 %	0,96	0,95	0,90
Ich beschäftige mich relativ ausführlich mit der Kaufentscheidung bzgl. dieses Produktes	0.96	0,99	0,99	0,96				
Wenn ich in dieser Produktkategorie einen Fehlkauf tätige, bedeutet das einen verhältnismäßig großen finanziellen Verlust für mich.	0,92	0,92	0,84	0,91				
Globale Anpassungsmaße[1]: χ^2 (Freiheitsgrade) χ^2/df RMSEA GFI AGFI NFI CFI	_[1] _[1] _[1] _[1] _[1] _[1] _[1]							

[1] Bei drei Indikatoren hat ein konfirmatorisches Modell keine Freiheitsgrade. Die Berechnung dieser Maße ist daher nicht sinnvoll.

Tabelle 33: Ergebnisse der konfirmatorischen Faktorenanalyse für das Konstrukt Involvement

(b) Rationalität/Emotionalität

Der Skala zur *Rationalität/Emotionalität* der Kaufentscheidung liegt die Skala Think/Feel von *Ratchford* zugrunde.[690] Die Skala umfasst fünf Indikatoren, die zu zwei Dimensionen zusammengefasst werden. Die erste Dimension bildet das rationale Element einer Kaufentscheidung (Think) ab und umfasst zwei Indikatoren. Die zweite Dimension bildet das emotionale Element einer Kaufentscheidung (Feel) ab und fasst drei Indikatoren zusammen. Die Tabellen 34 und 35 zeigen die Ergebnisse der Konstruktmessung beider Dimensionen.

---

[689] Vgl. Ratchford 1987.
[690] Die Skalenentwicklung wird ausführlich in Ratchford 1987 beschrieben.

	Gütekriterien							
Merkmal	SF EFA	SF CFA	IR	ItT	VE	FR	CA	DEV
Der Entscheidung liegen vor allem logische und objektive Kriterien zugrunde	0,98	-[1]	-[1]	0,92	96 %	-[1]	0,96	-[1]
Die Entscheidung stützt sich vor allem auf funktionelle Kriterien	0,98	-[1]	-[1]	0,92				
Globale Anpassungsmaße[1]:								
χ2 (Freiheitsgrade)	-[1]							
χ2/df	-[1]							
RMSEA	-[1]							
GFI	-[1]							
AGFI	-[1]							
NFI	-[1]							
CFI	-[1]							

[1] Bei zwei Indikatoren hat ein konfirmatorisches Modell eine negative Zahl von Freiheitsgraden. Die Berechnung dieser Maße ist daher nicht sinnvoll.

Tabelle 34: Ergebnisse der konfirmatorischen Faktorenanalyse für das Konstrukt Rationalität

Merkmal	Gütekriterien							
	SF EFA	SF CFA	IR	ItT	VE	FR	CA	DEV
Mit der Entscheidung drückt man auch seine Persönlichkeit aus	0,92	0,89	0,79	0,79	85 %	0,92	0,90	0,80
Emotionale Gründe sind wichtig für die Entscheidung	0,97	0,99	0,99	0,93				
Die Entscheidung stützt sich auf Kriterien wie Optik, Geschmack, Geruch, Geräusche und wie sich das Produkt anfühlt	0,87	0,79	0,62	0,72				
Globale Anpassungsmaße[1]:								
χ2 (Freiheitsgrade)	_[1]							
χ2/df	_[1]							
RMSEA	_[1]							
GFI	_[1]							
AGFI	_[1]							
NFI	_[1]							
CFI	_[1]							

[1] Bei drei Indikatoren hat ein konfirmatorisches Modell keine Freiheitsgrade. Die Berechnung dieser Maße ist daher nicht sinnvoll.

Tabelle 35: Ergebnisse der konfirmatorischen Faktorenanalyse für das Konstrukt Emotionalität

Auch für die Konstrukte Rationalität und Emotionalität der Kaufentscheidung ergibt der Vergleich der Werte sämtlicher Gütekriterien mit den in Tabelle 21 dokumentierten Mindestwerten, dass der Konstruktmessung eine hervorragende Güte bescheinigt werden kann. Für das Konstrukt *Rationalität* lassen sich aufgrund der Messung über zwei Indikatoren nur die Gütekriterien der ersten Generation erfassen. Sowohl die Faktorladungen als auch die Varianzerklärung durch den ersten Faktor von 96% und das Cronbachsche Alpha mit einem Wert von 0,96 weisen jedoch ausgezeichnete Werte auf, so dass von einer hervorragenden Güte der Messung ausgegangen werden kann.

Für das Konstrukt Emotionalität bestätigen die Ergebnisse der explorativen Faktorenanalyse ebenfalls die vermutete einfaktorielle Struktur. Der extrahierte Faktor erklärt 85% der Varianz der Indikatoren und alle Indikatoren besitzen Faktorladungen von über 0,4. Das Cronbachsche Alpha beträgt 0,90. Auch die Ergebnisse der anschließenden konfirmatorischen Faktorenanalyse erreichen alle gestellten Anforderungsniveaus. Somit erfüllt auch die Messung des Konstruktes Emotionalität alle Anforderungen hinsichtlich Reliabilität und Validität.

Nach *Ratchford* wird der Wert für die *Rationalität/Emotionalität* über einen *Index* aus den beiden Konstrukten gebildet. Dieser Index berechnet sich nach folgender Formel:

$$TF = (Feel/3 - Think/2 + 8)/2$$

Feel und Think geben die Summe der Werte der zugehörigen drei bzw. zwei Indikatoren wieder, wobei die jeweilige Summe durch drei bzw. zwei geteilt wird, um Werte auf der Skala von 1 bis 7 zu erhalten. Dabei ist die Skala Think rekursiv, so dass eine Subtraktion des Skalenwertes und eine anschließende Addition von 8 erfolgt. Schließlich normiert die Division durch 2 den endgültigen Wert auf eine siebenstellige Skala.[691]

(c) Kombination der Merkmale Involvement und Rationalität/Emotionalität

Für die Kombination der Merkmale Involvement und Rationalität/Emotionalität muss keine erneute Prüfung der Güte der Konstruktmessung durchgeführt werden. Die zu untersuchenden Produktkategorien werden innerhalb einer Matrix mit den Achsen Involvement und Rationalität/Emotionalität angeordnet. Innerhalb dieser Matrix lassen sich die Quadranten High Involvement/Rationalität, High Involvement/Emotionalität, Low Involvement/Rationalität und Low Involvement/Emotionalität unterscheiden.

4.2.2.2 Ergebnisse der Hypothesenprüfung

Der erste Schritt der empirischen Hypothesenprüfung bezieht sich auf die postulierten moderierenden Effekte der Produktcharakteristika *Involvement* und *Rationalität/Emotionalität*. Die Untersuchung der moderierenden Effekte erfolgt zunächst für jede der moderierenden Variablen separat. Im Einzelnen sind dies die Hypothesen H_{2-1} bis H_{2-4} sowie H_{3-1} bis H_{3-4}. Im Anschluss erfolgt die Überprüfung der innerhalb der Hypothesen H_{4-1} bis H_{4-4} formulierten moderierenden Effekte, die sich aus der Kombination der Moderatorvariablen Involvement und Rationalität/Emotionalität ergeben.

---

[691] Vgl. Ratchford 1987.

(a) Involvement

Ausgangspunkt der Mehrgruppenanalyse ist eine Zweiteilung des Datensatzes anhand des Median-Wertes der interessierenden Moderatorvariablen. Auf diese Weise resultiert ein Teildatensatz, der über hohe Ausprägungen bezüglich der moderierenden Variablen verfügt sowie ein zweiter Teildatensatz, der niedrige Ausprägungen bezüglich der moderierenden Variablen aufweist.[692] Im Rahmen der Mehrgruppenkausalanalyse wurde das in Abbildung 14 spezifizierte Modell bezüglich des grundlegenden Zusammenhangs zunächst für beide Teildatensätze getrennt geschätzt. Im Anschluss wurde für die vier γ-Parameter eine Identitätsrestriktion eingeführt ($\gamma_{11}^{(1)} = \gamma_{11}^{(2)}$, $\gamma_{12}^{(1)} = \gamma_{12}^{(2)}$, $\gamma_{13}^{(1)} = \gamma_{13}^{(2)}$, $\gamma_{14}^{(1)} = \gamma_{14}^{(2)}$). Wird durch die Gleichsetzung der γ-Parameter zwischen den Gruppen die Modellanpassung signifikant verschlechtert, so wird ein moderierender Effekt auf diese Zusammenhänge vermutet. Der moderierende Effekt ist dann signifikant, wenn der χ^2-Differenztest signifikant ist.

Tabelle 36 fasst die Ergebnisse der beiden Untersuchungsschritte zusammen. In der ersten Spalte ist die jeweils untersuchte Teilgruppe benannt. In der zweiten Spalte sind die vier Dimensionen aufgeführt. Die Werte der in Spalte drei benannten Parameter werden in Spalte vier dargestellt. Spalte fünf gibt Auskunft über die Signifikanz des Parameterwertes. Die Parameterwerte beschreiben die Höhe der standardisierten Strukturkoeffizienten bei der getrennten Modellschätzung in beiden Gruppen und sind nur bei einer Signifikanz von mindestens 90 Prozent referiert. Der Vergleich zwischen $\gamma_{11}^{(1)}$ bis $\gamma_{14}^{(1)}$ für die Teilstichprobe High Involvement und $\gamma_{11}^{(2)}$ bis $\gamma_{14}^{(2)}$ für die Teilstichprobe Low Involvement gibt dabei Aufschluss auf die Richtung der Moderation. Spalte sechs gibt schließlich die Ergebnisse der Identitätsprüfung wieder.

---

[692] Zur ausführlichen Beschreibung der Methodik vergleiche Giering 2000.

	Dimension	Parameter	Parameterwert (standardisiert)	Signifikanz [1]	Identitäts-prüfung [1]
High Involvement	Stimulation	$\gamma_{11}^{(1)}$	0,569	***	$\Delta\chi2 = 11,19$ df = 4 ***
	Information	$\gamma_{12}^{(1)}$	0,429	***	
	Interaktion	$\gamma_{13}^{(1)}$	-	n.s.	
	Irritation	$\gamma_{14}^{(1)}$	-0,194	***	
	Dimension	Parameter	Parameterwert (standardisiert)	Signifikanz	
Low Involvement	Stimulation	$\gamma_{11}^{(2)}$	0,863	***	
	Information	$\gamma_{12}^{(2)}$	-	n.s.	
	Interaktion	$\gamma_{13}^{(2)}$	0,197	***	
	Irritation	$\gamma_{14}^{(2)}$	-	n.s.	

[1]:
n.s.: Der resultierende Wert ist auf dem 10%-Niveau nicht signifikant
***: Der resultierende Wert ist auf dem 1%-Niveau signifikant.

Tabelle 36: *Effekte von Involvement auf den Zusammenhang zwischen den Dimensionen der Sitewahrnehmung und der Einstellung zur Site*

Für die Moderatorvariable Involvement lassen sich die Ergebnisse in Tabelle 36 wie folgt interpretieren. Die dargestellten Ergebnisse zeigen, dass der postulierte moderierende Effekt des Involvement bestätigt wird. Die Ergebnisse entsprechen weitgehend der in Abschnitt 3.4.2.1 in Tabelle 26 dargestellten Bedeutung der Dimensionen in Hinblick auf die Werbemittelverarbeitung bei hohem und niedrigem Involvement. Innerhalb der Gruppe High Involvement ist ein signifikanter Einfluss der Dimensionen Stimulation, Information und Irritation auf die Einstellung zur Site vorhanden. Ein Einfluss der Dimension Interaktion kann nicht nachgewiesen werden. Innerhalb der Gruppe Low Involvement ist der Einfluss der Dimensionen Information und Irritation nicht mehr nachzuweisen. Dafür ist der Parameterwert für die Dimension Stimulation deutlich höher. Ebenso wird der Einfluss der Dimension Interaktivität als signifikant auf dem 1%-Niveau bestätigt. Somit kann festgehalten werden, dass die Hypothesen H_{2-1} bis H_{2-4} durchweg bestätigt werden. Ein überraschendes Ergebnis zeigt sich lediglich für die Dimension Interaktivität, für die kein Einfluss innerhalb der Teilgruppe High Involvement nachgewiesen werden kann.

Bevor eine ausführlichere Diskussion der Ergebnisse in Abschnitt 4.2.2.3 vorgenommen wird, werden zunächst die Ergebnisse der Hypothesenprüfung bezüglich der moderierenden Variable Rationalität/Emotionalität beschrieben. Im Anschluss wird die Kombination der Merkmale Involvement und Rationalität/Emotionalität bezüglich ihrer moderierenden Effekte beleuchtet.

(b) Rationalität/Emotionalität

Auch für die Moderatorvariable *Rationalität/Emotionalität* wird eine Analyse der Teilgruppen und die anschließende Untersuchung bzgl. der Signifikanz der Unterschiedlichkeit der Teilgruppenparameter mittels einer Identitätsrestriktion durchgeführt. Tabelle 37 fasst die Ergebnisse der beiden Untersuchungsschritte zusammen. Der Vergleich zwischen $\gamma_{11}^{(1)}$ bis $\gamma_{14}^{(1)}$ für die Teilstichprobe Rationalität und $\gamma_{11}^{(2)}$ bis $\gamma_{14}^{(2)}$ für die Teilstichprobe Emotionalität gibt dabei Aufschluss auf die Richtung der Moderation.

	Dimension	Parameter	Parameterwert (standardisiert)	Signifikanz [1]	Identitätsprüfung [1]
Rationalität	Stimulation	$\gamma_{11}^{(1)}$	0,740	***	
	Information	$\gamma_{12}^{(1)}$	0,317	***	
	Interaktion	$\gamma_{13}^{(1)}$	-	n.s.	
	Irritation	$\gamma_{14}^{(1)}$	-0,158	**	$\Delta\chi 2 = 2,286$
	Dimension	Parameter	Parameterwert (standardisiert)	Signifikanz	df = 4
Emotionalität	Stimulation	$\gamma_{11}^{(2)}$	0,718	**	n.s.
	Information	$\gamma_{12}^{(2)}$	0,286	***	
	Interaktion	$\gamma_{13}^{(2)}$	-	n.s.	
	Irritation	$\gamma_{14}^{(2)}$	-	n.s.	

[1]:
    n.s.: Der resultierende Wert ist auf dem 10%-Niveau nicht signifikant
    **: Der resultierende Wert ist auf dem 5%-Niveau signifikant
    ***: Der resultierende Wert ist auf dem 1%-Niveau signifikant.

Tabelle 37: Effekte der Rationalität/Emotionalität auf den Zusammenhang zwischen den Dimensionen der Sitewahrnehmung und der Einstellung zur Site.

Wie auf Basis der theoretischen Herleitung entwickelt und in der Hypothese H_{3-2} dargestellt, erweist sich der Parameterwert für die Dimension Information in der Teilgruppe, die Produkte mit hoher Rationalität der Kaufentscheidung umfasst, höher als in der Teilgruppe mit Produkten von hoher Emotionalität der Kaufentscheidung. Auch der in Hypothese H_{3-4} vermutete Einfluss der Irritation auf die Einstellung zur Site bei hoher Rationalität der Kaufentscheidung ist vorhanden. Die innerhalb der Hypothesen H_{3-1} und H_{3-3} postulierten Effekte auf den Einfluss der Dimensionen Stimulation und Interaktion können jedoch nicht nachvollzogen werden. Insgesamt können die Hypothesen H_{3-1} und H_{3-4} aber sämtlich nicht als bestätigt gelten, da die Parameterunterschiede nicht signifikant sind.

(c) Kombination der Merkmale Involvement und Rationalität/Emotionalität

Im Folgenden werden die moderierenden Effekte der Kombination der Variablen Involvement und Rationalität/Emotionalität untersucht. Dieser Untersuchung liegen die in Abschnitt 3.4.2.2 entwickelten Hypothesen H_{4-1} bis H_{4-4} zugrunde.

Zunächst soll untersucht werden, ob die Einordnung der Produktkategorien aus Nutzersicht der Zuordnung entspricht, die der Auswahl der Produktkategorien zugrundegelegt wurde. Die Abbildung 15 stellt die Einordnung der Produktkategorien auf Basis der Nutzeraussagen dar. Die Unterteilung in High vs. Low Involvement sowie Rationalität vs. Emotionalität erfolgt dabei auf Basis des Median Split.[693]

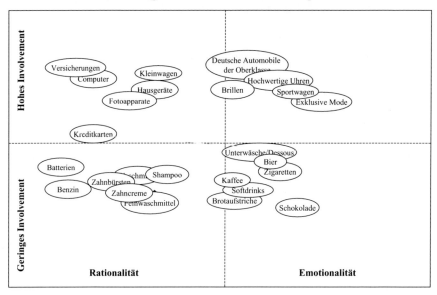

Abbildung 15: Platzierung der Produktkategorien innerhalb des FCB-Grid als Ergebnis der empirischen Untersuchung

Es wird deutlich, dass zwei Produktkategorien nicht dem Quadranten zugeordnet werden, für den sie ursprünglich ausgewählt wurden. Dies ist die Produktkategorie Unterwäsche/Dessous, die dem Quadranten Low Involvement/Emotionalität zugeordnet wird und ursprünglich für den Quadranten High Involvement/Emotionalität ausgewählt wurde sowie die Produktkategorie Kleinwagen, die ursprünglich ebenfalls für

---

[693] Zum Median Split vgl. Abschnitt 3.2.4.3.

den Quadranten High Involvement/Emotionalität ausgewählt wurde und nun dem Quadranten High Involvement/Rationalität zugeordnet wird.

Für die den Quadranten zugeordneten Fälle wird das Modell wiederum getrennt geschätzt. Im Anschluss wird die Signifikanz der Parameterunterschiede untersucht. Tabelle 38 fasst die Ergebnisse der Untersuchungsschritte zusammen.

	Dimension	Parameter	Parameterwert (standardisiert)	Signifikanz [1]	Identitätsprüfung [1]
High Involvement/ Rationalität Q1	Stimulation	$\gamma_{11}^{(1)}$	0,533	***	
	Information	$\gamma_{12}^{(1)}$	0,469	***	
	Interaktion	$\gamma_{13}^{(1)}$	-	n.s.	
	Irritation	$\gamma_{14}^{(1)}$	- 0,220	***	
	Dimension	Parameter	Parameterwert (standardisiert)	Signifikanz [1]	
High Involvement/ Emotionalität Q2	Stimulation	$\gamma_{11}^{(2)}$	0,644	**	
	Information	$\gamma_{12}^{(2)}$	-	n.s.	$\Delta\chi^2 = 22,78$ df = 12
	Interaktion	$\gamma_{13}^{(2)}$	-	n.s.	
	Irritation	$\gamma_{14}^{(2)}$	-	n.s.	
	Dimension	Parameter	Parameterwert (standardisiert)	Signifikanz [1]	**
Low Involvement/ Rationalität Q3	Stimulation	$\gamma_{11}^{(3)}$	0,555	***	
	Information	$\gamma_{12}^{(3)}$	0,263	**	
	Interaktion	$\gamma_{13}^{(3)}$	-	n.s.	
	Irritation	$\gamma_{14}^{(3)}$	-	n.s.	
	Dimension	Parameter	Parameterwert (standardisiert)	Signifikanz [1]	
Low Involvement/ Emotionalität Q4	Stimulation	$\gamma_{11}^{(4)}$	0,795	***	
	Information	$\gamma_{12}^{(4)}$	-	n.s.	
	Interaktion	$\gamma_{13}^{(4)}$	0,179	***	
	Irritation	$\gamma_{14}^{(4)}$	-	n.s.	

1): n.s.: Der resultierende Wert ist auf dem 10%-Niveau nicht signifikant
*: Der resultierende Wert ist auf dem 10%-Niveau signifikant
**: Der resultierende Wert ist auf dem 5%-Niveau signifikant
***: Der resultierende Wert ist auf dem 1%-Niveau signifikant.

Tabelle 38: Effekte der Kombination der Merkmale Involvement und Rationalität/Emotionalität auf den Zusammenhang zwischen den Dimensionen der Sitewahrnehmung und der Einstellung zur Site

Für die Kombination der Merkmale Involvement und Rationalität/Emotionalität können die in H_{4-1} bis H_{4-4} postulierten Effekte für die Quadranten 1 (High Involvement/Rationalität), 3 (Low Involvement/Rationalität) und 4 (Low Involvement/Emotionalität) prinzipiell bestätigt werden. Der Einfluss des Informationswertes ist wie erwartet am größten für die in Quadrant 1 (High Involvement/Rationalität) zusammengefassten Produkte. Deutlich schwächer wirkt sich der Informationswert in Quadrant 3 (Low Involvement/Rationalität) auf die Einstellung zur Site aus. Der nicht nachweisbare Einfluss der Dimension Irritation in diesem Quadranten bestätigt zudem die Annahme, dass der Informationswert entlang der peripheren Route verarbeitet wird. In Quadrant 4 (Low Involvement/Emotionalität) ist, wie erwartet, kein Einfluss des Informationswertes nachweisbar.

Auch die Hypothesen in Hinblick auf die peripheren Reize können für diesen Quadranten weitgehend bestätigt werden. Wie in den Hypothesen formuliert, ist der Effekt des Stimulationswertes und der Interaktivität umso stärker, je schwächer der Einfluss des Informationswertes ist und umgekehrt. Es stellt sich lediglich die Frage, warum für den Quadrant 3 der Einfluss der Interaktivität nicht nachgewiesen werden kann.

Ein überraschendes Ergebnis zeigt sich im Hinblick auf den Quadranten 2 (High Involvement/Emotionalität). Für Sites, die dieser Teilgruppe zugeordnet sind, wurde in H_{4-2} ein Einfluss des Informationswertes prognostiziert, der im Vergleich zu Quadrant 1 etwas schwächer, im Vergleich zu Quadrant 3 aber stärker ausfällt. Des Weiteren wurde aufgrund der Annahme der relativ hohen Verarbeitungstiefe ein signifikanter Einfluss der Dimension Irritation erwartet. Die Tabelle macht aber deutlich, dass für die Wahrnehmungsdimension Information bei Produkten der Kategorie High Involvement/Emotionalität kein Einfluss auf die Beurteilung der Site nachzuweisen ist.

4.2.2.3 Diskussion der Ergebnisse

H_{2-2} und H_{2-4} postulieren einen positiv moderierenden Effekt des *Involvement* auf den Zusammenhang zwischen dem wahrgenommenen Informationswert sowie der Irritation und der Einstellung zur Site. In H_{2-1} und H_{2-3} wird ein negativ moderierender Effekt des Involvement auf den Zusammenhang zwischen dem wahrgenommenen Stimulationswert sowie der Interaktivität der Site und der Einstellung zur Site angenommen. Des Weiteren wird angenommen, dass für den Informationswert und die Irritation im Falle geringen Involvement kein Zusammenhang zur Einstellung zur Site besteht. Für den Fall hohen Involvement wird in H_{2-5} angenommen, dass sämtliche Wahrnehmungsdimensionen einen Einfluss auf die Einstellung zur Site aufweisen. Die Hypothesen zu den moderierenden Effekten des Involvement können auf Basis der empirischen Ergebnisse durchweg bestätigt werden. Allerdings zeigt sich, dass entgegen der Hypothesen die Interaktivität für die Teilgruppe „High Involvement" keinen Zusammenhang mit der Einstellung zur Site aufweist.

Eine mögliche Erklärung für dieses Phänomen könnte darin liegen, dass die Interaktivität nicht, wie ursprünglich angenommen, einen peripheren Reiz darstellt, der sich bei hohem Ad Execution Involvement sowohl entlang der zentralen als auch der peripheren Route auswirkt. Vielmehr scheint die Interaktivität einer Site mit der Bewertung des Stimulationswertes zusammenzuhängen und nur entlang der peripheren Route Bedeutung zu erlangen. Die Argumentation ist dabei wie folgt: Entlang der peripheren Route (aufgrund geringen Ad Message Involvement) bildet der Nutzer seine Einstellung zur Site (bei hohem Ad Execution Involvement) auf Basis der Kontextfaktoren der Site. Hier spielen die Merkmale der Interaktivität eine zentrale Rolle. Im Gegensatz dazu verarbeitet der Nutzer entlang der zentralen Route (bei hohem Ad Message Involvement) die Informationen auf der Site und versucht, einen Überblick über diese zu bekommen. Irritierende Elemente wie hohe Komplexität und Anstrengung treten entlang dieser Route zu tage, weil sie sich bei dem Versuch der Informationsverarbeitung störend auswirken. Kontextmerkmale wie Design, Unterhaltung und Neuigkeiten der Dimension Stimulation werden entlang der zentralen Route am Rande wahrgenommen und zur Bildung der Einstellung zur Site (bei wiederum hohem Ad Execution Involvement) herangezogen. Kontextmerkmale wie Vollständigkeit, Geschwindigkeit, Struktur und Umständlichkeit der Dimension Interaktivität sind aber nicht von Gewicht. Diese Merkmale sind von nachgelagerter Bedeutung und werden bei zentraler Verarbeitung nicht wahrgenommen. Bei hoher Verarbeitungstiefe sind diese Merkmale nicht relevant für die Sitebewertung. Die Interaktivität würde in diesem Falle nur dann wahrgenommen werden, wenn der Versuch erfolgt, die Einstellungsbildung zur Site ausschließlich anhand von Kontextfaktoren zu bilden.

In H_{3-1} bis H_{3-4} wird ein positiv moderierender Effekt der Rationalität auf den Zusammenhang zwischen dem Informationswert und der Irritation und ein negativ moderierender Effekt der Rationalität auf den Zusammenhang zwischen dem Stimulationswert sowie der Interaktivität und Einstellung zur Site angenommen. Die Hypothesen können für keine der Dimensionen signifikant bestätigt werden. Die Ergebnisse weisen darauf hin, dass die Unterteilung der Produktkategorien in solche, bei denen rationale Gründe im Kaufentscheidungsprozess überwiegen und solche, bei denen emotionale Gründe von größerer Bedeutung sind, entgegen der auf Basis der Literatur erfolgten Annahmen keine Rückschlüsse auf den Werbewirkungsprozess bei hohem Ad Execution Involvement zulässt. Bei einer Unterteilung in weitere Teilgruppen, die eine hohe

Homogenität in Hinblick auf das Involvement aufweisen, wird der Effekt der Rationalität/Emotionalität jedoch deutlich, wie im Folgenden ausgeführt wird.[694]

Die Zuordnung der Produktkategorien innerhalb der vier Quadranten, die sich aus der Kombination der Merkmale Involvement und Rationalität/Emotionalität ergeben, wird auf Basis der empirischen Ergebnisse weitgehend bestätigt. Unerwartete Zuordnungen ergeben sich lediglich für die Produktkategorien Unterwäsche/Dessous sowie Kleinwagen. Für beide Produktkategorien war eine Zuordnung in den Quadranten High Involvement/Emotionalität erwartet worden. Für die Produktkategorie Unterwäsche/Dessous ergab sich eine Zuordnung in den Quadranten Low Involvement/Emotionalität. Wie sich anhand Abbildung 15 leicht nachvollziehen lässt, ist diese Zuordnung aber knapp an der Grenze zum Quadranten High Involvement. Die unerwartete Zuordnung kann mit der Benennung der Produktkategorie erklärt werden. Wäre die Produktkategorie ausschließlich mit Dessous bezeichnet worden, hätte diese Bezeichnung sicherlich zu einer höheren Einordnung auf der Involvement-Skala geführt. Es ist folglich nicht eindeutig, ob der Begriff Unterwäsche/Dessous der treffende Überbegriff für die untersuchten Sites Triumph und BeeDees darstellt. Um eine falsche Zuordnung der Produktkategorie auszuschließen, wurden die Fälle der Produktkategorie Unterwäsche/Dessous von der Analyse ausgeschlossen.

Für die Kategorie Kleinwagen ergab sich eine Einordnung in den Quadranten High Involvement/Rational. Es ist folglich davon auszugehen, dass die Entscheidung beim Kauf eines Kleinwagens überwiegend auf Basis rationaler Gründe stattfindet. Diese Tatsache mag zunächst überraschen, wird aber auf Basis der Literatur weitgehend bestätigt.[695] In der Automobilindustrie wird davon ausgegangen, dass sich die Wahl eines Kleinwagens auf Basis von Preis und Verbrauchswerten sowie Kriterien der Technik und Sicherheit entscheidet.

H_{4-1} bis H_{4-4} werden für die Teilgruppen *High Involvement/Rationalität* sowie die Teilgruppen *Low Involvement/Rationalität* und *Low Involvement/Emotionalität* weitgehend bestätigt. Für diese Teilgruppen zeigt sich auch der postulierte Effekt der Rationalität/Emotionalität. Der moderierende Effekt des Merkmals Rationali-

---

[694] An dieser Stelle muss eine kurze Erläuterung zum methodischen Hintergrund erfolgen. Für die Teilgruppe Emotionalität zeigt sich ein Zusammenhang zwischen dem Informationswert und der Einstellung zur Site. Dieser Zusammenhang ist bei der Aufteilung der Teilgruppe in eine Gruppe mit hoher Emotionalität bei hohem Involvement und eine Teilgruppe mit hoher Emotionalität bei geringem Involvement nicht mehr nachweisbar.

tät/Emotionalität tritt bei Heterogenität in Hinblick auf das Involvement nicht eindeutig hervor und kommt erst bei der Unterteilung in homogene Teilgruppen klar zum Vorschein.

Innerhalb des Quadranten *Low Involvement/Rationalität* zeigt sich jedoch ein unerwartetes Ergebnis in Hinblick auf den nicht signifikanten Parameterwert für die Dimension Irritation. Für den Quadranten Low Involvement/Rationalität weist das Fehlen des Einflusses der Irritation auf eine relativ geringe Verarbeitungstiefe hin. Für dieses Ergebnis gibt es folgende mögliche Erklärung: Innerhalb des Quadranten Low Involvement/Rationalität wird der Informationswert nicht über die Bewertung der Qualität der Informationen entlang der zentralen Route unter hoher Verarbeitungstiefe bestimmt. Vielmehr wird der Informationswert anhand peripherer Kriterien (z.B. Zahl der Argumente/Seriosität der Quelle) bestimmt, so dass irritierende Elemente der Site, die bei dem Versuch der Einstellungsbildung entlang der zentralen Route hinderlich wären, nicht beachtet werden.

Vollkommen überraschend sind jedoch die für die Teilgruppe *High Involvement/Emotionalität* ermittelten Ergebnisse. Für diesen Quadranten wurde in H_{4-2} aufgrund des hohen Involvement ein Zusammenhang zwischen dem wahrgenommenen Informationswert und der Einstellung zur Site postuliert, der im Vergleich zu Quadrant 1 (High Involvement/Rationalität) zwar geringer ausfallen, sich aber immer noch auf relativ hohem Niveau bewegen sollte. Die empirischen Ergebnisse weisen allerdings auf einen nicht einmal geringen Einfluss des Informationswertes auf die Einstellung zur Site hin.[696] Auch die Interaktivität sowie Irritationen weisen keinen Zusammenhang mit der Einstellung zur Site auf. Demzufolge sind bei Produkten, deren Entscheidungsprozess ein hohes Involvement und eine hohe Bedeutung emotionaler Gründe zugrunde liegen, ausschließlich die Charakteristika Design, Unterhaltung und Neuigkeiten der Site relevant bei der Sitebewertung.

In Abschnitt 3.4.2.1 wurde die Dimensionalität des Involvement nach *Laurent/Kapferer* dargestellt. Die Verteilung verschiedener Produkte im zweidimensionalen Raum mit den Dimensionen Ausdruckswert und Risikoausmaß wurde mit der Verteilung der Produkte im zweidimensionalen Raum mit den Dimensionen Involvement und Rationalität/Emotionalität verglichen. Es konnte gezeigt werden, dass Produkte

---

[695] Vgl. Erzberger 2003; Klein 2004.
[696] Der Betrag des Zusammenhangs ist 0,283 bei einer Irrtumswahrscheinlichkeit von fast 50%.

der Kategorie High Involvement/Emotionalität eine hohe Ausprägung sowohl der affektiven als auch der kognitiven Facetten des Involvement-Konstruktes von *Kapferer/Laurent* aufweisen. Wenn die affektiven Facetten überwiegen, scheint der Nutzer seine Entscheidung ausschließlich an emotionalen Kriterien festzumachen. Beim Kauf von Designeroutfits und Sportwagen scheinen rationale Gründe kaum eine Rolle zu spielen. Die Hinweise, die sich auf Basis der Literaturbestandsaufnahme für dieses Phänomen finden lassen, bleiben vage. *Vaughn* und *Ratchford* postulieren für den Quadranten, dass die Produktentscheidung involvierend ist, spezifische Informationen, aber von geringerer Bedeutung sind.[697] Nach *Kroeber-Riel* werden emotionale Vorgänge ausgelöst, die dann einen kognitiven Prozess in Gang bringen.[698]

Zur Erklärung der zunächst unterwarteten Ergebnisse in Hinblick auf den Quadranten High Involvement/Emotionalität muss davon ausgegangen werden, dass Informationen zum Teil sehr wohl verarbeitet werden. Diese Informationen beziehen sich aber auf die Dimension Ausdruckswert der Involvementdimension von *Kapferer/Laurent*. Diese Annahme wird im Folgenden näher erläutert. Wie in den Ausführungen zum FCB-Grid dargestellt wurde, dient der durch die Dimensionen Involvement und Rationalität/Emotionalität aufgespannte Raum nicht nur dem Mapping von Produktkategorien. Der Raum kann auch zur Positionierung von Produkteigenschaften oder Werbemittelinhalten dienen.[699] Wird auf der Site von Porsche.de mitgeteilt, dass der Cayenne 512 PS hat und die Rallye Paris-Dakar gewonnen hat, betrifft diese Information den Quadranten High Involvement/Emotionalität und den Ausdruckswert der Involvement-Definition von *Kapferer/Laurent*. Ebenso von Interesse ist die Information für das Risikoausmaß der Involvement-Definition von *Kapferer/Laurent*.

Die empirischen Ergebnisse deuten darauf hin, dass Informationen, die die emotionalen Dimensionen der Involvement-Definition betreffen, als stimulierend und nicht als informierend bewertet werden. Vor diesem Hintergrund ist es nicht mehr überraschend, dass – wie die empirischen Ergebnisse zeigen - der Nutzer die Site Porsche.de entlang der Merkmale Design, Unterhaltung und Neuigkeiten bewertet und nicht entlang der Merkmale Qualität (der Informationen), Kontakt und Vollständigkeit. Auch das *Flow-Konstrukt* bestätigt diesen Zusammenhang; es postuliert einen Effekt der In-

---

[697] Product decision is involving, specific information is important. Vgl. Vaughn 1986, S. 57.
[698] Vgl. Kroeber-Riel/Weinsberg 1996, S. 599.
[699] Vgl. Ratchford 1987.

formationsverarbeitung auf die Stimmung und damit auf die wahrgenommene Stimulation.[700]

Auf eine zweite theoretisch-konzeptionelle Erklärung für das Resultat weist die Tatsache hin, dass für den Quadranten High Involvement/Emotionalität kein Einfluss der Interaktivität festzustellen ist. Bei der Interpretation der empirischen Ergebnisse zum Involvement wurde die These aufgestellt, dass die Interaktion entgegen den ursprünglichen Annahmen nur bei Verarbeitung entlang der peripheren Route zum Tragen kommt. Für die Dimensionen Ausdruckswert und hedonistischer Wert der Involvement-Definition von *Kapferer/Laurent* könnte eine Erklärung analog zu den Annahmen des *Elaboration-Likelihood-Modells* dienen: Bei hohem Ausdruckswert und hedonistichem Wert scheint die Stimulation entlang der zentralen Route mit hoher Verarbeitungstiefe verarbeitet zu werden. Die Verarbeitung stimulierender Elemente erfolgt bei Sites des Quadranten High Involvement/Emotionalität entlang der zentralen Route mit hoher Verarbeitungstiefe.

Die Ergebnisse zum Quadranten High Involvement/Emotionalität liefern sehr interessante Erkenntnisse, für die zunächst anhand der Theorie keine eindeutige Erklärung möglich scheint. Es konnte jedoch gezeigt werden, dass die überraschenden Ergebnisse auch theoriegestützt erklärt werden können. Praxisbeispiele belegen dies: "Wer braucht eigentlich einen Porsche?", fragt ausgerechnet Porsche-Chef Wiedeking und reicht die Antwort gleich selbst hinterher: "Eigentlich niemand!"[701] Peter Schreyer, der Chefdesigner von VW, sagte einmal, nichts zähle beim Autokauf so sehr wie die Form.[702]

4.2.3 Merkmale des Nutzers

4.2.3.1 Überblick

Im folgenden Kapitel gilt es, die Hypothesen bezüglich des Einflusses der Motive der Internetnutzung auf den Zusammenhang zwischen der Sitewahrnehmung und der Einstellung zur Site zu überprüfen (Abschnitt 4.2.3.2). Für die Untersuchung der moderierenden Effekte der Motive ist es zunächst wiederum notwendig, die einzelnen Konstrukte zu operationalisieren. Anschließend erfolgt die Hypothesenprüfung zu den mo-

---

[700] Vgl. Ellis/Voelkl/Morris, S. 340ff.
[701] Vgl. Wald 2002.
[702] Vgl. o.V. 2006.

derierenden Effekten der Motive. Schließlich werden die empirischen Ergebnisse vor dem Hintergrund der theoretischen Hypothesen diskutiert.

In Abschnitt 4.2.3.3 findet eine Vertiefung der Untersuchung der Motive statt, indem diese nicht nur einzeln, sondern integrativ betrachtet werden. Die Untersuchungsgesamtheit wird auf prototypische Motivstrukturen untersucht, um eine Taxonomie der Internetnutzer abzuleiten. Zunächst wird hierfür eine clusteranalytische Verdichtung der Einzelmotive durchgeführt, die im Anschluss auf signifikante Unterschiede der Clustervariablen sowie weiterer beschreibender Variablen überprüft wird. Darauf aufbauend werden die Cluster auf Basis der Ausprägung der Merkmale beschrieben und benannt.

Auch auf Basis der integrativen Betrachtung der Motive erfolgt die Untersuchung von moderierenden Effekten. Schließlich werden die empirischen Ergebnisse der integrativen Betrachtung der Motive wiederum vor dem Hintergrund der theoretischen Hypothesen diskutiert.

4.2.3.2 Einzelmotive der Internetnutzung

4.2.3.2.1 Operationalisierung der Konstrukte

Wie in den Abschnitten 2.4.3.1 sowie 3.3.3.3 dargestellt, existiert zu den Motiven der Internetnutzung eine Vielzahl von Operationalisierungsansätzen. Manche Forscher haben sich eines oder mehrerer Motivkomplexe sehr intensiv angenommen, andere Studien zeichnen sich durch die Breite berücksichtigter Aspekte aus. Bei einer Literatursichtung fällt auf, dass eine Reihe verwendeter Indikatoren auf inhaltlicher Ebene ähnlich sind.

Es ist naheliegende, auf bereits bewährte Indikatoren zurückzugreifen, die ein möglichst breites inhaltliches Spektrum abdecken. Bei der Auswahl der Indikatoren ist darauf zu achten, vermutete Motive jeweils über eine ähnliche Anzahl an Indikatoren abzubilden. Die in Abschnitt 2.4.3.1 auf Basis der Literatursichtung entwickelten fünf Motive wurden anhand der in Tabelle 39 vorgestellten Variablen operationalisiert.

Motivation	Operationalisierung
Escapism	Im Internet entkomme ich der Realität
	Das Internet regt meine Emotionen und Gefühle an
	Im Internet fühle ich mich wie in einer anderen Welt
	Ich vergesse die großen und kleinen Probleme des Tages
	Ich lasse alles hinter mir
Information	Im Internet erfahre ich viel Neues
	Im Internet erfahre ich, was in der Welt passiert
	Die Informationen, die ich im Internet erhalten kann, sind sehr nützlich
	Ich nutze das Internet, um mir Informationen zu beschaffen
	Das Internet ist ein gutes Informationsmedium
Talkabout	Ich unterhalte mich mit meinen Freunden oft über Inhalte im Netz
	Ich unterhalte mich gerne über die Websites, die ich mag
	Ein Besuch im Internet gehört einfach zu meinem Tag dazu
	Über gute Websites unterhalte ich mich wie über gute Filme
	Das Internet gehört zu mir
Exchange	Ich nutze das Internet, um mich mit Gleichgesinnten auszutauschen
	Ich nutze das Internet, um anderen etwas über mich und meine Interessen/Hobbies zu erzählen
	Ich nutze das Internet, um neue Menschen kennenzulernen
	Im Internet tausche ich mich mit anderen über bestimmte Themen aus
	Ich nutze vor allem Chat-Möglichkeiten im Internet
Shopping	Wenn ich eine größere Anschaffung tätigen will, informiere ich mich im Internet
	Im Internet finde ich außergewöhnliche und einmalige Produkte
	Durch die Nutzung des Internet bekomme ich immer die neuesten Produkte
	Ich nutze das Internet, um bequem Einkäufe tätigen zu können

Tabelle 39: Kriterienkatalog zur Erfassung der Motive der Internetnutzung

Die genannten, aus vorliegenden Untersuchungen herausgelösten Merkmale werden in einem zweiten Schritt auf die ihnen inhärenten Motive hin überprüft. Ziel der Analyse ist es folglich, die aufgrund theoretischer Vorüberlegungen aufgestellten Hypothesen über die Beziehung zwischen den direkt beobachteten Merkmalen und dahinter stehenden, nicht beobachtbaren übergeordneten Motiven mit Hilfe des vorliegenden Datensatzes zu überprüfen. Auf konfirmatorischem Wege sollen die hinter den Merkmalen vermuteten Faktoren bestätigt werden. Zur Verdichtung der Merkmale kommt das Verfahren der Faktorenanalyse zur Anwendung, dessen Ergebnisse in Tabelle 40 dargestellt sind.

	ξ_1	ξ_2	ξ_3	ξ_4	ξ_5
Ich lasse alles hinter mir	**0,86**	0,13	0,15	0,02	0,08
Im Internet entkomme ich der Realität	**0,85**	0,18	0,11	-0,02	0,07
Im Internet fühle ich mich wie in einer anderen Welt	**0,83**	0,18	0,10	0,06	0,05
Ich vergesse die großen und kleinen Probleme des Tages	**0,82**	0,19	0,12	-0,01	0,08
Das Internet regt meine Emotionen und Gefühle an	**0,70**	0,25	0,24	0,04	0,08
Ich nutze das Internet, um mich mit Gleichgesinnten auszutauschen	0,11	**0,87**	0,23	0,06	0,06
Im Internet tausche ich mich mit anderen über bestimmte Themen aus	0,09	**0,85**	0,24	0,06	0,04
Ich nutze das Internet, um neue Menschen kennenzulernen	0,27	**0,84**	0,12	0,01	0,07
Ich nutze vor allem Chat-Möglichkeiten im Internet	0,27	**0,76**	0,12	-0,01	-0,04
Ich nutze das Internet, um anderen etwas über mich und meine Inte-	0,23	**0,73**	0,24	0,02	0,05

ressen/Hobbies zu erzählen					
Ich unterhalte mich gerne über die Websites, die ich mag	0,16	0,22	**0,82**	0,09	0,13
Über gute Websites unterhalte ich mich wie über gute Filme	0,20	0,18	**0,78**	0,11	0,13
Ich unterhalte mich mit meinen Freunden oft über Inhalte im Netz	0,10	0,23	**0,78**	0,11	0,14
Das Internet gehört zu mir	0,21	0,20	**0,58**	0,20	0,23
Ein Besuch im Internet gehört einfach zu meinem Tag dazu	0,10	0,18	**0,54**	0,17	0,23
Das Internet ist ein gutes Informationsmedium	-0,02	0,01	0,06	**0,79**	0,14
Die Informationen, die ich im Internet erhalten kann, sind sehr nützlich	0,04	0,01	0,11	**0,78**	0,12
Im Internet erfahre ich viel Neues	0,10	0,04	0,29	**0,75**	0,07
Ich nutze das Internet, um mir Informationen zu beschaffen	-0,12	0,00	-0,05	**0,62**	0,22
Im Internet erfahre ich, was in der Welt passiert	0,12	0,10	0,36	**0,58**	0,11
Ich nutze das Internet, um bequem Einkäufe tätigen zu können	0,02	0,02	0,13	0,09	**0,80**
Durch die Nutzung des Internet bekomme ich immer die neuesten Produkte	0,12	0,07	0,25	0,17	**0,77**
Im Internet finde ich außergewöhnliche und einmalige Produkte	0,19	0,06	0,16	0,12	**0,75**
Wenn ich eine größere Anschaffung tätigen will, informiere ich mich im Internet	-0,01	-0,01	0,13	0,31	**0,65**

Tabelle 40: Rotierte Matrix der Faktorladungen (Motivkatalog)

Zur Messung der Faktoren sind somit jeweils fünf bzw. vier Merkmale vorgesehen. Nach Anwendung der explorativen Faktorenanalyse und der Überprüfung von Cronbachs Alpha und der Item-to-Total-Korrelation für die fünf Faktoren gehen sämtliche Merkmale in die konfirmatorische Faktorenanalyse ein. Die Anspruchsniveaus der Globalmaße werden jedoch nicht durchgängig erfüllt und einige Indikatorreliablitäten unterschreiten das geforderte Anspruchsniveau von 0,4. Diese Variablen werden sukzessive eliminiert. Im Anschluss werden solange Überprüfungen anhand der explorativen Faktorenanalyse und der Reliabilität unternommen, bis für alle Größen der geforderte Mindestwert erreicht wird. Nach Durchführung dieses iterativen Prozesses verbleiben pro Motiv lediglich zwei bis drei Indikatoren in der Skala.

Aufgrund der geringen Anzahl der Freiheitsgrade bei der Konstruktmessung wurde eine Validierung im Konstruktverbund gewählt.[703] Tabellen 41 stellt die Ergebnisse der Validitätsprüfung der Motive dar. Es wird deutlich, dass die Messung der Motive die geforderten Mindestmaße der Gütekriterien durchgängig erfüllt. Die Item-To-Total-Korrelationen sind hoch. Das Cronbachsche Alpha und die erklärte Varianz liegen deutlich über den geforderten Mindestwerten. Auch die Gütekriterien der zweiten Generation liegen ausnahmslos über den geforderten Mindestwerten.[704] Die Validitätsprüfung der Motive kann somit als erfolgreich angenommen werden.

---

[703] Vgl. Homburg/Kebbel 2001.
[704] Vgl. Tabelle 21.

	Merkmal	SF EFA	SF CFA	IR	ItT	VE	FR	CA	DEV
Motiv „Escapism"	Das Internet regt meine Emotionen und Gefühle an	0,90		-[1]	0,60	80 %	-[1]	0,75	-[1]
	Im Internet fühle ich mich wie in einer anderen Welt	0,90		-[1]	0,60				
Motiv „Information"	Im Internet erfahre ich viel Neues	0,92		0,49	0,58	69 %	-[1]	0,76	-[1]
	Die Informationen, die ich im Internet erhalten kann, sind sehr nützlich	0,97		0,76	0,63				
	Das Internet ist ein gutes Informationsmedium	0,87		0,56	0,61				
Motiv „Talkabout"	Ich unterhalte mich mit meinen Freunden oft über Inhalte im Netz	0,92		-[1]	0,70	85 %	-[1]	0,82	-[1]
	Ich unterhalte mich gerne über die Websites, die ich mag	0,92		-[1]	0,70				
Motiv „Exchange"	Ich nutze das Internet, um neue Menschen kennenzulernen	0,91		-[1]	0,66	83 %	-[1]	0,80	-[1]
	Im Internet tausche ich mich mit anderen über bestimmte Themen aus	0,91		-[1]	0,66				
Motiv „Shopping"	Im Internet finde ich außergewöhnliche und einmalige Produkte	0,90		-[1]	0,63	81 %	-[1]	0,71	-[1]
	Durch die Nutzung des Internet bekomme ich immer die neuesten Produkte	0,90		-[1]	0,63				
Globale Anpassungsmaße:									
χ^2 (Freiheitsgrade)				141,811 (34)					
χ^2/df				4,171					
RMSEA				0,058					
GFI				0,974					
AGFI				0,949					
NFI				0,962					
CFI				0,971					

[1] Bei zwei Indikatoren hat ein konfirmatorisches Modell eine negative Zahl von Freiheitsgraden. Die Berechnung dieser Maße ist daher nicht sinnvoll.

Tabelle 41: Validitätsprüfung der Motivmessung

In einem nächsten Schritt erfolgt die Überprüfung der *Diskriminanzvalidität* der Motive. Hierzu wird wiederum auf das strengere *Fornell/Larcker*-Kriterium zurückgegriffen. Wie Tabelle 42 zeigt, liegen alle durchschnittlich erfassten Varianzen über den entsprechenden quadrierten Korrelationen zwischen den Motiven. Die Konstrukte zu den Motiven der Internetnutzung verfügen folglich über ein hohes Maß an Diskriminanzvalidität. Zusammenfassend kann somit festgestellt werden, dass die Validitätsprüfung der Konstruktmessung der Motive hervorragende Ergebnisse liefert und die Konstruktmessung angenommen werden kann.

Motiv		Austausch	Information	Talkabout	Exchange	Shopping
	DEV	0,62	0,57	0,61	0,75	0,63
Escapism	0,62					
Information	0,57	0,03				
Talkabout	0,61	0,22	0,14			
Exchange	0,75	0,30	0,01	0,25		
Shopping	0,63	0,09	0,18	0,23	0,06	

Tabelle 42: Fornell/Larcker-Kriterium zu Beurteilung der Diskriminanzvalidität der Motivmessung

Des Weiteren ist von Interesse, wie sich die fünf Motive hinsichtlich der Bedeutung für die Nutzung des Internet unterscheiden. Abbildung 16 gibt die Ausprägung der Mittelwerte bzgl. der Motive in der Stichprobe wieder.

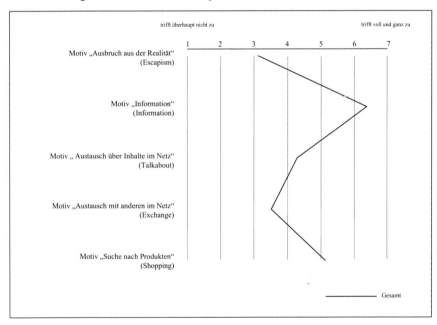

Abbildung 16: Profil der gesamten Stichprobe bezüglich der Motive

Die Abbildung macht deutlich, dass die Motivkategorien für die Befragten allesamt von gewisser Bedeutung sind. Die größte Bedeutung wird dem Motiv *Information* (Information)(„Im Internet erfahre ich viel Neues"; „Die Informationen, die ich im Internet erhalten kann, sind nützlich"; "Das Internet ist ein gutes Informationsmedium") beigemessen. Daneben hat die *Suche nach Produkten* (Shopping) („Im Internet finde ich außergewöhnliche und einmalige Produkte"; „Durch die Nutzung des Internet bekomme ich immer die neuesten Produkte") einen sehr hohen Stellenwert.

Mittlere Bedeutung werden den Motiven des *Austauschs über Inhalte im Netz* (Talkabout) („Ich unterhalte mich mit meinen Freunden oft über Inhalte im Netz"; „Ich unterhalte mich gerne über die Websites, die ich mag") beigemessen. Die Motive *Austausch mit anderen im Netz* (Exchange) („Ich nutze das Internet, um neue Menschen kennenzulernen"; „Im Internet tausche ich mich mit anderen über bestimmte Themen aus") sowie *Ausbruch aus der Realität* (Escapism) („Im Internet fühle ich mich wie in einer anderen Welt"; „Das Internet regt meine Emotionen und Gefühle an") beeinflussen in vergleichsweise geringem Maße die Motivation, das Internet zu nutzen.

Betrachtet man die Ausprägung der Motivkategorien fällt auf, dass inhaltsorientierten Motiven höhere Bedeutung zukommt als prozessorientierten Motiven. Wie in der empirischen Auswertung zu den Effekten der Wahrnehmungsdimensionen aufgezeigt, ist aber die Einstellung zur Site in sehr viel stärkerem Maße vom wahrgenommenen Stimulationswert der Site als vom wahrgenommenen Informationswert der Site abhängig. Für diese Divergenz gibt es mehrere denkbare Gründe:

- Zum einen könnte die sehr hohe Ausprägung der inhaltsorientierten Motive bei der Frage nach den Motiven der Internetnutzung die *soziale Erwünschtheit* dieser Aussage wiederspiegeln. Im Gegensatz dazu wird die Stärke des Zusammenhangs zwischen dem Stimulationswert und der Einstellung zur Site auf indirektem Wege erhoben. Hier trifft der Nutzer keine Aussage zur Bedeutung des jeweiligen Merkmals, sondern stuft die Site lediglich in Bezug auf das Merkmal ein. Die Ergebnisse der vorliegenden Studie liefern somit durch direkte Befragung nicht aufdeckbare Zusammenhänge, die nur über indirekte Methoden aufgedeckt werden können. Diese Vermutung bestätigen auch *Ratchford/Vaughn*, die feststellen, dass emotionale Motive nur schwer verbalisiert werden können und spezielle Erhebungsmethoden erfordern.[705] Neben der sozialen Erwünschheit kommen bei emotionalen Motiven insbesondere unbewusste Aspekte zum Tragen.[706]

- Eine weitere Erklärung bezieht sich auf die Wahrnehmungsdimensionen selbst. Auf Basis der Ergebnisse in Abschnitt 4.2.2 stellt der Informationswert einer Site

---

[705] Vgl. Ratchford/Vaughn 1989, S. 294.
[706] Vgl. auch Pepels 1994.

in hohem Maße einen Hygiene- oder Basisfaktor dar, wobei sich die Erwartungen an den Informationswert in Abhängigkeit von der Produktklasse teilweise deutlich unterscheiden. Der Stimulationswert hingegen stellt vermutlich einen Begeisterungsfaktor dar. Unter der Bedingung, dass die gewünschten Informationen auf der Site gefunden werden, kann, wenn die Site zusätzlich stimuliert, eine positive Einstellung zur Site erreicht werden.

- Der Unterschied kann für die vorliegende Untersuchung aber auch im Untersuchungsgegenstand selbst liegen. Die erhobenen Motive richten sich auf die Motivation der Internetnutzung im Allgemeinen. Bei einer Frage nach den Motiven für den Besuch der Sites, die die Untersuchungsobjekte der vorliegenden Arbeit bilden, wäre die Ausprägung inhaltsorientierter Motive vermutlich geringer ausgefallen.

Der Unterschied erstaunt aber insbesondere theoretisch. Im Rahmen der vorliegenden Arbeit lassen sich auf Basis der direkt abgefragten Motive sehr wohl moderierende Effekte der Motive auf den Zusammenhang zwischen den Dimensionen der Sitewahrnehmung und der Einstellung zur Site ableiten. Für diese Untersuchung ist die relative und nicht die absolute Ausprägung der Motive relevant.

4.2.3.2.2 Hypothesenprüfung

Mit den Hypothesen in H_{5-1} bis H_{5-4} wird vermutet, dass die *inhaltsorientierten Motive* „Information" und „Shopping" den Zusammenhang zwischen dem wahrgenommenen Informationswert und der Einstellung zur Site positiv und den Zusammenhang zwischen Stimulation und Einstellung negativ beeinflussen. Auch für das Motiv „Talkabout" wird dieser Zusammenhang in H_{5-1} bis H_{5-4} postuliert. Tabellen 43 bis 45 fassen die Ergebnisse der Untersuchung zur Richtung und Signifikanz der Moderation der inhaltsorientierten Motive der Internetnutzung zusammen.

	Dimension	Parameter	Parameterwert (standardisiert)	Signifikanz [1]	Identitätsprüfung [1]
Ausgeprägtes Motiv „Information"	Stimulation	$\gamma_{11}^{(1)}$	0,594	***	$\Delta\chi2 = 7,153$ df = 4
	Information	$\gamma_{12}^{(1)}$	0,418	***	
	Interaktion	$\gamma_{13}^{(1)}$	-	n.s.	
	Irritation	$\gamma_{14}^{(1)}$	-	n.s.	
	Dimension	Parameter	Parameterwert (standardisiert)	Signifikanz	
Schwaches Motiv „Information"	Stimulation	$\gamma_{11}^{(2)}$	0,940	***	
	Information	$\gamma_{12}^{(2)}$	-	n.s.	
	Interaktion	$\gamma_{13}^{(2)}$	-	n.s.	
	Irritation	$\gamma_{14}^{(2)}$	-	n.s.	

[1]:
 n.s.: Der resultierende Wert ist auf dem 10%-Niveau nicht signifikant
 ***: Der resultierende Wert ist auf dem 1%-Niveau signifikant.

Tabelle 43: Effekte des Motivs „Information" auf den Zusammenhang zwischen den Dimensionen der Sitewahrnehmung und der Einstellung zur Site.

	Dimension	Parameter	Parameterwert (standardisiert)	Signifikanz [1]	Identitäts-prüfung [1]
Ausgeprägtes Motiv „Talkabout"	Stimulation	$\gamma_{11}^{(1)}$	0,625	***	
	Information	$\gamma_{12}^{(1)}$	0,460	***	
	Interaktion	$\gamma_{13}^{(1)}$	-	n.s.	
	Irritation	$\gamma_{14}^{(1)}$	-	n.s.	$\Delta\chi2 = 11,379$ df = 4
	Dimension	Parameter	Parameterwert (standardisiert)	Signifikanz	
Schwaches Motiv „Talkabout"	Stimulation	$\gamma_{11}^{(2)}$	0,965	***	**
	Information	$\gamma_{12}^{(2)}$	-	n.s.	
	Interaktion	$\gamma_{13}^{(2)}$	0,219	*	
	Irritation	$\gamma_{14}^{(2)}$	-	n.s.	

[1]:
 n.s.: Der resultierende Wert ist auf dem 10%-Niveau nicht signifikant
 *: Der resultierende Wert ist auf dem 10%-Niveau signifikant
 **: Der resultierende Wert ist auf dem 5%-Niveau signifikant
 ***: Der resultierende Wert ist auf dem 1%-Niveau signifikant.

Tabelle 44: Effekte des Motivs „Talkabout" auf den Zusammenhang zwischen den Dimensionen der Sitewahrnehmung und der Einstellung zur Site.

	Dimension	Parameter	Parameterwert (standardisiert)	Signifikanz [1]	Identitäts-prüfung [1]
Ausgeprägtes Motiv „Shopping"	Stimulation	$\gamma_{11}^{(1)}$	0,576	***	
	Information	$\gamma_{12}^{(1)}$	0,463	***	
	Interaktion	$\gamma_{13}^{(1)}$	-	n.s.	
	Irritation	$\gamma_{14}^{(1)}$	-0,086	**	$\Delta\chi2 = 3,857$ df = 4
	Dimension	Parameter	Parameterwert (standardisiert)	Signifikanz	
Schwaches Motiv „Shopping"	Stimulation	$\gamma_{11}^{(2)}$	0,890	***	n.s.
	Information	$\gamma_{12}^{(2)}$	-	n.s.	
	Interaktion	$\gamma_{13}^{(2)}$	0,173	**	
	Irritation	$\gamma_{14}^{(2)}$	-	n.s.	

[1]:
 n.s.: Der resultierende Wert ist auf dem 10%-Niveau nicht signifikant
 **: Der resultierende Wert ist auf dem 5%-Niveau signifikant
 ***: Der resultierende Wert ist auf dem 1%-Niveau signifikant.

Tabelle 45: Effekte des Motivs „Shopping" auf den Zusammenhang zwischen den Dimensionen der Sitewahrnehmung und der Einstellung zur Site

Wie die Ergebnisse verdeutlichen, lassen sich die Hypothesen zu den moderierenden Effekten der inhaltsorientierten Motive anhand der empirischen Ergebnisse nur für das Motiv „Talkabout" bestätigen. Die Ergebnisse für die Motive „Information" und „Shopping" zeigen zwar die erwartete Richtung der Zusammenhänge auf, sind aber nicht signifikant. Ein erstaunliches Ergebnis zeigt sich zusätzlich für die Dimension Irritation. Innerhalb der Teilgruppe mit hoher Ausprägung des Motivs „Talkabout" wurde ein im Vergleich zu der Teilgruppe mit niedriger Motivausprägung relativ hoher Zusammenhang der Dimension Irritation mit der Einstellung zur Site angenommen. Diese Hypothese konnte nicht bestätigt werden.

Innerhalb der Hypothesen H_{6-1} bis H_{6-4} zu den moderierenden Effekten der *prozessorientierten Motive* „Escapism" und „Exchange" wird vermutet, dass eine hohe Ausprägung der prozessorientierten Motive den Zusammenhang zwischen der Wahrnehmung des Stimulationswertes und der Interaktivität und der Einstellung zur Site verstärkt und gleichzeitig den Zusammenhang zwischen dem wahrgenommenen Informationswert und der Einstellung zur Site und der Wahrnehmung der Irritation und der Einstellung zur Site abschwächt. Auf Basis der Ergebnisse in den Tabellen 46 und 47 lassen sich diese Hypothesen jedoch nicht bestätigen. Für das Motiv „Escapism" zeigt sich, dass der moderierende Effekt dieses Motivs dem der inhaltsorientierten Motive gleicht. Für das Motiv „Exchange" lässt sich kein signifikant moderierender Effekt nachweisen.

	Dimension	Parameter	Parameterwert (standardisiert)	Signifikanz [1]	Identitätsprüfung [1]
Ausgeprägtes Motiv „Escapism"	Stimulation	$\gamma_{11}^{(1)}$	0,663	***	
	Information	$\gamma_{12}^{(1)}$	0,399	***	
	Interaktion	$\gamma_{13}^{(1)}$	-	n.s.	
	Irritation	$\gamma_{14}^{(1)}$	-0,189	***	$\Delta\chi^2 = 12,981$
	Dimension	Parameter	Parameterwert (standardisiert)	Signifikanz	df = 4
Schwaches Motiv „Escapism"	Stimulation	$\gamma_{11}^{(2)}$	0,848	***	**
	Information	$\gamma_{12}^{(2)}$	-	n.s.	
	Interaktion	$\gamma_{13}^{(2)}$	0,161	**	
	Irritation	$\gamma_{14}^{(2)}$	-	n.s.	

[1]:
***: n.s.: Der resultierende Wert ist auf dem 10%-Niveau nicht signifikant
**: Der resultierende Wert ist auf dem 5%-Niveau signifikant
***: Der resultierende Wert ist auf dem 1%-Niveau signifikant.

Tabelle 46: Effekte des Motivs „Escapism" auf den Zusammenhang zwischen den Dimensionen der Sitewahrnehmung und der Einstellung zur Site.

	Dimension	Parameter	Parameterwert (standardisiert)	Signifikanz [1]	Identitätsprüfung
Ausgeprägtes Motiv „Exchange"	Stimulation	$\gamma_{11}^{(1)}$	0,720	***	$\Delta\chi2 = 0,772$ df = 4 n.s.
	Information	$\gamma_{12}^{(1)}$	0,284	***	
	Interaktion	$\gamma_{13}^{(1)}$	0,098	*	
	Irritation	$\gamma_{14}^{(1)}$	-	n.s.	
	Dimension	Parameter	Parameterwert (standardisiert)	Signifikanz	
Schwaches Motiv „Exchange"	Stimulation	$\gamma_{11}^{(2)}$	0,677	***	
	Information	$\gamma_{12}^{(2)}$	0,342	***	
	Interaktion	$\gamma_{13}^{(2)}$	-	n.s.	
	Irritation	$\gamma_{14}^{(2)}$	-0,093	*	

[1]:
n.s.: Der resultierende Wert ist auf dem 10%-Niveau nicht signifikant
*: Der resultierende Wert ist auf dem 10%-Niveau signifikant
**: Der resultierende Wert ist auf dem 5%-Niveau signifikant
***: Der resultierende Wert ist auf dem 1%-Niveau signifikant.

Tabelle 47: Effekte des Motivs „Exchange" auf den Zusammenhang zwischen den Dimensionen der Sitewahrnehmung und der Einstellung zur Site.

4.2.3.2.3 Diskussion der Ergebnisse

Zunächst zeigt sich aufgrund der Ergebnisse, dass die Hypothese, *inhaltsorientierte Motive* „Information", „Talkabout" und „Shopping" würden sich positiv auf den Effekt des Informationswertes und negativ auf den Effekt des Stimulationswertes auswirken, auf Basis der Empirie grundsätzlich bestätigt wird. Diese Erkenntnis deckt sich mit den Annahmen und empirischen Ergebnissen des *Elaboration-Likelihood-Modells*. Die empirischen Ergebnisse entsprechen aber nicht durchgängig den in den Hypothesen erwarteten Zusammenhängen. Die unerwarteten Ergebnisse werden im Folgenden diskutiert.

Für das Motiv „*Information*" weist das relativ geringe Signifikanzniveau auf eine besondere Problematik hin. Obwohl auf Basis der theoretischen Annahmen zu erwarten wäre, dass gerade in Hinblick auf dieses Motiv ein starker Einfluss auf die Verarbeitungstiefe nachgewiesen werden kann, ist dies nicht der Fall. Eine mögliche Erklärung liegt in der insgesamt relativ hohen Ausprägung des Motivs. Wie Abbildung 16 verdeutlicht, liegt die durchschnittliche Ausprägung dieses Motivs auf einer Skala von 1 bis 7 bei über 6. Eine Variation auf diesem hohen Niveau ist aber vor allem auf individuelle Unterschiede im Antwortverhalten und weniger auf die gesuchten Unterschiede der Motivausprägung zurückzuführen. Die Ausprägung des Motivs „Information" lässt somit ohne Berücksichtigung der anderen Motive keine Unterscheidung in Gruppen mit jeweils hoher/geringer Verarbeitungstiefe zu. Dieser Tatsache ist es auch zuzuschreiben, dass sich für dieses Motiv kein Zusammenhang zwischen der Dimension Irritation und der Einstellung zur Site für die Gruppe hoher Motivausprägung nachweisen lässt.

Für das Motiv „Talkabout" zeigt sich in der Gruppe hoher Motivausprägung zwar der erwartete Effekt des Informationswertes auf die Einstellung zur Site, es ist aber kein Zusammenhang zwischen der Irritation und der Einstellung zur Site nachweisbar. Daraus lässt sich schließen, dass irritierende Elemente bei der Informationsverarbeitung nicht wahrgenommen werden. Es ist folglich davon auszugehen, dass die Verarbeitungstiefe in der Gruppe mit hoher Motivausprägung nicht durchgängig hoch ist. Daraus lässt sich Folgendes schließen: die Wahrnehmung des Informationswertes hat eine hohe Bedeutung bei der Bildung der Einstellung zur Site. Der Informationswert wird aber für die Gruppe mit hoher Ausprägung des Motivs „Talkabout" nicht über die zentrale Verarbeitung eigenschaftsrelevanter Informationen bestimmt, sondern die augenscheinliche Qualität der Information wird aufgrund verkürzter Entscheidungsregeln bei geringer Verarbeitungstiefe analog dem *Elaboration-Likelihood-Modell* festgelegt.[707]

Für das Motiv „Shopping" bestätigt sich zwar für alle vier Dimensionen die erwartete Richtung der Moderation, die Stärke der Parameterunterschiede ist aber nicht signifikant. Auch für dieses Motiv wird somit konstatiert, dass die Höhe der Motivausprägung nicht auf einem befriedigenden Signifikanzniveau in Gruppen mit hoher/geringer Verarbeitungstiefe trennt. Der Gruppe mit hoher Motivausprägung ist somit statistisch kein stärkerer Effekt des Informationswertes auf die Einstellung zur Site nachzuweisen als der Gruppe mit geringer Motivausprägung.

Insgesamt wird auf Basis der Betrachtung der moderierenden Effekte der inhaltsorientierten Einzelmotive deutlich, dass die Mehrgruppenkausalanalyse auf Basis von zwei Teilgruppen mit jeweils hoher/niedriger Ausprägung in Hinblick auf ein Einzelmotiv nicht zu den erwarteten Ergebnissen führt. Die isolierte Betrachtung der Einzelmotive muss somit durch eine integrative Betrachtung sämtlicher Motive ergänzt werden, um den gewünschten Einblick in die Zusammenhänge zwischen Motiven und Effekten der Wahrnehmungsdimensionen zu erhalten.

Für die *prozessorientierten Motive* lassen sich für beide Motive nicht die postulierten Zusammenhänge nachweisen. Die Hypothesen H_{6-1} bis H_{6-4} postulieren, dass sich das

---

[707] Vgl. Petty/Cacioppo 1984b.

Motiv „*Escapism*" positiv auf den Zusammenhang zwischen wahrgenommenem Stimulationswert sowie wahrgenommener Interaktivität und der Einstellung zur Site und negativ auf den Zusammenhang zwischen wahrgenommenem Informationswert sowie wahrgenommener Irritation und Einstellung zur Site auswirkt. Diese Hypothese wird auf Basis der empirischen Untersuchung klar zurückgewiesen. Entgegen den Annahmen des Elaboration-Likelihood-Modells scheint sich das Motiv „Escapism" nicht negativ, sondern positiv auf die Verarbeitungstiefe auszuwirken. Der auf Basis des *Uses and Gratifications Approach* postulierte Effekt der Motivausprägung auf das Involvement überwiegt somit wider Erwarten über den auf Basis des *Elaboration-Likelihood-Modells* postulierten Effekt auf die Bereitschaft zur kognitiven Auseinandersetzung. Diese Erkenntnis erstaunt insbesondere vor dem Hintergrund der Bestätigung der negativen Auswirkung der Browsing Orientation auf die Verarbeitungstiefe innerhalb der empirischen Ergebnisse zum *Elaboration-Likelihood-Modell*. Auch für die vollständige Wirkungserfassung des Motivs Escapism muss die Betrachtung der Ausprägung der restlichen Motive integrativ erfolgen.

Für das zweite prozessorientierte Motiv „*Exchange*" bestätigt sich hingegen die in H_{6-1} bis H_{6-4} postulierte negative Auswirkung einer hohen Motivausprägung auf die Verarbeitungstiefe. Die Parameterunterschiede sind jedoch nicht signifikant. Eine hohe Ausprägung des Motivs „Exchange" scheint sich aber stärker auf die Reduktion der Bereitschaft zur kognitiven Auseinandersetzung als auf die Stärkung des Involvement auszuwirken. Dieses Motiv stellt im Gegensatz zum Motiv „Escapism" einen Indikator für die geringe Bereitschaft zur kognitiven Anstrengung dar. Auch dieses Ergebnis macht die Notwendigkeit der Betrachtung der Motivausprägung in Zusammenhang mit der Ausprägung der anderen Motive der Internetnutzung deutlich.

Zusammenfassend kann gesagt werden, dass die Ergebnisse zu den moderierenden Effekten der Einzelmotive auf den Zusammenhang zwischen den Dimensionen der Sitewahrnehmung und der Einstellung zur Site in der Mehrheit nicht den Hypothesen auf Basis der theoretischen Erkenntnisse entsprechen. Auch durch Hinzuziehen anderer Theorien lässt sich schwerlich eine befriedigende Erklärung für diese Abweichung finden. Die Ergebnisse machen somit vor allem die Notwendigkeit einer integrativen Betrachtung der Motive und die Untersuchung der moderierenden Effekte der Motivstrukturen auf den Zusammenhang zwischen den Dimensionen der Sitewahrnehmung und der Einstellung zur Site deutlich. Mit der Entwicklung dieser Motivstrukturen und der Untersuchung ihrer Auswirkungen beschäftigt sich der folgende Abschnitt.

4.2.3.3 Integrative Betrachtung der Motive

4.2.3.3.1 Clusteranalytische Auswertung der Motive

Bei der integrativen Betrachtung der Motive stellt sich zunächst die Frage, ob sich Gruppen mit einem gemeinsamen Muster der Motive ausfindig machen lassen. Hierbei gilt es, Nutzer so zu Gruppen zusammenzufassen, dass sich innerhalb der Gruppen wenig Streuung bzgl. der Motive zeigt, dafür aber eine hohe Streuung zwischen den Gruppen. Mit dieser Frage beschäftigt sich der folgende Abschnitt, in dem allgemeingültige Muster der Nutzermotivation identifiziert werden.

In der Marketingforschung kommt zur Segmentierung von Daten in der Regel die *Clusteranalyse* zum Einsatz.[708] Diese dient dazu, aus einer Menge zu klassifizierender Objekte Segmente zu bilden, die sich durch eine homogene Struktur in Bezug auf die Merkmale ihrer Mitglieder auszeichnen, dabei aber zwischen den Segmenten eine möglichst große Heterogenität aufweisen.[709] Durch die Gruppierung der Nutzer werden die vielfältigen Varianten der Nutzermotivation somit auf wenige Grundformen reduziert.

Das Vorgehen im Rahmen der Clusteranalyse beinhaltet eine Vielzahl von Einzelentscheidungen.[710] Diese lassen sich innerhalb *vier zentraler Prozessschritte* der Clusteranalyse zusammenfassen:[711]

- Zunächst erfolgt die *Auswahl des Dateninputs*. Hierbei kommt zum einen der Auswahl der der Clusteranalyse zugrundeliegenden Variablen und der Bestimmung der aus der Ausprägung dieser Variablen resultierenden Ähnlichkeit zwischen zwei Objekten besondere Bedeutung zu. Zur Bestimmung der Ähnlichkeit muss ein geeignetes Proximitätsmaß ausgewählt werden. Zum anderen kommt der Auswahl der einzubeziehenden Fälle besondere Bedeutung zu. Bei der Analyse des gesamten Datensatzes muss hierbei insbesondere die Identifikation von Ausreißern erfolgen.

---

[708] Vgl. Büschken/Von Thaden 2000 sowie Punj/Stewart 1983, S. 136ff.
[709] Vgl. Freter/Obermeier 2000.
[710] Eine ausführliche Darstellung der Entscheidungen innerhalb der Clusteranalyse findet sich in Jensen 2001, S. 106ff. sowie Punj/Stewart 1983.
[711] Die Vorgehensweise lehnt sich an die Empfehlungen von Jensen an. Vgl. Jensen 2001, S. 106ff.

- Im zweiten Schritt muss entschieden werden, in wie viele Teilgruppen sich die Objekte aufteilen lassen. Es geht folglich um die *Bestimmung einer geeigneten Clusterzahl*.
- Im nächsten Schritt erfolgt die *Zuordnung der Objekte zu Clustern*. Hierbei muss ein geeigneter Algorithmus der Clusterzuordnung bestimmt werden. Des Weiteren findet die Überprüfung der gefundenen Clusterlösung nach Maßgabe verschiedener Gütekriterien statt.
- Die *Interpretation der Cluster* erfolgt im letzten Schritt. Neben der Ermittlung signifikanter Unterschiede zwischen den Clustern mit Hilfe multipler Vergleichstests findet eine Beschreibung und Benennung der Cluster statt.

Den ersten Schritt der Clusteranalyse stellt die *Auswahl des Dateninputs* dar. Zunächst muss entschieden werden, auf *Grundlage welcher Variablen* die Cluster gebildet werden sollen. Der Auswahl dieser Variablen kommt besondere Bedeutung zu, da sie die grundlegende Charakterisierung der Objekte erlauben müssen, um diese erfolgreich zu Gruppen zusammenfassen zu können.[712] In der Literatur werden verschiedene, zum Teil widersprüchliche Richtlinien zur Selektion dieser Inputvariablen vorgeschlagen:

- Konsens besteht bzgl. der Forderung, dass die *Variablen theoriegestützt* und für den Untersuchungsgegenstand von *grundlegender Bedeutung* sein sollen. Die auf Basis des Uses and Gratifications Approach hergeleiteten Motive der Internetnutzung erfüllen diese Forderung.[713]
- Umstrittener ist in der Literatur das Ausmaß, in dem die Clustervariablen voneinander *abhängig* sein dürfen. Der Motiventwicklung liegt eine Faktorenanalyse zugrunde, mit deren Hilfe die Ausgangsmenge der Merkmale zu orthogonalen Komponenten verdichtet wurde. Das entwickelte Messinstrument kann außerdem als diskriminanzvalide bezeichnet werden. Es kann mithin von einer weitgehenden Unabhängigkeit der Motive ausgegangen werden.
- Des Weiteren wird bei der Auswahl der Inputvariablen die Entscheidung zwischen *Vollständigkeit und Sparsamkeit* diskutiert. In verschiedenen Studien wurde nachgewiesen, dass schon einzelne irrelevante Inputvariablen die Clustererkennung erheblich beeinträchtigen.[714] Somit ist auf strenge Relevanz der Clustervariablen zu

---

[712] Vgl. Bauer/Sauer/Müller 2003 sowie Bailey 1994.
[713] Vgl. Abschnitt 2.4.3.1.
[714] Vgl. Fowlkes/Mallows 1983; Milligan 1980.

achten. In der Untersuchung wird der Konflikt durch die Unterscheidung in zwei Arten von Variablen gelöst:[715] zum einen werden als Input für den Clusteralgorithmus sämtliche Motive der Internetnutzung dienen. Zum anderen werden nichttheoretische, beschreibende bzw. nicht den Motiven zuzuordnende Kriterien zur Interpretation der gefundenen Clusterlösung herangezogen.

Zur Bestimmung, inwiefern die Ausprägung der einbezogenen Variablen die Unterschiedlichkeit zwischen den zu klassifizierenden Objekten erklären kann, ist über die Auswahl eines geeigneten *Proximitätsmaßes* zu entscheiden. Hierbei muss grundsätzlich eine Entscheidung zwischen Distanz- und Ähnlichkeitsmaßen getroffen werden.[716] Distanzmaße bestimmen die Ähnlichkeit zwischen zwei Objekten über die Nähe der Merkmalsausprägungen zweier Objekte bzgl. jeder Variablen. Ähnlichkeitsmaße beziehen sich auf den Profilverlauf der Merkmalsausprägungen über die einzelnen Variablen. Für die Zwecke dieser Untersuchung ist das Niveau der Clustervariablen entscheidend, so dass ein Distanzmaß zum Einsatz kommt. Verschiedene Autoren stellen fest, dass es sich nicht nennenswert auf das Ergebnis auswirkt, welches Distanzmaß zum Einsatz kommt.[717] In der Untersuchung kommt die Quadrierte Euklidische Distanz als gängigstes Distanzmaß zum Einsatz.

Verschiedene Autoren empfehlen, im Vorfeld der Clusteranalyse Antworten mit extremen Tendenzen, sogenannte *Ausreißer*, herauszufiltern, da andernfalls das Ergebnis der Gruppenbildung negativ beeinflusst wird.[718] Zur Identifikation solcher Ausreißer kommt meist das Single-Linkage-Verfahren zum Einsatz.[719] Ein solcher Filter ist einsetzbar, wenn der Anteil zu eliminierender Fälle nur einen unerheblichen Prozentsatz der gesamten Fallzahl ausmacht. In der vorliegenden Untersuchung führte der Einsatz dieses Verfahrens unter Anwendung des Distanzmaßes der Quadrierten Euklidschen Distanz zum Ausschluss von insgesamt 14 Datensätzen. Dies entspricht einem Ausschluss von ca. 1,5 % der Datenmenge.

Im nächsten Schritt gilt es, nach Bestimmung des Fusionierungsalgorithmus für das weitere Vorgehen die *Zahl der zu extrahierenden Cluster* zu bestimmen. Die Bestimmung einer geeigneten Clusterzahl kann über die Optimierung der Varianz innerhalb

---

[715] Zu diesem Vorgehen vgl. Freter/Obermeier 2000.
[716] Vgl. Büschken/Von Thaden 2000, S. 344ff.; Saunders 1994, S. 17ff.
[717] Vgl. Punj/Steward 1983, S. 144.
[718] Vgl. Backhaus 2003 sowie Milligan /Cooper 1987, S. 350.
[719] Vgl. Büschken/Von Thaden 2000, S. 353ff.

der Gruppen erfolgen, die sich graphisch im Scree-Plot veranschaulichen lässt.[720] Der Scree-Plot erlaubt die Wahl einer Fünf-Gruppen-Lösung, wobei der Elbow deutlich ausgeprägt ist.[721]

Der dritte Schritt besteht in der *Zuordnung der Fälle zu den Clustern*. Hier wurde ein hybrides Clusterverfahren eingesetzt, in dem zunächst eine Startlösung mittels des Ward-Verfahrens berechnet wurde, die dann mittels des K-Means Algorithmus verfeinert wurde.

Die *Untersuchung der Clusterlösung auf Reliabilität* erfolgt durch die Nachschaltung einer Diskriminanzanalyse. Der Anteil richtig klassifizierter Objekte nach der diskriminanzanalytischen Zuordnung liegt bei 80,3 % und bestätigt die hervorragende Güte der Fünf-Cluster-Lösung.[722] Bei der Interpretation des Anteils richtig klassifizierter Elemente ist darauf hinzuweisen, dass die Trefferquote immer dann in der Tendenz zu hoch ist, wenn jene, wie jedoch häufig üblich, mittels derselben Stichprobe bestimmt wird, die auch zur Schätzung der Diskriminanzfunktion diente. Dieser Effekt ist jedoch abnehmend in Abhängigkeit von der Stichprobengröße und erscheint somit bei der vorliegenden vergleichsweise hohen Fallzahl vernachlässigbar.[723]

Der letzte Schritt der Clusteranalyse besteht in der *Interpretation der Cluster*. Hierzu wird für jedes Cluster der Mittelwert bezüglich der Clustervariablen berechnet. Um einen Eindruck zu erhalten, welche Motive der Internetnutzung für die fünf Cluster besonderes Gewicht besitzen, werden diese anhand der Gruppierungskriterien beschrieben. Abbildung 17 stellt das Profil der fünf Segmente dar. In Tabelle 48 finden sich die zugehörigen Mittelwerte der Indikatorvariablen. Zu besseren Übersichtlichkeit werden die Cluster bereits an dieser Stelle benannt. Die Namen der fünf identifizierten Cluster lauten „Heavy User"; „Extrovertierte Funsurfer", „Flaneure", „Freaks" und „Pragmatiker".

---

[720] Der Scee-Plot im Rahmen der Clusteranalyse stellt der Anzahl extrahierter Cluster die Varianz innerhalb der Gruppen gegenüber, wobei die Varianz mit steigender Clusterzahl abnimmt. Ein Knick in der Kurve deutet darauf hin, dass ein lokales Optimum erreicht wurde. Dieses lokale Optimum muss anschließend auf Basis inhaltlicher Überlegungen überprüft und – möglicherweise – mit anderen möglichen lokalen Optima verglichen werden.
[721] Vgl. Abbildung 18 im Anhang.
[722] Vgl. Punj/Stewart 1983, S. 147.
[723] Wie in Abschnitt 3.2.4.1 dargestellt liegt der vorliegenden Untersuchung eine bereinigte Stichprobe von 951 Fällen zugrunde.

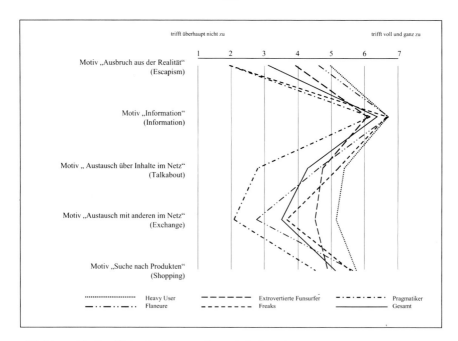

Abbildung 17: Profil der fünf Cluster bezüglich der Motive

	Heavy User	Extrov. Funsurfer	Flaneure	Freaks	Pragmatiker	Gesamt
Motiv „Ausbruch aus der Realität" (Escapism)	4,99	3,94	4,65	1,96	1,96	3,14
Motiv „Information" (Information)	6,72	6,10	6,74	6,68	6,20	6,40
Motiv „ Austausch über Inhalte im Netz" (Talkabout)	5,41	4,76	4,65	5,23	2,82	4,31
Motiv „Austausch mit anderen im Netz" (Exchange)	5,17	4,53	2,78	3,69	2,10	3,54
Motiv „Suche nach Produkten" (Shopping)	5,79	4,92	5,68	5,61	4,55	5,14

Tabelle 48: Ausprägung der Motive innerhalb der fünf Cluster

Bei der Interpretation der Cluster sollen gemäß Forschungspraxis besonders diejenigen *Kriterien berücksichtigt* werden, für die das betreffende Cluster als homogen gelten kann und sich gegenüber der gesamten Stichprobe unterscheidet. Vergleichstests wie die Varianzanalyse und der Chi-Quadrat-Test erlauben die Bestimmung der Signifikanz der Unterschiede von Gruppenmittelwerten.

Bei der *Auswahl des Testverfahrens* zur Durchführung der *Varianzanalyse* muss zunächst berücksichtigt werden, ob eine *Varianzgleichheit* zwischen den Gruppen angenommen werden kann. Mittels des *Levene-Tests* kann die Varianzgleichheit der Motive in den Clustern überprüft werden.[724] In der vorliegenden Untersuchung wird die Annahme gleicher Varianzen in den Gruppen durch den Levene-Test zurückgewiesen. Folglich können nur Testverfahren zur Anwendung kommen, die nicht auf der Annahme der Varianzgleichheit basieren. Innerhalb der Testverfahren, die nicht von einer Varianzgleichheit ausgehen, bietet sich *Tamhanes T2 multipler Vergleichstest* an.[725] Dieser Test basiert auf der t-Statistik und liefert eher konservative Schätzergebnisse. Mittels der Varianzanalyse wird nun überprüft, ob die Clustermittelwerte sich auf dem Signifikanzniveau von 5% unterscheiden.

Die Resultate zeigen über alle Cluster und Faktoren einen Anteil von 80% inhomogener Elemente. Für diese ergibt die Durchführung der Varianzanalyse durchweg signifikant verschiedene Mittelwerte im Vergleich zum durchschnittlichen Mittelwert. Tabelle 49 verdeutlicht überblickartig, im Hinblick auf welche Motive sich für jeweils zwei Cluster Mittelwertunterschiede auf dem Signifikanzniveau von 5% nachweisen lassen.

---

[724] Vgl. Brosius 2002, S. 381. Der Levene-Test berechnet den F-Wert als statistisches Prüfmaß, dessen Verteilung bekannt ist. Dadurch kann getestet werden, mit welcher Wahrscheinlichkeit die beobachteten Unterschiede in den Varianzen auftreten können, wenn in der Grundgesamtheit tatsächlich keine Unterschiede bestehen.

[725] Vgl. Brosius 2002, S. 488f. Da für den Zweck der Untersuchung eine eher konservative Betrachung der Schätzergebnisse angebracht ist kommt das auf der t-Statistik basierende Tamhane T2 Verfahren zum Einsatz.

	Cluster				
	Heavy User	Extrovertierte Funsurfer	Flaneure	Freaks	Pragmatiker
Heavy User					
Extrovertierte Funsurfer	Escapism Information Talkabout Exchange Shopping				
Flaneure		Talkabout Exchange Shopping	Escapism Information Talkabout Exchange Shopping		
Freaks		Escapism Exchange	Escapism Information Talkabout Exchange Shopping	Escapism Exchange	
Pragmatiker		Escapism Information Talkabout Exchange Shopping	Escapism Information Talkabout Exchange	Escapism Information Talkabout Exchange Shopping	Information Talkabout Exchange Shopping

Tabelle 49: Kreuztabellierung mit Motiven, die bzgl. des jeweiligen Clusterpaares signifikante Mittelwertunterschiede aufweisen

Neben der Beschreibung durch die Clustervariablen wird die Charakterisierung der Cluster durch die Beschreibung anhand weiterer *beschreibender Variablen* unterstützt, die nicht den Motiven zuzuordnen sind. Als beschreibende Variablen werden demographische Variablen sowie Variablen, die die Intensität der Internetnutzung beschreiben, verwendet. Im Einzelnen sind dies Alter, Geschlecht, Bildung und Beruf sowie für die Variablen der Internetnutzung die durchschnittliche wöchentliche Surfzeit, die bisherige Nutzung des Internet (Netzjahre) sowie die wahrgenommenen eigenen Fähigkeiten in Hinblick auf die Internetnutzung.

Der Erfassung der Fähigkeiten der Internetnutzung wurde die Operationalisierung nach *Hoffman/Novak* zugrundegelegt.[726] Die beschreibenden Merkmale finden sich in Tabelle 50. Die Operationalisierung der beschreibenden Variablen ist in Tabelle 63 im Anhang dargestellt.

---

[726] Vgl. Hoffman/Novak 1996.

		Cluster					Gesamt
		Heavy User	Extrov. Funsurfer	Flaneure	Freaks	Pragmatiker	
Alter	Mittelwert	31,48	31,18	31,48	31,69	33,07	31,98
Geschlecht	Männliche Nutzer (%)	63,2	56,4	58	73	61	62,5
Bildung	HS/ mittlere Reife (%)	43,6	37,1	37,7	36,0	32,5	36,5
	Abitur (%)	17,8	16,8	14,5	12,9	17,4	16,2
	FH/Uni (%)	23,9	26,7	24,6	32,0	32,1	28,9
	Schüler/ Student (%)	14,7	19,3	23,2	19,1	18,0	18,3
Beruf	Selbstständig/ Freier Beruf (%)	14,1	9,9	5,8	10,1	9,8	10,4
	Leitende Angestellte (%)	12,3	9,4	14,5	12,9	21,0	14,8
	Sonstige Angestellte (%)	34,4	40,1	44,9	40,4	37,0	38,5
	Arbeiter/ Facharbeiter (%)	10,4	7,9	2,9	4,5	3,0	5,7
	Im Haushalt tätig (%)	5,5	3,5	1,4	1,7	4,3	3,6
	Schüler/ Student (%)	14,7	19,3	23,2	19,1	18,0	18,2
	Sonstiges (%)	8,6	9,9	7,3	11,2	6,9	8,8
Wöchentliche Surfzeit	Mittelwert (h)	25,71	20,38	18,70	22,08	13,23	19,14
Netzjahre	Mittelwert (Jahre)	4,92	4,76	4,94	5,25	4,99	4,97
	5 Jahre oder länger im Netz (%)	67	62	68	76	67	68
Fähigkeiten	Mittelwert	5,84	5,44	5,78	6,35	5,33	5,68

Tabelle 50: Ausprägung der beschreibenden Merkmale innerhalb der fünf Cluster

Auch für die beschreibenden Variablen wird die Interpretation nach Maßgabe von *Homogenität und Signifikanz* gefordert. Bis auf die Variablen Geschlecht, Bildung und Beruf sind sämtliche Variablen intervallskaliert. Diese können somit wiederum varianzanalytisch interpretiert werden. Für die ordinalen Variablen Geschlecht, Bildung und Beruf erfolgt die Berechnung der Signifikanz ungleicher Häufigkeitsverteilungen über den *Chi-Quadrat Test*.

Innerhalb der metrisch skalierten Variablen kann lediglich für das Alter die *Annahme gleicher Varianzen* bestätigt werden. Für diese Variable wird über die Varianzanalyse auf Basis des vergleichsweise konservativen *Scheffé-Test*[727] überprüft, ob die Clustermittelwerte Unterschiede auf dem 5%- bzw. 10% - Signifikanzniveau aufweisen. Für alle übrigen Variablen kommt das Verfahren *Tamhane T2* zum Einsatz. Die Ergebnisse sind in Tabelle 51 dargestellt. Die Resultate über alle Cluster und beschreibenden Merkmale zeigen einen Anteil von fast 50% inhomogener Elemente.

	Cluster				
	Heavy User	Extrovertierte Funsurfer	Flaneure	Freaks	Pragmatiker
Heavy User					
Extrovertierte Funsurfer	Alter				
Flaneure	Alter Surfzeit	Fähigkeiten			
Freaks	Alter Geschlecht Bildung Fähigkeiten	Alter Geschlecht Netzjahre Fähigkeiten	Geschlecht Fähigkeiten		
Pragmatiker	Alter Bildung Beruf Surfzeit Fähigkeiten	Alter Bildung Beruf Surfzeit	Alter Surfzeit Netzjahre	Alter Geschlecht Surfzeit Fähigkeiten	

Tabelle 51: Kreuztabellierung mit beschreibenden Merkmalen, die bzgl. des jeweiligen Clusterpaares signifikante Mittelwertunterschiede aufweisen

Um die Übersichtlichkeit zu erhöhen, werden die Ergebnisse im Folgenden in verbale Charakterisierungen der Cluster überführt. Die Beschreibungen beziehen sich dabei auf die relative Ausprägung im Vergleich zu den anderen Clustern, nicht auf die absolute Ausprägung.

---

[727] Der Scheffé-Test basiert auf der F-Verteilung und weist Mittelwertunterschiede erst bei größeren Distanzen als signifikant aus. Vgl. Brosius 2002, S. 489.

4.2.3.3.2 Beschreibung der Cluster

Cluster 1: Die „Heavy User"
(Anteil 17 %, Sehr hohe relative Ausprägung aller Motive: Escapism 4,99, Information 6,72, Talkabout 5,41, Exchange 5,17, Shopping 5,79, Hohe Fähigkeiten: 5,84, Surfzeit 26 Stunden, hoher Arbeiteranteil 10,4%, geringer Akademikeranteil 23,9%)

Diese Gruppe, zu der jeder sechste Befragte gehört, erwartet von der Internetnutzung die Befriedigung aller Motive in hohem bis sehr hohem Maße. Über den gesamten Merkmalskatalog hinweg findet man eine hohe bis sehr hohe Zustimmung zu den Statements. Neben dem Motiv *Information* liegen der *Austausch über Inhalte im Netz* und die *Suche nach Produkten* im Zentrum des Interesses.

Gegenüber den anderen Clustern unterscheidet sich diese Gruppe deutlich durch ihren sehr hohen Wunsch nach *Ausbruch aus der Realität*. Dieser Wunsch ist bei diesem Cluster im Vergleich zu allen anderen Clustern am ausgeprägtesten.

Auch das *Bedürfnis nach Austausch mit anderen im Netz* ist in diesem Cluster stark vertreten. Dieses Cluster nutzt im höchsten Maße die Befriedigung sozialer Bedürfnisse im Internet.

Bezüglich der *beschreibenden Variablen* unterscheidet sich dieses Cluster hinsichtlich des Bildungsniveaus von den anderen Clustern. Mit fast 44% liegt der Anteil der Befragten, die einen Hauptschul- oder Realschulabschluss haben, in diesem Cluster am höchsten. In Bezug auf die Berufstätigkeit ist dieses Cluster dadurch gekennzeichnet, dass der Anteil an Arbeitern und Facharbeitern mit gut 10% am höchsten ist. Personen dieses Clusters surfen mit durchschnittlich 26 Stunden pro Woche mit am längsten von allen Clustern. Sie sprechen sich selbst hohe Fähigkeiten bzgl. der Internet-Nutzung zu.

Die hier als „Heavy User" gekennzeichnete Gruppe stellt einen Personenkreis dar, der im Internet ähnliche Verhaltensmuster aufweist, wie sie auch für das Medium Fernsehen beobachtet werden können und die somit auch als „Internet-Junkies" bezeichnet werden könnte. In diesem Cluster vereinigen sich Personen mit im Vergleich zu den anderen Clustern geringerem Bildungsniveau, die einen großen Teil ihrer Freizeit im Internet verbringen (3-4 Stunden täglich) und starkes Interesse an Ablenkung und sozialem Austausch zeigen.

Cluster 2: Die „*Extrovertierten Funsurfer*"

(Anteil 21,2 %, Hohe relative Ausprägung der Motive Escapism 3,94, Talkabout 4,76 und Exchange 4,53, Geringe relative Ausprägung der Motive Information 6,10 und Shopping 4,92, Hoher Anteil weiblicher Nutzer 43,6%)

Zu den „Extrovertierten Funsurfern" zählt jeder Fünfte der Befragten. Für Personen dieses Clusters sind der *Ausbruch aus der Realität*, der *Austausch über Inhalte im Netz* und der *Austausch mit anderen im Netz* im Vergleich zu den anderen Clustern wichtige Motive der Internetnutzung. Die Motivkategorien *Information* und *Suche nach Produkten* sind für Personen dieses Clusters von weit geringerer Bedeutung als für die meisten anderen Cluster.

Diese relativ hohe, aber nicht extreme Motivation spiegelt sich auch in einer mit gut 20 Stunden pro Woche moderaten Surfzeit wieder. In diesem Cluster finden sich die Personen mit der geringsten Erfahrung im Internet (Netzjahre) von durchschnittlich 4,72 Jahren, was sich in den geringen Fähigkeiten, die diese Personen sich selbst zusprechen, äußert. Die „Extrovertierten Funsurfer" stellen mit einem Durchschnittalter von 31 Jahren das jüngste Cluster dar.

Zusammenfassend kann festgehalten werden, dass es sich bei den „Extrovertierten Funsurfern" um Nutzer handelt, die Spaß, Ablenkung und sozialen Austausch im Internet suchen. Für Personen dieses Clusters ist das Medium neu und interessant, sie messen ihm aber im Gegensatz zu den „Heavy Usern" keine allzu hohe Stellung in ihrem Leben bei.

Cluster 3: Die „*Flaneure*"

(Anteil 7,3 %, Sehr hohe relative Ausprägung der Motive: Escapism 4,65, Information 6,74 und Shopping 5,79, Geringe relative Ausprägung des Motive Talkabout 4,65 und Exchange 2,78, Hoher Anteil sonstiger Angestellter 44,9%, Hoher Anteil Schüler/Studenten 23,2%, relativ hoher Anteil weiblicher Nutzer 42)

Bei der Betrachtung der Motive fällt auf, dass allen *Motiven, die Ablenkendes und Interessantes versprechen*, eine hohe Bedeutung zugeordnet wird. Personen dieses Clusters möchten bei ihrem Spaziergang im Netz angeregt werden. Sie sind das Cluster mit der höchsten Ausprägung des Motivs Information. Sie sind an neuen Eindrücken interessiert und nutzen die Produktsuche im Internet. Der Bummel im Internet gehört zum Tagesablauf dieser Nutzer. Personen dieses Clusters möchten während ihres Spaziergangs im Netz ungestört und eventuell unerkannt bleiben, der *Austausch mit anderen im Netz* wird nicht gesucht. Dieses Cluster ist die Gruppe mit dem zweithöchsten Anteil weiblicher Nutzer.

Baudelaire beschreibt in seinem „Les fleurs du mal" den Menschen, der sich Eindrücke sammelnd durch das Paris des ausgehenden 19ten Jahrhunderts bewegt.[728] Analog dieses Begriffes aus der französischen Literatur werden die Nutzer dieses Clusters „Flaneure" genannt. Sie spazieren durchs Netz auf der Suche nach Anregung und Ablenkung, lassen sich inspirieren und möchten dabei möglichst unerkannt bleiben.

Cluster 4: Die „*Freaks*" (18,7 %):

(Anteil 18,7 %, Sehr hohe relative Ausprägung des Motivs: Talkabout 5,23, Geringe relative Ausprägung der Motive Escapism 1,96 und Exchange 3,69, Hoher Anteil männlicher Nutzer 73%, Hohe Fähigkeiten 6,35, Surfzeit 22 Stunden, hoher Akademikeranteil 32%, Längste bisherige Nutzung des Internet 5,25)

Das Cluster erhält den Namen „Freaks", weil sich Personen dieses Clusters sehr für die Inhalte im Netz interessieren und sich mit anderen über diese Inhalte außerhalb des Internet austauschen. Für Personen diese Clusters nimmt das Internet einen wichtigen Platz in ihrem Leben ein. Dabei bleiben diese Nutzer pragmatisch, das Motiv *Ausbruch aus der Realität* ist für sie nicht relevant.

Das Cluster ist das Segment mit dem höchsten Anteil männlicher Nutzer. Mit durchschnittlich über 22 Stunden wöchentlich nehmen Personen dieser Gruppe den zweiten Platz in punkto Netznutzung ein. Personen dieser Gruppe geben an, dass sie das Internet voll beherrschen und stellen mit einem Anteil an Personen, die mindestens 5 Jahre im Netz sind von fast 80 % die Gruppe mit der längsten Erfahrung im Internet.

Cluster Nr. 5: Die „*Pragmatiker*" (32,1 %):

(Anteil 32 %, Sehr geringe relative Ausprägung aller Motive: Escapism 1,96, Information 6,20, Talkabout 2,82, Exchange 3,54, Shopping 5,14, Geringe Fähigkeiten: 5,33, Surfzeit 13 Stunden, hoher Akademikeranteil 32,1%)

Dieses Cluster subsummiert knapp ein Drittel der Befragungspersonen und zeichnet sich durch seine pragmatische Beziehung zum Medium Internet aus. Die gezielte Informationssuche und Suche nach Produkten stehen dabei im Vordergrund. Motiven des Ausbruchs aus der Realität, des Austauschs über Inhalte im Netz und des Austauschs mit anderen im Netz ordnen Personen dieses Clusters einen geringen Stellenwert zu. Die Personen dieses Clusters weisen die geringste Ausprägung hinsichtlich aller Motive auf.

Personen dieses Clusters sind mit einem Durchschnittsalter von 33 Jahren am ältesten. Sie verbringen mit ca. 13 Stunden wöchentlich die geringste Zeit im Netz und schreiben sich selbst geringe Fähigkeiten bezüglich der Nutzung des Mediums Internet zu.

Zusammenfassend kann an dieser Stelle festgehalten werden, dass die Frage, *welche Motivstrukturen* in der Internetpopulation anzutreffen sind, zu fünf Prototypen geführt hat. Drei davon weisen eine starke Prozessorientierung auf, diese wurden mit „Heavy User", „Extrovertierte Funsurfer" und „Flaneure" benannt. Zwei Cluster sind vor allem an Inhalten orientiert, diese wurden mit den Namen „Freaks" und „Pragmatiker" gekennzeichnet. Bemerkenswert ist, dass bei zweien der prozessorientierten Cluster (Heavy User; Flaneure) für die Internetnutzung gleichzeitig auch inhaltsorientierte Motive von Bedeutung sind. Im Folgenden soll überprüft werden, inwieweit sich für die Cluster prototypische Schwerpunkte in Hinblick auf die Effekte der Wahrnehmungsdimensionen entwickeln lassen.

4.2.3.3.3 Hypothesenprüfung

In Hinblick auf die integrative Betrachtung der Motive gilt es, die Hypothesen bezüglich der moderierenden Effekte der Motivstruktur zu überprüfen (vgl. Abschnitt 3.4.2.3): In H_{7-0} wird zunächst postuliert, dass sich die Cluster nach Maßgabe der hohen/schwachen Ausprägung inhalts- bzw. prozessorientierter Motive *vier Typen der Motivstruktur* zuordnen lassen.

In Tabelle 52 sind jeweils die Motive hervorgehoben, die innerhalb des Clusters stärker ausgeprägt sind als der Mittelwert. Die Tabelle macht deutlich, dass das Cluster der *„Freaks"* dem postulierten Typ 1 (hohe Ausprägung inhaltsorientierter Motive bei schwacher Ausprägung prozessorientierte Motive) zugeordnet werden kann. Das Cluster der *„Extrovertierten Funsurfer"* kann Typ 2 (niedrige Ausprägung inhaltsorientierter Motive bei hoher Ausprägung prozessorientierter Motive), die Cluster der *„Heavy User"* und der *„Flaneure"* können Typ 3 (hohe Ausprägung sowohl inhalts- als auch prozessorientierter Motive) und das Cluster der *„Pragmatiker"* kann Typ 4 (schwache Ausprägung sowohl inhalts- als auch prozessorientierter Motive) zugeordnet werden.

---

[728] Vgl. Baudelaire 1857.

	Heavy User	Extrov. Funsurfer	Flaneure	Freaks	Pragmatiker	Insgesamt
Inhaltsorientierte Motive						
Information	6,72	6,10	6,74	6,68	6,20	6,38
Shopping	5,79	4,92	5,68	5,61	4,55	5,04
Talkabout	5,41	6,68	4,76	4,65	2,82	4,31
Prozessorientierte Motive						
Escapism	4,99	3,94	4,65	1,96	1,96	3,08
Exchange	5,17	3,69	3,69	2,78	2,10	3,54
	⇓	⇓	⇓	⇓	⇓	
Zuordnung	**Typ 3**	**Typ 2**	**Typ 3**	**Typ 1**	**Typ 4**	

Tabelle 52: Ausprägung inhalts- und prozessorientierter Motive innerhalb der fünf Cluster

Auf Basis der Ergebnisse wird die Hypothese H_{7-0} prinzipiell bestätigt. Folglich können die in H_{7-1} bis H_{7-4} formulierten Hypothesen zu den moderierenden Effekten der Motivstruktur auf den Zusammenhang zwischen den Dimensionen der Sitewahrnehmung und der Einstellung zur Site auf Basis der Daten überprüft werden. Die Ergebnisse der Hypothesenprüfung sind in Tabelle 53 dargestellt.

Die Hypothesen H_{7-1} bis H_{7-4} zum Einfluss der inhaltsorientierten sowie der prozessorientierten Motive auf den Zusammenhang zwischen den Dimensionen der Sitewahrnehmung und der Einstellung zur Site werden grundsätzlich bestätigt. Inhaltsorientierte Motive wirken sich grundsätzlich positiv auf die Verarbeitungstiefe aus, prozessorientierte Motive schwächen die Verarbeitungstiefe bei hoher Ausprägung der inhaltsorientierten Motive und stärken die Verarbeitungstiefe bei geringer Ausprägung der inhaltsorientierten Motive.

Die höchste Verarbeitungstiefe wird für den Typ 1 (hohe Ausprägung inhaltsorientierter bei schwacher Ausprägung prozessorientierter Motive) postuliert. Dem Typ 1 wird das Cluster der „Freaks" zugeordnet. Erwartungsgemäß ist der Zusammenhang zwischen dem Informationswert und der Einstellung zur Site für dieses Cluster am höchsten. Der Zusammenhang zwischen dem Stimulationswert sowie der Interaktivität und der Einstellung zur Site ist geringer als bei fast allen anderen Clustern. Ein unerwartetes Ergebnis zeigt sich aber in Hinblick auf die Dimension Irritation. Der starke Zusammenhang, der zwischen der Wahrnehmung der Irritation und der Einstellung zur Site vermutet wurde, kann anhand der Daten nicht bestätigt werden.

Die zweithöchste Verarbeitungstiefe wird für den Typ 3 (hohe Ausprägung inhaltsorientierter Motive bei hoher Ausprägung prozessorientierter Motive) erwartet. Diesem Typ werden zwei Cluster zugeordnet: das Cluster der „Heavy User" und das Cluster der „Flaneure". Für die beiden Cluster zeigt sich in Hinblick auf den Zusammenhang zwischen der Dimension Information und der Einstellung zur Site ebenfalls der erwartete Zusammenhang. Dieser ist für die Cluster der „Heavy User" und der „Flaneure" am zweithöchsten. Auch in Hinblick auf den Zusammenhang zwischen den anderen drei Dimensionen und der Einstellung zur Site werden die Hypothesen grundsätzlich bestätigt. Zu interpretieren bleibt lediglich der nicht signifikante Parameterwert der Dimension Irritation innerhalb des Clusters der „Flaneure". Ein unerwartetes Ergebnis zeigt sich auch für die Dimension Interaktion. Für diese ist für das Cluster der „Flaneure" entgegen den Hypothesen der Zusammenhang mit der Einstellung zur Site am höchsten von allen Clustern.

Für den Typ 2 (Geringe Ausprägung inhaltsorientierter Motive bei hoher Ausprägung prozessorientierter Motive) wird die dritthöchste Verarbeitungstiefe erwartet. Diesem Typ wird das Cluster der „Extrovertierten Funsurfer" zugeordnet. Für dieses Cluster werden die Hypothesen vollständig bestätigt. In Hinblick auf den Zusammenhang zwischen Informationswert sowie Irritation und Einstellung zur Site liegt das Cluster an dritthöchster Stelle, im Hinblick auf den Zusammenhang zwischen Stimulationswert und Einstellung zur Site weist das Cluster höhere Werte als die beiden oben beschriebenen Cluster auf.

Die geringste Verarbeitungstiefe wird für Typ 4 (geringe Ausprägung inhaltsorientierter bei geringer Ausprägung prozessorientierter Motive) erwartet. Diesem Typ wird das Cluster der „Pragmatiker" zugeordnet. Wie in den Hypothesen erwartet, ist für dieses Cluster der Zusammenhang zwischen Stimulationswert und Einstellung zur Site am höchsten. Auch der Zusammenhang zwischen Interaktivität und Einstellung zur Site ist mit am höchsten. Ein Zusammenhang zwischen Informationswert und Einstellung zur Site ist nicht nachweisbar.

Zusammenfassend kann gesagt werden, dass die Hypothesen in Hinblick auf die Dimensionen Stimulation und Information grundsätzlich bestätigt werden. Nur für die Cluster der Freaks und der Flaneure entspricht der moderierende Effekt der Motivstruktur zum Teil nicht den Hypothesen. Den Motiven der Internetnutzung kann somit in ihrer Kombination ein Zusammenhang mit der resultierenden Verarbeitungstiefe zugesprochen werden. Die folgende Abbildung gibt die Ergebnisse der Hypothesenprüfung wieder.

	Dimension	Parameter	Parameterwert (standardisiert)	Signifikanz [1]	Identitätsprüfung [1]
Heavy User (Typ 3)	Stimulation	$\gamma_{11}^{(1)}$	0,747	***	
	Information	$\gamma_{12}^{(1)}$	0,432	***	
	Interaktion	$\gamma_{13}^{(1)}$	-	n.s.	
	Irritation	$\gamma_{14}^{(1)}$	- 0,197	**	
	Dimension	Parameter	Parameterwert (standardisiert)	Signifikanz	
Extrovertierte Funsurfer (Typ 2)	Stimulation	$\gamma_{11}^{(2)}$	0,805	***	
	Information	$\gamma_{12}^{(2)}$	0,213	**	
	Interaktion	$\gamma_{13}^{(2)}$	-	n.s.	
	Irritation	$\gamma_{14}^{(2)}$	-0,174	*	
	Dimension	Parameter	Parameterwert (standardisiert)	Signifikanz [1]	$\Delta\chi2 = 28,37$ $\Delta df = 16$
Flaneure (Typ 3)	Stimulation	$\gamma_{11}^{(3)}$	0,493	**	
	Information	$\gamma_{12}^{(3)}$	0,423	**	**
	Interaktion	$\gamma_{13}^{(3)}$	0,284	**	
	Irritation	$\gamma_{14}^{(3)}$	-	n.s.	
	Dimension	Parameter	Parameterwert (standardisiert)	Signifikanz	
Freaks (Typ 1)	Stimulation	$\gamma_{11}^{(4)}$	0,543	***	
	Information	$\gamma_{12}^{(4)}$	0,603	***	
	Interaktion	$\gamma_{13}^{(4)}$	-	n.s.	
	Irritation	$\gamma_{14}^{(4)}$	-	n.s.	
	Dimension	Parameter	Parameterwert (standardisiert)	Signifikanz	
Pragmatiker (Typ 4)	Stimulation	$\gamma_{11}^{(4)}$	0,950	**	
	Information	$\gamma_{12}^{(4)}$	-	n.s.	
	Interaktion	$\gamma_{13}^{(4)}$	0,269	*	
	Irritation	$\gamma_{14}^{(4)}$	-	n.s.	

[1]:
n.s.: Der resultierende Wert ist auf dem 10%-Niveau nicht signifikant
**: Der resultierende Wert ist auf dem 5%-Niveau signifikant
***: Der resultierende Wert ist auf dem 1%-Niveau signifikant.

Tabelle 53: Effekte der Motivstruktur auf den Zusammenhang zwischen den Dimensionen der Sitewahrnehmung und der Einstellung zur Site.

4.2.3.3.4 Diskussion der Ergebnisse

Anhand der empirischen Ergebnisse wird die Hypothese H_{7-0} die besagt, dass sich die Internetnutzer bezüglich der Ausprägung ihrer inhalts- sowie prozessorientierten Motive grundsätzlich *vier Typen* zuordnen lassen, grundsätzlich bestätigt. Bei der Betrachtung der Motivausprägungen in Tabelle 52 wird allerdings deutlich, dass sich das inhaltsorientierte Motiv „Talkabout" in Hinblick auf seine *Ausprägung anders verhält als die beiden anderen inhaltsorientierten Motive*. Bei der Zuordnung der Motive in Abschnitt 3.4.2.3.2 wurde das Motiv „Talkabout" den inhaltsorientierten Motiven zugeordnet, weil diesem Motiv eine zukunftsorientierte Komponente konstatiert wurde Das Motiv verhält sich in seinen Ausprägungen aber auch nicht wie die beiden prozessorientierten Motive Ein Erklärungsansatz hierfür ist, dass das Motiv Talkabout eine eigene Motivklasse darstellt, die in etwa mit dem Begriff „sozialorientierte Motive" bezeichnet werden könnte und der wiederum eigene Effekte auf die Werbewirkung und damit auf die Zusammenhänge des Basismodells zugrunde liegen.

Unerwartete Ergebnisse zeigen sich zunächst für das Cluster der *„Freaks"*. Für dieses Cluster wurde aufgrund der hohen Ausprägung inhaltsorientierter Motive bei gleichzeitig schwacher Ausprägung prozessorientierter Motive die höchste Verarbeitungstiefe prognostiziert: die hohe Verarbeitungstiefe wird durch den sehr hohen Parameterwert für die Dimension Information bestätigt. Trotzdem ist innerhalb dieses Clusters kein signifikanter Zusammenhang zwischen der Dimension Irritation und der Einstellung zur Site nachweisbar. Für den nicht nachweisbaren Effekt der Dimension Irritation gibt es folgende zwei mögliche Erklärungen:

Für das Cluster der „Freaks" könnte einerseits von einer nur moderaten Verarbeitungstiefe ausgegangen werden. Hierfür spricht auch die Struktur der Motive. Das Motiv „Escapism" ist extrem schwach ausgeprägt. Nutzer, die diesem Cluster angehören, sind sehr sachlich. Ein Mitglied des Clusters der „Freaks" bildet seine Einstellung zur Site bewusst nur auf Basis des Informationswertes. Es wäre aber denkbar, dass der Informationswert innerhalb dieses Clusters häufig nicht über die deduktive Verarbeitung eigenschaftsrelevanter Informationen bestimmt wird, sondern anhand peripherer Kriterien zustande kommt.

Eine andere Erklärung für dieses Phänomen liegt in den hohen *Fähigkeiten* der „Freaks". Personen dieses Clusters nehmen die Irritation einer Site vermutlich in geringerem Maße wahr als andere Personen. Insbesondere die Anstrengung und Komplexität einer Site werden von Personen dieses Clusters vermutlich als weniger irritierend empfunden und wirken sich weniger negativ auf die Einstellung zur Site aus als bei anderen Personen.

Da sich die beiden Erklärungen nicht wiedersprechen wird von einer Kombination der beiden ausgegangen. Die Verarbeitung der „Freaks" erfolgt nicht ausschließlich entlang der zentralen Route, sondern auch für dieses Cluster führen zum Teil einfache Entscheidungsregeln zur Bestimmung des Informationswertes einer Site. Da für dieses Cluster inhaltsorientierte Motive aber sowohl absolut als auch relativ sehr wichtig sind, weist der so bestimmte Informationswert einen hohen Zusammenhang mit der Einstellung zur Site auf. Die tiefe Verarbeitung eigenschaftsrelevanter Information findet aber durchaus auch statt. Wo diese erfolgt, kommt die Irritation weniger stark zum Tragen, da die „Freaks" mit der Komplexität, Anstrengung und Umständlichkeit einer Site besser umzugehen wissen als die Personen anderer Cluster und diese deshalb nicht so stark bewerten.

Ein weiteres interessantes Phänomen zeigt sich für das Cluster der *„Flaneure"*. Trotz erwarteter hoher Verarbeitungstiefe ist für das Cluster der „Flaneure" der Zusammenhang zwischen der Dimension Irritation und der Einstellung nicht nachweisbar, dafür zeigt sich ein starker Zusammenhang zwischen der Dimension Interaktion und der Einstellung zur Site.

Für dieses Phänomen gibt es folgende mögliche Erklärung: Betrachtet man die Motivstruktur der „Flaneure", ist festzustellen, dass Personen dieses Clusters sich sehr stark für die Information im Internet zu interessieren scheinen und gleichzeitig den Ausbruch aus der Realität suchen. Im Gegensatz zu den „Heavy Usern" möchten Sie dabei aber nicht gestört werden. Nach *Song et al.* ist aber eben dieser Austausch mit anderen ein Indikator für das völlige Aufgehen in der Tätigkeit.[729] Auch in den in den Hypothesen zusammengefassten Aussagen zum E*laboration-Likelihood-Modell* wird bei einem Fehlen des Einflusses der Irritation von einer geringen Verarbeitungstiefe ausgegangen. Folglich wird für das Cluster der „Flaneure" von einer geringeren Verarbeitungstiefe ausgegangen als zunächst angenommen. Es ist davon auszugehen, dass die Personen dieses Clusters bei ihrem Sitebesuch weniger Flow-Erlebnisse haben als die Nutzer, die den Clustern der "Heavy User" und der Funsurfer angehören. Die Einstellung zur Site wird entlang der peripheren Route auf Basis der Stimulationswertes und der Interaktivität sowie anhand einfacher Entscheidungsregeln zum Informationsgehalt der Site gebildet.

Zusammenfassend kann gesagt werden, dass sich für die integrative Betrachtung der Motive ein moderierender Effekt der Motivstruktur nachweisen lässt. Inhaltsorientierte Motive führen grundsätzlich zu einem stärkeren Zusammenhang zwischen dem Informationswert einer Site und der Einstellung zur Site. Der Einfluss prozessorientierte Motive ist abhängig von der Ausprägung inhaltsorientierter Motive.

4.3 Zusammenfassung der zentralen Ergebnisse der empirischen Untersuchung

Zusammenfassend kann gesagt werden, dass die Forschungsziele der vorliegenden Untersuchung erreicht werden konnten. Innerhalb der Arbeit wurde ein *umfassendes Instrument der Erfassung der Sitewahrnehmung* entwickelt. Dieses Instrument basiert auf einer Anzahl von lediglich 32 Indikatoren und ist innerhalb der schriftlichen Online-Befragung sowohl hinsichtlich einer Site als auch bei einem Vergleich alternativer Sitegestaltungen oder einem Sitevergleich im Rahmen des Wettbewerbsumfelds einsetzbar. Es stellt ein aus forschungsökonomischen Gründen geeignetes Mittel zur Erfassung der Sitewahrnehmung dar.

Die Ergebnisse der empirischen Untersuchung haben gezeigt, dass die vier Dimensionen der Sitewahrnehmung die Einstellung zur Site signifikant beeinflussen. Die Dimensionen Informationswert, Stimulationswert, Interaktivität und Irritation erklären 74% der Varianz der Einstellung zur Site. Somit kann als erstes zentrales Ergebnis der Untersuchung festgehalten werden, dass *die Sitewahrnehmung entlang der vier Dimensionen die Einstellung zur Site sehr gut* erklärt.

Auf Basis des entwickelten Messinstrumentes konnten zudem Untersuchungen zu den *Auswirkungen produkt- und nutzerabhängiger Merkmale* auf den Wirkungsverlauf bei der Sitebewertung stattfinden. Wie die Ergebnisse der empirischen Untersuchung gezeigt haben, ist der Zusammenhang zwischen den Dimensionen der Sitewahrnehmung und der Einstellung zur Site nicht kontextunabhängig, sondern wird durch *Merkmale des Produktes* und des *Nutzers* moderiert. Dabei hat sich gezeigt, dass von einer prinzipiellen Übertragbarkeit der Theorien der klassischen Werbewirkungsforschung auf das Werbemittel Site ausgegangen werden kann.

---

[729] Vgl. Song et al. 2004.

Betrachtet man die empirischen Ergebnisse wird deutlich, dass die integrative Betrachtung der Motive den Nachweis signifikanter Effekte der Motivstruktur auf den Zusammenhang zwischen den Dimensionen der Sitewahrnehmung und der Einstellung zur Site zulässt. Dieser Nachweis ist in der Forschung zum Uses and Gratifications Approach bislang nicht geführt worden und stellt ein wesentliches Ergebnis der Arbeit dar.

Sowohl für die produkt- als auch die nutzerabhängigen Merkmale wird bestätigt, dass das Involvement als innerer Vorgang nicht nur zweiwertig ist.[730] Zudem wird bestätigt, dass die differenzierte Betrachtung des Involvement nach Maßgabe der Dimensionalität dieses Konstruktes sinnvoll zu sein scheint.

Im Rahmen der Untersuchung können die entwickelten Cluster auf Basis ihres *Involvement* in eine *Reihenfolge* gebracht werden. Die Ergebnisse weisen auf eine Abstufung des Wirkungsverlaufs in Abhängigkeit vom Involvement hin. Dies ist von Bedeutung, da eine feinere Differenzierung der Ausprägungen des Involvement in der bestehenden Literatur oft aus pragmatischen und messtheoretischen Überlegungen unterbleibt. Zukünftige Forschungen sollten verschiedene Stufen des Involvement einbeziehen, um so ein differenzierteres Bild der Werbewirkung auf dieser Stufe zu generieren.

Bei der Betrachtung des Involvement scheint aber insbesondere eine Differenzierung in emotionale und rationale Gründe sinnvoll. Die empirischen Ergebnisse der Arbeit weisen darauf hin, dass in Abhängigkeit von der Ausprägung dieser Gründe deutliche Unterschiede im Wirkungsverlauf zu erwarten sind.

Im Folgenden werden die zentralen empirischen Resultate bezüglich des moderierenden Einflusses zusammenfassend bewertet. Für eine Detaildiskussion der empirischen Ergebnisse wird auf die Abschnitte 4.2.2.3, 4.2.3.2.3 sowie 4.2.3.3.4 verwiesen. Bei der Analyse der Wirkungszusammenhänge zeigen sich grundsätzlich vier Muster. Diese werden wie folgt interpretiert:

Muster 1 stellt den *typischen Wirkungsverlauf* bei *hoher Verarbeitungstiefe* dar. Der Wirkungsverlauf ist durch die deduktive und intensive Verarbeitung eigenschaftsrelevanter Produktinformationen gekennzeichnet. Entlang dieses Wirkungsverlaufs kom-

---

[730] Vgl. Schwaiger 1997, S. 27f.

men durch die Sitegestaltung hervorgerufene *Irritationen* zum Tragen. Unterstützt wird die Informationsverarbeitung durch die anhand der Website hervorgerufenen Emotionen. Diese können durch die Informationsverarbeitung oder durch gestalterische Elemente der Website ausgelöst werden. Folglich ist die Wahrnehmung der Dimensionen Stimulation, Information und Irritation von Relevanz für das Gesamturteil der Site. Dieser Wirkungsverlauf tritt sowohl bei hohem Involvement aufgrund der Charakteristika des Produktes als auch bei hohem Involvement aufgrund nutzerimmanenter Merkmale zutage.

Muster 2 stellt den *typischen Wirkungsverlauf* bei *geringer Verarbeitungstiefe* dar. Der Wirkungsverlauf ist durch die Urteilsbildung in Bezug auf die Site anhand der Stimulation durch die Site geprägt. Das Design, der Unterhaltungswert und die Neuigkeiten auf der Site sind für das Gesamturteil maßgeblich. Unterstützt wird dieser Zusammenhang durch die Interaktivität der Site. Der beschriebene Wirkungsverlauf zeigt sich dort, wo die Motivation zur Verarbeitung aufgrund der Spezifika der Produktklasse oder der Eigenschaften des Nutzers gering ist.

Muster 3 stellt den Sonderfall der *Informationsverarbeitung bei reduzierter Verarbeitungstiefe* dar. Der Nutzer versucht sich anhand peripherer Reize und einfacher, z.B. bildhafter Informationen ein Bild über die Rationalität einer eventuellen Produktwahl zu machen. Die Verarbeitungstiefe bleibt dabei relativ gering. Unterstützt wird die reduzierte Informationsverarbeitung durch die auf der Site erfahrene Stimulation. Diese kann durch die Auswertung der peripheren Informationsreize oder gestalterische Elemente der Website hervorgerufen werden. Die Site wird folglich auf Basis des Stimulationswertes und des Informationswertes beurteilt, wobei letzterer in der Regel eine relativ geringe Ausprägung hat. Dieser Wirkungsverlauf zeigt sich dann, wenn der Sitebesuch aufgrund der Charakteristika des Produktes oder der Eigenschaften des Nutzers sehr sachlich beurteilt wird.

Muster 4 zeigt sich für den *Fall ausschließlich emotionaler Beteiligung*. Der Nutzer bildet sein Urteil zur Site ausschließlich anhand der auf der Site erfahrenen Stimulation. Dieser Wirkungsverlauf zeigt sich zum einen bei *hoher emotionaler Beteiligung* aufgrund der Besonderheiten des Produktes, z.B. der hohen Bedeutung emotionaler Gründe im Kaufentscheidungsprozess. Zum anderen ist dieser Fall bei einer geringen Ausprägung sowohl prozess- als auch inhaltsorientierter Motive zu beobachten. In diesem Falle sind die Effekte der Wahrnehmungsdimensionen ähnlich, die resultierende Einstellung zur Site ist aber deutlich schlechter ausgeprägt.

5 Zusammenfassende Bewertung der Arbeit

5.1 Implikationen für die Forschung

Nachdem im vorausgegangenen Abschnitt die Ergebnisse der empirischen Untersuchung zusammengefasst wurden, wird in diesem abschließenden Kapitel herausgearbeitet, welche Implikationen sich aus den konzeptionellen und empirischen Ergebnissen für die Forschung und die Unternehmenspraxis ergeben.

Zu Beginn der Arbeit wurde die Forderung nach dem Return on Investment des eingesetzten Werbeeuros zitiert.[731] Die Optimierung der Sitegestaltung und damit die Berücksichtigung nicht monetärer Inputgrößen, die an der Gestaltung von Werbemaßnahmen ansetzen, stellt die oft wichtigste Stellschraube der Erreichung von Werbeeffizienz dar.[732] Zur Erhellung dieses Tatbestands ging die Arbeit von der Frage nach den Effekten der Sitegestaltung auf den Werbeerfolg aus. Zusätzlich war von Interesse, ob sich produkt- oder nutzerabhängige Einflussgrößen auf die Stärke dieses Effektes auswirken.

Vor diesem Hintergrund sind der Arbeit *drei Ziele* zugrundegelegt worden, mit deren konsequenter Verfolgung diese Fragen beantwortet werden können:

Die *erste Zielsetzung* bestand darin, die Charakteristika von Produktsites zu identifizieren, die für die Wahrnehmung der Nutzer von Bedeutung sind. Sie manifestierte sich in der Entwicklung eines *Messinstrumentes*, das die umfassende Erhebung der Sitewahrnehmung auf forschungsökonomisch sinnvolle Art und Weise erlaubt.

Die *zweite Zielsetzung* bestand darin, zu überprüfen, welche der identifizierten Sitecharakteristika sich positiv auf die Werbeziele des Unternehmens auswirken. Sie galt der theoretischen Begründung und empirischen Überprüfung des *Effektes der Sitewahrnehmung auf die Einstellung zur Site*.

Die *dritte Zielsetzung* galt der theoretischen Begründung und empirischen Überprüfung möglicher *moderierender Effekte* auf den Zusammenhang zwischen der Sitewahrnehmung und der Einstellung zur Site.

---

[731] Vgl. Bauer/Stokburger/Hammerschmidt, S. 306.
[732] Vgl. Hammerschmidt 2005, S. 79. Vgl. auch Lodish et al. 1995, S. 138.

Die Verfolgung der drei Zielsetzungen führte zu der zentralen Erkenntnis, dass ein *Zusammenhang zwischen der Sitewahrnehmung und der Einstellung zur Site* besteht, welcher durch produkt- und nutzerabhängige Merkmale moderiert wird. Aufbauend auf dieser Erkenntnis werden die Implikationen für die wissenschaftliche Forschung diskutiert.

Den ersten entscheidenden Beitrag leistet die vorliegende Arbeit zur *inhaltlichen Aufhellung der Sitewahrnehmung*. In der Wissenschaft existiert zwar ein partielles Grundverständnis einzelner Elemente (Abschnitt 2.2.1, 2.4.2.2) und auch in der Praxis wird mit Instrumenten gearbeitet, denen der Versuch der möglichst breiten Erfassung der Sitecharakteristika zugrunde liegt (Abschnitt 2.3). Eine umfassende methodischempirische Untersuchung blieb aber bisher aus. Der erste konzeptionelle Beitrag liegt demzufolge in der *inhaltlichen Erfassung der Dimensionen und Facetten des Konstruktes Sitewahrnehmung*. Auch in *empirischer Hinsicht* trägt die Arbeit durch die *Operationalisierung des Konstruktes Sitewahrnehmung* zur Durchdringung des Untersuchungsgegenstandes Sitewahrnehmung bei. Die Entwicklung des Messinstrumentes auf Basis der Ergebnisse einer breiten qualitativen Erhebung von Merkmalen der Sitewahrnehmung ergab elf Facetten der Sitewahrnehmung, die zu vier zentralen Dimensionen zusammengefasst wurden. Die Untersuchung der Validität und Reliabilität führte zu sehr guten Ergebnissen.

Ein weiterer empirischer Beitrag besteht in *der Identifikation der Konsequenzen der Sitewahrnehmung*. Auf Basis der empirischen Analyseergebnisse konnte eindeutig nachgewiesen werden, dass die Sitewahrnehmung einen starken Einfluss auf die Einstellung zur Site ausübt. Die Wahrnehmung erklärt über 70% der Varianz der Site. Es konnte auch nachgewiesen werden, dass alle vier Dimensionen der Sitewahrnehmung einen Effekt auf die Einstellung haben. Insbesondere wurde der starke Einfluss der Wahrnehmungsdimension Stimulation deutlich. Dieser hohe Zusammenhang stellt ein wichtiges inhaltliches Ergebnis der vorliegenden Untersuchung dar, das eine eingehendere Diskussion erfordert.

Zunächst wird aber der Beitrag der Arbeit in Hinblick auf die Entwicklung und Überprüfung der *moderierenden Effekte* dargestellt. In der Arbeit konnte gezeigt werden, dass der Effekt der Dimensionen der Sitewahrnehmung auf die Einstellung zur Site in starkem Maße durch produkt- und nutzerabhängige Merkmalen moderiert wird. Diese Erkenntnis stellt den dritten empirischen Beitrag der Arbeit dar. Die empirische Überprüfung erfolgte auf der Basis von Hypothesen. Vor diesem Hintergrund lassen sich die Annahmen der wesentlichen Werbewirkungsmodelle für die vorliegende Untersuchung bestätigen. Die Annahmen der Werbewirkungsforschung zu den klassischen Medien sind somit auch für das Medium Internet gültig.

Ein weiterer Beitrag der Untersuchung liegt deshalb in der Entwicklung von Ansatzpunkten hinsichtlich der *Übertragbarkeit der Erkenntnisse der Werbewirkungsforschung* auf das Medium Internet und der Generierung eines besseren Verständnisses der Siteverarbeitung. Es konnte bestätigt werden, dass die auf Basis der Theorien der klassischen Werbewirkungsforschung generierten Annahmen grundsätzlich auch für das Medium Internet Gültigkeit haben. Wo dies nicht der Fall war, kann auch für die klassischen Medien von einer bisher unzureichenden empirischen Validierung der theoretischen Annahmen gesprochen werden, so dass zukünftige Forschung nicht die Gültigkeit in Bezug auf das Medium, sondern der Theorie als Ganzes im Fokus haben muss.

Für die produktabhängigen Merkmale Involvement und Rationalität/Emotionalität sowie die nutzerabhängigen Motivausprägungen zeigten sich deutliche moderierende Effekte auf den Zusammenhang zwischen den Dimensionen der Sitewahrnehmung und der Einstellung zur Site. Nach Maßgabe der resultierenden Wirkungszusammenhänge ließen sich die Produktkategorien in vier, die Nutzer in fünf Gruppen mit deutlichen Unterschieden in der Werbemittelverarbeitung aufteilen. Für die produktabhängigen Merkmale konnte die vorliegende Arbeit in konzeptioneller Hinsicht den Zusammenhang zwischen bestimmten Produkteigenschaften und resultierenden Wirkungsmustern bei der Werbemittelrezeption verdeutlichen. Für die nutzerabhängigen Merkmale zeigte sich ein starker Zusammenhang zwischen den Motiven der Internetnutzung und ausgewählten Wirkungsmustern, was ebenfalls einen wesentlichen Beitrag in konzeptioneller Hinsicht darstellt. Bei der Betrachtung der moderierenden Effekte des Involvement sowie der Rationalität/Emotionalität sowie der moderierenden Effekte der Motive wurde eine deutlich höhere Signifikanz der Moderation bei der Kombination bzw. integrativen Betrachtung der Merkmale deutlich. Auch dies stellt einen wichtigen Beitrag aus wissenschaftlicher Sicht dar.

Wie weiter oben diskutiert, stellt der durchgängig *hohe Einfluss des Stimulationswertes* ein zentrales Ergebnis der Arbeit dar. Dieses empirische Erkenntnis ist sowohl für die Forschung als auch für die Praxis von Bedeutung. Die Implikationen für die Praxis werden im nächsten Abschnitt ausführlich diskutiert. Die Bedeutung für die Wissenschaft liegt auf der Hand. Die vorliegende Arbeit erfasst die Bedeutung des Stimulationswertes indirekt und fördert so unbewusste Zusammenhänge hervor, die die Bedeutung des Stimulationswertes bei der Werbemittelverarbeitung aufdecken. Über sämtliche untersuchten Teilgruppen wurde ein starker Effekt der Stimulation nachgewiesen. Die Kommunikationsforschung sollte diese Zusammenhänge in Zukunft nicht außer Acht lassen. Damit wird die Bedeutung der Werbemittelgestaltung in der Werbewirkungsforschung unterstrichen.

Der letzte konzeptionelle Beitrag liegt in der *Aufarbeitung der relevanten Konsumentenverhaltensliteratur* und der *Integration scheinbar unabhängiger Theorien*. Die Arbeit bietet eine umfassende Zusammenführung der für die Erfassung der Wirkungszusammenhänge bei der Siteverarbeitung relevanten Literatur. Insbesondere untersucht sie die Vereinbarkeit der für den deutschsprachigen Raum wichtigsten Werbewirkungsmodelle Elaboration-Likelihood-Modell, Attitude-towards-the-Ad-Modell, FCB-Grid und Modell-der-Wirkungspfade.

Allerdings unterliegt die Arbeit auch einigen Restriktionen, aus denen Ansatzpunkte für weitere Forschungsaktivitäten abgeleitet werden können.

Die erste Restriktion liegt in der *Erfassung der Verarbeitungstiefe*. Die Analyse des Werbewirkungsverlaufs erfolgt in der vorliegenden Untersuchung aus erhebungstechnischen Gründen anhand von Urteilen zur Sitegestaltung. Die Erfassung der Informationsverarbeitung (und insbesondere der Verarbeitungstiefe) durch die Merkmalsbatterie des Messinstrumentes stellt aber einen erhebungstechnischen Kompromiss dar. Die Stärke des Zusammenhangs zwischen dem Informationswert und der Einstellung zur Site kann keinen abschließenden Beweis für die Verarbeitungstiefe darstellen. Auch der zusätzliche Hinweis auf eine Verarbeitung von Informationen entlang der zentralen Route, den das regelmäßige Auftreten der Dimension Irritation für die Fälle postulierter Verarbeitung entlang der zentralen Route bietet, gibt keine befriedigende Sicherheit in Hinblick auf eine hohe Verarbeitungstiefe. Vor einer weiteren Anwendung des Messinstrumentes sollte der Zusammenhang zwischen dem hohen Wert für die Dimension Information und der Verarbeitungstiefe über die parallele Erfassung der Gedanken anhand offener kognitiver Protokolle auf Basis einer kleinen Stichprobe stattfinden.

Auch die durch die Site ausgelöste *Aktivierung kann anhand der Merkmalsbatterie nur unzureichend erfasst* werden. Wie in Abschnitt 2.2.1 ausgeführt, kann der auf Basis des Messinstrumentes ermittelte Stimulationswert als Indikator für den bewussten Teil der Aktivierung interpretiert werden. Die apparative Erfassung der Aktivierung während und kurz nach dem Werbemittelkontakt und der Ergebnisvergleich mit dem über die Itembatterie protokollierten Stimulationswert sowie dessen Zusammenhang mit der Einstellung zur Site können Hinweise auf das Potenzial des Messinstrumentes geben, die Aktivierung während und nach des Sitekontaktes zu erfassen.

Die dritte Restriktion betrifft die *Interaktion produkt- und nutzerabhängiger Einflussgrößen* auf die Werbemittelverarbeitung. Das Zusammenwirken der Größen macht es schwierig, von High-Involvement-Produkten oder dem Involvement einer Zielgruppe allgemein zu sprechen. Trotz niedrigem Produktinvolvement kann eine Person zum Beispiel durch akuten Entscheidungsbedarf hohes situationsbedingtes Involvement aufweisen.[733] Nach *Slama/Taschian* gilt für High-Involvement-Produkte die Dominanz produktabhängiger Merkmale. Für Low-Involvement-Produkte nehmen die Autoren an, dass das von Nutzereigenschaften abhängige Involvement dominiert.[734] Aufgrund der Fallzahl kann die Untersuchung einer solchen Interaktion auf Basis der vorliegenden Datenbasis mit den eingesetzten Methoden nicht modelliert werden, sollte aber Bestandteil zukünftiger Forschung sein.

Die vierte Restriktion liegt in der *internationalen Übertragbarkeit* des Instrumentariums. Es muss davon ausgegangen werden, dass die Werbemittelverarbeitung in hohem Maße kulturabhängig ist. *Ko/Cho/Roberts* weisen darauf hin, dass in kollektivistischen Kulturen die Bedeutung bspw. interaktiver Charakteristika der Sitegestaltung verstärkt werden kann.[735]

Abschließend besteht die letzte Restriktion darin, das sich die vorliegende Untersuchung nur mit einem *kleinen Ausschnitt* der interessierenden Zusammenhänge befasst. Die Erweiterung des Modells bezüglich seiner Determinanten und Konsequenzen sollte zukünftiger Inhalt der Werbewirkungsforschung sein. Insbesondere sollten die Erkenntnisse in Hinblick auf die Gestaltungsmerkmale in ein System der Werbeeffizienzmessung oder in ein System des Werbecontrolling integriert werden. So wäre eine Untersuchung des Effektes der Einstellung zur Site auf die Einstellung zur Marke in Abhängigkeit von dem jeweils zugrundliegenden Verarbeitungsweg interessant.

---

[733] Vgl. Schwaiger 1997, S.29.
[734] Vgl. Slama/Taschian 1985.
[735] Vgl. Ko/Cho/Roberts 2005.

5.2 Implikationen für die Praxis

Aus der wissenschaftlichen Durchdringung des Zusammenhangs zwischen der Wahrnehmung der Sitegestaltung und der Einstellung zur Site lassen sich zahlreiche *Erkenntnisse und Empfehlungen für die Unternehmenspraxis* ableiten. Insbesondere bietet das entwickelte *Messinstrument der Sitewahrnehmung* eine Vielzahl von Anwendungsmöglichkeiten in der Praxis. Zunächst einmal ist auch in diesem Zusammenhang das Ergebnis von zentraler Bedeutung, dass die Sitewahrnehmung einen starken Einfluss auf die Einstellung zur Site hat, der Effekt der Sitewahrnehmung aber von produkt- und nutzerabhängigen Merkmalen beeinflusst wird.

Für die Praxis sind das entwickelte *Messinstrument der Sitewahrnehmung* sowie die *Skala zur Erfassung der Einstellung zur Site* von zentraler Bedeutung. Die im Rahmen der empirischen Untersuchung entwickelten Messinstrumente können von einem Sitebetreiber zur Einordnung seiner Site im Konkurrenzumfeld angewandt werden. Sie bieten dem Anbieter die Möglichkeit, seine Site einer *schnellen und kostengünstigen Erfassung* sämtlicher relevanter Facetten der Sitegestaltung und Sitebewertung aus Nutzersicht zu unterziehen. Die ermittelten Werte können im Rahmen einer Benchmarkanalyse die Stärken und Schwächen des Werbemittels im Konkurrenzumfeld verdeutlichen.[736] Eine weitere Möglichkeit bietet sich darin, über das Tracking der Werte im Zeitablauf die *Auswirkungen von Sitemodifikationen* auf die einzelnen Dimensionen sowie die Einstellung zur Site zu verfolgen.[737] Die dritte Möglichkeit des Einsatzes des entwickelten Messinstrumentes in der Praxis besteht in der *Bewertung von Werbemittelalternativen* im Rahmen der Kreation.[738]

Aus der Untersuchung moderierender Effekte auf den Zusammenhang zwischen den Dimensionen der Sitewahrnehmung und der Einstellung zur Site ging hervor, dass sowohl produkt- als auch nutzerabhängige Eigenschaften die relative Bedeutung der vier Dimensionen in starkem Maße beeinflussen. Kurz gesagt, der Anbieter muss sich bei der Gestaltung seiner Site im klaren sein, *welches Involvement und welche emotionalen Bedürfnisse* er auf Basis der Eigenschaften der Produktkategorie sowie der Nutzermotive voraussetzen kann. Dies zeigt die Notwendigkeit und Möglichkeiten für ei-

---

[736] Vgl. Bauer/Meeder/Jordan 2002b.
[737] Vgl. Bauer/Meeder 2000.
[738] Vgl. Bauer/Meeder 2000.

ne segmentspezifische Gestaltung der Web Site und gibt Hinweise auf geeignete Segmentierungskriterien.

Die oben beschriebene Anwendung des Messmodells sollte dabei insbesondere vor dem Hintergrund der Einordnung der *Produktkategorie* entlang der Dimensionen Involvement und Rationalität/Emotionalität erfolgen. Wie die Untersuchung gezeigt hat, weisen die aus diesen beiden Dimensionen ableitbaren Quadranten deutliche Unterschiede in Hinblick auf die relative Bedeutung der vier Dimensionen der Sitewahrnehmung auf. Daraus ergibt sich, dass Vergleiche mit anderen Sites im selben Quadranten zu ziehen sind, da die Möglichkeiten der Sitegestaltung sowie die Bedeutung der vier Dimensionen zwischen den Quadranten stark variieren. Bei einer definierten Zielgruppe, die eine hohe Übereinstimmung mit einem oder mehreren der entwickelten Cluster aufweist, kann die beschriebene Anwendung des Messmodells aber nach Berücksichtigung der Produktkategorie auch einer weiteren zielgruppenorientierten Optimierung der Sitegestaltung zugrundegelegt werden.

In der Praxis kann die im Rahmen der empirischen Analyse entwickelte Operationalisierung auch bei der Einordnung einer spezifischen Site entlang der Dimensionen Involvement und Rationalität/Emotionalität dienlich sein. Die Skalen zu den fünf Motiven der Internetnutzung erlauben dem Anbieter eine Analyse der Motivstruktur der Nutzer seiner Site. Hierbei wird deutlich, dass zwar die Einordnung der Produktkategorie unproblematisch sein dürfte, ein Anbieter sich aber meist einer heterogenen Bedürfnisstruktur seiner Nutzer gegenübersieht. Dabei greift das besondere Potenzial des Mediums Internet. Dieses Medium bietet über die Charakteristika Hypermedialität und Interaktivität wie kein anderes Medium die Möglichkeit, innerhalb eines Werbemittels heterogene Bedürfnisstrukturen zufriedenzustellen.

Die Ausführungen machen deutlich, dass Analysen auf Basis der entwickelten Skalen einem Sitebetreiber Hinweise darauf geben können, worauf die Einstellung zur Site zurückzuführen ist. Über den Mittelwertvergleich kann deutlich gemacht werden, welche Stellschrauben der Sitegestaltung bestehen und wie stark diese priorisiert werden müssen.

Unabhängig von der Nutzbarmachung der entwickelten Skalen ergibt sich aber aus den Analyseergebnissen für die Praxis insbesondere ein besseres Verständnis für die Zusammenhänge zwischen der Gestaltung einer Site und deren Wirksamkeit. Auf Basis der Analyse lassen sich folgende Aussagen machen:

Die vorliegende Arbeit hat die Bedeutung des Stimulationswertes einer Site bei der Bildung der Einstellung der Site empirisch erarbeitet. Auf Basis der Analyse zeigt sich, dass sowohl für Produkte mit hohem als auch mit geringem Involvement ein hoher Effekt der Stimulation besteht. Auch für Produkte mit hoher Rationalität weist die Stimulation einen deutlichen Zusammenhang mit der Einstellung zur Site auf. Sämtliche Cluster, die in der Untersuchung entwickelt wurden, machen die Einstellung zur Site insbesondere von der Stimulation durch die Site abhängig. Im vorigen Abschnitt wurde deutlich gemacht, dass dieser Zusammenhang sich insbesondere durch die *indirekte Abfrage* der Bedeutung des Stimulationswertes so deutlich zeigt. Auf diese Besonderheit der Befragungstechnik weist auch die Diskussion in Abschnitt 4.2.3.2 hin, die die Differenz zwischen der Ausprägung prozessorientierter Motive – die für alle Nutzer relativ gering ist – und der – für alle Nutzer – hohen Bedeutung des Stimulationswertes verfolgt.

Ein weiterer Ansatzpunkt für die Praxis ergibt sich aus den dargestellten produktabhängigen Moderatoren. Es wird deutlich, dass die Ansprache über die Produktkategorien sehr unterschiedlich gestaltet sein muss. In aller Deutlichkeit zeigt sich diese Notwendigkeit innerhalb der Analyse der nutzerabhängigen Motive. Für ein Unternehmen ist es sinnvoll, seine Websitegestaltung an der Bedürfnisstruktur seiner Nutzer auszurichten. Bei der Diskussion dieser Zusammenhänge kommt die Problematik der Interaktion produkt- und nutzerabhängiger Moderatoren auch für die Praxis zum Vorschein.

Einleitend in diesem Abschnitt und gleichzeitig einleitend für die gesamte Arbeit wurde die Bedeutung der Integration der Gestaltungselemente in ein Werbewirkungs- sowie ein Werbeeffizienzsystem herausgestellt. Mit der vorliegenden Arbeit ist es gelungen, sowohl zur inhaltlichen Aufhellung des Konstruktes Sitewahrnehmung beizutragen als auch ein probates Instrument zur Optimierung der Sitegestaltung über verschiedene Methoden bereitzustellen. In der Praxis steht folglich einer Optimierung der Sitegestaltung nichts im Wege. Diese Ausführung macht aber folgende Zusammenhänge umso deutlicher:

Die Optimierung der Sitegestaltung kann nicht unabhängig von deren Determinanten und Konsequenzen erfolgen. Mithin wäre es sinnvoll, das einfache Modell der Untersuchung in einen *größeren Modellrahmen* zu integrieren. Somit können Erkenntnisse in Hinblick auf die Auswirkungen der Dimensionen der Sitewahrnehmung auf die Einstellung zur Marke oder finale Verhaltenswirkungen gewonnen werden. Es wird nicht nur deutlich, welche Bestandteile der Sitegestaltung positiv wahrgenommen werden, sondern es wird deutlich, welches Gewicht den Dimensionen bei der Bildung der Einstellung zur Marke zukommt. Die Modellierung solcher Zusammenhänge würde die Praxis dem Ziel des Werbecontrolling oder der Werbeeffizienzanalyse deutlich näher bringen.

Auf Basis der dargestellten Modelle lassen sich für die Sitegestaltung vier Basisstrategien entwickeln. Die Anwendung dieser Basisstrategien setzt für ein Produkt jeweils die Kenntnis der Motivstruktur der Nutzer voraus.

Quadrant 1 (hohes Involvement und hohe Rationalität):

Diese Strategie ist relevant bei *hohem Involvement* und *hoher Rationalität* der Kaufentscheidung. Aufgrund der Besonderheiten des Produktes und/oder seiner Motivstruktur ist der Nutzer insbesondere an Informationen interessiert. Im Falle hohen Involvement und hoher Rationalität muss das Unternehmen auf die Bereitstellung vollständiger, aktueller Inhalte von guter Qualität achten. In diesem Fall muss sichergestellt werden, dass für den Nutzer alle gesuchten Informationen auch auffindbar sind. Dabei muss in besonderem Maße darauf geachtet werden, dass der Nutzer sich gut auf der Site zurechtfindet. Insbesondere sollte diese übersichtlich gestaltet und gut strukturiert sein, umständliche Navigationen oder technische Probleme müssen unbedingt verhindert werden.

Bei hohem Involvement und/oder hoher Rationalität sorgen eine ansprechende, aber aufgeräumte graphische Aufbereitung und interessante Neuigkeiten zum Produkt für stimulierende Erlebnisse auf der Site. Diese Basisstrategie eignet sich z.B. für Computer oder Versicherungen. Ein Versicherungskonzern sollte ausführlich über seine Produkte informieren. Zusätzliche Features haben auf einer solchen Site nichts zu suchen, der Nutzer ist vollständig damit ausgelastet, die Vielzahl an Informationen aufzufinden und zu verarbeiten, eine zusätzliche Steigerung der Komplexität einer solchen Site ist zu vermeiden. Unabhängig davon ist es möglich, die Site durch produktbezogene Bilder mit hoher Affektivität emotional aufzuladen.

Quadrant 2 (geringes Involvement und hohe Rationalität):

Diese Strategie eignet sich bei geringem Involvement und hoher Rationalität für die Gestaltung der Site. Aufgrund der Besonderheit des Produktes ist der Nutzer lediglich an einfachen Informationen interessiert und verarbeitet auch nur diese. Im Zentrum dieser Strategie steht die Bequemlichkeit für den Nutzer. Das Unternehmen muss einfache Informationen von guter Qualität und Aktualität bereitstellen. Zusätzlich können periphere Reize die Entscheidung erleichtern. Ein Produkt dieser Kategorie ist zum Beispiel Benzin. Ein Mineralölkonzern sollte einen seriösen, aufgeräumten Auftritt anstreben. Bequemlichkeit kann für den Nutzer über Features wie die Benzinpreisbeobachtung von Tankstellen in seiner Nähe, einem Routenplaner, Stadtplandienst oder Online-Trainings für die Führerscheinprüfung geschaffen werden. Diese Sitebestandteile wirken sich positiv auf die Stimulation und die Interaktivität der Site aus. Sie weisen eine Verbindung zum Produkt auf, ohne den Nutzer zu zwingen, sich intensiv mit spezifischen Produktinformationen auseinander zusetzen.

Quadrant 3 (hohes Involvement und hohe Emotionalität):

Diese Strategie kommt bei hohem Involvement und hoher Emotionalität für die Gestaltung der Site zum Einsatz. Der Nutzer ist an stimulierenden Erlebnissen mit Produktbezug interessiert. Das Unternehmen muss interessante, emotionsgeladene Informationen anbieten, dabei aber insbesondere ein gutes Produkterlebnis schaffen. Features auf diesen Sites sind der Car-Konfigurator oder eine Modenschau in Slideform. Eine Site für High-Involvement-Produkte mit hoher Emotionalität muss das Produkt erlebbar machen. Produkte dieser Kategorie sind Automobile der Oberklasse, Sportwagen und exklusive Mode. Ein weiteres Produkt dieser Kategorie stellen hochwertige Uhren dar. Die Firma Glashütte als Anbieter von hochwertigen Uhren gestaltet ihre Site sehr einfach. Auf der perfekt gestalteten Homepage in Form eines Ziffernblatts gibt es nur wenige Links. Die meisten dieser Links führen zu verschiedenen Produktlinien. Auf jeder Seite sind Uhren der Firma in Nahaufnahme zu sehen, die Aufnahmen sind gestochen scharf und aufwendig in Szene gesetzt. Produktinformationen tauchen nur vereinzelt als Bildunterschriften auf. Und das Besondere an dieser Seite ist: sie hat die besten Einstellungswerte aller Sites erhalten.

Quadrant 4 (geringes Involvement und hohe Emotionalität):

Diese Strategie kann bei geringem Involvement und hoher Emotionalität für die Gestaltung der Site angewandt werden. Der Nutzer ist an stimulierenden Erlebnissen und Interaktion interessiert. Ein Produktbezug ist dabei für den Nutzer von nur geringerer Bedeutung, Informationen werden auf diesen Sites nicht gesucht. Das Unternehmen sollte seichte Erlebnisse bereitstellen und für eine gute Atmosphäre auf der Site sorgen. Auf einer Site dieser Kategorie bietet sich Musik an. Diese Strategie ist die einzige innerhalb der Unterhaltungsmodule wie animierte Comics, Filme zum Download, ein Quiz „Welcher Kaffeetyp bin ich?" oder ein interaktives Limonadenspiel etwas zu suchen haben. Das Unternehmen sollte dabei sicherstellen, dass diese Bestandteile einen engen Bezug zum Produkt aufweisen und nach Möglichkeit interaktive Elemente beinhalten. Ein Beispiel dieser Kategorie sind Softdrinks. Ein Anbieter von Softdrinks könnte stimulierende Erlebnisse über eine Vielzahl verschiedener unterhaltender Features mit Produktbezug anbieten. Neben Werbefilmen zum Download regen ein Limonadensong, Postkarten zum Online-Verschicken, ein interaktiver Limonadenflirt mit der witzigen Datenbank und Produkte im Limonadendesign, die bestell- oder gewinnbar sind, die Phantasie an. Wichtig ist, dass diese Features häufig ausgetauscht werden und die Site somit immer wieder anders gestaltet ist.

Anhang

Primäre Bestimmungsfaktoren	Sekundäre Bestimmungsfaktoren	Elaboration Likelihood	Route der Beeinflussung	Ausnahmen
Situative Faktoren				
Shopping Orientation	Hohe Motivation	Hoch	Zentrale Route	Mangelnde Fähigkeit
Konsequenz der Entscheidung für Rezipienten	Hohe Motivation	Hoch	Zentrale Route	Mangelnde Fähigkeit
Konsequenz der Entscheidung für andere	Hohe Motivation	Hoch	Zentrale Route	Mangelnde Fähigkeit
Persönliche Bedeutung	Hohe Motivation	Hoch	Zentrale Route	Mangelnde Fähigkeit
Verantwortlichkeit für Einstellungsurteil	Hohe Motivation	Hoch	Zentrale Route	Mangelnde Fähigkeit
Browsing Orientation	Geringe Motivation	Gering	Periphere Route	-
Große Anzahl an Entscheidern	Geringe Motivation	Gering	Periphere Route	Hohe Motivation z.B. aufgrund von Leadership
Wiederholung der Botschaft	Hohe Fähigkeit	Hoch	Zentrale Route	Mangelnde Motivation
Positive Stimmungen	Hohe Fähigkeit	Hoch	Zentrale Route	
Kein Zeitdruck	Hohe Fähigkeit	Hoch	Zentrale Route	Mangelnde Motivation
Ablenkung	Geringe Fähigkeit	Gering	Periphere Route	-
Ängstlichkeit	Geringe Fähigkeit	Gering	Periphere Route	
Zeitdruck	Geringe Fähigkeit	Gering	Periphere Route	-
Intrapersonale Faktoren				
Need for Cognition	Hohe Motivation	Hoch	Zentrale Route	Mangelnde Fähigkeit
Wissen	Hohe Motivation und Fähigkeit	Hoch	Zentrale Route	Eventuell mangelnde Motivation
Vermeidung kognitiver Anstrengung	Geringe Motivation und event. Fähigkeit	Gering	Periphere Route	-
Individuelle Sensibilitätsunterschiede gegenüber peripheren Faktoren	Geringe Motivation oder Fähigkeit	Gering	Periphere Route	-
Beschäftigung mit dem Werbeinhalt wird als persönlich inkonsequent eingestuft	Geringe Motivation	Gering	Periphere Route	-
Ignoranz	Geringe Fähigkeit	Gering	Periphere Route	-
Produktabhängige Faktoren				
Hohes Risiko	Hohe Motivation	Hoch	Zentrale Route	Mangelnde Fähigkeit
Shopping Goods	Hohe Motivation	Hoch	Zentrale Route	Mangelnde Fähigkeit
Ausgabenhöhe	Hohe Motivation	Hoch	Zentrale Route	Mangelnde Fähigkeit
Geringes Risiko	Geringe Motivation	Gering	Periphere Route	-
Impulsive Goods	Geringe Motivation	Gering	Periphere Route	-

Primäre Bestimmungsfaktoren	Sekundäre Bestimmungsfaktoren	Elaboration Likelihood	Route der Beeinflussung	Ausnahmen
Intangibilität	Geringe Fähigkeit	Gering	Periphere Route	-
Komplexität	Geringe Fähigkeit	Gering	Periphere Route	-
Werbemittelabhängige Faktoren				
Interaktivität	Hohe Fähigkeit	Hoch	Zentrale Route	-

Tabelle 54: Primäre und sekundäre Bestimmungsfaktoren der Verarbeitungstiefe

Quelle: Quellenangaben siehe Fußnote [739]

Reize	Quellen
Zentrale Reize	
Botschaftsinhalte	Chaiken 1980
Mit der Botschaft verknüpfte bisherige Erfahrungen	Chaiken 1980
Periphere Reize	
Glaubwürdigkeit des Kommunikators	Chaiken 1980
Wahrgenommene Meinung des Publikums	Landy 1972, Silverthorne/Mazmanian 1975
Externes Feedback bzgl. internem Zustand des Rezipienten	Giesen/Hendrick 1974, Mintz/Mills 1971
Sprachgeschwindigkeit des Kommunikators	Miller et al. 1976
Expertenstatus des Kommunikators	Chaiken 1980, Petty/Cacioppo/Goldman 1981
Empfundene Glaubwürdigkeit des Kommunikators	Chaiken 1980
Attraktivität des Kommunikators	Chaiken 1980
Sympathie des Kommunikators	Chaiken 1980

Tabelle 55: Zusammenfassende Darstellung zentraler und peripherer Reize der Einstellungsbildung

---

[739] Vgl. Petty/Cacioppo 1979. Ausführlich zu einzelnen Faktoren: Apsler/Sears 1968 (Konsequenz der Entscheidung für sich selbst), Cacioppo/Petty 1982 (Need for Cognition); Chaiken 1980 (Einstufung als persönlich inkonsequent, Persönliche Bedeutung und Konsequenz der Entscheidung für sich selbst oder andere); Eagly/Chaiken 1993 (Zeitdruck, Expertise, Wissen, positive Stimmungen, direkte Erfahrungen mit dem Einstellungsobjekt); Maheswaran/Chaiken 1991, S. 21 (Wichtigkeit der Aufgabe); Petty/Cacioppo 1986 (Ängstlichkeit); Petty/Cacioppo 1986, Petty/Wells/Brock 1976 (Ablenkung); Petty/Cacioppo/Goldman 1981, Sherif et al. 1973, Petty/Cacioppo/Heesacker 1981 (persönliche Bedeutung); Petty/Cacioppo/Heesacker 1981 (Gebrauch von Rhetoriken); Tetlock 1983 S. 80f. (Verantwortlichkeit für die eigenen Einstellungsurteile).

Statement	Kategorisierung, ursprünglich	Research
Ab manchen Stellen habe ich Orientierungsprobleme auf der Site		NI
Am Anfang habe ich nicht sofort erkannt, für welches Produkt die Site wirbt	Opening Suspense	LBK
An diese Site kann man sich einfach erinnern	Meaningfullness	LBK
An interessante Inhalte der Site komme ich nicht, weil ich nicht Mitglied bin	Personalisierung	EI
Auf der Homepage der Site werden interessante Inhalte angefeatured (kurz vorgestellt)	Organisation	EI
Auf der Site beschäftige ich mich intensiv mit der Seite	Konzentration	LBO
Auf der Site bin ich erfreut	Stimmung	LBO
Auf der Site bin ich fröhlich	Stimmung	LBO
Auf der Site bin ich glücklich	Stimmung	LBO
Auf der Site bin ich gut gelaunt	Stimmung	LBO
Auf der Site bin ich selbstbestimmt		NI
Auf der Site bin ich total in die Seite vertieft	Konzentration	LBO
Auf der Site bin ich total konzentriert	Focused Attention	LBO
Auf der Site bin ich voll auf die Seite konzentriert	Konzentration	LBO
Auf der Site entscheide ich, was ich mir anschaue	Kontrolle	LBO
Auf der Site erhalte ich interessante Komplementärinformationen zum Produkt	Information	EI
Auf der Site erhalte ich interessante Zusatz- und Ergänzungsinformationen zum Produkt		NI
Auf der Site erinnere ich mich an meine Erfahrungen mit dem Produkt	Mit der Botschaft verknüpfte bisherige Erfahrungen	LBK
Auf der Site erinnert man sich an Augenblicke, in denen Du das Produkt benutzt hast	Markenreinforcement	EI
Auf der Site erkenne ich die Bilder aus dem Offline-Auftritt wieder		NI
Auf der Site erkenne ich die Marke sofort	Einbindung in Gesamtkommunikation	EI
Auf der Site finde ich viele Illustrationen zum Produkt	Informationsverarbeitung (Verständnis)	LBK
Auf der Site fühle ich mich aktiv	Aktivierung	LBO
Auf der Site fühle ich mich angeregt	Aktivierung	LBO
Auf der Site fühle ich mich aufgedreht	Aktivierung	LBO
Auf der Site fühle ich mich beeinflusst	Control, Kontrolle	LBO
Auf der Site fühle ich mich bewegt	Aktivierung	LBO
Auf der Site fühle ich mich daran erinnert, wie ich das Produkt benutzt habe	Mit der Botschaft verknüpfte bisherige Erfahrungen	LBK
Auf der Site fühle ich mich erfinderisch	Playfulness	LBO
Auf der Site fühle ich mich flexibel	Playfulness	LBO
Auf der Site fühle ich mich glücklich	Positive Affect	LBO
Auf der Site fühle ich mich inspiriert	Playfulness	LBO
Auf der Site fühle ich mich kreativ	Playfulness	LBO
Auf der Site fühle ich mich lebendig	Aktivierung	LBO
Auf der Site fühle ich mich nicht fremdbestimmt	Kontrolle	LBO
Auf der Site fühle ich mich orginell	Playfulness	LBO
Auf der Site fühle ich mich selbstbestimmt	Control	LBO
Auf der Site fühle ich mich spontan	Playfulness	LBO
Auf der Site fühle ich mich verspielt	Playfulness	LBO
Auf der Site fühle ich mich wie in einer eigenen Welt	Telepräsenz	LBO
Auf der Site fühle ich mich zufrieden	Stimmung	LBO
Auf der Site fühlst Du Dich an Situationen erinnert, in denen Du das Produkt genutzt hast	Persuasive Stimulation	LBK
Auf der Site geht es mir oft ein bisschen zu schnell	Sprachgeschwindigkeit des Kommunikators	LBK
Auf der Site gibt es auf jeder Seite eine Vielzahl von Aktionsmöglichkeiten	Interactivity	LBO
Auf der Site gibt es kaum Wartezeiten		NI
Auf der Site gibt es unterschiedlich gestaltete Subkategorien, denen eine gemeinsame graphische Logik zugrunde liegt	Visuelle Umsetzung	EI
Auf der Site gibt es viele Rechtschreibfehler	Irritation	EI
Auf der Site habe ich als registrierter Nutzer einen eigenen Zugang		NI
Auf der Site habe ich das wiedergefunden was ich auch sonst manchmal fühle	Empathy	LBK
Auf der Site habe ich ein Neues Produkt entdeckt, das ich jetzt gerne ausprobieren möchte	Relevant News	LBK
Auf der Site habe ich etwas Neues gelernt	Relevant News	LBK

Statement	Kategorisierung, ursprünglich	Research
Auf der Site habe ich mich eine ganze Weile aufgehalten	Exploratorisches Verhalten	LBO
Auf der Site habe ich nichts dazugelernt		NI
Auf der Site habe ich viel Neues erfahren		NI
Auf der Site hast Du das Gefühl, du könntest das Produkt fast anfassen	Markenreinforcement	EI
Auf der Site ist die Wartezeit zwischen meinen Aktionen und den Reaktionen des Computers gering	Interactivity	LBO
Auf der Site ist es einfach, weitere Informationen (z.B. per Post) anzufordern		NI
Auf der Site ist mir immer klar, was mich erwartet	Organisation	EI
Auf der Site ist zu viel los		NI
Auf der Site kann ich anonym bleiben	Personalisierung	EI
Auf der Site kann ich auf jeder Seite die Sitemap abrufen	Informationsaufnahme	LBK
Auf der Site kann ich die Übertragungsgeschwindigkeit wählen, die meiner technischen Ausstattung entsprichtV	Individualisierung	EI
Auf der Site kann ich einfach Kontakt zum Unternehmen aufbauen		NI
Auf der Site kann ich entscheiden, was ich mir anschaue		NI
Auf der Site kann ich Inhalte auswählen, die mich interessieren	Kontrolle	LBO
Auf der Site kann ich mich lange Zeit führen lassen	Navigation	EI
Auf der Site kann ich mich schnell durchklicken		EI
Auf der Site kann ich spazieren gehe und entdecke ständig etwas Neues	Navigation	EI
Auf der Site kann ich spontan sein		NI
Auf der Site kann ich Stöbern und werde dabei rumgeführt	Navigation	EI
Auf der Site kann ich von jeder Site per Button zur Homepage zurück	Informationsaufnahme	LBK
Auf der Site kann ich zu einem bestimmten Termin um Rückruf bitten (Call-Back-Button) (wie 91J)	Einbindung in Gesamtkommunikation	EI
Auf der Site kann man unmöglich alles erfassen		NI
Auf der Site komme ich oft nicht weiter	Navigation	EI
Auf der Site komme ich schnell zum Ziel	Navigation	EI
Auf der Site merke ich nicht, wie die Zeit vergeht	Time distortion	LBO
Auf der Site muss ich mich registrieren lassen, um an die wirklich interessanten Inhalte zu kommen	PErsonalisierung	EI
Auf der Site passiert was		NI
Auf der Site richtet sich meine ganze Aufmerksamkeit auf die Seite	Konzentration	LBO
Auf der Site sind Menschen	Empathic Produkt Integration	LBK
Auf der Site sind zu viele Animationen	Animationen	EI
Auf der Site sind zu viele Bilder, Produkte und Farben		NI
Auf der Site sind zu viele Informationen, die nur stören	Komplexität	EI
Auf der Site stört mich, dass ich erkannt werde	Personalisierung	EI
Auf der Site vergeht die Zeit schnell	Time distortion	LBO
Auf der Site vergesse ich meine tatsächliche Umgebung	Telepräsenz	LBO
Auf der Site vergesse ich nie, wo ich mich befinde	Telepräsenz	LBO
Auf der Site vergesse ich, wo ich bin	Telepräsenz	LBO
Auf der Site weiß ich immer, zu welchem Produkt sie gehört	Markenreinforcement	EI
Auf der Site weiß ich sofort, wie ich meine Ziele erreiche		NI
Auf der Site weiß ich, dass ich anonym bleibe und jegliche Rückübertragung von Informationen verhindern kann	Personalisierung	EI
Auf der Site werde ich an der Hand genommen und durchgeführt	Navigation	EI
Auf der Site werde ich an meine Erfahrungen mit dem Produkt erinnert	Mit der Botschaft verknüpfte bisherige Erfahrungen	LBK
Auf der Site werde ich direkt angesprochen	Personalisierung	NI
Auf der Site werde ich persönlich begrüßt		NI
Auf der Site werde ich von Informationen überflutet		NI
Auf der Site werden einem Momente in Erinnerung gerufen, in denen man das Produkt genutzt hat		NI
Auf der Site wird das Produkt demonstriert	Markenreinforcement	EI
Auf der Site wird mein voller Einsatz gefordert	Challenge	LBO
Auf der Site wird mir vermittelt, dass auch andere Menschen positive Erfahrungen mit dem Produkt gemacht haben	Wahrgenommene Meinung des Publikums	LBK
Auf der Website erkenne ich die Bilder aus dem Offline-Auftritt wieder J	Einbindung in Ge-	EI

Statement	Kategorisierung, ursprünglich	Research
	samtkommunikation	
Auf der Website finde ich auch Telefonnummern, wie ich das Unternehmen erreichen kann	Einbindung in Gesamtkommunikation	EI
Auf der Website gab es Dinge, die mir unklar warenwie152 V	Irritation	EI
Auf der Website kann ich mir eine Print-Version zuschicken lassen	Einbindung in Gesamtkommunikation	EI
Auf der Website kann ich wichtige Informationen bequem ausdrucken	Einbindung in Gesamtkommunikation	EI
Auf die Inhalte der Site kann ich mich verlassen		NI
Auf die Site kann man sich verlassen	Glaubwürdigkeit des Kommunikators	LBK
Auf diese Site kann man sich verlassen	Authoritative	LBK
Auf dieser Site fühle ich mich gut	EQ	LBK
Auf dieser Site kann ich mich zurücklegen	Vergnügen	EI
Auf dieser Website kann ich mich meinen persönlichen Interessen entsprechend fortbewegen wie	Individualisierung	EI
Auf jeder Seite der Site ist das Unternehmen erkennbar	Informationsaufnahme	LBK
Auf jeder Seite kann ich sehr schnell das Wesentliche erfassen	Informationsverarbeitung (Verständnis)	LBK
Auf viele Inhalte der Site könnte man verzichten	Informationsaufnahme	LBK
Bei der Navigation bin ich viele Umwege gegangen		NI
Bei der Nutzung der Site fühle ich mich sicher.	Wahrgenommene Kontrolle	LBO
Bei der Nutzung der Site vergeht die Zeit „wie im Flug".	Verzerrung des Zeitgefühls	LBO
Bei der Vielzahl an Möglichkeiten kann ich mich oft schlecht entscheiden	Komplexität	EI
Bei der Website bekomme ich automatisch die Version zugeschickt, die meiner Bildschirmgröße entspricht	Personalisierung	EI
Bei manchen Graphiken frage ich mich, wozu sie da sind	Komplexität	EI
Beim Surfen auf der Site fühle ich mich ein bisschen, als würde ich in eine andere Welt abtauchen	Telepräsenz	LBO
Beim Surfen auf der Site neige ich dazu, die Zeit zu vergessen	Telepräsenz	LBO
Beim Surfen auf der Site vergesse ich, was um mich herum geschieht	Telepräsenz	LBO
Beim Surfen auf der Site verliere ich das Zeitgefühl	Telepräsenz	LBO
Das Angebot ist auf das Wesentliche reduziert		NI
Das Angebot ist klar und übersichtlich strukturiert		NI
Das dargestellte Produkt hat mich überzeugt	Brand Reinforcement	LBK
Das Design der Site gefällt mir	Attraktivität des Kommunikators	LBK, NI
Das Design der Site ist modern		NI
Das Finden bestimmter Inhalte der Site wird einem wirklich nicht leicht gemacht		NI
Das Image und die Assoziationen zur Marke werden gelungen transportiert		NI
Das Informations- und Informationsangebot ist vielschichtig		NI
Das ist die Art von Site, die Du schnell vergisst	EQ	LBK
Das ist ein gutes Produkt das ich weiterempfehlen würde	Brand Reinforcement	LBK
Das ist eine aufregende Site	Vigor	LBK
Das ist eine dumme Site	Disliked	LBK
Das ist eine faszinierende Site	EQ	LBK
Das ist eine geschmackvolle Site	Tastefulness	LBK
Das ist eine informative Site.	Clarity	LBK
Das ist eine kreative Site	Novel	LBK
Das ist eine phantasievolle Site		NI
Das ist eine Site von hoher Qualität	Expertenstatus des Kommunikators	LBK
Das ist eine tolle Site	EQ	LBK
Das ist eine ungewöhnliche Site		NI
Das ist eine ungewöhnliche Site, ich glaube nicht, dass es so was schon mal gibt	Einzigartigkeit	EI
Das ist eine Werbung, die das Herz wärmt	EQ	LBK
Das ist genau meins – die Art von Leben, die die Website zeigt	Personal Relevance	EI
Das Layout der Site gefällt mir	Attraktivität des Kommunikators	LBK
Das Layout der Site ist modern		NI

Statement	Kategorisierung, ursprünglich	Research
Das Layout der Website verwirrt mich	Visuelle Umsetzung	EI
Das Layout ist ansprechend		NI
Das Logo auf der Site ist immer klar erkennbar	Informationsaufnahme	LBK
Das Logo ist rechts unten platziert	Informationsaufnahme	LBK
Das Produkt ist auf der Site abgebildet	Einstellungswirkung	LBK
Das Produkt könnte größer abgebildet werden	Einstellungswirkung	LBK
Das Surfen auf der Site macht Spaß		NI
Das Unternehmen geht auf Anregungen und Kritik ein		NI
Das Unternehmen ist offen für Anregungen und Kritik		NI
Das Unternehmen nimmt meine persönlichen Anliegen ernst		NI
Das verwendete Bildmaterial weist qualitative Mängel auf		NI
Der Ansager ist zu sehen	Integrated Announcer	LBK
Der Besuch dieser Site ist ein Spiel	Vergnügen	EI
Der Besuch dieser Site ist wie Zapping beim Fernsehen	Navigation	EI
Der Betreiber ist über meine Interessen informiert und geht darauf ein	Personalisierung	EI
Der Hauptcharakter der Site ist klar	Empathic Produkt Integration	LBK
Der Nutzer kann sich in der Vielfalt des Informationsangebots verlaufen		NI
Der Sound auf der Site ist penetrant		NI
Der Sound auf der Site nervt mich	Akustische Gestaltung	EI
Der Sound/die Musik aktivieren mich	Akustische Gestaltung	EI
Der Sound/die Musik gefallen mir	Akustische Gestaltung	EI
Der Sound/die Musik passen zur Website	Akustische Gestaltung	EI
Der Text steht immer in der Mitte, wie ich es gewohnt bin Wertung?	Visuelle Gestaltung der Texte	EI
Der Text-Hintergrund-Kontrast der Site ist ausreichend	Visuelle Gestaltung der Texte	EI
Der Website-Betreiber hat manche Dinge unnötigerweise neu benannt	Irritation	EI
Die Animationen auf der Site gefallen mir	Visuelle Umsetzung	EI
Die Anzahl der Interaktionsmöglichkeiten auf der Site ist gering	Interactivity	LBO
Die Art von Site ist mir vertraut	Familiarity	LBK
Die Art von Site kenne ich	Familiar	LBK
Die auf der Site angebotenen Informationen beantworten meine Fragen über das Produkt	Informationsqualität	LBO
Die Aufbereitung der Inhalte muss noch stärker auf die Bedürfnisse der Nutzer zugeschnitten werden		NI
Die Aufteilung auf der Site ist gut	Visuelle Umsetzung	EI
Die Auswahlmenüs sind zum Teil verwirrend		NI
Die Auswahlmöglichkeiten auf der Site überfordern mich	Komplexität	EI
Die Auswahlmöglichkeiten auf der Site überfordern mich		EI
Die Benutzerführung auf der Site ist gut		NI
Die Beziehung zwischen den Charakteren auf der Site ist eng	Empathic Produkt Integration	LBK
Die Beziehung zwischen den Personen hat mit dem Produkt zu tun	Structured Product Story	LBK
Die Bilder aktivieren mich		NI
Die Bilder auf der Site aktivieren mich emotional	Aktiverungspotenzial	LBK
Die Bilder auf der Site aktivieren mich gedanktlich	Aktiverungspotenzial	LBK
Die Bilder der Site lenken oft ab	Informationsaufnahme	LBK
Die Bilder lassen sofort erkennen, um welche Marke es sich handelt	Informationsverarbeitung (Verständnis)	LBK
Die Cartoons sind sofort wiedererkennbar	Animation	LBK
Die Charaktere sagen etwas, was ich schonmal gehört habe	Problemlösung	LBK
Die einzelnen Seiten der Site sind gut verlinkt		NI
Die Elemente der Site beziehen sich alle auf das Produkt	Opening Suspense	LBK
Die Elemente der Site haben sehr kurze Ladezeiten	Geschwindigkeit	EI
Die Farbe irritiert mich	Unpleasant Stimulation	LBK
Die Farben auf der Site sprechen mich an	Visuelle Umsetzung	EI
Die Farben der Marke finde ich auf der Site wieder		NI
Die Farben der Site sind einladend		NI
Die Farben des Unternehmens finde ich auf der Website wieder J	Einbindung in Ge-	EI

Statement	Kategorisierung, ursprünglich	Research
	samtkommunikation	
Die Farbgestaltung gefällt mir nicht		NI
Die Farbwahl ist dezent und unaufdringlich		NI
Die Features auf der Site sprechen mich an	Vergnügen	EI
Die Funktion der Suchmaschine sollte besser erklärt werden		NI
Die Geschwindigkeit auf der Site entspricht mir	Sprachgeschwindigkeit des Kommunikators	LBK
Die Gestaltung der Site erinnert mich an das, was ich sonst von der Marke kenne	Einbindung in Gesamtkommunikation	EI
Die Gestaltung lädt zum Erkunden der Inhalte ein		NI
Die Gestaltung vermittelt ein intensives Markenerlebnis		NI
Die Graphik aktiviert mich durch Größe, Buntheit und großflächige Farben	Visuelle Umsetzung	EI
Die Graphik auf dieser Site ist klar, hell und gestochen scharf	Vitality	LBK
Die Graphik der Site aktiviert durch Größe, Buntheit, großflächige Farben	Aktiverungspotenzial	LBK
Die Graphik der Site ist kontrastreich, klar und prägnant	Aktiverungspotenzial	LBK
Die Graphik der Site ist lebendig	Aktiverungspotenzial	LBK
Die Graphik der Site ist sehr alltäglich	Aktiverungspotenzial	LBK
Die Graphik der Site ist sehr durchschnittlich	Aktiverungspotenzial	LBK
Die Graphik der Site ist ungewöhnlich	Aktiverungspotenzial	LBK
Die Graphik der Site ist wenig dynamisch	Aktiverungspotenzial	LBK
Die Graphik der Site spricht mich emotional an		LBK
Die Graphik entspricht dem gewohnten Dreispalten-Layout Wertung?		EI
Die Graphik erinnert mich an die, die auch auf anderen Sites finde	Einzigartigkeit, Visuelle Umsetzung	EI
Die Graphik ist dynamisch		EI
Die Graphik ist ungewöhnlich	Einzigartigkeit	EI
Die Graphik veranschaulicht den Produktnutzen	Informationsspeicherung	LBK
Die graphischen Inhalte lassen sich schnell erfassen	Informationsspeicherung	LBK
Die Headline enthält viele Substantive	Einstellungswirkung	LBK
Die Headline ist als Frage formuliert	Einstellungswirkung	LBK
Die Informationen auf der Site sind aktuell	Botschaftsinhalte, Information	LBK
Die Informationen auf der Site sind übersichtlich gestalte	Organisation	EI
Die Informationen auf der Site sind wichtig für mich	Einstellungswirkung	LBK
Die Informationen auf der Website sind von guter Qualität	Information	EI
Die Informationen, die ich auf der Site bekomme, sind aus meiner Sicht vollständig	Information	EI
Die Informationspakete orientieren sich nach den Bedürfnissen der Nutzer		NI
Die Informationszugänge sind sehr vielschichtig		NI
Die Inhalte auf der Site haben alle Bezug zum Produkt		NI
Die Inhalte auf der Site sind aktuell	Information	EI
Die Inhalte auf der Site wechseln öfters	Information	EI
Die Inhalte der Site sind oft widersprüchlich	Informationsverarbeitung (Verständnis)	LBK
Die Inhalte der Site sind von großer Bedeutung für mich		EI
Die Inhalte der Site sind von hoher Qualität	Expertenstatus des Kommunikators	LBK
Die Inhalte der Site sind wertvoll für mich	Personal Relevance	EI
Die Inhalte der Site sind wichtig für mich	Personal Relevance	EI
Die Inhalte der Site sind wie für mich gemacht	Personal Relevance	EI
Die Inhalte der Site sprechen für das Produkt	Botschaftsinhalte	LBK
Die Inhalte der Site wechseln zu schnell	Sprachgeschwindigkeit des Kommunikators	LBK
Die Inhalte der Site werde ich mir merken	Personal Relevance	EI
Die Interaktion mit der Site ist langsam und ermüdend	Geschwindigkeit, Interactivity	EI, LBO
Die Interaktion mit der Site ist langwierig und zeit-raubend.	Wahrgenommene Schnelligkeit der Interaktion	LBO
Die Interaktionsmöglichkeiten auf der Site sind vielseitig		NI
Die Interaktiven Elemente sind inhaltlich verbesserungsfähig		NI

Statement	Kategorisierung, ursprünglich	Research
Die Ladezeiten sind unbefriedigend		NI
Die langen Flash-Movies zum Einstieg ärgern mich	Animationen	EI
Die langen Ladezeiten trüben meinen Eindruck von der Site		NI
Die Leute interagieren	Empathic Produkt Integration	LBK
Die Marke und das Unternehmen die hinter der Site stehen, haben ein glaubwürdiges Image	Einstellungswirkung	LBK
Die Menüleiste der Site ist oben	Informationsaufnahme	LBK
Die Musik auf der Site ist unverwechselbar	Persuasive Stimulation	LBK
Die Navigation auf der Site entspricht meinen Gewohnheiten	Navigation	EI
Die Navigation auf der Site fällt schwer		NI
Die Navigation auf der Site folgt einer klaren Logik	Confusion	LBK
Die Navigation auf der Site ist natürlich und vorhersehbar	Interactivity	LBO
Die Navigation auf der Site ist nicht sehr intuitiv	Interactivity	LBO
Die Navigation auf der Site ist übersichtlich	Navigation	EI
Die Navigation ist benutzerfreundlich		NI
Die Navigation ist manchmal umständlich		NI
Die Navigation ist nicht sehr intuitivS	Navigation	EI
Die Navigation ist sehr kompliziert		NI
Die Navigationsleiste der Site ist links	Informationsaufnahme	LBK
Die Nutzung der Site erfordert gute Internet-kenntnisse.	Wahrgenommene Herausforderungen	LBO
Die Nutzung der Site ist anspruchsvoll	Wahrgenommene Herausforderungen	LBO
Die Nutzung der Site ist interessant.	Vergnügen	LBO
Die Nutzung der Site ist mir vertraut.	Wahrgenommene Fähigkeiten	LBO
Die Nutzung der Site ist spannend.	Vergnügen	LBO
Die Nutzung der Site verbinde ich mit Spaß.	Vergnügen	LBO
Die Nutzung der Site verbinde ich mit Vergnügen.	Vergnügen	LBO
Die Optik der Website gefällt mir	Visuelle Umsetzung	EI
Die Photos und Graphiken auf der Site sind gestochen scharfV	Visuelle Umsetzung	EI
Die Pop-Up-Fenster sind störend		NI
Die Problemlösung auf der Site umfasst Leute	Problemlösung	LBK
Die Problemlösung findet in natürlicher Umgebung statt	Problemlösung	LBK
Die Produktdemonstration vermittelt einen Produktvorteil	Demonstration by People	LBK
Die Produktdemonstration zeigt Leute, die man kennt	Demonstration by People	LBK
Die Sätze im Text sind kompliziert und lang	Informationsverarbeitung (Verständnis)	LBK
Die Schrift auf der Site ist leicht lesbar	Informationsaufnahme	LBK
Die Schrift ist zu klein und schwer lesbar		NI
Die Schriftgröße der Site lässt ich gut lesen	Visuelle Gestaltung der Texte	EI
Die Seiten sind überladen		NI
Die Sie ist wie ein Interview	Integrated Announcer	LBK
Die Site „zappelt" mir zu sehr		EI
Die Site aktiviert mich	Arousal	LBO
Die Site amüsiert mich	Vergnügen	EI
Die Site baut sich sehr schnell auf	Geschwindigkeit	EI
Die Site begeistert Dich und reisst Dich mit	Entertainment	LBK
Die Site bestätigt mich darin, die Marke gut zu finden	Markenreinforcement	EI
Die Site bestätigt mich in meiner Markenwahl	Markenreinforcement	EI
Die Site besteht aus mehr als 5 Elementen	Confusion	LBK
Die Site besticht vor allem durch die vielen Bilder		NI
Die Site bietet ausführliche Produktinformationen		NI
Die Site bietet eine breite Auswahl an gut strukturierten Themen		NI
Die Site bietet eine klare Benutzerführung		NI
Die Site bietet einen Email-Versand interessanter Informationen an	Einbindung in Gesamtkommunikation	EI
Die Site bietet interessante Inhalte	Vergnügen	EI

Statement	Kategorisierung, ursprünglich	Research
Die Site bietet optische Aha-Erlebnisse		NI
Die Site empfinde ich als angenehm	Positive Affect	LBO
Die Site enthält ausreichend Informationen über das Produkt	Informationsqualität	LBO
Die Site enthält eine Problemlösung	Problemlösung	LBK
Die Site entspannt mich	Vergnügen	EI
Die Site entspricht dem klassischen Layout, das ich im Internet kenne	Visuelle Umsetzung	EI
Die Site erfordert meine ganze Aufmerksamkeit	Stimulation	LBK
Die Site erfordert, dass ich meine Fähigkeiten voll einsetze	Challenge	LBO
Die Site erinnert mich an eine Unterhaltungsshow	Vergnügen	EI
Die Site fordert mich heraus	Challenge	LBO
Die Site gefällt mir	Sympathie des Kommunikators	LBK
Die Site gibt mir die Möglichkeit, genau das auszuwählen, was mich interessiert		NI
Die Site gibt mir mundgerechte Häppchen an Informationen	Komplexität	EI
Die Site habe ich nichts gesehen, was mich dazu bringen könnte, das Produkt nutzen zu wollen	Alienation	LBK
Die Site hat ein witziges Design	Visuelle Umsetzung	EI
Die Site hat eine Demonstration	Demonstration by People	LBK
Die Site hat eine einfache Bedienerführung		NI
Die Site hat eine inhaltliche Logik des Formats		EI
Die Site hat eine logische inhaltliche Struktur		NI
Die Site hat einen Sprecher im Hintergrund (Voice Over)	Integrated Announcer	LBK
Die Site hat lange Ladezeiten		NI
Die Site hat Links, die ins Leere führen		NI
Die Site hat mich daran erinnert, dass ich von dem Produkt, das ich augenblicklich nutze nicht überzeugt bin und etwas besseres suche	Relevant News	LBK
Die Site hat mich irritiert und geärgert	Alienation	LBK
Die Site hat mir Neuigkeiten vermittelt	Relevant News	LBK
Die Site hat Musik	Pleasant Liveliness	LBK
Die Site hat nichts mit mir oder meinen Freunden zu tun	Alienation	LBK
Die Site hat nur wenig Sound-Elemente	Opening Suspense	LBK
Die Site hat redundante Links		NI
Die Site hat rote Schatten	Unpleasant Stimulation	LBK
Die Site hat schnelle und interessante Schnitte	Pleasant Liveliness	LBK
Die Site hilft mir, Vertrauen zum Unternehmen aufzubauen		NI
Die Site irritiert mich	Irritation	LBK
Die Site ist abgedroschen	Stimulation-Worn Out	LBK
Die Site ist alt	Stimulation-Worn Out	LBK
Die Site ist amüsant	Stimulation-Amusing, Entertaining	LBK
Die Site ist amüsant gemacht		NI
Die Site ist angenehm	Gratifying	LBK
Die Site ist ansprechend	Warm	LBK
Die Site ist ästhetisch gestaltet		EI
Die Site ist attraktiv	Gratifying	LBK
Die Site ist attraktiv gestaltet	Attraktivität des Kommunikators	LBK
Die Site ist auf englisch - das stört mich		NI
Die Site ist auf mich abgestimmt		NI
Die Site ist aufgrund der Vielzahl von Elementen sehr unruhig, man kann unmöglich volle Aufmerksamkeit für alles aufbringen	Komplexität	EI
Die Site ist aufregend	Stimulation-Energetic	LBK
Die Site ist authentisch	Relevant - Realistic	LBK
Die Site ist beziehungslos	Einstellungswirkung	LBK
Die Site ist business-like	Professionalität (unstable)	LBK
Die Site ist clever	Stimulation-Amusing, Entertaining	LBK
Die Site ist dämlich	Relevant - Irritating	LBK
Die Site ist dumm	Relevant - Irritating,	LBK

Statement	Kategorisierung, ursprünglich	Research
	Dislike	
Die Site ist dynamisch	Stimulation-Energetic	LBK
Die Site ist effectiv	Personal Relevance	LBK
Die Site ist eher trocken		NI
Die Site ist ein "Experte" in ihrem Fach	Expertenstatus des Kommunikators	LBK
Die Site ist ein einziges Durcheinander		NI
Die Site ist ein kleines Kunstwerk		NI
Die Site ist eine gute Quelle der Information		NI
Die Site ist einfühlsam	Gratifying	LBK
Die Site ist einfühlsam	Sensual	LBK
Die Site ist einzigartig	Uniqueness	
Die Site ist einzigartig	Novel, Stimulation-Novel	LBK
Die Site ist entspannend	Gratifying	LBK
Die Site ist es wert, dass man sich an sie erinnert	Relevant - Credible, Personal Relevance	LBK
Die Site ist farbenfroh	Persuasive Stimulation	LBK
Die Site ist für ein neues Produkt	New Product Introduction	LBK
Die Site ist für eine alte, etablierte Marke	New Product Introduction	LBK
Die Site ist genial	Novel	LBK
Die Site ist geradeaus	Relevant - Credible	LBK
Die Site ist glaubwürdig	Relevant - Realistic, Einstellungswirkung	LBK
Die Site ist grundsolide		NI
Die Site ist gut gemacht	Warm	LBK
Die Site ist gut organisiert	Organisation	EI
Die Site ist gut strukturiert und übersichtlich		NI
Die Site ist harmonisch	Einstellungswirkung	LBK
Die Site ist heiter	Einstellungswirkung	LBK
Die Site ist hilfreich	Relevant - Personal Relevance	LBK
Die Site ist humorvoll gestaltet	Vergnügen	EI
Die Site ist im Stil sehr konsistent	Professionalität	EI
Die Site ist informativ	Relevant - Confusing, Personal Relevance	LBK
Die Site ist insgesamt sehr aktiv	Pleasant Liveliness	LBK
Die Site ist interessant	Personal Relevance	LBK
Die Site ist irritierend	Dislike	LBK
Die Site ist klar	Relevant - Confusing	LBK
Die Site ist klar strukturiert		NI
Die Site ist klug und unterhaltend	Professionalität	EI
Die Site ist konfus	Relevant - Confusing	LBK
Die Site ist konsistent im Stil	Professionalität (unstable)	LBK
Die Site ist kreativ	Stimulation-Novel	LBK
Die Site ist Ladezeit-optimiert		EI
Die Site ist lahm	Stimulation-Slow	LBK
Die Site ist langweilig	Stimulation-Slow, Entertaining, Einstellungswirkung	LBK
Die Site ist langweilig und unspektakulär		NI
Die Site ist lebendig	Stimulation-Energetic	LBK
Die Site ist lustig	Stimulation-Amusing	LBK
Die Site ist lustlos	Stimulation-Slow	LBK
Die Site ist mal was anderes	Einstellungswirkung	LBK
Die Site ist mir sympathisch	Sympathie des Kom-	LBK

Statement	Kategorisierung, ursprünglich	Research
	munikators	
Die Site ist nach verschiedenen Zielgruppen differenziert		NI
Die Site ist natürlich	Relevant - Realistic	LBK
Die Site ist neuartig	Novel, Stimulation-Novel, Familiar	LBK
Die Site ist nicht eigenständig	Relevant - Credible	LBK
Die Site ist offen und ehrlich		NI
Die Site ist orginell	Novel, Entertaining	LBK
Die Site ist phantasievoll	Stimulation-Novel, Entertaining	LBK
Die Site ist platt	Stimulation-Slow	LBK
Die Site ist positiv überraschend	Opening Suspense	LBK
Die Site ist realistisch	Relevant - Realistic	LBK
Die Site ist schlau und unterhaltend	Stimulation	LBK
Die Site ist sehr ausgewogen	Professionalität (unstable)	LBK
Die Site ist sehr fantasievoll	Einzigartigkeit	EI
Die Site ist sehr glaubwürdig	Glaubwürdigkeit des Kommunikators	LBK
Die Site ist sehr gut entwickelt	Professionalität (unstable)	LBK
Die Site ist sehr lebendig	Entertaining	LBK
Die Site ist sehr professionell gemacht	Professionalität (unstable)	LBK, EI
Die Site ist sehr schön gestaltet	Attraktivität des Kommunikators	LBK
Die Site ist sehr vertrauenserweckend	Glaubwürdigkeit des Kommunikators	LBK
Die Site ist sinnlos	Dislike	LBK
Die Site ist spannend aufgebaut	Structured Product Story	LBK
Die Site ist sympathisch	Warm	LBK
Die Site ist übersichtlich		NI
Die Site ist übertrieben sachlich		NI
Die Site ist überzeugend	Personal Relevance	LBK
Die Site ist unecht	Irritating, Dislike	LBK
Die Site ist uninteressant	Entertaining	LBK
Die Site ist unklar	Confusing	LBK
Die Site ist unterhaltend		NI
Die Site ist unterhaltsam	Entertainment	LBK
Die Site ist verspielt	Stimulation-Amusing	LBK
Die Site ist vertraut	Familiar	LBK
Die Site ist voll unangenehmer Überraschungen	Unpleasant Stimulation	LBK
Die Site ist voller Energie	Stimulation-Energetic	LBK
Die Site ist voller Phantasie	Novel	LBK
Die Site ist von Bedeutung für mich	Relevant - Personal Relevance	LBK
Die Site ist von der Art, an die Du Dich noch lange erinnerst, nachdem Du sie gesehen hast	Entertainment	LBK
Die Site ist von hohem ästhetischen Anspruch	Visuelle Umsetzung	EI
Die Site ist von schlechtem Geschmack	Relevant – Irritating	LBK
Die Site ist warm	Gratifying	LBK
Die Site ist weise	Relevant - Credible	LBK
Die Site ist wichtig für mich	Relevant - Personal Relevance	LBK
Die Site ist wie ein TV-Spot durchdesignt und bietet multivariate Erlebnisse	Animationen	EI
Die Site ist wie eine Show	Pleasant Liveliness	LBK
Die Site ist wie eine Show		NI
Die Site ist wie im Traum	Gratifying	LBK
Die Site ist zärtlich	Gratifying	LBK
Die Site ist zärtlich	Sensual	LBK

Statement	Kategorisierung, ursprünglich	Research
Die Site ist zu komplex	Komplexität	EI
Die Site ist zu komplex. Ich bin nicht sicher, ob ich alles mitbekommen habe	Confusion	LBK
Die Site ist zu überladen		NI
Die Site kommt mir vertraut vor	Familiar	LBK
Die Site lädt zum Verweilen ein	Vergnügen	EI
Die Site macht mich rasend	Arousal	LBO
Die Site macht mir ein umfassendes Angebot verschiedenster Elemente	Komplexität	EI
Die Site macht Spaß		NI
Die Site machte übertriebene Versprechungen, denen das Produkt niemals genügen kannt	Alienation	LBK
Die Site nutzt ungewöhnliche graphische Element	Confusion	LBK
Die Site nutzt verschiedene Schriftarten		NI
Die Site packt mich emotional	Aktivierung	EI
Die Site passt genau zu mir	Empathy	LBK
Die Site passt zu mir	Personalisierung	EI
Die Site regt mich an	Arousal	LBO
Die Site scheint einen Anfang, einen Hauptteil und einen Schluss zu haben	Structured Product Story	LBK
Die Site schonmal dagewesen	Stimulation-Worn Out	LBK
Die Site spricht mich emotional an		NI
Die Site stellt einen guten Test meiner Fähigkeiten dar	Challenge	LBO
Die Site stellt etwas Neues dar	Einzigartigkeit	EI
Die Site stellt nicht nur das Produkt dar sondern unterhält Dich auch. Das gefällt mir	Entertainment	LBK
Die Site stimuliert mich	Arousal	LBO
Die Site überfordert mich mit einer Flut von Informationen		NI
Die Site überrascht mich im positiven Sinn	Aktivierung	EI
Die Site verdeutlicht die Produktnutzung	Empathic Product Integration	LBK
Die Site vermittelt Dir einen Eindruck, dass Du meinst, das Produkt fast berühren zu können	Persuasive Stimulation	LBK
Die Site versucht einen zu beeinflussen		NI
Die Site versucht mich in eine Schublade zu packen, in die ich nicht reinpasse	Personalisierung	EI
Die Site war an den Haaren herbeigeholt, überhaupt nicht realistisch	Alienation	LBK
Die Site war sehr realistisch, wie im echten Leben	Empathy	LBK
Die Site weist technische Mängel auf		NI
Die Site weist technische Mängel auf		NI
Die Site wird der Intention gerecht, mit der sie aufgerufen habe	Irritation	EI
Die Site wirkt auf mich zu komplex		NI
Die Site wirkt aufgeräumt		NI
Die Site wirkt aufgeräumt		NI
Die Site wirkt einladend		NI
Die Site wirkt etwas verwirrend		NI
Die Site wirkt trocken		NI
Die Site wirkt wie eine Nachrichtensite	Unpleasant Stimulation	LBK
Die Site wirkt zerstückelt	Confusion	LBK
Die Site wirkt zu verspielt		NI
Die Site zeigt eine gute Welt	Gratifying	LBK
Die Site zeigt eine Mutter	New Product Introduction	LBK
Die Site zeigt Kinder bzw. Babies	Pleasant Liveliness	LBK
Die Site zeigt Leute wie meine Nachbarn und Freunde	Empathic Produkt Integration	LBK
Die Site zeigt Produktnutzer	Empathic Produkt Integration	LBK
Die Site zieht Deine volle Aufmerksamkeit auf sich	Entertainment	LBK
Die ständig neuen Pop-Up Fenster irritieren mich		NI
Die Suchfunktion der Site hat inhaltiche Mängel		NI
Die Suchfunktion der Site hat technische Mängel		NI
Die Suchfunktion ist verbesserungsfähig		NI
Die Suchmaske auf der Site ist prominent plaziert		NI
Die Technik der Site ist verbesserungsfähig		NI

Statement	Kategorisierung, ursprünglich	Research
Die Texte auf der Site hätte man kürzer gestalten können		EI
Die Texte auf der Site sind gut lesbar	Informationsverarbeitung (Verständnis)	LBK
Die Texte auf der Site sind zu lang	Informationsaufnahme, Einstellungswirkung	LBK
Die Überschriften und Menüpunkte sind konkret und anschaulich formuliert	Informationsspeicherung	LBK
Die Überschriften und Menüpunkte sind zum Teil missverständlich formuliert		NI
Die Überschriften und Menüpunkte sind zum Teil unklar formuliert	Informationsverarbeitung (Verständnis)	LBK
Die Überschriften und Menüpunkte weisen auf einen Nutzen hin	Informationsspeicherung	LBK
Die Übersicht auf der Site geht gelegentlich verloren		NI
Die Übersichtsseiten sind gut strukturiert und hilfreich		NI
Die verschiedenen Teile der Site sind sehr uneinheitlich		NI
Die visuelle Umsetzung erleichtert es mir, die Texte zu lesen	Visuelle Umsetzung	EI
Die Wartezeit zwischen meinen Eingaben und den Rückmeldungen des Computers ist sehr gering	Geschwindigkeit	EI
Die Wartezeiten auf der Site sind mir zu lang	Sprachgeschwindigkeit des Kommunikators	LBK
Die Wartezeiten zwischen meiner Aktion und der Antwort des Computers sind kurz.	Wahrgenommene Schnelligkeit der Interaktion	LBO
Die Website aktiviert mich		EI
Die Website baut sich schnell auf	Geschwindigkeit	EI
Die Website bietet interessante Informationen	Information	EI
Die Website bietet viel wissenswertes	Information	EI
Die Website gibt mir die Möglichkeit, genau das auszuwählen, was mich interessiert	Individualisierung	EI
Die Website integriert sich in die Gesamtkommunikation des Unternehmens	Einbindung in Gesamtkommunikation	EI
Die Website ist auf meine persönlichen Wünsche zugeschnitten	Personalisierung	EI
Die Website ist ein einziges Durcheinander	Organisation	EI
Die Website ist ein kleines Kunstwerk		EI
Die Website ist eine gute Quelle der Information	Information	EI
Die Website ist einfallsreich gemacht		EI
Die Website ist einzigartig	Einzigartigkeit	EI
Die Website ist etwas Besonderes	Einzigartigkeit	EI
Die Website ist intelligent	Information	EI
Die Website ist irritierend	Irritation	EI
Die Website ist mal was anderes	Einzigartigkeit	EI
Die Website ist schwer zu manövrieren	Navigation	EI
Die Website ist sehr hilfreichrden		EI
Die Website ist übersichtlich gestaltet	Organisation	EI
Die Website ist voller Energie		EI
Die Website stimuliert mich		EI
Die Website wirkt erfrischend	Aktivierung	EI
Die Zeilen sind viel zu lang	Visuelle Gestaltung der Texte	EI
Dies ist die Art von Site, die Du schnell vergisst	Keine	LBK
Diese Art von Site habe ich schon oft gesehen – sie ist wie viele andere	Einzigartigkeit	EI
Diese Art von Site habe ich schonmal gesehen	Saw-before (unstable)Stimulation-Worn Out	LBK
Diese Art von Site habe ich so oft gesehen, immer das gleiche	Familiarity	LBK
Diese Art von Site ist mir vertraut	Saw-before (unstable)	LBK
Diese Art von Site kenne ich gut	Saw-before (unstable)	LBK
Diese Art von Site sieht man öfter		NI
Diese Art von Site vergisst man sofort wieder	Entertaining	LBK
Diese ist eine Site wie jede	Saw-before (unstable)	LBK
Diese Site gefällt mir	Attractiveness	LBK
Diese Site irritiert mich	Disliked, Irritation	LBK
Diese Site ist amüsant	Keine, Humor	LBK

Statement	Kategorisierung, ursprünglich	Research
Diese Site ist ansprechend	Keine, Attractiveness	LBK
Diese Site ist attractiv	keine, Attractiveness	LBK
Diese Site ist beruhigend	Attractiveness, Sensousness	LBK
Diese Site ist business-like	Authoritative	LBK
Diese Site ist dumm	Disliked, Irritation	LBK
Diese Site ist ehrlich	Meaningfullness	LBK
Diese Site ist ein Orginal		NI
Diese Site ist eindrucksvoll	Keine	LBK
Diese Site ist einfach	Meaningfullness	LBK
Diese Site ist einzigartig	Uniqueness	LBK
Diese Site ist erhebend	Energetic, Vigor	LBK
Diese Site ist es wert, dass man sich an sie erinnert	MeaningfullnessPersonal Relevance, Personal Relevance	LBK
Diese Site ist es wert, dass man sie anschaut	keine, Attractiveness	LBK
Diese Site ist extrem interessant	Keine	LBK
Diese Site ist fade	Keine	LBK
Diese Site ist farbenfroh	Attractiveness, Vitality	LBK
Diese Site ist faszinierend	Attractiveness	LBK
Diese Site ist freudig	Amusing	LBK
Diese Site ist frisch	Vitality	LBK
Diese Site ist fröhlich	Amusing, Humor	LBK
Diese Site ist für mich nicht von Bedeutung		NI
Diese Site ist genial	Uniqueness	LBK
Diese Site ist gewöhnlich	Keine	LBK
Diese Site ist heiter und klar	Sensual, Sensousness	LBK
Diese Site ist hilfreich	Personal Relevance	LBK
Diese Site ist humorvoll	Amusing, Humor	LBK
Diese Site ist interessant	keine, Attractiveness	LBK
Diese Site ist kalt	Keine	LBK
Diese Site ist konsistent im Stil	Authoritative	LBK
Diese Site ist lächerlich	Disliked, Irritation	LBK
Diese Site ist langweilig	Keine	LBK
Diese Site ist lebendig	Energetic	LBK
Diese Site ist leblos	Keine	LBK
Diese Site ist leicht verständlich	Meaningfullness	LBK
Diese Site ist lustig	Amusing, Humor	LBK
Diese Site ist mal etwas anderes		NI
Diese Site ist neu	Uniqueness	LBK
Diese Site ist neu, anders	Vitality	LBK
Diese Site ist nicht ansprechend	Keine	LBK
Diese Site ist nicht wichtig für mich	Disliked	LBK
Diese Site ist nichts Aufregendes	Keine	LBK
Diese Site ist nichts Neues	Saw-before (unstable)	LBK
Diese Site ist offen und ehrlich	Authoritative	LBK
Diese Site ist phantasievoll	Uniqueness	LBK
Diese Site ist sanft	Attractiveness	LBK
Diese Site ist schön	Attractiveness, Sensual, Sensousness	LBK
Diese Site ist schrecklich	Disliked, Irritation	LBK
Diese Site ist sehr orginell	Uniqueness	LBK
Diese Site ist sehr wertvoll	Personal Relevance	LBK
Diese Site ist sinnlos	keine	LBK
Diese Site ist stark	Meaningfullness	LBK
Diese Site ist überzeugend	Meaningfullness, Personal Relevance	LBK
Diese Site ist unecht	Disliked, Irritation	LBK
Diese Site ist ungewöhnlich	keine	LBK
Diese Site ist verspielt	Amusing, Humor	LBK
Diese Site ist voller Bedeutung für mich	Meaningfullness, Personal Relevance	LBK

Statement	Kategorisierung, ursprünglich	Research
Diese Site ist voller Begeisterung	Energetic, Vigor	LBK
Diese Site ist voller Energie	Energetic, Vigor	LBK
Diese Site ist voller Leben	Vitality	LBK
Diese Site ist von Bedeutung für mich	Personal Relevance	LBK
Diese Site ist von gutem Geschmack	Attractiveness	LBK
Diese Site ist wenig interessant für mich	EQ	LBK
Diese Site ist wertvoll (das ist eine wertvolle Site)	Personal Relevance	LBK
Diese Site ist wichtig für mich	Personal Relevance	LBK
Diese Site ist wie für mich gemacht	Personal Relevance	LBK
Diese Site ist wunderschön	Sensual	LBK
Diese Site ist zart, sanft	Sensual, Sensousness	LBK
Diese Site ist zärtlich	Sensousness	LBK
Diese Site kommt mir bekannt vor	Familiar	LBK
Diese Site können auch Leute, die erst seit kurzer Zeit im Internet sind, bedienen		NI
Diese Site lässt mich kalt	EQ	LBK
Diese Site macht Sinn		NI
Diese Site spricht mich an		NI
Diese Site spricht mich sehr an	EQ	LBK
Diese Site zeigt Selbstbewusstsein	Authoritative	LBK
Diese Site zeigt Verantwortung	Authoritative	LBK
Durch die Bilder werden positive Gefühle in mir wachgerufen	Informationsverarbeitung (Verständnis)	LBK
Durch uneinheitlichen grafischen Aufbau wirkt die Site umständlich		NI
Ein Testimonial hält/testet das Produkt	Integrated Announcer	LBK
Eine Animierte Figur/Comicfigur tritt auf	Animation	LBK
Eine bekannte Person demonstriert das Produkt	Integrated Announcer	LBK
Es gibt eine Produktdemonstration anhand von Graphen und Daten	Unpleasant Stimulation	LBK
Es hat mir Spaß gemacht, die Site zu besuchen	Vergnügen	EI
Es hat mir viel Spaß gemacht, die Site zu besuchen	Entertainment	LBK
Es ist anstrengend, allem was auf der Site passiert gleichzeitig zu folgen	Confusion	LBK
Es ist manchmal unklar, was sich hinter einzelnen Menüpunkten verbirgt		NI
Es ist schade, dass die Site keinen Sound hat	Akustische Gestaltung	EI
Es ist schwierig, der Website zu folgen	Komplexität	EI
Es macht mir Spaß, diese unbekannte Site zu erkunden	Exploratory behavior	LBO
Fragen, die die Website offenlässt, kann ich per email/ Call-Back Button stellen	Einbindung in Gesamtkommunikation	EI
Für Ihre Produktklasse ist die Website außergewöhnlich	Einzigartigkeit	EI
Für manche graphischen Elemente muss ich die Site nach unten scrollen	Einstellungswirkung	LBK
Für manche Informationen muss ich die Site nach unten scrollen	Einstellungswirkung	LBK
Graphik und Texte unterstützen sich gegenseitig	Informationsspeicherung	LBK
Ich bin neugierig, was es auf der Site alles zu sehen gibt	Exploratory behavior	LBO
Ich bin zufrieden mit der Site	Positiv Affect	LBO
Ich denke, dass ich mich auf der Site nicht so gut zurecht-finde, wie andere Nutzer.	Wahrgenommene Fähigkeiten	LBO
Ich dominiere das Geschehen auf der Site	Control	LBO
Ich empfinde die Site als angenehm	Sympathie des Kommunikators	LBK
Ich erhalte schnell Rückmeldungen	Organisation	NI
Ich finde die Informationen, die für mich persönlich relevant sind	Sympathie des Kommunikators	EI
Ich finde die Site nett		LBK
Ich finde die Site schrecklich	Irritation	EI
ich finde es gut, dass der Text immer in der Mitte steht, wie ich es gewohnt bin	Visuelle Umsetzung	EI
Ich finde, das ist eine ungewöhnliche Site, ich bin nicht sicher, ob ich sowas überhaupt schon gesehen habe	Familiarity	LBK
Ich finde, das ist eine ungewöhnliche Site, sowas habe ich noch nie gesehen		NI
Ich glaube den Inhalten der Site	Glaubwürdigkeit des Kommunikators	LBK
Ich habe die meisten der auf der Site angebotenen Menüpunkte am oberen Bildschirmrand angeschaut	Exploratorisches Verhalten	LBO

Statement	Kategorisierung, ursprünglich	Research
Ich habe die Site als positiv empfunden	Positive Affect	LBO
Ich habe die Site völlig unter Kontrolle	Control	LBO
Ich habe diese Art von Site schon so oft gesehen, sie langweilt mich	Familiarity	LBK
Ich habe etwas gelernt, das ich vorher nicht wusste	Relevant News	LBK
Ich habe gelacht, ich finde die Site lustig	Entertainment	LBK
Ich habe genug von dieser Art von Sites	EQ	LBK
Ich habe mich als Teil der Site gefühlt	Empathy	LBK
Ich habe mich gefühlt, als sei ich mitten auf der Website und erlebe dort eine eigene Welt	Telepresence	EI
Ich habe mir auf der Site fast alles angeschaut	Exploratorisches Verhalten	LBO
Ich kann die Site customizen, d.h. selbst entscheiden, wie viel Schnick-Schnack ich haben will	Individualisierung	EI
Ich kann die Website so zusammenstellen, wie ich es gerne hätte	Individualisierung	EI
Ich kann einfach Kontakt zum Unternehmen aufbauen		NI
Ich kann mich eigenständig auf der Website fortbewegen	Individualisierung	EI
Ich kann mit der Site interagieren		NI
Ich kann selbst bestimmen, was auf der Website geschieht	Individualisierung	EI
Ich kann über verschiedene Kommunikationskanäle Kontakt zum Unternehmen aufbauen		NI
Ich kenne die Website schon längere Zeit – sie wird ständig aktuell gestaltet	Information	EI
Ich musste mich ziemlich anstrengen, um der Site zu folgen	Confusion	LBK
Ich nehme Einfluss auf das Geschehen auf der Website	Individualisierung	EI
Ich verstehe alles, was auf der Website passiert	Irritation	EI
Ich war relativ lange auf der Site	Exploratorisches Verhalten	LBO
Ich war so beschäftigt, den Elementen der Site zu folgen, dass ich Sound und Animationen kaum wahrgenommen habe	Confusion	LBK
Ich weiß sofort, wo sich das für mich Wesentliche befindet	Organisation	EI
Ich weiß, wie ich Informationen, die mich interessieren auf der Site finde	Wahrgenommene Fähigkeiten	LBO
Ich weiß, wie ich Informationen, die mich interessieren auf der Site finde	Wahrgenommene Fähigkeiten	LBO
Ich werde völlig von der Site absorbiert	Focused Attention	LBO
Ich würde das angebotene Produkt auf jeden Fall kaufen	Persuasion	LBK
Im Text werden eher konkrete Wörter verwendet	Informationsspeicherung	LBK
In der Vielzahl uninteressanter Inhalte lassen sich die spannenden Elemente der Website kaum finden	Komplexität	EI
Innerhalb der Menüs habe ich mir die meisten Einzelfeatures angeschaut	Exploratorisches Verhalten	LBO
Leute auf der Site demonstrieren das Produkt	Demonstration by People	LBK
Manche Elemente lenken mich ab		LBK
Manche Elemente lenken mich ab	Komplexität	EI
Manche Features auf der Website haben mich irritiert	Irritation	EI
Manche Features auf der Website haben mich überrascht	Aktivierung	EI
Manche Informationen fehlen auf der Site		NI
Manche Inhalte erschliessen sich erst bei genauerem Hinsehen		NI
Manche Inhalte erschliessen sich erst durch langes Scrollen		NI
Manche Inhalte irritieren mich		NI
Manche Inhalte scheinen doppelt zu sein oder fehlen, das irritiert mich		NI
Manche Überschriften und Menüpunkte sind missverständlich formuliert	Informationsverarbeitung (Verständnis)	LBK
Manchmal habe ich mich verloren gefühlt	Organisation	EI
Meine ganze Aufmerksamkeit ist auf die Site konzentriert	Focused Attention	LBO
Mir hat die Site gefallen, weil sie sehr persönlich ist	Empathy	LBK
Mit den Informationen kann ich etwas anfangen	Informationsqualität	LBO
Nach dem Sitebesuch möchte man das Produkt erwerben	Persuasive Stimulation	LBK

Statement	Kategorisierung, ursprünglich	Research
Normalerweise würde ich die Site wahrscheinlich ignorieren	EQ	LBK
Per Call-Back Button kann ich den Website-Betreiber bitten, mich zurückzurufen	Einbindung in Gesamtkommunikation	EI
Per Knopfdruck kann ich den Sound schnell ausschaltenV	Individualisierung	EI
So eine ähnliche Site habe ich schonmal gesehen	Familiar, Einzigartigkeit	LBK, EI
Surfen auf der Site finde ich toll	Vergnügen	LBO
Surfen auf der Site geniesse ich	Vergnügen	LBO
Surfen auf der Site mache ich gerne	Vergnügen	LBO
Surfen auf der Site macht mir Spaß	Vergnügen	LBO
Um der Site zu folgen, musste ich mich sehr anstrengen	Confusion	LBK
Viele Inhalte der Site verwirren nur	Informationsaufnahme	LBK
Viele Menschen finden die Produkte auf der Site gut	Wahrgenommene Meinung des Publikums	LBK
Viele Menschen finden die Site gut	Wahrgenommene Meinung des Publikums	LBK
Während des Site-Besuchs habe ich mir überlegt, inwiefern das Produkt mir nützen könnte	Relevant News	LBK
Während meines Besuchs musste ich mehrmals zur Homepage zurückkehren		NI
Was gezeigt wurde passte nicht zu den Produktaussagen	Alienation	LBK
Was mich nicht interessiert, kann ich schnell wegklicken		NI
Wenn ich die Informationen auf der Site lese, werde ich zunehmend vom Produkt überzeugt	Individualisierung	EI
Wenn ich die Site besuche stelle ich fest, dass viele Leute das Produkt gut finden	Botschaftsinhalte	LBK
Wenn ich die Site besuche, merke ich, dass ich das richtige Produkt benutze	Wahrgenommene Meinung des Publikums	LBK
Wenn ich die Site nutze, bin ich völlig darauf kon-zentriert	Mit der Botschaft verknüpfte bisherige Erfahrungen	LBK
Wenn ich die Site nutze, bin ich völlig darin vertieft.	Konzentration	LBO
Wenn ich die Site nutze, ist meine Aufmerksamkeit völlig darauf gerichtet.	Konzentration	LBO
Wenn ich die Site nutze, ist mir nicht immer klar, wie ich vorzugehen habe.	Konzentration	LBO
Wenn ich die Site nutze, merke ich nicht, wie die Zeit vergeht.	Wahrgenommene Kontrolle	LBO
Wenn ich die Site nutzen will, muss ich mir erstmal Software runterladen	Verzerrung des Zeitgefühls	LBO
Wenn ich diese Werbung sehe, möchte ich die M:arke kaufen, die dargestellt wird		NI
Wenn ich Informationen zu diesem Produkt suche, finde ich sie auf der Site	EQ	LBK
Wenn ich mit der Maus über die Site gehe, passiert ständig etwas	Animationen	EI

Tabelle 56: Indikatorenpool mit 738 Indikatoren

x_i	ξ_2	ξ_4	ξ_3	ξ_1
Die Site ist eine gute Quelle der Information	**0,738**	-0,034	0,089	0,206
Die auf der Site angebotenen Informationen beantworten meine Fragen über das Produkt	**0,714**	-0,137	0,286	-0,113
Wenn ich Informationen zu diesem Produkt suche, finde ich sie auf der Site	**0,701**	-0,153	0,336	-0,126
Die Inhalte der Site sind von hoher Qualität	**0,693**	0,077	0,176	0,228
Die Site enthält ausreichend Informationen über das Produkt	**0,691**	-0,131	0,257	-0,129
Die Site ist überzeugend	**0,687**	-0,075	0,160	0,301
Die Site ist sehr glaubwürdig	**0,669**	-0,198	0,213	0,153
Die Site bietet interessante Inhalte	**0,664**	-0,018	0,125	0,292
Die Site bietet eine breite Auswahl an gut strukturierten Themen	**0,636**	-0,017	0,188	0,161
Die Site ist offen und ehrlich	**0,627**	-0,093	0,129	0,151
Auf die Inhalte der Site kann ich mich verlassen	**0,626**	-0,069	0,164	0,043
Die Informationen, die ich auf der Site bekomme, sind aus meiner Sicht vollständig	**0,622**	-0,070	0,327	-0,007
Auf der Site kann ich einfach Kontakt zum Unternehmen aufbauen	**0,608**	-0,156	-0,155	0,094
Die Inhalte auf der Site sind aktuell	**0,602**	-0,034	0,137	0,106
Das Unternehmen ist offen für Anregungen und Kritik	**0,584**	-0,070	-0,106	0,141
Auf der Site habe ich viel Neues erfahren	**0,582**	0,058	0,051	0,437
Auf der Site ist es einfach, weitere Informationen (z.B. per Post) anzufordern	**0,575**	-0,085	-0,164	0,185
Ich habe etwas gelernt, das ich vorher nicht wusstex	**0,564**	0,034	0,111	0,422
Die Site hilft mir, Vertrauen zum Unternehmen aufzubauen	**0,561**	0,086	0,146	0,388
Das Unternehmen geht auf Anregungen und Kritik ein	**0,552**	0,025	-0,084	0,292
Das Unternehmen nimmt meine persönlichen Anliegen ernst	**0,528**	0,090	-0,042	0,258
Die Site hat mir Neuigkeiten vermittelt	**0,491**	0,006	0,158	0,365
Die Site gibt mir die Möglichkeit, genau das auszuwählen, was mich interessiert	**0,444**	-0,431	0,533	0,132
Die einzelnen Seiten der Site sind gut verlinkt	**0,437**	-0,387	0,459	0,020
Der Nutzer kann sich in der Vielfalt des Informationsangebots verlaufen	0,029	**0,799**	-0,120	-0,010
Auf der Site werde ich von Informationen überflutet	0,025	**0,767**	-0,009	-0,020
Auf der Site ist zu viel los	0,016	**0,754**	-0,096	0,051
Die Site ist ein einziges Durcheinander	-0,185	**0,726**	-0,169	0,029
Die Navigation ist sehr kompliziert	-,0230	**0,725**	-0,250	0,019
Die Navigation ist manchmal umständlich	-0,124	**0,711**	-0,298	-0,008
Auf der Site kann man unmöglich alles erfassen	0,161	**0,695**	-0,098	0,012
Bei der Navigation bin ich viele Umwege gegangen	-0,119	**0,693**	-0,251	0,030
Ich musste mich ziemlich anstrengen, der Site zu folgen	-0,111	**0,689**	-0,093	0,174
Bei der Vielzahl an Möglichkeiten kann ich mich oft schlecht entscheiden	0,168	**0,682**	0,041	0,108
Die Überschriften und Menüpunkte sind zum Teil missverständlich formuliert	-0,153	**0,680**	-0,298	-0,058
Es ist anstrengend, allem was auf der Site passiert gleichzeitig zu folgen	0,016	**0,670**	0,037	0,138
Es ist manchmal unklar, was sich hinter einzelnen Menüpunkten verbirgt	-0,107	**0,646**	-0,297	-0,041
Auf der Site geht es mir oft ein bisschen zu schnell	-0,028	**0,582**	0,108	0,301
Die Site wirkt aufgeräumt	0,227	**-0,573**	0,232	0,209
Während meines Besuchs musste ich mehrmals zur Homepage zurückkehren	-0,040	**0,562**	-0,253	-0,065
Die Site baut sich sehr schnell auf	0,005	-0,075	**0,848**	0,076
Auf der Site gibt es kaum Wartezeiten	0,033	-0,112	**0,835**	0,060
Auf der Site kann ich mich schnell durchklicken	0,084	-0,181	**0,814**	0,032
Die Wartezeit zwischen meinen Eingaben und den Rückmeldungen des Computers ist sehr gering	0,091	0,005	**0,780**	0,072
Ich erhalte schnell Rückmeldungen	0,028	-0,078	**0,764**	0,122
Die Interaktion mit der Site ist langsam und ermüdend	-0,017	0,321	**-0,656**	-0,036
Auf der Site komme ich schnell zum Ziel	0,289	-0,465	**0,577**	0,150
Ich weiß sofort, wo ich das für mich Wesentliche befindet	0,325	-0,412	**0,569**	0,153
Was mich nicht interessiert, kann ich schnell wegklicken	0,333	-0,299	**0,539**	0,109
Auf der Site weiss ich sofort, wie ich meine Ziele erreiche	0,332	-0,442	**0,520**	0,186
Die Site ist sehr gut entwickelt	0,399	-0,266	**0,506**	0,328
Die Navigation auf der Site entspricht meinen Gewohnheiten	0,220	-0,229	**0,492**	0,071
Ich weiß, wie ich Informationen, die mich interessieren auf der Site finde	0,326	-0,425	**0,462**	0,102
Auf der Site kann ich entscheiden, was ich mir anschaue	0,328	-0,436	**0,447**	0,054
Die Site ist phantasievoll	0,209	0,045	0,055	**0,825**
Die Site bietet optische Aha-Erlebnisse	0,274	0,050	0,060	**0,797**
Die Site ist amüsant gemacht	0,080	0,079	0,024	**0,776**
Die Site ist lustig	0,002	0,063	0,021	**0,774**
Die Site ist unterhaltend	0,224	0,066	-0,029	**0,772**

Die Animationen auf der Site gefallen mir	0,230	-0,001	0,165	**0,771**
Die Site ist ein kleines Kunstwerk	0,213	0,122	0,111	**0,770**
Das Layout ist ansprechend	0,284	-0,257	0,308	**0,560**
Das Design der Site gefällt mir	0,319	-0,169	0,314	**0,555**
Die Gestaltung lädt zum Erkunden der Inhalte ein	0,327	-0,230	0,161	**0,533**
Die Site stellt einen guten Test meiner Fähigkeiten dar	0,159	0,317	0,002	**0,479**

Tabelle 57: Rotierte Matrix der Faktorladungen (65 Merkmale, Alter unter 39)

x_i	ξ_2	ξ_4	ξ_3	ξ_1
Ich habe etwas gelernt, das ich vorher nicht wusstex	**0,770**	0,164	-0,046	0,219
Die Site hat mir Neuigkeiten vermittelt	**0,736**	0,178	-0,060	0,146
Auf der Site habe ich viel Neues erfahren	**0,735**	0,134	-0,028	0,273
Die Inhalte der Site sind von hoher Qualität	**0,728**	0,263	0,034	0,198
Die Site bietet interessante Inhalte	**0,728**	0,289	-0,073	0,201
Die Site ist eine gute Quelle der Information	**0,710**	0,275	-0,090	0,141
Die Site bietet eine breite Auswahl an gut strukturierten Themen	**0,696**	0,339	-0,086	0,142
Auf der Site ist es einfach, weitere Informationen (z.B. per Post) anzufordern	**0,696**	-0,152	-0,095	0,193
Die Inhalte auf der Site sind aktuell	**0,671**	0,324	-0,008	0,074
Das Unternehmen geht auf Anregungen und Kritik ein	**0,678**	-0,106	0,071	0,288
Das Unternehmen ist offen für Anregungen und Kritik	**0,673**	-0,140	0,042	0,282
Auf der Site kann ich einfach Kontakt zum Unternehmen aufbauen	**0,650**	-0,164	-0,076	0,209
Das Unternehmen nimmt meine persönlichen Anliegen ernst	**0,647**	-0,122	0,129	0,302
Wenn ich Informationen zu diesem Produkt suche, finde ich sie auf der Site	**0,616**	0,564	-0,093	-0,048
Die Site ist überzeugend	**0,613**	0,400	-0,154	0,356
Die auf der Site angebotenen Informationen beantworten meine Fragen über das Produkt	**0,611**	0,535	-0,068	-0,082
Auf die Inhalte der Site kann ich mich verlassen	**0,607**	0,356	-0,014	0,059
Die Site enthält ausreichend Informationen über das Produkt	**0,569**	0,549	-0,053	-0,074
Die Informationen, die ich auf der Site bekomme, sind aus meiner Sicht vollständig	**0,566**	0,544	-0,107	0,036
Die Site hilft mir, Vertrauen zum Unternehmen aufzubauen	**0,524**	0,383	-0,044	0,445
Die Site ist sehr glaubwürdig	**0,520**	0,477	-0,066	0,172
Die Site ist offen und ehrlich	**0,417**	**0,405**	0,015	0,267
Die Site baut sich sehr schnell auf	-0,020	**0,797**	-0,005	0,113
Auf der Site kann ich mich schnell durchklicken	0,032	**0,769**	-0,119	0,105
Auf der Site gibt es kaum Wartezeiten	-0,054	**0,768**	-0,029	0,116
Die Wartezeit zwischen meinen Eingaben und den Rückmeldungen des Computers ist sehr gering	0,118	**0,673**	0,057	0,110
Ich erhalte schnell Rückmeldungen	0,074	**0,645**	-0,082	0,115
Die einzelnen Seiten der Site sind gut verlinkt	0,239	**0,641**	-0,389	0,169
Auf der Site komme ich schnell zum Ziel	0,233	**0,616**	-0,417	0,243
Ich weiß sofort, wo sich das für mich Wesentliche befindet	0,242	**0,572**	-0,427	0,299
Die Interaktion mit der Site ist langsam und ermüdend	-0,055	**-0,531**	0,340	-0,054
Was mich nicht interessiert, kann ich schnell wegklicken	0,254	**0,530**	-0,212	0,158
Auf der Site kann ich entscheiden, was ich mir anschaue	0,233	**0,519**	-0,356	0,162
Die Navigation auf der Site entspricht meinen Gewohnheiten	0,190	**0,502**	-0,195	0,157
Die Site ist sehr gut entwickelt	0,400	**0,490**	-0,290	0,366
Auf der Site weiss ich sofort, wie ich meine Ziele erreiche	0,308	**0,546**	-0,389	0,247
Ich weiß, wie ich Informationen, die mich interessieren auf der Site finde	0,278	**0,571**	-0,361	0,167
Die Site gibt mir die Möglichkeit, genau das auszuwählen, was mich interessiert	0,353	**0,566**	-0,386	0,147
Der Nutzer kann sich in der Vielfalt des Informationsangebots verlaufen	-0,010	0,003	**0,792**	-0,088
Auf der Site werde ich von Informationen überflutet	-0,093	0,068	**0,779**	-0,007
Auf der Site ist zu viel los	0,015	0,036	**0,738**	0,054
Es ist anstrengend, allem was auf der Site passiert gleichzeitig zu folgen	0,101	-0,240	**0,718**	0,160
Auf der Site kann man unmöglich alles erfassen	0,068	-0,015	**0,715**	0,006
Bei der Vielzahl an Möglichkeiten kann ich mich oft schlecht entscheiden	0,027	0,075	**0,713**	0,094
Die Navigation ist manchmal umständlich	-0,077	-0,362	**0,693**	-0,146
Die Site ist ein einziges Durcheinander	-0,118	-0,354	**0,691**	-0,136
Die Navigation ist sehr kompliziert	-0,122	-0,396	**0,678**	-0,083
Ich musste mich ziemlich anstrengen, um der Site zu folgen	0,010	-0,127	**0,665**	0,315

Die Überschriften und Menüpunkte sind zum Teil missverständlich formuliert	-0,053	-0,287	**0,641**	-0,253
Bei der Navigation bin ich viele Umwege gegangen	-0,024	-0,378	**0,628**	-0,149
Es ist manchmal unklar, was sich hinter einzelnen Menüpunkten verbirgt	-0,051	-0,207	**0,623**	-0,322
Auf der Site geht es mir oft ein bisschen zu schnell	-0,015	-0,029	**0,616**	0,441
Während meines Besuchs musste ich mehrmals zur Homepage zurückkehren	-0,024	-0,285	**0,546**	-0,232
Die Site wirkt aufgeräumt	0,281	0,164	**-0,478**	0,319
Die Site ist phantasievoll	0,330	0,099	-0,137	**0,787**
Die Site ist ein kleines Kunstwerk	0,340	0,197	0,005	**0,778**
Die Site ist lustig	0,084	0,163	0,002	**0,776**
Die Site ist amüsant gemacht	0,163	0,165	-0,094	**0,757**
Die Site ist unterhaltend	0,319	0,142	-0,057	**0,747**
Die Site bietet optische Aha-Erlebnisse	0,369	0,164	-0,084	**0,745**
Die Animationen auf der Site gefallen mir	0,379	0,207	-0,060	**0,721**
Die Site stellt einen guten Test meiner Fähigkeiten dar	0,193	0,075	0,301	**0,576**
Das Design der Site gefällt mir	0,302	0,384	-0,239	**0,553**
Das Layout ist ansprechend	0,278	0,419	-0,351	**0,511**
Die Gestaltung lädt zum Erkunden der Inhalte ein	0,438	0,293	-0,276	**0,443**

Tabelle 58: Rotierte Matrix der Faktorladungen (65 Merkmale, Alter über 39)

x_i	ξ_2	ξ_4	ξ_3	ξ_1
Die Site bietet interessante Inhalte	**0,779**	0,108	0,322	0,052
Die Site ist eine gute Quelle der Information	**0,775**	0,209	0,216	0,008
Wenn ich Informationen zu diesem Produkt suche, finde ich sie auf der Site	**0,734**	0,358	-0,042	-0,099
Die auf der Site angebotenen Informationen beantworten meine Fragen über das Produkt	**0,727**	0,329	-0,103	-0,089
Die Site enthält ausreichend Informationen über das Produkt	**0,717**	0,290	-0,078	-0,079
Die Inhalte auf der Site sind aktuell	**0,714**	0,195	0,007	0,043
Die Inhalte der Site sind von hoher Qualität	**0,705**	0,145	0,302	0,209
Die Site bietet eine breite Auswahl an gut strukturierten Themen	**0,691**	0,183	0,168	0,003
Das Unternehmen ist offen für Anregungen und Kritik	**0,665**	-0,079	0,257	0,004
Auf die Inhalte der Site kann ich mich verlassen	**0,653**	0,344	0,035	0,047
Die Informationen, die ich auf der Site bekomme, sind aus meiner Sicht vollständig	**0,635**	0,393	-0,031	-0,125
Ich habe etwas gelernt, das ich vorher nicht wusstex	**0,626**	0,043	0,514	-0,035
Auf der Site kann ich einfach Kontakt zum Unternehmen aufbauen	**0,612**	-0,080	0,211	-0,117
Das Unternehmen geht auf Anregungen und Kritik ein	**0,607**	-0,140	0,378	0,016
Die Site hat mir Neuigkeiten vermittelt	**0,606**	0,057	0,503	-0,049
Auf der Site habe ich viel Neues erfahren	**0,606**	0,025	0,490	-0,018
Auf der Site ist es einfach, weitere Informationen (z.B. per Post) anzufordern	**0,596**	-0,164	0,333	-0,051
Das Unternehmen nimmt meine persönlichen Anliegen ernst	**0,594**	-0,209	0,407	0,023
Was mich nicht interessiert, kann ich schnell wegklicken	**0,580**	0,474	-0,039	-0,120
Die Site ist überzeugend	**0,575**	0,184	0,517	-0,016
Die einzelnen Seiten der Site sind gut verlinkt	**0,572**	0,442	0,015	-0,275
Die Site ist sehr gut entwickelt	**0,567**	0,362	0,393	-0,191
Die Site gibt mir die Möglichkeit, genau das auszuwählen, was mich interessiert	**0,549**	0,397	-0,018	-0,325
Die Site ist sehr glaubwürdig	**0,537**	0,227	0,224	-0,013
Auf der Site kann ich entscheiden, was ich mir anschaue	**0,502**	0,426	0,004	-0,316
Die Site hilft mir, Vertrauen zum Unternehmen aufzubauen	**0,467**	0,073	0,534	-0,036
Auf der Site weiss ich sofort, wie ich meine Ziele erreiche	**0,462**	0,474	0,142	-0,407
Die Site ist offen und ehrlich	**0,428**	0,145	0,328	-0,038
Auf der Site gibt es kaum Wartezeiten	0,113	**0,836**	0,137	0,016
Auf der Site kann ich mich schnell durchklicken	0,126	**0,828**	0,147	-0,035
Die Site baut sich sehr schnell auf	0,085	**0,808**	0,125	-0,002
Die Wartezeit zwischen meinen Eingaben und den Rückmeldungen des Computers ist sehr gering	0,157	**0,766**	0,119	-0,016
Ich erhalte schnell Rückmeldungen	0,084	**0,679**	0,198	-0,112
Die Navigation auf der Site entspricht meinen Gewohnheiten	0,287	**0,625**	0,105	-0,13
Auf der Site komme ich schnell zum Ziel	0,395	**0,589**	0,079	-0,433
Die Interaktion mit der Site ist langsam und ermüdend	-0,081	**-0,584**	-0,071	0,328
Ich weiß sofort, wo sich das für mich Wesentliche befindet	0,439	**0,569**	0,104	-0,404

Ich weiß, wie ich Informationen, die mich interessieren auf der Site finde	0,451	**0,470**	0,057	-0,378
Die Site wirkt aufgeräumt	0,232	**0,444**	0,277	**-0,441**
Die Site ist unterhaltend	0,158	-0,015	**0,818**	0,057
Die Site ist ein kleines Kunstwerk	0,158	0,177	**0,816**	0,213
Die Site ist phantasievoll	0,199	0,148	**0,816**	0,170
Die Animationen auf der Site gefallen mir	0,242	0,201	**0,795**	0,028
Die Site ist amüsant gemacht	0,053	0,104	**0,786**	0,006
Die Site bietet optische Aha-Erlebnisse	0,227	0,135	**0,778**	0,100
Die Site ist lustig	-0,076	0,053	**0,745**	0,127
Die Gestaltung lädt zum Erkunden der Inhalte ein	0,313	0,334	**0,623**	-0,12
Das Design der Site gefällt mir	0,331	0,465	**0,614**	0,031
Die Site stellt einen guten Test meiner Fähigkeiten dar	0,072	-0,131	**0,602**	0,214
Das Layout ist ansprechend	0,367	0,395	**0,584**	-0,077
Auf der Site ist zu viel los	0,105	-0,070	0,082	**0,859**
Auf der Site kann man unmöglich alles erfassen	0,074	-0,143	0,043	**0,834**
Auf der Site werde ich von Informationen überflutet	-0,042	-0,020	0,077	**0,833**
Der Nutzer kann sich in der Vielfalt des Informationsangebots verlaufen	-0,038	-0,053	0,050	**0,814**
Bei der Vielzahl an Möglichkeiten kann ich mich oft schlecht entscheiden	0,057	-0,076	0,131	**0,806**
Es ist anstrengend, allem was auf der Site passiert gleichzeitig zu folgen	-0,012	-0,180	0,139	**0,756**
Ich musste mich ziemlich anstrengen, um der Site zu folgen	-0,043	-0,280	0,163	**0,698**
Auf der Site geht es mir oft ein bisschen zu schnell	-0,144	-0,029	0,298	**0,667**
Die Navigation ist manchmal umständlich	-0,073	-0,605	-0,044	**0,544**
Bei der Navigation bin ich viele Umwege gegangen	-0,154	-0,649	-0,060	**0,503**
Die Navigation ist sehr kompliziert	-0,166	-0,664	-0,017	**0,464**
Die Site ist ein einziges Durcheinander	-0,145	-0,646	-0,063	**0,461**
Es ist manchmal unklar, was sich hinter einzelnen Menüpunkten verbirgt	0,012	-0,511	0,002	**0,458**
Die Überschriften und Menüpunkte sind zum Teil missverständlich formuliert	-0,155	-0,542	-0,033	**0,437**
Während meines Besuchs musste ich mehrmals zur Homepage zurückkehren	-0,197	-0,367	-0,162	**0,422**

Tabelle 59: Rotierte Matrix der Faktorladungen (65 Merkmale, geringe Bildung)

x_i	ξ_2	ξ_4	ξ_3	ξ_1
Die Site ist eine gute Quelle der Information	**0,752**	-0,026	0,200	0,172
Die Inhalte der Site sind von hoher Qualität	**0,719**	0,070	0,221	0,211
Die Site bietet interessante Inhalte	**0,707**	-0,007	0,226	0,273
Die auf der Site angebotenen Informationen beantworten meine Fragen über das Produkt	**0,703**	-0,137	0,369	-0,059
Wenn ich Informationen zu diesem Produkt suche, finde ich sie auf der Site	**0,691**	-0,165	0,412	-0,061
Die Site bietet eine breite Auswahl an gut strukturierten Themen	**0,675**	-0,033	0,276	0,166
Die Site enthält ausreichend Informationen über das Produkt	**0,673**	-0,123	0,357	-0,087
Die Inhalte auf der Site sind aktuell	**0,657**	-0,030	0,199	0,082
Die Site ist überzeugend	**0,648**	-0,121	0,279	0,343
Auf die Inhalte der Site kann ich mich verlassen	**0,641**	-0,051	0,205	0,056
Auf der Site kann ich einfach Kontakt zum Unternehmen aufbauen	**0,638**	-0,187	-0,139	0,152
Ich habe etwas gelernt, das ich vorher nicht wusste	**0,638**	-0,004	0,137	0,354
Auf der Site habe ich viel Neues erfahren	**0,637**	0,021	0,094	0,365
Die Informationen, die ich auf der Site bekomme, sind aus meiner Sicht vollständig	**0,633**	-0,101	0,379	0,03
Auf der Site ist es einfach, weitere Informationen (z.B. per Post) anzufordern	**0,630**	-0,145	-0,173	0,206
Das Unternehmen ist offen für Anregungen und Kritik	**0,620**	-0,085	-0,113	0,201
Die Site ist sehr glaubwürdig	**0,606**	-0,168	0,305	0,163
Das Unternehmen geht auf Anregungen und Kritik ein	**0,605**	-0,014	-0,123	0,301
Das Unternehmen nimmt meine persönlichen Anliegen ernst	**0,582**	0,033	-0,103	0,288
Die Site hilft mir, Vertrauen zum Unternehmen aufzubauen	**0,581**	-0,006	0,219	0,406
Die Site hat mir Neuigkeiten vermittelt	**0,578**	-0,029	0,166	0,308
Die Site ist offen und ehrlich	**0,577**	-0,102	0,205	0,191
Der Nutzer kann sich in der Vielfalt des Informationsangebots verlaufen	-0,004	**0,807**	-0,091	-0,048
Auf der Site werde ich von Informationen überflutet	-0,025	**0,803**	0,000	-0,022
Auf der Site ist zu viel los	-0,004	**0,780**	-0,022	0,061
Auf der Site kann man unmöglich alles erfassen	0,080	**0,750**	-0,059	-0,013
Bei der Vielzahl an Möglichkeiten kann ich mich oft schlecht entscheiden	0,115	**0,740**	0,057	0,067

Ich musste mich ziemlich anstrengen, um der Site zu folgen	-0,079	**0,684**	-0,144	0,224
Die Navigation ist manchmal umständlich	-0,148	**0,682**	-0,388	-0,073
Die Navigation ist sehr kompliziert	-0,207	**0,674**	-0,380	-0,014
Die Site ist ein einziges Durcheinander	-0,197	**0,668**	-0,326	-0,051
Es ist anstrengend, allem was auf der Site passiert gleichzeitig zu folgen	-0,006	**0,667**	-0,118	0,165
Bei der Navigation bin ich viele Umwege gegangen	-0,113	**0,653**	-0,364	-0,028
Die Überschriften und Menüpunkte sind zum Teil missverständlich formuliert	-0,159	**0,637**	-0,357	-0,140
Es ist manchmal unklar, was sich hinter einzelnen Menüpunkten verbirgt	-0,114	**0,630**	-0,319	-0,151
Auf der Site geht es mir oft ein bisschen zu schnell	-0,049	**0,621**	0,051	0,319
Die Site wirkt aufgeräumt	0,275	**-0,531**	0,277	0,246
Während meines Besuchs musste ich mehrmals zur Homepage zurückkehren	-0,086	**0,512**	-0,335	-0,145
Die Site baut sich sehr schnell auf	0,057	-0,072	**0,818**	0,102
Auf der Site gibt es kaum Wartezeiten	0,057	-0,091	**0,807**	0,080
Auf der Site kann ich mich schnell durchklicken	0,076	-0,171	**0,798**	0,075
Ich erhalte schnell Rückmeldungen	0,075	-0,100	**0,724**	0,130
Die Wartezeit zwischen meinen Eingaben und den Rückmeldungen des Computers ist sehr gering	0,140	-0,004	**0,709**	0,093
Die Interaktion mit der Site ist langsam und ermüdend	-0,063	0,347	**-0,591**	-0,046
Auf der Site komme ich schnell zum Ziel	0,304	-0,448	**0,588**	0,212
Ich weiß sofort, wo sich das für mich Wesentliche befindet	0,323	-0,413	**0,574**	0,225
Was mich nicht interessiert, kann ich schnell wegklicken	0,323	-0,277	**0,546**	0,133
Die Site gibt mir die Möglichkeit, genau das auszuwählen, was mich interessiert	0,435	-0,399	**0,540**	0,155
Die einzelnen Seiten der Site sind gut verlinkt	0,402	-0,369	**0,537**	0,074
Die Site ist sehr gut entwickelt	0,407	-0,270	**0,529**	0,334
Auf der Site weiss ich sofort, wie ich meine Ziele erreiche	0,349	-0,421	**0,528**	0,230
Die Navigation auf der Site entspricht meinen Gewohnheiten	0,230	-0,217	**0,522**	0,095
Ich weiß, wie ich Informationen, die mich interessieren auf der Site finde	0,333	-0,408	**0,512**	0,161
Auf der Site kann ich entscheiden, was ich mir anschaue	0,331	-0,418	**0,505**	0,072
Die Site ist phantasievoll	0,265	-0,010	0,091	**0,821**
Die Site ist amüsant gemacht	0,141	0,008	0,082	**0,796**
Die Site ist lustig	0,064	0,036	0,067	**0,794**
Die Site bietet optische Aha-Erlebnisse	0,334	0,020	0,106	**0,779**
Die Site ist unterhaltend	0,290	0,024	0,048	**0,770**
Die Site ist ein kleines Kunstwerk	0,294	0,083	0,149	**0,767**
Die Animationen auf der Site gefallen mir	0,298	-0,046	0,198	**0,754**
Das Layout ist ansprechend	0,290	-0,245	0,387	**0,551**
Das Design der Site gefällt mir	0,325	-0,164	0,379	**0,538**
Die Site stellt einen guten Test meiner Fähigkeiten dar	0,201	0,284	0,021	**0,525**
Die Gestaltung lädt zum Erkunden der Inhalte ein	0,384	-0,198	0,280	**0,519**

Tabelle 60: Rotierte Matrix der Faktorladungen (65 Merkmale, hohe Bildung)

x_i	ξ_2	ξ_4	ξ_3	ξ_1
Die Site ist eine gute Quelle der Information	**0,822**	0,170	0,003	0,263
Die auf der Site angebotenen Informationen beantworten meine Fragen über das Produkt	**0,782**	0,322	-0,096	0,046
Die Site enthält ausreichend Informationen über das Produkt	**0,760**	0,350	-0,087	-0,033
Wenn ich Informationen zu diesem Produkt suche, finde ich sie auf der Site	**0,755**	0,345	-0,114	0,005
Die Inhalte auf der Site sind aktuell	**0,714**	0,214	-0,044	0,066
Auf der Site kann ich einfach Kontakt zum Unternehmen aufbauen	**0,709**	-0,121	-0,200	0,2800
Die Inhalte der Site sind von hoher Qualität	**0,698**	0,194	0,099	0,349
Die Informationen, die ich auf der Site bekomme, sind aus meiner Sicht vollständig	**0,689**	0,304	-0,028	0,066
Die Site bietet interessante Inhalte	**0,684**	0,245	0,088	0,375
Die Site ist überzeugend	**0,683**	0,261	-0,020	0,389
Auf die Inhalte der Site kann ich mich verlassen	**0,643**	0,060	-0,083	0,121
Die Site ist sehr glaubwürdig	**0,636**	0,249	-0,087	0,334
Auf der Site ist es einfach, weitere Informationen (z.B. per Post) anzufordern	**0,628**	-0,192	-0,261	0,251
Das Unternehmen ist offen für Anregungen und Kritik	**0,627**	-0,208	-0,177	0,288
Die Site ist offen und ehrlich	**0,613**	0,242	0,016	0,26
Die Site hilft mir, Vertrauen zum Unternehmen aufzubauen	**0,597**	0,181	0,078	0,48

Die Site bietet eine breite Auswahl an gut strukturierten Themen	0,569	0,325	0,059	0,246
Auf der Site habe ich viel Neues erfahren	0,541	-0,008	0,028	0,515
Das Unternehmen geht auf Anregungen und Kritik ein	0,524	-0,125	-0,154	0,460
Ich habe etwas gelernt, das ich vorher nicht wusste	0,510	0,067	-0,024	0,538
Das Unternehmen nimmt meine persönlichen Anliegen ernst	0,498	-0,174	-0,066	0,349
Die Site hat mir Neuigkeiten vermittelt	0,424	0,137	-0,075	0,504
Auf der Site kann ich mich schnell durchklicken	0,101	0,766	-0,209	0,115
Auf der Site gibt es kaum Wartezeiten	0,002	0,757	-0,193	0,182
Die Site baut sich sehr schnell auf	-0,003	0,752	-0,125	0,218
Auf der Site komme ich schnell zum Ziel	0,327	0,684	-0,364	0,100
Ich weiß sofort, wo sich das für mich Wesentliche befindet	0,356	0,676	-0,336	0,087
Die Wartezeit zwischen meinen Eingaben und den Rückmeldungen des Computers ist sehr gering	-0,030	0,671	-0,061	0,218
Ich weiß, wie ich Informationen, die mich interessieren auf der Site finde	0,368	0,658	-0,314	0,095
Auf der Site weiss ich sofort, wie ich meine Ziele erreiche	0,408	0,657	-0,313	0,095
Die Navigation auf der Site entspricht meinen Gewohnheiten	0,203	0,655	-0,118	0,049
Auf der Site kann ich entscheiden, was ich mir anschaue	0,430	0,602	-0,279	0,03
Ich erhalte schnell Rückmeldungen	-0,032	0,600	-0,157	0,294
Die Site ist sehr gut entwickelt	0,423	0,591	-0,118	0,291
Die Site gibt mir die Möglichkeit, genau das auszuwählen, was mich interessiert	0,495	0,593	-0,354	0,074
Was mich nicht interessiert, kann ich schnell wegklicken	0,367	0,588	-0,119	0,131
Die einzelnen Seiten der Site sind gut verlinkt	0,466	0,577	-0,270	0,048
Der Nutzer kann sich in der Vielfalt des Informationsangebots verlaufen	-0,019	-0,192	0,859	-0,005
Auf der Site werde ich von Informationen überflutet	-0,080	-0,173	0,842	-0,085
Auf der Site ist zu viel los	-0,006	-0,129	0,834	0,040
Auf der Site kann man unmöglich alles erfassen	0,052	-0,202	0,816	-0,113
Bei der Vielzahl an Möglichkeiten kann ich mich oft schlecht entscheiden	0,122	-0,018	0,778	0,053
Ich musste mich ziemlich anstrengen, um der Site zu folgen	-0,154	-0,116	0,778	0,074
Auf der Site geht es mir oft ein bisschen zu schnell	-0,115	-0,015	0,723	0,187
Es ist anstrengend, allem was auf der Site passiert gleichzeitig zu folgen	-0,037	-0,264	0,706	0,083
Die Navigation ist sehr kompliziert	-0,200	-0,505	0,633	0,024
Bei der Navigation bin ich viele Umwege gegangen	-0,114	-0,466	0,621	0,068
Die Navigation ist manchmal umständlich	-0,119	-0,509	0,613	0,059
Es ist manchmal unklar, was sich hinter einzelnen Menüpunkten verbirgt	-0,173	-0,367	0,602	-0,064
Die Überschriften und Menüpunkte sind zum Teil missverständlich formuliert	-0,191	-0,515	0,595	-0,118
Die Site ist ein einziges Durcheinander	-0,190	-0,491	0,576	-0,043
Während meines Besuchs musste ich mehrmals zur Homepage zurückkehren	-0,005	-0,54	0,507	-0,111
Die Interaktion mit der Site ist langsam und ermüdend	0,069	-0,54	0,441	-0,028
Die Site wirkt aufgeräumt	0,289	0,396	-0,438	0,228
Die Site ist phantasievoll	0,220	0,077	0,051	0,824
Die Site ist lustig	0,016	0,152	-0,037	0,811
Die Site ist unterhaltend	0,237	0,105	0,053	0,81
Die Site ist ein kleines Kunstwerk	0,245	0,160	0,143	0,808
Die Animationen auf der Site gefallen mir	0,210	0,206	0,008	0,807
Die Site ist amüsant gemacht	0,117	0,075	-0,021	0,794
Die Site bietet optische Aha-Erlebnisse	0,277	0,089	0,043	0,786
Die Gestaltung lädt zum Erkunden der Inhalte ein	0,342	0,296	-0,088	0,620
Das Layout ist ansprechend	0,210	0,411	-0,111	0,575
Das Design der Site gefällt mir	0,278	0,405	-0,085	0,561
Die Site stellt einen guten Test meiner Fähigkeiten dar	0,164	0,037	0,304	0,467

Tabelle 61:   Rotierte Matrix der Faktorladungen (65 Merkmale, weiblich)

x_i	ξ_2	ξ_4	ξ_3	ξ_1
Die Site bietet eine breite Auswahl an gut strukturierten Themen	0,741	0,271	-0,095	0,155
Die Inhalte der Site sind von hoher Qualität	0,700	0,280	0,059	0,157
Die Site bietet interessante Inhalte	0,693	0,257	-0,057	0,241
Das Unternehmen geht auf Anregungen und Kritik ein	0,681	-0,096	0,06	0,18
Auf der Site ist es einfach, weitere Informationen (z.B. per Post) anzufordern	0,674	-0,136	-0,094	0,166
Ich habe etwas gelernt, das ich vorher nicht wusste	0,673	0,210	-0,024	0,292
Die Site ist eine gute Quelle der Information	0,667	0,258	-0,043	0,167

Das Unternehmen nimmt meine persönlichen Anliegen ernst	**0,653**	-0,045	0,056	0,257
Auf der Site habe ich viel Neues erfahren	**0,648**	0,188	-0,023	0,327
Die Site hat mir Neuigkeiten vermittelt	**0,637**	0,212	-0,022	0,233
Die Inhalte auf der Site sind aktuell	**0,631**	0,248	0,008	0,091
Das Unternehmen ist offen für Anregungen und Kritik	**0,630**	-0,026	-0,068	0,139
Auf die Inhalte der Site kann ich mich verlassen	**0,607**	0,363	-0,037	0,030
Auf der Site kann ich einfach Kontakt zum Unternehmen aufbauen	**0,599**	-0,111	-0,189	0,062
Die auf der Site angebotenen Informationen beantworten meine Fragen über das Produkt	**0,556**	0,483	-0,140	-0,048
Die Site ist überzeugend	**0,553**	0,356	-0,179	0,360
Wenn ich Informationen zu diesem Produkt suche, finde ich sie auf der Site	**0,551**	0,542	-0,181	-0,026
Die Site enthält ausreichend Informationen über das Produkt	**0,531**	0,440	-0,109	-0,013
Die Site ist sehr glaubwürdig	**0,505**	0,430	-0,203	0,090
Die Informationen, die ich auf der Site bekomme, sind aus meiner Sicht vollständig	**0,503**	0,509	-0,134	0,078
Die Site hilft mir, Vertrauen zum Unternehmen aufzubauen	**0,503**	0,293	-0,064	0,396
Die Site ist offen und ehrlich	**0,486**	0,238	-0,170	0,199
Die Site baut sich sehr schnell auf	0,029	**0,828**	-0,010	0,075
Auf der Site gibt es kaum Wartezeiten	0,025	**0,811**	0,007	0,053
Auf der Site kann ich mich schnell durchklicken	-0,021	**0,801**	-0,117	0,092
Ich erhalte schnell Rückmeldungen	0,076	**0,771**	-0,076	0,071
Die Wartezeit zwischen meinen Eingaben und den Rückmeldungen des Computers ist sehr gering	0,213	**0,676**	0,028	0,058
Die Interaktion mit der Site ist langsam und ermüdend	-0,136	**-0,620**	0,277	-0,101
Die einzelnen Seiten der Site sind gut verlinkt	0,299	**0,591**	-0,376	0,123
Auf der Site komme ich schnell zum Ziel	0,246	**0,581**	-0,452	0,281
Ich weiß sofort, wo sich das für mich Wesentliche befindet	0,263	**0,574**	-0,404	0,303
Was mich nicht interessiert, kann ich schnell wegklicken	0,238	**0,566**	-0,346	0,129
Die Site gibt mir die Möglichkeit, genau das auszuwählen, was mich interessiert	0,340	**0,564**	-0,393	0,230
Die Site ist sehr gut entwickelt	0,344	**0,536**	-0,332	0,369
Auf der Site weiss ich sofort, wie ich meine Ziele erreiche	0,283	**0,515**	-0,428	0,290
Auf der Site kann ich entscheiden, was ich mir anschaue	0,217	**0,495**	-0,475	0,100
Ich weiß, wie ich Informationen, die mich interessieren auf der Site finde	0,268	**0,482**	-0,399	0,211
Die Navigation auf der Site entspricht meinen Gewohnheiten	0,240	**0,430**	-0,247	0,13
Der Nutzer kann sich in der Vielfalt des Informationsangebots verlaufen	0,021	-0,074	**0,767**	-0,062
Auf der Site werde ich von Informationen überflutet	0,018	0,076	**0,761**	0,048
Bei der Vielzahl an Möglichkeiten kann ich mich oft schlecht entscheiden	0,108	0,096	**0,745**	0,069
Auf der Site ist zu viel los	-0,011	0,011	**0,742**	0,095
Auf der Site kann man unmöglich alles erfassen	0,109	0,000	**0,680**	0,072
Die Navigation ist manchmal umständlich	-0,183	-0,365	**0,680**	-0,151
Die Site ist ein einziges Durcheinander	-0,225	-0,283	**0,667**	-0,023
Die Überschriften und Menüpunkte sind zum Teil missverständlich formuliert	-0,119	-0,293	**0,640**	-0,137
Es ist manchmal unklar, was sich hinter einzelnen Menüpunkten verbirgt	-0,047	-0,334	**0,634**	-0,194
Die Navigation ist sehr kompliziert	-0,217	-0,373	**0,634**	-0,025
Bei der Navigation bin ich viele Umwege gegangen	-0,119	-0,356	**0,620**	-0,086
Ich musste mich ziemlich anstrengen, um der Site zu folgen	0,014	-0,240	**0,604**	0,315
Es ist anstrengend, allem was auf der Site passiert gleichzeitig zu folgen	-0,002	-0,056	**0,601**	0,234
Die Site wirkt aufgeräumt	0,259	0,256	**-0,559**	0,230
Auf der Site geht es mir oft ein bisschen zu schnell	0,000	0,024	**0,531**	0,412
Während meines Besuchs musste ich mehrmals zur Homepage zurückkehren	-0,177	-0,206	**0,471**	-0,142
Die Site ist phantasievoll	0,251	0,103	-0,080	**0,827**
Die Site ist amüsant gemacht	0,095	0,105	0,018	**0,807**
Die Site bietet optische Aha-Erlebnisse	0,341	0,143	-0,002	**0,768**
Die Site ist lustig	0,050	0,033	0,111	**0,765**
Die Site ist ein kleines Kunstwerk	0,281	0,149	0,037	**0,744**
Die Site ist unterhaltend	0,278	0,048	0,014	**0,735**
Die Animationen auf der Site gefallen mir	0,312	0,202	-0,097	**0,716**
Die Site stellt einen guten Test meiner Fähigkeiten dar	0,231	-0,010	0,270	**0,552**
Das Design der Site gefällt mir	0,322	0,389	-0,198	**0,514**
Das Layout ist ansprechend	0,303	0,423	-0,309	**0,504**
Die Gestaltung lädt zum Erkunden der Inhalte ein	0,360	0,319	-0,257	**0,456**

Tabelle 62: Rotierte Matrix der Faktorladungen (65 Merkmale, männlich)

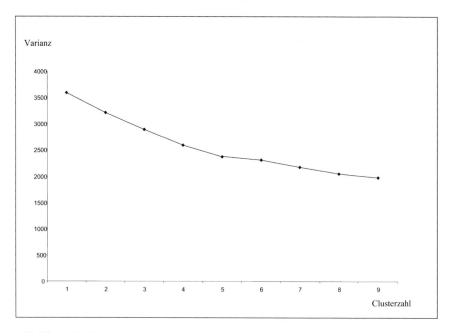

Abbildung 18: Innergruppenvarianz in Abhängigkeit von der Clusterzahl

Variable	Merkmal/Frage	Skala/Antwortkategorien
Alter	Wie alt sind Sie?	**Offen**
Geschlecht	Sind sie männlichen oder weiblichen Geschlechts?	**Kategorien:** Weiblich Männlich
Bildung	Welche höchste Schulbildung haben Sie abgeschlossen?	**Kategorien:** Grundschule/Hauptschule Mittlere Reife Abitur Fachhochschule Hochschule/Universität Habe keinen/noch keinen Abschluss
Beruf	Welchen Beruf üben Sie derzeitig aus?	**Kategorien:** Vor mehr als 6 Jahren Vor 5 Jahren Vor 4 Jahren Vor 3 Jahren Vor 2 Jahren Vor 1 Jahr In diesem Jahr
Wöchentliche Surfzeit	Bitte nennen Sie uns ihre durchschnittliche wöchentliche Surfzeit	**Offen**
Netzjahre	Wann haben Sie das Internet das erste Mal genutzt?	**Kategorien:** Vor mehr als 6 Jahren Vor 5 Jahren Vor 4 Jahren Vor 3 Jahren Vor 2 Jahren Vor 1 Jahr In diesem Jahr
Fähigkeiten	Meine Fähigkeiten bzgl. der Nutzung des Internets sind eher hoch	**Likert 1-7:** 1: trifft überhaupt nicht zu 7: trifft voll und ganz zu
	Verglichen mit meinen sonstigen Tätigkeiten am Computer sind meine Fähigkeiten bzgl. der Internet-Nutzung eher hoch	
	Verglichen damit, wie ich meinen Lieblingssport beherrsche sind meine Fähigkeiten bzgl. der Internet-Nutzung eher hoch	
	Manchmal lasse ich mir von anderen Menschen bei der Nutzung des Internets helfen	
	Das Internet beherrsche ich voll	

Tabelle 63: Operationalisierung der beschreibenden Merkmale

Literaturverzeichnis

Aaker, D.A./Bruzzone, D.E. (1981): Viewer Perceptions of Prime-Time Television Advertising, *Journal of Advertising Research,* Vol. 21, No. 5, 15-23.

Aaker, D.A./Stayman, D.M. (1990): Measuring Audience Perceptions of Commercials and Relating Them to Ad Impact, *Journal of Advertising Research,* Vol. 30, No. 4, 7-17.

Aaker, D.A./Day, G.S. (1974): A Dynamic Model of Relationships Among Advertising, Consumer Awareness, Attitudes, and Behavior, *Journal of Applied Psychology,* Vol. 59, No. 3, 281-286.

Aaker, D.A./Stayman, D.M./Hagerty, M.R. (1986): Warmth in Advertising: Measurement, Impact and Sequence Effects, *Journal of Consumer Research,* Vol. 12, No. 4, 385-381.

Aaker, J.L. (1997): Dimensions of Brand Personality, *Journal of Marketing Research,* Vol. 34, No. 3, 347-356.

Aaker, J.L./Benet-Martínez, V./Garolera, J. (2001): Consumption Symbols as Carriers of Culture: A Study of Japanese an Spanish Brand Personality Constructs, *Journal of Personality and Social Psychology,* Vol. 81, No. 3, 492–508.

Adler, J. (1994): Informationsökonomische Fundierung von Austauschprozessen im Marketing, in: Weiber, R. (Hrsg.): *Arbeitspapier zur Marketingtheorie,* Nr. 3, Trier.

Ajzen, I. (1985): From intentions to actions: A theory of planned behavior, in: Kuhl, J./Beckmann, J. (Eds.): *Action Control: from cognition to behavior,* Berlin/Heidelberg.

Alba J./Lynch, J./Weitz, B./Janiszewski, C./Lutz, R./Sawyer, A./Wood, S. (1997): Interactive Home Shopping: Consumer, Retailer, and Manufacturer Incentives to Participate in Electronic Marketplaces, *Journal of Marketing,* Vol. 61, No. 3, 38-53.

Allison, M.T./Duncan, M.C. (1995): Frauen, Arbeit und flow, in: Csikszentmihalyi, M./Csikszentmihalyi, I.S. (Hrsg.): *Die außergewöhnliche Erfahrung im Alltag: die Psychologie des flow-Erlebnisses,* Stuttgart.

Alpar, P. (2001): *Satisfaction with a Web Site: Its Measurement, Factors and Correlates,* Working Paper No. 99/01, Phillips-Universität Marburg, Institut für Wirtschaftsinformatik.

Alreck, P./Settle, R. (1995): The Survey Research Handbook: Guidelines and Strategies for Conducting a Survey, 2. ed., Chicago.

Altobelli, C.F./Hoffmann, S. (1996): Werbung im Internet. Wie Unternehmen ihren Online-Werbeauftritt planen und optimieren. Ergebnisse der ersten Befragung unter Internet-Werbungstreibenden, München.

Anderson, J./Gerbing, D. (1988): Structural Equation Modeling in Practice: A Review and Recommended Two-Step-Approach, *Psychological Bulletin,* Vol. 103, No. 3, 411-423.

Anderson, L.R./Fishbein, M. (1967): Predictions of Attitude from the Number, Strength, and Evaluative Aspect of Beliefs about the Attitude Object: A Comparison of Summation and Congruity Theories, in: Fishbein, M. (Ed.): *Readings in attitude theory and measurement,* Wiley.

Anderson, P.M./Abbott, S.M. (1985): Comparing Infomercial and Commercial on Newspaper Cable Television Channel, in: Houston, M.J./Lutz, R.J. (Eds.): *Marketing Communication - Theory and Research*, Chicago.

Angleitner, A./Ostendorf, F. (1994): Von aalglatt bis zynisch: Merkmale persönlichkeitsbeschreibender Begriffe, in: Hager, W./Hasselhorn, M. (Hrsg): *Handbuch deutschsprachiger Wortnormen*, Göttingen.

Antil, J. (1984): Conceptualizing and Operationalizing of Involvement, *Advances in Consumer Research*, Vol. 11, No. 1, 203-309.

Appel, V./Weinstein, S./Weinstein, C. (1979): Brain Activity and Recall of TV Advertising, *Journal of Advertising Research*, Vol. 19, No. 4, 7-15.

Apsler, R./Sears, D.O. (1968): Warning, Personal Involvement, and Attitude Change, *Journal of Personality and Social Psychology*, Vol. 9, No. 2, 162-166.

Arnold, H. (1982): Moderator Variables: A Clarification of Conceptual, Analytic, and Psycho-metric Issues, *Organizational Bahavior and Human Performance*, Vol. 29, No. 2, 143-174.

AufderHeide, D./Backhaus, K. (1995): Institutionenökonomische Fundierung des Marketing, in: Kaas, K. (Hrsg.): *Kontakte, Geschäftsbeziehungen, Netzwerke – Marketing und Neue Institutionenökonomik*, Düsseldorf.

Backhaus, K./Erichson, B./Plinke, W./Weiber, R. (2003): Multivariate Analysemethoden: eine anwendungsorientierte Einführung, 10. Aufl., Berlin et al.

Bagozzi, R.P./Baumgartner, H. (1994): The Evaluation of Structural Equation Models and Hypothesis Testing, in: Bagozzi, R.P. (Ed.): *Principles of Marketing Research*, Cambridge et al.

Bagozzi, R.P./Fornell, C. (1982): Theoretical concepts, measurements and meaning, in: Fornell, C. (Ed.): *A second generation of multivariate analysis*, Band 2, New York.

Bagozzi, R.P./Yi, Y. (1988): On the Evaluation of Structural Equation Models, *Journal of the Academy of Marketing Science*, Vol. 16, No. 1, 74-97.

Bagozzi, R.P./Yi, Y./Phillips, L. (1991): Assessing Construct Validity in Organisational Research, *Administrative Science Quarterly*, Vol. 36, No. 3, 421-458.

Bailey, K.D. (1994): Typologies and Taxonomies: An Introduction to Classification Techniques, Thousands Oaks.

Balderjahn, I. (1986): Das umweltbewusste Konsumentenverhalten, Berlin.

Balderjahn, I. (1995): Einstellungen und Einstellungsmessung, in: Tietz, B. (Hrsg.): *Handwörterbuch des Marketing*, 2. Aufl., Stuttgart.

Barg, C.D. (1981): Die Tests in der Werbung, in: Tietz, B. (Hrsg.): *Die Werbung, Band 1, Handbuch der Kommunikations- und Werbewirtschaft*, Landsberg am Lech.

Barnes, S.-J./Vidgen, R. (2001): An Evaluation of cyber-bookshops. The WebQual method. *International Journal of Electronic Commerce*, Vol. 6, No. 1, 11-30.

Baron, R.M./Kenny, D.A. (1996): The Moderator-Mediator Variable Distinction in Social Psychological Research: Conceptual, Stategic, and Statistical Considerations, *Journal of Personality and Social Psychology*, Vol. 51, No. 6, 1173-1182.

Batra, R./Ray, M.L. (1983): Advertising Situations: The Implications of Differential Involvement and Accompanying Affect Responses, in: Harris, R.J. (Ed.): *Information Processing Research in Advertising*, New Jersey, London.

Batra, R./Ray, M.L. (1985): How Advertising Works at Contact, in: Alwitt, L.F./Mitchell, A.A. (Eds.): *Psychological Processes and Advertising Effects: Theory, Research and Application*, Hillsdale.

Batra, R./Ray, M.L. (1986): Affective Responses Mediating Acceptance of Advertising, *Journal of Consumer Research*, Vol. 13, No. 2, 234-249.

Bauer, E. (1976): Markt-Segmentierung als Marketing-Strategie, Berlin.

Bauer, H.H./Donnevert, T./Hammerschmidt, M. (2005): Lohnt sich eine segmentspezifische Gestaltung von Websites? Eine Integration von Usernutzen und Userwert-Segmentierung, Management-Know-How Papier 100, Institut für Marktorientierte Unternehmensführung, Mannheim.

Bauer, H.H./Falk, T./Hammerschmidt, M. (2004): Messung und Konsequenzen von Servicequalität im E-Commerce, *Marketing ZFP*, 26. Jg., Spezialausgabe Dienstleistungsqualität, 45-57.

Bauer, H.H./Falk, T./Hammerschmidt, M. (2006): eTransQual: A transaction process-based approach for capturing service quality in online shopping, *Journal of Business Research*, Vol. 59, 866-875.

Bauer, H.H./Grether, M. (2001): Bewertung von Homepages und Messung des Beitrages zur Markenführung. Unveröffentlichte Präsentation vom 24. April 2001.

Bauer, H.H./Grether, M./Borrmann, U. (1999): Nutzerverhalten in elektronischen Medien: Theoretische Grundlagen und eine Analyse am Beispiel des Lufthansa InfoFlyway, Wissenschaftliches Arbeitspapier Nr. W 28, Institut für Marktorientierte Unternehmensführung, Mannheim.

Bauer, H.H./Grether, M./Borrmann, U. (2001): Die Erklärung des Nutzerverhaltens in elekronischen Medien mit Hilfe der Flow-Theorie, *Marketing ZFP*, 23. Jg., Nr. 1, 17- 28.

Bauer, H.H./Hammerschmidt, M. (2004): Kundenzufriedenheit und Kundenbindung bei Internet-Portalen – Eine kausalanalytische Studie, in: Bauer, H.H./Rösger, J./Neumann, M. (Hrsg.): *Konsumentenverhalten im Internet*, München.

Bauer, H.H./Hammerschmidt, M./Falk, T. (2005): Measuring the service quality of e-banking portals, *International Journal of Bank Marketing*, Vol. 23, No. 2, 153-175.

Bauer, H.H./Hammerschmidt, M./Garde, U. (2004): Messung der Werbeeffizienz – Eine Untersuchung am Beispiel von Online-Werbung, Wissenschaftliches Arbeitspapier Nr. W 78, Institut für Marktorientierte Unternehmensführung, Mannheim.

Bauer, H.H./Hammerschmidt, M./Garde, U. (2006): Größer, bunter, lauter? *Absatzwirtschaft*, Nr. 2, 46-47.

Bauer, H.H./Mäder, R./Fischer, C. (2001): Determinanten der Werbewirkung von Markenhomepages, Wissenschaftliches Arbeitspapier Nr. W 50, Institut für Marktorientierte Unternehmensführung, Mannheim.

Bauer, H.H./Meeder, U. (2000): Verfahren der Werbewirkungsmessung. Ein Vergleich der Angebote kommerzieller Institute, Wissenschaftliches Arbeitspapier Nr. M 57, Institut für Marktorientierte Unternehmensführung, Mannheim.

Bauer, H.H./Meeder, U./Jordan, J. (2001): Werbecontrolling mit der Balanced Scorecard, *Absatzwirtschaft*, Nr. 1, 62-65.

Bauer, H.H./Meeder, U./Jordan, J. (2002a): Werbung. Der große Spagat zwischen Kreativität und Controlling, *Absatzwirtschaft*, Nr. 8, 50-53.

Bauer, H.H./Meeder, U./Jordan, J. (2002b): Advertising Benchmarks – was steckt dahinter?, *Absatzwirtschaft*, Nr. 9, 56–59.

Bauer, H.H./Meeder, U./Rennert, S. (2001): Erfolgsfaktoren der Werbung im Internet - eine empirische Studie, *planung & analyse*, Vol. 28, Nr. 6, 70-73.

Bauer, H.H./Sauer, N./Müller, V. (2003): Nutzen und Probleme des Lifestyle-Konzepts für das Business-to-Consumer Marketing, Wissenschaftliches Arbeitspapier Nr. W 63, Institut für Marktorientierte Unternehmensführung, Mannheim.

Bauer, H.H./Stokburger, G./Hammerschmidt, M. (2006): Marketing Performance. Messen – Analysieren – Optimieren, Wiesbaden.

Bauer, R.A. (1960): Consumer Behavior as Risk Taking, in: Cox, D. (Hrsg.): Risk Taking and Information Handling in Consumer Behavior, Boston.

Baumgartner, H. /Homburg, Ch. (1996): Applications of Structural Equation Modeling in Marketing and Consumer Research: A Review, *International Journal of Research in Marketing*, Vol. 13, No. 4, 139-161.

Beatty, S./Kahle, L./Homer, P. (1988): The Involvement-Commitment Model, *Journal of Business Research*, Vol. 16, No. 2, 146-167.

Beaudelaire, Ch. (1857): *Les fleurs du mal*, Paris.

Behrens, G. (1978): Werbewirkungsforschung, *Wirtschaftswissenschaftliches Studium*, 7. Jg., Nr. 8, 345-351.

Behrens, G. (1992): Lerntheorien, in: Diller, H. (Hrsg.): *Vahlens grosses Marketinglexikon*, München.

Behrens, K.Ch. (1963): Absatzwerbung, Wiesbaden.

Belch, G.E. (1981): An Examination of Comparative and Noncomparative Televison Commercials: The Effects of Claim Variation and Repetition and Cognitive Response and Message Acceptance, *Journal of Marketing Research*, Vol. 18, No. 3, 333-349.

Bentler, P.M./Bonett, D.G. (1982): Significance Tests and Goodness of Fit in the Analysis of Covariance Structures, *Psychological Bulletin*, Vol. 88, No. 3, 588-606.

Berekoven, L./Eckert, W./Ellenrieder, P. (1996): Marktforschung: methodische Grundlagen und praktische Anwendung, 7. Aufl., Wiesbaden.

Berelson, B. (1952): Content Analysis in Communications Research, Glencoe.

Berlyne, D.E. (1960): Conflict, Arousal and Curiosity, New York.

Berlyne, D.E. (1978): Curiosity and Learning, *Motivation and Emotion*, Vol. 2, No. 2, 97-175.

Berndt, R. (1978): Optimale Werbeträger- und Werbemittelselektion, Wiesbaden.

Berthon, P./Leyland, P./Watson, R. (1996): The world wide web as an advertising medium: toward an understanding of conversion efficiency, *Journal of Advertising Research*, Vol. 36, No. 1, 43-54.

Biehal, G./Stephens, D./Curlo, E. (1992): Attitude Toward the Ad and Brand Choice, *Journal of Advertising*, Vol. 21, No. 3, 19-36.

Biel, A./Bridgewater, C.A. (1990): Attributes of Likable Television Commercials, *Journal of Advertising Research*, Vol. 30, No. 3, 38-44.

Bildingmaier, J. (1975): Die Kontrolle des wirtschaftlichen Werbeerfolgs, in: Behrens, K.Ch. (Hrsg.): *Handbuch der Werbung*, Wiesbaden.

Biocca, F. (1992): Virtual Reality Technology: A Tutorial, *Journal of Communication*, Vol. 42, No. 4, 23-72.

Bitner, M.J./Obermiller, C. (1985): The Elaboration Likelihood Model: Limitations and Extensions in Marketing, *Advances in Consumer Research*, Vol. 12, No. 1, 420-425.

Blumler, J.G. (1974): The uses of mass communications: current perspectives on gratifications research, Beverly Hills.

Blumler, J.G./Gurevitch, M. (1995): The crisis of public communication, London.

Bortz, J. (1999): *Statistik für Sozialwissenschaftler*, 5., vollständig überarbeitete und aktualisierte Auflage, Berlin et al.

Brackett, L.K./Carr, B.N. Jr. (2001): Cyberspace Advertising vs. Other Media: Consumer vs. Mature Student Attitudes, *Journal of Advertising Research*, Vol. 41, No. 5, 23- 32.

Brosius, F. (2002): SPSS 11, Bonn.

Brown, S./Stayman, D. (1992): Antecedents and Consequences of Attitude Toward the Ad: A Meta-Analysis, *Journal of Consumer Research*, Vol. 19, No. 1, 34-51.

Bruhn, M. (1997): Kommunikationspolitik: Grundlagen der Unternehmenskommunikation, München.

Bruner, G.C./Kumar, A. (2000): Web Commercials and Advertising Hierarchy-of-Effects, *Journal of Advertising Research*, Vol. 40, No. 1/2, 35- 42.

Burke, M.C./Edell, J.A. (1989): The Impact of Feelings on Ad-based Affect and Cognition, *Journal of Marketing Research*, Vol. 26, No. 1, 69-83.

Burnkrant, R. E./Sawyer, A.G. (1983): Effects of Involvement and Message Content on Information-Processing Intensity, in: Harris, R.J. (Ed.): *Information Processing Research in Advertising*, New Jersey et al.

Büschken, J./von Thaden, Ch. (2000): Clusteranalyse, in: Hermann, A./Homburg, Ch. (Hrsg.): *Marktforschung*, 2. Aufl., Wiesbaden.

BVDW (2006): OVK Online Report 2006/01. Zahlen und Trends im Überblick.

Byrne, B.M. (1998): Structural Equation Modeling with Lisrel, Prelis and Simplis: Basic Concepts, Applications, and Programming, Mahwah et al.

Cacioppo, J.T./Petty, R.D./Kao, C.F. (1984): The Efficient Assessment of Need for Cognition, *Journal of Personality Assessment*, Vol. 48, No. 3, 306-307.

Cacioppo, J.T./Petty, R.E. (1980): Persuasiveness of Communications is Affected by Exposure Frequency and Message Quality: A Theoretical and Empirical Analysis of Persisting Attitude Change, in: Leigh, J.H./Martin, C.R. (Eds.): *Current Issues on Reseach in Advertising*, Ann Harbour.

Cacioppo, J.T./Petty, R.E. (1982): The Need for Cognition, *Journal of Personality and Social Psychology*, Vol. 42, No. 1, 116-131.

Cacioppo, J.T./Petty, R.E. (1984): The Elaboration Likelihood Model of Persuasion, *Advances of Consumer Research*, Vol. 11, No. 1, 673-675.

Cacioppo, J.T./Petty, R.E. (1985): Central and Peripheral Routes in Persuasion: The Role of Message Repetition, in: Alwitt, L.F./Mitchell, A.A. (Eds.): *Psychological Processes and Advertising Effects: Theory, Research and Application*, Hillsdale.

Carmines, E./Zeller, R. (1979): Reliability and Validity Assessment, Newbury Park et al.

Chaiken, S. (1980): Heuristic versus Systematic Information Processing and the Use of Source versus Message Cues in Persuasion, *Journal of Personality and Social Psychology*, Vol. 39, No. 5, 752-766.

Chaiken. S./Eagly, A.H. (1983): Communication Modality as a Determinant of Persuasion: The Role of Communicator Salience, *Journal of Personality and Social Psychology*, Vol. 45, No. 20, 241-256.

Chang, W.-C. (1983): On Using Principle Components Before Separating a Mixture of Two Multivariate Normal Distributions, *Applied Statistics*, Vol. 32, 267-275.

Chen, Q./Wells, W. (1999): Attitude toward the Site, *Journal of Advertising Research*, Vol. 39, No. 5, 27-37.

Childers, T.L./Carr, C.L./Peck, J./Carson, S. (2001): Hedonic and utilitarian motivations for online retail shopping behavior, *Journal of Retailing*, Vol. 77, No. 4, 511-535.

Cho, C. H./Leckenby, J. D. (1999): Interactivity as a measure of advertising effectiveness: Antecedents and consequences of interactivity in web advertising. *Proceedings of the 1999 Conference of the American Academy of Advertising*, 162-179.

Cho, C.-H. (1999): How Advertising Works on the WWW: Modified Elaboration Likelihood Model, *Journal of Current Issues and Research in Advertising*, Vol. 21, No. 1, 33-50.

Cho. C.-H./Lee, J.-G./Tharp, M. (2001): Different Forced-Exposure Levels to Banner Advertisements, *Journal of Advertising Research*, Vol. 41, No. 4, 45-56.

Churchill, G. (1987): Marketing Research: Methodological Fundations, 4. ed., Fort Worth.

Claycomb, V./Frankwick, G. (1997): The Dynamics of Buyers' Perceived Costs During the Relationship Development Process, *Journal of Business-to-Business-Marketing*, Vol. 4, No. 1, 1-37.

Cohen, J.B. (1987): Attitude, Affect and Consumer Behavior, Working Paper No. 53, Center of Consumer Research, University of Florida.

Colley, R.H. (1961): Defining Advertising Goals für Measuring Advertising Results, New York.

Compagnon (o.J.a): Dokumentation Nr. 33. Anzeigen-Testmethoden, erhalten über http://www.compagnon.de.

Compagnon (o.J.b): Dokumentation Nr. 34. Internationaler Werbewirkungstest, erhalten über http://www.compagnon.de.

Compagnon (o.J.c): Dokumentation Nr. 36. Plakat-Testmethoden, erhalten über http://www.compagnon.de.

Compagnon (o.J.d): Dokumentation Nr. 38. Wahrnehmungssimultane Werbespot-Wirkungsanalysen, erhalten über http://www.compagnon.de.

Compagnon (o.J.e): Dokumentation Nr. 37. Funk- Kinofilm- und TV-Spot-Testmethoden, erhalten über http://www.compagnon.de.

Coney, K.A./Beltramini, R.F. (1985): Believability in Advertising: The "Too Good to be True" Phenomenon, in: Houston, M.J./Lutz, R.J. (Eds.): *Marketing Communication - Theory and Research*, Chicago.

Cortina, J.M. (1993): What is Coefficient Alpha? An Examination of Theory and Applications, *Journal of Applied Psychology*, Vol. 78, No. 1, 98-104.

Coyle, J.R./Thorson, E. (2001): The Effects of Progressive Levels of Interactivity and Vividness in Web Marketing Sites, *Journal of Advertising*, Vol. 30, No. 3, 65-77.

Cronbach, L. (1947): Test Reliability: Its Meaning and Determination, *Psychometrica*, Vol. 12, No. 1, 1-16.

Csikszentmihalyi, M. (1990): Flow: The Psychology of Optimal Experience, New York.

Csikszentmihalyi, M. (1995a): Einführung zu Teil 1, in: Csikszentmihalyi, M./Csikszentmihalyi, I.S. (Hrsg.): *Die außergewöhnliche Erfahrung im Alltag: die Psychologie des flow-Erlebnisses*, Stuttgart.

Csikszentmihalyi, M. (1995b): Die Zukunft, in: Csikszentmihalyi, M./Csikszentmihalyi, I.S. (Hrsg.): *Die außergewöhnliche Erfahrung im Alltag: die Psychologie des flow-Erlebnisses*, Stuttgart.

Csikszentmihalyi, M. (1997): Finding Flow, *Psychology Today*, Vol. 30, No. 4, 46-48 und 70-71.

Csikszentmihalyi, M. (1999): Das flow-Erlebnis: jenseits von Angst und Langeweile: im Tun aufgehen, 7. Aufl., Stuttgart.

Csikszentmihalyi, M./Csikszentmihalyi, I.S. (1995): Einführung zu Teil IV, in: Csikszentmihalyi, M./Csikszentmihalyi, I.S. (Hrsg.): *Die außergewöhnliche Erfahrung im Alltag: die Psychologie des flow-Erlebnisses*, Stuttgart.

Csikszentmihalyi, M./Kubey, R. (1981): Television and the Rest of Life: A Systematic Comparison of Subjective Experience, *Public Opinion Quarterley*, Vol. 45. No. 3, 317-328.

Csikszentmihalyi, M./LeFevre, M. (1989): Optimal Experience in Work and Leisure, *Journal of Personality and Social Psychology*, Vol. 56, No. 5, 815-822.

Cushing, P. (1985): The Effect of People/Product Relationships on Advertising Processing, in: Alwitt, L.F./Mitchell, A.A. (Eds.): *Psychological Processes and Advertising Effects: Theory, Research and Application*, Hillsdale.

Dabholkar, P.A./Thorpe, D.I./Rentz, J.O. (1996): A measure of service quality for retail stores: Scale development and validation, *Journal of the Academy of Marketing Science*, Vol. 24, No. 1, 3-16.

Damanpour, F. (1991): Organizational Innovation: A Meta-Analysis of Effects of Determinants and Moderators, *Academy of Management Journal*, Vol. 34, No. 3, 555-590.

Davis, W. (1994): Interaction terms in LISREL, *Semnet Discussion List*, 29. Juni 2004.

Day, G.S. (1972): Evaluating Models of Attitude Structure, *Journal of Marketing Research*, Vol. 9, No. 3, 279-286.

Deci, E. (1975): Intrinsic Motivation, New York.

Deci, E. L./Ryan, R.M. (2000): The 'What' and 'Why' of Goal Pursuits: Human Needs and the Self-Determination of Behavior, *Psychological Inquiry*, Vol. 11, No. 4, 227–269.

Deci, E./Ryan, R. (1985): Intrinsic Motivation and Self-Determination in Human Behavior, New York.

Deimel, K. (1989): Grundlagen des Involvement und Anwendung im Marketing, *Marketing ZFP*, 11. Jg., Nr. 3, 153-161.

Dreze, X./Zufryden, F. (1997): Testing Web Site Design and Promotional Content, *Journal of Consumer Research*, Vol. 37, No. 2, 77-91.

Dröge, C. (1989): Shaping the Route to Attitude Change: Central Versus Peripheral Processing Through Comparative Versus Noncomparative Advertising, *Journal of Marketing Research*, Vol. 26, No. 2, 193-204.

Ducoffe, R.H. (1996): Advertising Value and Advertising on the Web, *Journal of Advertising Research*, Vol. 36, No. 5, 21-35.

Duffy, E. (1934): Emotion: An Example of the Need for Reorientation in Psychology, *Psychological Review*, Vol. 41, No. 2, 184-198.

Duffy, E. (1972): Activation, in: Greenfield, N.S./Sternbach, R.A. (Eds.): *Handbook of Psychophysiology*, New York.

Eagly, A.H./Chaiken, S. (1993): The Psychologie of Attitudes, 4. ed., Forth Worth et al.

Ebers, M./Gotsch, W. (1999): Institutionenökonomische Theorien der Organisation, in: Kieser, A. (Hrsg.): *Organisationstheorie*, 3. Aufl., Stuttgart.

Edell, J.A./Burke, M. (1984): The Moderating Effect of Attitude Toward the Ad on Ad Effectiveness Under Different Processing Conditions, *Advances in Consumer Research*, Vol. 11, No. 1, 644-649.

Edell, J.A./Burke, M.C. (1987): The Power of Feelings in Understanding Advertising Effects, *Journal of Consumer Research*, Vol. 14, No. 3, 421-433.

Ellis, G.D./Voelkl, J./Morris, C. (1994): Measurement and Analysis Issues with Explanation of Variance in Daily Experience Using the Flow Model, *Journal of Leisure Research*, Vol. 26, No. 4, 337-356.

Emnid – Institut GmbH & Co.KG Gunter Bieraum (o.J.a): Adjust. Ein Analyseverfahren zur Optimierung Ihrer Werbung, Bielefeld.

Engel, J./Blackwell, R./Miniard, P. (1993): Consumer Behavior, 8. ed., Fort Worth et al.

Engelhardt, A.v. (1999): Werbewirkungsmessung: Hintergründe, Methoden, Möglichkeiten und Grenzen, München.

Erichson, B./Maretzki, J. (1993): Werbeerfolgskontrolle, in: Berndt, R./Hermanns, A. (Hrsg.): *Handbuch Marketing-Kommunikation*, Wiesbaden.

Erickson, T. D. (1990): Working with Interface Metaphors, in: Laurel, B. (Hrsg.): *The Art of Human-Computer Interface Design*, Addison-Wesley.

Eroglu, S.A./Machleit, K.A./Davis, L.M. (2001): An Empirical Study of Online Atmospherics and Shopper Responses, *Advances in Consumer Research*, Vol. 28, No. 1, 40.

Esch, F.-R. (1999): Wirkung integrierter Kommunikation, Wiesbaden.

Faison, E.W.J. (1977): The Neglected Variety Drive: A Useful Concept for Consumer Behavior, *Journal of Consumer Research*, Vol. 4, No. 3, 172–175.

Fassnacht, M. (1996): Preisdifferenzierung bei Dienstleistungen, Implementierungsformen und Determinanten, Wiesbaden.

Fassnacht, M./Koese, I. (2006): Quality of Electronic Services. Conceptualizing and Testing a Hierarchical Model, *Journal of Service Research*, Vol. 9, No. 1, 19-37.

Fazio, R.H./Zanna, M.P. (1981): Direct Experience and Attitude-Behavior Consitency, in: Berkowitz, L. (Ed.): *Advances in Experimental Social Psychology*, New York, 161-202.

Fischerkoesen, H.M. (1967): Experimentelle Werbeerfolgsprognose, Wiesbaden.

Fishbein, M,/Ajzen, I. (1975): Belief, Attitude, Intention and Behavior: An Introduction to Theory and Research, Reading, Addison-Wesley.

Fornell, C. (1986): A Second Generation of Multivariate Analysis: Classification of Methods and Implications for Marketing Research, Working Paper, University of Michigan, Ann Arbor.

Fowlkes, E.B./Mallows, C.L. (1983): A Method for Comparing Two Hierarchical Clustering, *Journal of the American Statistical Association*, Vol. 77, No. 383, 553-584.

Freter, H./Obermeier, O. (2000): Marktsegmentierung, in: Hermann, A./Homburg, Ch. (Hrsg): *Marktforschung: Methoden – Anwendungen – Praxisbeispiele*, Wiesbaden.

Friestad, M./Wright, P. (1994): The Persuasion knowledge Model: How People Cope with Persuasion Attempts, *Journal of Consumer Research*, Vol. 21, No. 1, 1-31.

Fröhlich, W.D./Laux, L. (1969): Serielles Wahrnehmen, Aktualgenese, Informationsintegration und Orientierungsreaktion I – Aktualgenetisches Modell und Orientierungsreaktion, *Zeitschrift für experimentelle und angewandte Psychologie*, Vol. 16, 250-277.

Furubotn, E./Richter, R. (1984): The New Institutional Economics, *Journal of Institutional and Theoretical Economics*, 140, 1-6.

Gallup GmbH (o.J.): Gallup GmbH, Wiesbaden.

Gardner, M.P. (1985a): Does Attitude Towards the Ad Affect Brand Attitude Under a Brand Evaluation Set?, *Journal of Marketing Research*, Vol. 22, No. 2, 192-198.

Gardner, M.P. (1985b): Mood States and Consumer Behavior: A Critical Review, *Journal of Consumer Research*, Vol. 12, No. 3, 281-300.

Gardner, M.P./Vandersteel, M (1984): The Consumer's Mood: An Important Situational Variable, *Advances in Consumer Research*, Vol. 11, No. 1, 525-529.

Gebert, F. (1977): Psychologische und physiologische Wirkungen von Umgebungsfarben, Dissertation am Fachbereich Humanmedizin, Phillips-Universität Marburg, Marburg.

Gelb, B.D./Pickett, C.M. (1983): Attitude-toward-the-Ad: Links to humor and to advertising effectiveness, *Journal of Advertising*, Vol. 12, No. 2, 34-42.

GfK Marktforschung GmbH (o.J.a): Advantage®/Act. Das Pretestsystem für TV-Commercials, Nürnberg.

GfK Marktforschung GmbH (o.J.b): GfK-Werbeindikator/ATS*. Das vernetzte Kampagnentracking, Nürnberg.

Ghani, J./Deshpande, S. (1994): Task Characteristics and the Experience of Optimal Flow in Human-Computer Interaction, *Journal of Psychology*, Vol. 128, No. 4, 381-391.

Ghose, S./Dou, W. (1998): Interactive Functions and Their Impacts on the Appeal of Internet Presence Sites, *Journal of Advertising Research*, Vol. 38, No. 2, 29-43.

Giering, A. (2000): Der Zusammenhang zwischen Kundenzufriedenheit und Kundenloyalität. Eine Untersuchung moderierender Effekte, Wiesbaden.

Giesen, M./Hendrick, C. (1974): Effects of false positive and negative arousal feedback on persuasion, *Journal of Personality and Social Psychology*, Vol. 30, No. 4, 449-457.

Glaser, W.A. (1965): Television Voting and Turnout, *Public Opinion Quarterly*, Vol. 29, No. 1, 71-86.

Gorn, G.J. (1982): The Effects of Music in Advertising on Choice Behavior: A Classical Conditioning Approach, *Journal of Marketing*, Vol. 46, No. 1, 94-101.

Greenberg, B.S. (1973): Viewing and Listening Parameters among British Youngsters, *Journal of Broadcasting*, Vol. 17, No. 2, 173-188.

Greenwald, A.G. (1968): Cognitive Learning, Cognitive Response to Persuasion and Attitude Change, in: Greenwald, A.G./Brock, T.C./Ostrom, T.M. (Eds.): *Psychological foundations of Attiudes*, New York.

Greenwald, A.G./Leavitt, C. (1984): Audience Involvement in Advertising: Four Levels, *Journal of Consumer Research*, Vol. 11, No. 1, 581-592.

Gresham, L.G./Shimp, T.A. (1985): Attitude towards the Advertisement and Brand Attitudes: A Classical Conditioning Perspective, *Journal of Advertising*, Vol. 14, No. 1, 10–17.

Griffith, D.A./Chen, Q. (2004): The Influence of Virtual Direct Experience (VDE) on On-Line Ad Message Effectiveness, *Journal of Advertising*, Vol. 33, No. 1, 55-68.

Hair, J.F./Anderson, R.E./Tatham, R.L./Black, W.C. (1995): *Multivariate Data Analysis with Readings*, 4th Edition, Englewood Cliffs.

Haley, R.L./Baldinger, A.L. (1991). The ARF Copy Research Validity Project, *Journal of Advertising Research*, Vol. 31, No. 2, 11-32.

Haley, R.L./Staffaroni, J./Fox, A. (1994): The Missing Measures of Copy Testing, *Journal of Advertising Research*, Vol. 34, No. 3, 46-60.

Haller, T.P. (1972): Predicting Recall of TV Commercials, *Journal of Advertising Research*, Vol. 12, No. 5, 43-46.

Hammerschmidt, M. (2005): Effizienzanalyse im Marketing. Ein produkttheoretisch fundierter Ansatz auf Basis von Frontier Functions, Wiesbaden.

Hansen, F. (1972): Consumer Choice Behavior – A Cognitive Theory, New York.

Hansen, F. (1981): Hemispheral Lateralization: Implications for Understanding Consumer Behavior, *Journal of Consumer Research*, Vol. 8, No. 1, 23-36.

Hanssens, D.M./Weitz. B.A. (1980): The Effectiveness of Industrial Print Advertisement Across Product Categories, *Journal of Marketing Research*, Vol. 17, No. 3, 294-306.

Harman, H. (1967): Modern Factor Analysis, 2. ed., Chicago.

Hartung, J./ Elpelt, B. (1992): Multivariate Statistik, 4. Aufl., München.

Haugtvedt, C./Petty, R.E./Cacioppo, J.T./Steidley, T. (1988): Personality and Ad Effectiveness: Exploring the Utility of Need for Cognition, *Advances in Consumer Research*, Vol. 15, No. 1, 209-212.

Hayduk, L.A. (1987): Structural equation modeling with LISREL, Essentials and Advances, Baltimore.

Hebb, D. (1955): Drives and the CNS, *Psychological Review*, Vol. 62, No. 3, 243-254.

Heeter, C. (2000): Interactivity in the Context of Designed Experiences, *Journal of Interactive Advertising*, Vol. 1, No. 1, erhalten über http://jiad.org.

Heuer, G.F. (1968): Elemente der Werbeplanung, Köln, Opladen.

Hill, L.N./White, C. (2000): Public Relations Practitioners' Perception of the World Wide Web as a Communications Tools, *Public Relations Review*, Vol. 26, No. 1, 31-52.

Hoffman, D.L./Novak, T.P. (1996): Marketing in Hypermedia Computer-Mediated Environments: Conceptual Foundations, *Journal of Marketing*, Vol. 60, No. 3, 50-68.

Hoffman, D.L./Novak, T.P./Chatterjee, P. (1995): Commercial Scenarios for the Web: Opportunities and Challenges, *Journal of Computer-Mediated Communication*, Special Issue on Electronic Commerce, Vol. 1, No. 3, erhalten über http://www.asusc.org.

Hoffman, D.L./Novak, T.P./Yung, Y. (2000): Measuring the Customer Experience in Online Environments: A Structural Modeling Approach, *Marketing Science*, Vol. 19, No. 1, 22-42.

Holbrook, M.B. (1978): Beyond Attitude Structure: Toward the Informational Determinants of Attitude, *Journal of Marketing Research*, Vol. 15, No. 4, 545-556.

Holbrook, M.B./Batra, R. (1987): Assessing the Role of Emotions and Mediators of Consumer Responses in Advertising, *Journal of Consumer Research*, Vol. 14, No. 3, 404–420.

Holbrook, M.B./Hirschman, E.C. (1982): The Experiential Aspects of Consumption: Consumer Fantasies, Feelings, and Fun, *Journal of Consumer Research*, Vol. 9, No. 2, S. 132-141.

Holbrook, M.B./Moore, W.L. (1981): Feature Interactions in Consumer Judgements of Verbal vs. Pictorial Presentations, *Journal of Consumer Research*, Vol. 8, No. 1, 103-113.

Homburg, Ch. (1989): *Explorative Ansätze der Kausalanalyse als Instrument der Marketingplanung*, Dissertation, Universität Karlsruhe, Frankfurt a.M., Bern.

Homburg, Ch. /Dobratz, A. (1992): Covariance Structure Analysis via Specification Searches, *Statistical Papers*, Vol. 33, No. 2, 119-142.

Homburg, Ch. /Pflesser, Ch. (2000): Strukturgleichungsmodelle mit latenten Variablen: Kausalanalyse, in: Herrmann, A./Homburg, Ch. (Hrsg.): *Marktforschung: Methoden – Anwendungen – Praxisbeispiele*, 2. Aufl., Wiesbaden.

Homburg, Ch./Baumgartner, H. (1995): Beurteilung von Kausalmodellen – Bestandsaufnahme und Anwendungsempfehlungen, *Marketing ZFP*, 17. Jg., Nr. 3, 162–176.

Homburg, Ch./Giering, A. (1996): Konzeptualisierung und Operationalisierung komplexer Konstrukte – Ein Leitfaden für die Marketing-forschung, *Marketing ZFP*, 18. Jg., Nr. 1, 5-24.

Homburg, Ch./Giering, A./Hentschel, F. (1998): Der Zusammenhang zwischen Kundenzufriedenheit und Kundenbindung, in: Bruhn, M./Homburg, Ch. (Hrsg.): *Handbuch Kundenbindungsmanagement, Grundlagen, Konzepte, Erfahrungen*, Wiesbaden.

Homburg, Ch./Kebbel, P. (2001): Komplexität als Determinante der Qualitätswahrnehmung von Dienstleistungen, *Zeitschrift für betriebswirtschaftliche Forschung*, Vol. 53, No. 8, 478-499.

Hopf, M. (1983): Informationen für Märkte und Märkte für Informationen, Frankfurt am Main.

Hörschgen, H. (1975): Kontrolle des Werbeerfolgs, in: Böcker, F./Dichtl, E. (Hrsg): *Erfolgskontrolle im Marketing*, Berlin.

Hotchkiss, G.B. (1950): An Outline of Advertising, 3. ed., New York.

Howard, J.A./Sheth, J.N. (1969): The Theory of Buyer Behavior, New York et al.

Hoyer, W.D. (1984): An Examination of Consumer Decision Making for a Common Repeat Purchase Product, *Journal of Consumer Research*, Vol. 11, No. 3, 822-829.

Hoyer, W.D./MacInnis, D. (1997): Consumer Behavior, Boston/New York.

Hwang, J.-S./McMillan, S.J./Lee, Q. (2003): Corporate Web Sites as Advertising: An Analysis of Function, Audience, and Message Strategie, *Journal of Interactive Advertising*, Vol. 3, No. 2, erhalten über http://jiad.org.

Icon Forschung & Consulting für Marketingentscheidungen GmbH (o.J.a): Ad Plus. Standpunkte zum Thema Pretesting, Nürnberg.

Icon Forschung & Consulting für Marketingentscheidungen GmbH (o.J.b): Ad Trek. Das zeitgemäße Werbetracking – schnell –integriert – qualitativ hochwertig, Nürnberg.

Infratest Burke GmbH & Co. Marketingforschung (o.J.): Das AD-VISOR System - ein Infratest Burke Systembaustein der Werbewirkungsforschung, Frankfurt.

INRA Deutschland, Gesellschaft für Markt- und Sozialforschung mbH (o.J.c): Werbeforschung: Pre-Testing, erhalten über http://www.inra.de.

INRA Deutschland, Gesellschaft für Markt- und Sozialforschung mbH (1996): PRE*VISION, Mölln.

INRA Deutschland, Gesellschaft für Markt- und Sozialforschung mbH (1999): Methodenpräsentation AdverTiming. Werbewirkungsmessung: werblicher Kampagnenerfolg zeitnah und umfassend, Mölln.

INRA Deutschland, Gesellschaft für Markt- und Sozialforschung mbH (o.J.a): Konzept-& Kampagnencheck. Vorauswahl von Konzept-Alternativen und Überprüfung der Homogenität von Kampagnenmotiven, Mölln.

INRA Deutschland, Gesellschaft für Markt- und Sozialforschung mbH (o.J.b): Der BUY©TEST. Messen Sie die Wirksamkeit von Werbemitteln. Im Pre-Test mit einem ganzheitlichen Ansatz, Mölln.

Isen, A./Means, R./Patrick, R./Nowicki, G. (1982): Some Factors Influencing Decision-Making Strategy and Risk Taking, in: Clark, M./Fiske, S.(Eds.): *Affect and Cognition*, Hillsdale.

Jee, J./Lee, W.-N. (2002): Antecedents and Consequences of Perceived Interactivity: An Exploratory Study, *Journal of Interactive Advertising*, Vol. 3, No. 1, erhalten über http://www.jiad.org.

Jensen, O. (2001): Key-Account-Management. Gestaltung – Determinanten – Erfolgsauswirkungen, Wiesbaden.

Johnson, J.A. (1997): Units of Analysis for the Description and Explanation of Personality, in: Hogan, R./Johnson, J./Briggs, S. (Hrsg.): *The Handbook of Personality Psychology*, San Diego.

Jöreskog, K.G. (1966): Testing a Simple Structure Hypothesis in Factor Analysis, *Psychometrica*, Vol. 31, No. 2, 165-178.

Jöreskog, K.G. (1969): A General Approach to Confirmatory Factor Analysis, *Psychometrica*, Vol. 34, No. 2, 183-202.

Jöreskog, K.G. /Sörbom, D. (1996): PRELIS 2: Users Reference Guide, Chicago.

Jöreskog, K.G./Sörbom, D. (1982): Recent Developments in Structural Equation Modeling, *Journal of Marketing Research*, Vol. 19, No. 4, 404-416.

Jöreskog, K.G./Sörbom, D. (1989): LISREL 7, User's Reference Guide, Mooresville.

Jöreskog, K.G./Sörbom, D. (1993): LISREL 8: Structural Equation Modeling with the SIMPLIS Command Laguage, Chicago.

Junk, H. (1971): Optimale Werbeprogrammplanung, Essen.

Kaas, K.P. (1992): Marketing und Neue Institutionenlehre, Arbeitspapier, Nr. 1, Johann Wolfgang Goethe-Universität, Frankfurt a.M..

Kaas, K.P. (1995a): Informationsökonomik, in: Tietz, B./Köhler, R./Zentes, J. (Hrsg.): *Enzyklopädie der Betriebswirtschaftslehre*, Band 4, Handwörterbuch des Marketing, 2. Aufl., Stuttgart.

Kaas, K.P. (1995b): Marketing zwischen Markt und Hierarchie, in: Kaas, K.P. (Hrsg.): *Kontrakte, Geschäftsbeziehungen, Netzwerke – Marketing und Neue Institutionenökonomik*, Düsseldorf.

Kaas, K.P. (1995c): Marketing und Neue Institutionenökonomik, in: Kaas, K. (Hrsg.): *Kontrakte, Geschäftsbeziehungen, Netzwerke – Marketing und Neue Institutionenökonomik*, Düsseldorf.

Kaiser, A. (1980): Bestimmungsgründe der Werbewirkung, in: Kaiser, A. (Hrsg.): *Werbung – Theorie und Praxis werblicher Beeinflussung*, München.

Kanungo, R.N./Pang, S. (1973): Effects of Human Models on Perceived Product Quality, *Journal of Applied Psychology*, Vol. 57, No. 2, 172-178.

Kapferer, J.-N./Laurent, G. (1985/86): "Consumer Involvement Profiles: A New Practical Approach to Consumer Involvement", *Journal of Advertising Research*, Vol. 25, No. 6, 48-56.

Kassarjian, H.H. (1981): Low Involvement, A Second Look, *Advances in Consumer Research*, Vol. 8, No. 1, 31-34.

Katz, E./Blumler, J.G./Gurevitch, M. (1973): Uses and Gratifications Research, *Public Opinion Quarterly*, Vol. 37, No. 4, 509-523.

Katzman, N. (1972): Television soap operas: what's been going on anyway? *Public Opinion Quarterly*, Vol. 36, No. 2, 200-212.

Kaye, B.K./Johnson, T.J. (2001): A Web for All Reasons: Uses and Gratifications of Internet Resources for Political Information, Paper presented at the Association for Education in Journalism and Mass Communication Conference, Washington, August 2001.

Keller, K.L. (1991): Cue Compatibility and Framing in Advertising, *Journal of Advertising Research*, Vol. 28, No. 1, 42-57.

Kent, M.L./Taylor, M. (1998): Building dialogic relationships through the World Wide Web, *Public Relations Review*, Vol. 24, No. 3, 321-335.

Kepper, G. (1996): Qualitative Marktforschung, Methoden, Einsatzmöglichkeiten und Beurteilungskriterien, 2. Aufl., Wiesbaden.

Kim, T./Biocca, F. (1997): Telepresence via Television: Two Dimensions of Telepresence May Have Different Connections to Memory and Persuasion, *Journal of Computer-Mediated Communication*, Vol. 3, No. 2, erhalten über http://www.asusc.org.

Kitson, H.D. (1929): The Mind of the Buyer, New York.

Kleinaltenkamp, M. (1994): Institutionenökonomische Begründung der Geschäftsbeziehung, in: Backhaus, K./Diller, H.(Hrsg.): *Dokumentation des 1. Workshops der Arbeitsgruppe Beziehungsmanagement der Wissenschaftlichen Kommission Marketing im Verband der Hochschullehrer für Betriebswirtschaftslehre in Münster*, Nürnberg.

Ko, H./Cho, C.-H./Roberts, M.S. (2005): Internet Uses and Gratifications. A Structural Equation Model of Interactive Advertising, *Journal of Advertising*, Vol. 34, No. 2, 57-70.

Koch, W. (1958): Grundlagen und Techniken des Vertriebs, Band I, Berlin.

Konert, F.-J. (1986): Vermittlung emotionaler Erlebniswerte: Marketing-Strategie für gesättigte Märkte, Heidelberg/Wien.

Korgaonkar, P.K./Wolin, L.D. (1999): A Multivariate Analysis of Web Usage, *Journal of Advertising Research*, Vol. 39, No. 2, 53-68.

Kotler, P. (1967): Marketingmanagement, New York.

Kotler, P. (1999): Marketing-Management: Analyse, Planung, Umsetzung und Steuerung, Stuttgart.

Koufaris, M./Kambil, A./Labarbera, P.A. (2001): Consumer Behavior in Web-Based Commerce: An Empirical Study, International *Journal of Electronic Commerce*, Vol. 6, No. 2, 115-138.

Kroeber-Riel, W. (1977): Kritik und Neuformulierung der Verbrauchspolitik auf verhaltenswissenschaftlicher Grundlage, *Die Betriebswirtschaft*, 37. Jg., Nr. 1, 89-103.

Kroeber-Riel, W. (1979): Activation Research: Psychobiological Approaches in Consumer Research, *Journal of Consumer Research*, Vol. 5, No. 4, 240-250.

Kroeber-Riel, W. (1984a): Emotional Product Differentiation by Classical Conditioning, *Advances in Consumer Research*, Vol. 11, No. 1, 538–542.

Kroeber-Riel, W. (1984b): Konsumentenverhalten, 3. Aufl., München.

Kroeber-Riel, W. (1990a): Strategie und Technik der Werbung, 2. Aufl., Stuttgart et al.

Kroeber-Riel, W. (1990b): Zukünftige Strategien und Techniken der Werbung, *Zeitschrift für betriebswirtschaftliche Forschung*, 42. Jg., Nr. 2, 481-491.

Kroeber-Riel, W. (1992): Konsumentenverhalten, 5. Aufl., München.

Kroeber-Riel, W./Barton, B. (1980): Scanning Ads-Effects of Position and Arousal Potential of Ad Elements., *Current Issues & Research in Advertising*, Vol. 3, No. 1, 147-163.

Kroeber-Riel, W./Keitz, W. von (1980): Conditioning of Attitude – A Non-Informational Approach in Attitude Formation, Working Paper, International Series, Institute for Consumer and Behavioral Research, University of the Saarland, Saarbrücken.

Kroeber-Riel, W./Meyer-Hentschel, G. (1982): Werbung – Steuerung des Konsumentenverhaltens, Würzburg/Wien.

Kroeber-Riel, W./Weinberg, P. (1996): Konsumentenverhalten, 6. Aufl., München.

Kromrey, H. (1990): Empirische Sozialforschung, Modelle und Methoden der Datenerhebung und Datenauswertung, 4. Aufl., Opladen.

Krugman, H.E. (1965): The Impact of Television Advertising: Learning without Involvement, *Public Opinion Quarterly*, Vol. 29, No. 3, 349-356.

Krugman, H.E. (1972): Why Three Exposures May Be Enough, *Journal of Advertising Research*, Vol. 12, No. 6, 11-14.

Krugman, H.E. (1980): Point of View: Sustained Viewing of Television, *Journal of Advertising Research,* Vol. 20, No. 3, 65-68.

Kupsch, P. (1979): Unternehmensziele, Stuttgart.

Kuß, A. (1987): Information und Kaufentscheidung, Berlin/New York.

Landy, D. (1972): The effects of an overheard audience's reaction and attractiveness on opinion change, *Journal of Experimental Social Psychology*, Vol. 8, No. 4, 276-288.

Lasswell, H. (1948): The Structure and Function of Communications in Society, in: Bryson, L. (Hrsg.): *The Communication of Ideas*, New York.

Lastovicka, J.L. (1983): Convergent and Discriminant Validity of Television Commercial Rating Scales, *Journal of Advertising*, Vol. 12, No. 2, 14- 23, 52.

Lastovicka, J.L./Bonfield, E.H. (1982): Do Consumers have Brand Attitudes? *Journal of Economic Psychology,* Vol. 2, 57-75.

Laurel, B. (1986): Interface as Mimesis, in: Norman, D. A. /Draper, S. W. (Hrsg.): *User Centered System Design: New Perspectives on Human-Computer Interaction*, Hillsdale.

Laurent, G./Kapferer, J.-N. (1985): "Measuring Consumer Involvement Profiles", *Journal of Marketing Research*, Vol. 22, No. 1, 41-53.

Lavidge, R.L./Steiner, G.A. (1961): Blickverhalten von Konsumenten, Heidelberg.

Leavitt, C. (1970): A multidimensional set of rating scales for television commercials, *Journal of Applied Psychology*, Vol. 54, No. 5, 427-429.

Leavitt, C. (1975): Theory as a Bridge between Description and Evaluation of Persuasion, *Advances in Consumer Research*, Vol. 2, No. 1, 607-613.

Lee, J.-G./Park, J.-J. (2004): Consequences of Commercial Web Presence: an Exploratory Study of South Korean Business Adopters of Websites, *International Journal of Advertising*, Vol. 23, No. 2, 253-276.

Lee, S.-J./Lee, W.-N./Kim, H./Stout, P.A. (2004): A Comparison of Objektive Charakteristics and User Perception of Web Sites, *Journal of Interactive Advertising*, Vol. 4, No. 2, erhalten über http://jiad.org.

Lefevre, J. (1995): Flow und die Erlebensqualität im Kontext von Arbeit und Freizeit, in: Csikszentmihalyi, M./Csikszentmihalyi, I.S. (Hrsg.): *Die außergewöhnliche Erfahrung im Alltag: die Psychologie des flow-Erlebnisses*, Stuttgart.

Lepper, M.R./Malone, T.W. (1987): Intrinsic motivation and instructional effectiveness in computer-based education, in: Snow, R.E./Farr, M.J. (Eds.): *Attitude, learning and instruction*, Hilldale.

Leven, W. (1983): Die Blickfangwirkung der Aufmerksamkeit beim Betrachten von Werbeanzeigen, *Jahrbuch der Absatz- und Verbrauchsforschung*, 29. Jg., Nr. 3, 247-274.

Lewis, K.S.E. (1898): zitiert in Mayer, H. (1993): Werbepsychologie, 2. Aufl., Stuttgart, 35.

Li, H./Bukovac, J.L. (1999): Cognitive impact of banner ad characteristics: An experimental study, *Journalism and Mass Communication Quarterly*, Vol. 76, No. 2, 341-353.

Lindsley, D.B. (1951): Emotion, in: *Handbook of Experimental Psychology*, New York.

Lisowski, A. (1951): Über den gegenwärtigen Stand der Werbepsychologie, in: Bericht vom Reklamekongress Hamburg (Hrsg.): *Werbung überbrückt Ländergrenzen*, Hamburg.

Liu, C./Arnett, K.P. (2000): Exploring the factors associated with web site success in the context of electronic commerce, *Information & Management*, Vol. 38, No. 1, 23-33.

Lodish, L.M./Abraham, M.M./Kalmenson, S./Livelsberger, J./Lubetkin, B./Richardson, B./Stevens, M.E. (1995): How TV Advertising Works: A Meta-Analysis of 389 Real World Split Cable TV Advertising Experiments, *Journal of Marketing Research*, Vol. 32, No. 2, 125-139.

Loiacono, E.T./Watson, R.T./Goodhue, D.L. (2002): WEBQUAL: A measure of website quality, in: Evans, K./Scheer, L. (Eds): *2002 Marketing educators' conference: Marketing Theory and Applications*, Vol. 13, 432-437.

Lötscher, F. (1994): Benchmarking in der Werbung – Sich an den besten orientieren!, *Marketing und Kommunikation*, 22. Jg., Nr. 11, 10-11.

Loudon, D.L./Della Bitta, A.J. (1979): *Consumer Behavior : Concepts and Applications*, McGraw-Hill.

Lutz, R.J. (1977): An Experimental Investigation of Causal Relations Among Cognition, Affect, and Behavioral Intention, *Journal of Consumer Research*, Vol. 3, No. 4, 197-208.

Lutz, R.J. (1985): Affective and Cognitive Antecedents of Attitude Toward the Ad: A Conceptual Framework, in: Alwitt, L.F./Mitchell, A.A. (Eds.): *Psychological Processes and Advertising Effects: Theory, Research and Application*, Hillsdale.

Lutz, R.J./MacKenzie, S.B. (1982): Construction of a Diagnostic Cognitive Response Model for Use in Commercial Pretesting, in: Chasin, J. (Ed.): *Straight talk about attitude research*, Hot Springs.

Lutz, R.J./MacKenzie, S.B./Belch, G.E. (1983): Attitude Toward the Ad as a Mediator of Advertising Effectiveness: Determinants and Consequences, *Advances in Consumer Research*, Vol. 10, No. 1, 532-539.

Macias, W. (2003): A Beginning Look at the Effects of Interactivity, Product Involvement and Web Experience on Comprehension: Brand Web Sites as Interactive Advertising, *Journal of Current Issues and Research in Advertising*, Vol. 25, No. 2, 31-44.

Macias, W./Lewis, L.S. (2003): A Content Analysis of Direct-to-Consumer (DTC) Prescription Drug Web Sites, *Journal of Advertising*, Vol. 32, No. 4, 43-56.

MacKenzie, S.B. (1986): The Role of Attention in Mediating the Effect of Advertising on Attribute Importance, *Journal of Consumer Research*, Vol. 13, No. 2, 174-195.

MacKenzie, S.B./Lutz, R.J. (1982): Monitoring Advertising Effectiveness: A structural Equation Analysis of the Mediating Role of Attitude Toward the Ad, Working Paper No. 117, Center for Marketing Studies, UCLA.

MacKenzie, S.B./Lutz, R.J. (1983): Testing Competing Models of Advertising Effectiveness via Structural Equation Models, in: American Marketing Association: *Proceedings, Winter Educators Converence*, Chicago.

MacKenzie, S.B./Lutz, R.J. (1989): An Empirical Examination of the Structural Antecedents of Attitude Toward the Ad in an Advertising Pretesting Context, *Journal of Marketing*, Vol. 53, No. 2, 48-65.

MacKenzie, S.B./Lutz, R.J./Belch, G.E. (1986): The Role of Attitude Toward the Ad as a Mediator of Advertising Effectiveness: A Test of Competing Explanations, *Journal of Marketing Research*, Vol. 23, No. 2, 130-143.

Madden, T.J./Allen, C.T./Twible, J.L. (1988): Attitude toward the Ad: An Assessment of Diverse Measurement Indices under Different Processing ‚Sets', *Journal of Marketing Research*, Vol. 25, No. 3, 242-252.

Madden, T.J./Debevec, K./Twible, J.L. (1985): Assessing the Effects of Attitude –Toward-the-Ad on Brand Attitudes: A Multitraid-Multimethod Design: in: Houston, M.J./Lutz, R.J. (Eds.): *Marketing Communication - Theory and Research*, Chicago.

Maddi, S.R. (1968): The Pursuit of Consistency and Variety, in: Abelson, R.P. et al. (Eds.): *Theories of Cognitive Consistency: A Sourcebook*, Chicago.

Maecker, E.J. (1953): Planvolle Werbung, Teil I, 2. Aufl., Essen.

Maheswaran, D./Chaiken, S. (1991): Promoting Systematic Processing in Low Involvement Settings: Effects of Incongruent Information on Processing and Judgement, *Journal of Personality and Social Psychology*, Vol. 16, No. 1, 13-25.

Malhotra, N.K. (1981): A Scale to Measure Self-Concepts, Person Concepts and Product Concepts, *Journal of Marketing Research*, Vol. 18, No. 4, 456-464.

Malmo, R. (1959): Activation: A Neuropsychological Dimension, *Psychological Review*, Vol. 66, No. 6, 367-386.

Marschak, J. (1954): Towards an Economic Theory of Organization and Information, in: Thrall, R./Coombs, C./Davis, R. (Eds.): *Decision Processes*, New York.

Massimini, F./Carli, M. (1988): The systematic assessment of flow in daily experience, in: Csikszentmihalyi, M./Csikszentmihalyi, I. (Eds.): *Optimal Experience: Psychological Studies of Flow in Consciousness*, New York.

Mayer, H. (1990): Werbewirkung und Kaufverhalten unter ökonomischen und psychologischen Aspekten, Stuttgart.

Mayer, H. (1993): Werbepsychologie, 2. Aufl., Stuttgart.

Mayer, H./Illmann, T. (2000): Markt- und Werbepsychologie, 3. Aufl., Stuttgart.

McEwen, W.J./Leavitt, C. (1976): A Way to Describe TV Commercials, *Journal of Advertising Research*, Vol. 16, No. 6, 35-39.

McGaughey, R.E./Mason, K.H. (1998): The Internet as a Marketing Tool, *Journal of Marketing Theory & Practice*, Vol. 6, No. 3, 1-11.

McGuire, W.J. (1969): An Information Processing Model of Advertising Effectiveness, Paper presented at the Symposium on Behavior and Management Science in Marketing, June 29 - July 1, University of Chicago.

McGuire, W.J. (1974): Psychological Motives and Communication Gratifications, in: Blumler, J.G./Katz, E. (Hrsg.): *The uses of mass communications: current perspectives on gratifications research*, Beverly Hills.

McGuire, W.J. (1976): Some Internal Psychological Factors Influencing Consumer Choice, *Journal of Consumer Research*, Vol. 2, No. 4, 302-319.

McMillan, S.J./Hwang, J.-S. (2002): Measures of Perceived Interactivity: An Exploration of the Role of Direction of Communication, User Control, and Time in Shaping Perceptions of Interactivity, *Journal of Advertising*, Vol. 31, No. 3, 29-42.

McMillan, S.J./Hwang, J.-S./Lee, G. (2003): Effects of Structural and Perceptual Factors on Attitudes toward the Website, *Journal of Advertising Research*, Vol. 43, No. 4, 400-409.

McQuail, D./Blumler, J.G./Brown, J.R. (1972): The Television Audience: a revised perspective, in: McQuail, D. (Hrsg.): *Sociology of Mass Communications*, Harmondsworth.

Meeker, M. (1997): The Internet Advertising Report, New York.

Meffert, H. (1998): Marketing - Grundlagen marktorientierter Unternehmensführung, 8. Aufl., Wiesbaden.

Mehrotra, S./Van Auken, S./Lonial, S.C. (1981): Adjective Profiles in Television Copy Testing, *Journal of Advertsing Research*, Vol. 21, No. 4, 21-26.

Meyer, P.W. (1963): Die Werbeerfolgskontrolle, Düsseldorf.

Meyer, R.J. (1985): On the Representation and Measurement of Consumer Choice under Limited Information, in: Houston, M.J./Lutz, R.J. (Eds.): *Marketing Communication - Theory and Research*, Chicago.

Meyer-Hentschel, G. (1983): Aktivierungswirkung von Anzeigen. Meßverfahren für die Praxis, Würzburg, Wien.

Miller, N./Maruyama, G./Beaber, R.J./Valone, K. (1976): Speed of Speech and Persuasion, *Journal of Personality and Social Psychology*, Vol. 34, No. 6, 615-624.

Milligan, G.W. (1980): An Examination of the Effect of Six Types of Error Pertubation on Fifteen Clustering Algorithms, *Psychometrica*, Vol. 45, No. 3, 352–342.

Milligan, G.W./Cooper, M.C. (1987): Methodology Review: Clustering Methods, *Applied Psychological Measurement*, Vol. 2, No. 4, 329–354.

Millward Brown (o.J.a): Millward Brown Link^{TM} Tests, erhalten über http://www.millwardbrown.com.

Millward Brown Germany GmbH (o.J.b): Millward Brown Advanced Tracking Programmes, Frankfurt.

Miniard, P.W./Bhatla, S./Rose, R.L. (1990): On the Formation and Relationship of Ad and Brand Attitudes: An Experimental and Causal Analysis, *Journal of Marketing Research*, Vol. 27, No. 3, 290-303.

Mintz, P.M./Mills, J. (1971): Effects of arousal and information about its source upon attitude change, *Journal of Experimental and Social Psychology*, Vol. 7, No. 4, 561-570.

Mitchell, A.A. (1986): The Effects of Verbal and Visual Components of Advertisements on Brand Attitudes and Attitude Toward the Advertisement, *Journal of Consumer Research*, Vol. 13, No. 1, 12-24.

Mitchell, A.A./Olson, J.C. (1981): Are Product Attribute Beliefs the Only Mediator of Advertising Effects on Brand Attitude? *Journal of Marketing Research*, Vol. 18, No. 3, 318-332.

Mittal, B. (1989): Must Consumer Involvement Always Imply More Information Search? in: Scrull, T. (Ed.): *Advances in Consumer Research*, Vol. 16, No. 1, 167-172.

Mittal, B. (1990): The Relative Roles of Brand Beliefs and Attitude toward the Ad as Mediators of Brand Attitude: A Second Look, *Journal of Marketing Research*, Vol. 27; No. 2, 209-220.

Moldovan, S.E. (1984): Copy Factors Related to Persuasions Scores, *Journal of Advertising Research*, Vol. 24, No. 6, 16-22.

Montgomery, D.B./Urban, G.L. (1969): Management Science in Marketing, Eaglewood Cliffs, N.J.

Montoya-Weiss, M./Voss. G. B./Grewal, D. (2000): *Bricks to Clicks; What drives customer use of the Internet in a multichannel environment*, Working Paper, Carolina State University.

Moore, D.L./Hutchinson, J.W. (1983): The Effects of Ad Affect on Advertisng Effectiveness, *Advances in Consumer Research*, Vol. 10, No. 1, 526-531.

Moore, D.L./Hutchinson, J.W. (1985): The Influence of Affective Reactions to Advertising: Direct and Indirect Mechanisms of Attitude Change, in: Alwitt, L.F./Mitchell, A.A. (Eds.): *Psychological Processes and Advertising Effects: Theory, Research and Application*, Hillsdale.

Moorthy, S./Ratchford, B.T./Talukdar, D. (1997): Consumer Information Search Revisited: Theory and Empirical Analysis, *Journal of Consumer Research*, Vol. 23, No. 4, 263-277.

Mühlbacher, H. (1988): Ein situatives Modell der Motivation zur Informationsaufnahme und -verarbeitung von Werbekontakten, *Marketing ZFP*, 10. Jg., Nr. 2, 85-94.

Mullen, M. R. (1995): Diagnosing Measurement Equivalence in Cross-National Research, *Journal of International Business Studies*, Vol. 26, No. 3, 573-596.

Muylle, S./Moenaert, R./Despontin, M. (1999): Measuring web site sucess: an introducion to web site user satisfaction, *Marketing Theory and Applications*, Vol. 10, 176-177.

Nakamura, J. (1988): Optimal experience and the uses of talent, in: Csikszentmihalyi, M./Csikszentmihalyi, I. (Eds.): *Optimal Experience: Psychological Studies of Flow in Consciousness*, New York.

Nieschlag, R./Dichtl, E./Hörschgen, H. (1988): Marketing, 15. Aufl., Berlin.

Nieschlag, R./Dichtl, E./Hörschgen, H. (1997): Marketing, 18. Aufl., Berlin.

Norris, C.E./Colman, A.M. (1992): Context Effects on Recall and Recognition of Magazine Advertisements, *Journal of Advertising*, Vol. 21, No. 3, 37-46.

Norusis, M. (1993): SPSS for Windows, Professional Statistics, Chicago.

Novak, T.P./Hoffman, D.L./Yung, Y.-F. (1998): Measuring the Flow Construct in Online Environments: A Structural Modelling Approach, erhalten über http://ecommerce.vanderbilt.edu.

Nunally, J. (1978): Psychometric Theory, 2. ed., New York.

o.V. (2006a): Wechselfälle – Peter Schreyer, *Managermagazin,* 36. Jg., Nr. 8, 24.

o.V. (2006b): Zweikampf an der Spitze. T-Online und United Internet dominieren Internetmarkt / Yahoo und Pro Sieben gewinnen Reichweite, *FAZ*; 30. Juli 2006:

O'Donohoe, S. (1993): Advertising Uses and Gratifications, *European Journal of Marketing*, Vol. 28, No. 8/9, 52-75.

Ohlwein, M. (1999): Märkte für gebrauchte Güter, Wiesbaden.

Olson, D./Schlinger, M.J./Young, C. (1982): How Consumers react to new-product ads, *Journal of Advertising Research*, Vol. 22, No. 3, 24-30.

Orth, U.R./Bourrain, A. (2005): Optimum Stimulation Level Theory and the Differential Impact of Olfactory Stimuli on Consumer Exploratory Tendencies, *Advances in Consumer Research*, Vol. 32, No. 1, 613-619.

Osgood, C.E./Suci, G.J./Tannenbaum, P.H. (1971): The Measurement of Meaning, Illinois.

Papacharissi, Z./Rubin, A.M. (2000): Predictors of Internet Use, *Journal of Broadcasting and Electronic Media*, Vol. 44, No. 2, 175-196.

Parasuraman, A./Zeithaml, V.A./Malhotra, A. (2005): E-S-QUAL – a multiple-item scal for assessing electronic service quality, *Journal of Service research*, Vol. 7, No. 3, 213-233.

Park, C.W./Mittal, B. (1985): A Theory of Involvement in Consumer Behavior: Problems and Issues, in: Sheth, J.N. (Ed.): *Research in Consumer Behavior*, Vol. 1, London.

Park, C.W./Young, S.M. (1986): Consumer Response to Television Commercials: The Impact of Involvement and Background Music on Brand Attitude Formation, *Journal of Marketing Research*, Vol. 23, No. 1, 11-24.

Parker, B.J./Plank, R.E. (2000): A Uses and Gratifications Perspective on the Internet As a New Information Source, *American Business Review*, Vol. 18, No. 2, 43-50.

Pavlou, P.A./Stewart, D.W. (2000): Measuring the Effects and Effectiveness of Interactive Advertising: A Research Agenda, *Journal of Interactive Advertising*, Vol. 1, No. 1, erhalten über http://www.jiad.org.

Pepels, W. (1994): Werbung und Absatzförderung, Wiesbaden.

Pepels, W. (1999): Kommunikations-Management: Marketing-Kommunikation vom Briefing bis zur Realisation, 3. Aufl., Stuttgart.

Peppers, D./Rogers, M. (1993): How to issue and redeem coupons by phone. Today. *Brandweek*, Vol. 34, No. 33, 14-16.

Percy, L. (1985): Perspectives on Measuring Attitudes Toward the Ad, in: Houston, M.L./Lutz, R.J. (Eds.): *Marketing Communications – Theory and Research*, Chicago.

Percy, L./Rossiter, J.R. (1987): A Model of Brand Awareness and Brand Attitude Advertising Strategies, *Psychology & Marketing*, Vol. 9, No. 4, 263-274.

Peter, J.P./Olson, J.C. (2002): Consumer behavior and marketing strategy, 6. ed., Boston et al.

Peterson, R.A. (1994): A Meta-Analysis of Cronbach's Coefficient Alpha, *Journal of Consumer Research*, Vol. 21, No. 11, 381-391.

Petty, R.E./Cacioppo, J.T. (1979): Issue Involvement Can Increase or Decreas Persuasion by Enhancing Message-Relevant Cognitive Responses, *Journal of Personality and Social Psychology*, Vol. 37, No. 10, 1915-1926.

Petty, R.E./Cacioppo, J.T. (1980): Effects of Issue Involvement on Attitudes in an Advertising Context, in: Gorn, G./Goldberg, M. (Eds.): *Proceedings of the Division 23 Program*, Montreal.

Petty, R.E./Cacioppo, J.T. (1981): Attitudes and Persuasion: Classic and Contemporary Approaches, Dubuque.

Petty, R.E./Cacioppo, J.T. (1982): The Need for Cognition, *Journal of Personality and Social Psychology*, Vol. 42, No. 1, 116-131.

Petty, R.E./Cacioppo, J.T. (1983): Central and Peripheral Routes to Persuasion: Application to Advertising, in: Percy, L./Woodside, A. (Eds.): *Advertising and Consumer Psychology*, Lexington MA.

Petty, R.E./Cacioppo, J.T. (1984a): Source Factors and the Elaboration Likelihood Model of Persuasion, *Advances of Consumer Research*, Vol. 11, No. 1, 668-672.

Petty, R.E./Cacioppo, J.T. (1984b): The Effects of Involvement on Responses to Argument Quantity and Quality: Central and Peripheral Routes to Persuasion, *Journal of Personality and Social Psychology*, Vol. 46, No. 1, 69-81.

Petty, R.E./Cacioppo, J.T. (1986): Communication and Persuasion: Central and Peripheral Routes to Attitude Change, New York et al.

Petty, R.E./Cacioppo, J.T./Goldman, R. (1981): Personal Involvement as as Determinant of Argument-Based Persuasion, *Journal of Personality and Social Psychology*, Vol. 41, No. 5, 847-855.

Petty, R.E./Cacioppo, J.T./Heesacker, M. (1981): Effects of Rhetorical Questions on Persuasion: A Cognitive Response Analysis, *Journal of Personality and Social Psychology*, Vol. 40, No. 3, 432-440.

Petty, R.E./Cacioppo, J.T./Schuman, D. (1983): Central and Peripheral Routes to Advertising Effectiveness: The Moderating Role of Involvement, *Journal of Consumer Research*, Vol. 10, No. 2, 135-146.

Petty, R.E./Cacioppo, J.T./Steidley, T. (1988): Personality and Ad Effectiveness: Exploring the Utility of Need for Cognition, *Advances in Consumer Research*, Vol. 15, No. 1, 209-212.

Petty, R.E./Wells, G.L./Brock, T.C. (1976): Distraction Can Enhance or Reduce Yielding in Propaganda: Thought Disruption Versus Effort Justification, *Journal of Personality and Social Psychology*, Vol. 34, No. 5, 874-884.

Plummer, J.T. (1971): A Theoretical View of Advertising Communication, *Journal of Communication*, Vol. 21, 315-325.

Preston, I.L. (1982): The Assoziation Model of the Advertising Communication Process, *Journal of Advertising*, Vol. 11, No. 2, 3-15.

Preston, I.L./Thorson, E. (1984): The Expanded Assoziation Model: Keeping the Hierarchy Concept Alive, *Journal of Advertising Research*, Vol. 24, No. 1, 59-65.

Privette, G. (1983): Peak Experience, Peak Performance and Flow: A Comparative Analysis of Positive Human Experience, *Journal of Personality and Social Psychology*, Vol. 45, No. 6, 1361-1368.

Privette, G./Bundrick, C.M. (1987): Measurement of Experience: Construct and Content Validity of the Experience Questionnaire, *Perceptual and Motor Skills*, Vol. 65, 315-332.

Punj, G./Stewart, D.W. (1983): Cluster Analysis in Marketing Research: Review and Suggestions for Application, *Journal of Marketing Research*, Vol. 20, No. 2, 134–148.

Rafaeli, S. (1988): Interactivity: From New Media to Communication, in: Hawkins, R./Wieman, J./Pingree, S. (Eds.): *Advancing Communication Science: Merging Mass and Interpersonal Processes*, Newbury Park.

Rafaeli, S./Sudweeks, F. (1997): Networked Interactivity, *Journal of Computer-Mediated Communication*, Vol. 2, No. 4, erhalten über http://www.usc.edu.

Rahtz, D.R./Sirgy, M.J./Meadow, H.L. (1989): The Elderly Audience: Correlates of Television Orientation, JA (3), 9-20.

Raju, P.S. (1980): "Optimum Stimulation Level: Its Relationship to Personality, Demographics, and Exploratory Behavior," *Journal of Consumer Research*, Vol. 7, No. 3, 272-282.

Raskin, D. (1973): Attention and Arousal, in: Prokasy, W.F./Raskin, D. (Eds): *Electrodermal Activity in Psychological Research*, New York.

Ratchford, B.T. (1980): The Value of Information for Selected Appliances, *Journal of Marketing Research*, Vol. 17, No. 1, 14-25.

Ratchford, B.T. (1987): New Insights about the FCB Grid, *Journal of Advertising Research*, Vol. 27, No. 4, 24-38.

Ratchford, B.T./Vaughn, R. (1989): On the Relationship Between Motives and Purchase Decisions: Some Empirical Approaches, *Advances in Consumer Research*, Vol. 16, No. 1, 293-299.

Rathunde, K. (1995): Optimales Erleben und Flow, in: Csikszentmihalyi, M./Csikszentmihalyi, I.S. (Hrsg.): *Die außergewöhnliche Erfahrung im Alltag: die Psychologie des flow-Erlebnisses*, Stuttgart.

Ray, M.L. (1973a): Marketing Communication and the Hierarchy-of-Effects, in: Clarke, P. (Ed.): *New Models for Mass Communication Research*, Beverly Hills.

Ray, M.L. (1973b): Psychological Theories and Interpretations of Learning, in: Ward, S./ Robertson, T.S. (Eds.): *Consumer Behavior: Theoretical sources*, New Jersey.

Ray, M.L./Batra, R. (1983): Emotion and Persuasion in Advertising: What we do and don't know about affect, *Advances in Consumer Research*, Vol. 10, No. 1, 543-548.

Reichheld, F.F./Schefter, P. (2000): E-Loyality – Your Secret Weapon on the Web, *Harvard Business Review*, Vol. 78, No. 4, 105-113.

Rengelshausen, O. (1997): Werbung im Internet und in kommerziellen Online-Diensten, in: Silberer, G. (Hrsg.): *Interaktive Werbung - Marketingkommunikation auf dem Weg ins digitale Zeitalter*.

Rethans, A.J./Swasy, J.L./Boller, G.W. (1985): Consistency of Product and Ad-Related Responses to Television Advertising: Immediate versus delayed Recall, in: Houston, M.J./Lutz, R.J. (Eds.): *Marketing Communication - Theory and Research*, Chicago.

Rice, M. (2002): What makes users revisit a web site? *Marketing News*, Vol. 3, No. 6, 12.

Riedl, J. (1998): Die Notwendigkeit der Zielgruppenanalyse für die Online-Kommunikation, *WiSt - Wirtschaftswissenschaftliches Studium*, 27. Jg., Nr. 12, 647-650.

Riedl, J./Busch, M. (1997): Marketing-Kommunikation in Online-Medien. Anwendungsbedingungen, Vorteile und Restriktionen, *Marketing ZFP*, 19. Jg., Nr. 3, 163-176.

Robertson, T.S. (1971): Innovative Behavior and Communication, New York.

Rodgers, S./Thorson, E. (2000): The Interactive Advertising Model: How Users Perceive and Process Online Ads, *Journal of Interactive Advertising*, Vol.1, No. 1, erhalten über http://jiad.org.

Rogge, H.J. (1979): Grundzüge der Werbung, Berlin.

Rogge, H.J. (1996): Werbung, 4. Aufl., Ludwigshafen.

Rosenstiel, L. von/Neumann, P. (1991): Einführung in die Markt- und Werbepysychologie, 2. Aufl., Darmstadt.

Rossiter, J.R. (2002): The C-OAR-SE Procedure for Scale Develoment in Marketing, *International Journal of Research in Marketing*, Vol. 19, No. 4, 305-335.

Rothschild, M.L. (1974): The effects of political advertising on the voting behavior of low-involvement electorate, Stanford.

Routtenberg, A. (1968): The Two-Arousal Hypothesis: Reticular Formation and Limbic System, *Psychological Review*, Vol. 75, No. 1, 51-80.

Rust, R.T (2001): The Rise of E-Service, *Journal of Service Research*, Vol. 3, No. 4, 283-284.

Rust, R.T./Kannan, P.K. (2002): The Era of E-Service, in: Rust, R.T/Kannan, P.K. (Eds.): *E-Service: New Directions in Theory and Practice*, New York.

Sauer, P. /Dick, A. (1993): Using Moderator Variables in Structural Equation Models, *Advances in Consumer Research*, Vol. 20, No. 4, 637-640.

Saunders, J. (1994): Cluster Analysis, in: Hooley, G.J./Hussey, M.K. (Eds.): *Quantitative Methods in Marketing*, London.

Scheffler, H. (2000): Stichprobenbildung und Datenerhebung, in: Hermann, A./Homburg, Ch. (Hrsg.): *Marktforschung: Methoden, Anwendungen, Praxisbeispiele*, 2. Aufl., Wiesbaden.

Schlinger, M.J. (1979): A Profile of Responses to Commercials, *Journal of Advertising Research*, Vol. 19, No. 2, 37-46.

Schlinger, M.J. (1982): Respondent characteristics that affect copy-test attitude scales, *Journal of Advertising Research*, Vol. 22, No. 1, 29-35.

Schlinger, M.J./Green, L. (1980): Art-work storyboards versus finished commercials, *Journal of Advertising Research*, Vol. 20, No. 6, 19-23.

Schlosser, A. E./Kanfer, A. (1999): Current Advertising on the Internet: The Benefits and Usage of Mixed-Media Advertising Strategies, in: Shumann, D./Thorson, E. (Hrsg.): *Advertising and the World Wide Web*, Mahwah.

Schramm, W. /Lyle, J./Parker, E.B. (1961): *Television in the Lives of Our Children*, Stanford.

Schwaiger, M. (1997): Multivariate Werbewirkungskontrolle. Konzepte zur Auswertung von Werbetests, Wiesbaden.

Schweiger, G./Schrattenecker, G. (1992): Werbung: Eine Einführung, 3. Aufl., Stuttgart.

Seyffert, R. (1966): Werbelehre, Theorie und Praxis der Werbung, Stuttgart.

Shankar, V./Smith, A.K./Rangaswamy, A. (2003): Customer Satisfaction and Loyality in Online and Offline Environements, *International Journal of Research in Marketing*, Vol. 20, No. 2, 153-175.

Sharma, S. (1996): Applied Multivariate Techniques, New York.

Sharma. S./Durand, R.M./Gur-Arie, O. (1981): Identification and Analysis of Moderator Variables, *Journal of Marketing Research*, Vol. 18, No. 3, 291-300.

Sherif, C.W./Kelly, M./Rodgers, H.L. Jr./Sarup, G./Tittler, B.I. (1973): Personal involvement, social judgment and action, *Journal of Personality and Social Psychology*, Vol. 27, No. 3, 311.

Sherman, S.J. (1987): Cognitive Processes in the Formation, Change and Expression of Attitudes, in: Zanna, M.P./Olson, J.M./Herman, P.C. (Eds.): *Social Influence: The Ontario Symposium*, Vol. 5, Hillsdale et al.

Shimp, T.A. (1981): Attitude Toward the Ad as Mediator of Consumer Brand Choice, *Journal of Advertising*, Vol. 10, No. 2, 9-15.

Shimp, T.A. (1991): Neo Pavlovian Conditioning and its Implications for Consumer Theory and Research, in: Robertson, T.S./Kassarjian, H.H. (Eds.): *Handbook of Consumer Behavior*, Englewood Cliffs.

Silverthorne, C.P./Mazmanian, L. (1975): The Effects of Heckling and Media of Presentation on the Impact of a Persuasive Communication, *Journal of Social Psychology*, Vol. 96, No. 2, 229-207.

Singh, M./Balasubramanian, S.K./Chakraborty, G. (2000): A Comparative Analysis of Three Communication Formats: Advertising, Infomercial, and Direct Experience, *Journal of Advertising*, Vol. 29, No. 4, 59-76.

Slama, M.E./Tashchian, A. (1985): Selected Socioeconomic and Demographic Characteristics Associated with Purchasing Involvement, *Journal of Marketing*, Vol. 49, No. 1, 72-82.

Smith, R.E./Swinyard, W.R. (1982): Information Response Models: An Integrated Approach, *Journal of Marketing*, Vol. 46, No. 1, 81-93.

Snyder, M./Cantor, N. (1998): Understanding personality and social behavior: A functionalist strategy, in: Gilbert, D.T./Fiske, S.T./Lindzey, G. (Eds.): *The Handbook of Social Psychology*, New York.

Song, I./Larose, R./Eastin, M.S./Lin, C.A. (2004): Internet Gratifications and Internet Addiction: On the Uses and Abuses of New Media, *Cyber Psychology & Behavior*, Vol. 7, No. 4, 384-394.

Spremann, K. (1990): Asymmetrische Information, *Zeitschrift für Betriebswirtschaft*, 60. Jg., Nr. 5, 561-586.

Srinivasan, S.S./Anderson, R./Ponnavolu, K. (2002): Customer Loyality in E-Commerce: An exploration of its antecendents and consequences, *Journal of Retailing*, Vol. 78, No. 1, 5-15.

Srull, T.K. (1983): Affect and Memory: The Impact of Affective Reaktions in Advertising on the Representation of Product Information in Memory, *Advances in Consumer Research*, Vol. 10, No. 1, 520-525.

Stafford, T.F./Stafford, M.R./Schkade, L.L. (2004): Determining Uses and Gratifications for the Internet, *Decision Sciences*, Vol. 35, No. 2, 259-288.

Stahlberg, D./Frey, D. (1993): Das Elaboration-Likelihood-Model von Petty und Cacioppo, in: Frey, D./Irle, M. (Hrsg.): *Theorien der Sozialpsychologie: Kognitive Theorien*, Band 1, 2. Aufl., Bern et al.

Stayman, D.M./Aaker, D.A. (1988): Are All Effects of Ad-induced Feelings Mediated by A_{ad}?, *Journal of Consumer Research*, Vol. 15, No. 3, 386-373.

Steenkamp, J.-B./Baumgartner, H. (1992): The Role of Optimum Stimulation Level in Exploratory Consumer Behavior, *Journal of Consumer Research*, Vol. 19, No. 3, 434-448.

Steffenhagen, H. (1992): Werbewirkungsmessung, in: Diller, H. (Hrsg.): *Vahlens grosses Marketinglexikon*, München.

Steffenhagen, H. (1993): Werbeziele, in: Berndt, R./Hermanns, A. (Hrsg.): *Handbuch Marketing-Kommunikation, Strategien - Instrumente - Perspektiven*, Wiesbaden.

Steffenhagen, H. (1996): Wirkungen der Werbung: Konzepte, Erklärungen, Befunde, Aachen.

Steiger, J. (1990): Structural Model Evaluation and Modification: An Interval Estimation Approach, *Multivariate Behavioral Research*, Vol. 25, No. 2, 173-180.

Steuer, J. (1992): Defining Virtual Reality: Dimensions Determining Telepresence, *Journal of Communication*, Vol. 42, No. 4, 73-93.

Stevenson, J.S./Bruner, G.C./Kumar, A. (2000): Webpage Background and Viewer Attitudes, *Journal of Advertising Research*, Vol. 40, No. 1/2, 29-34.

Steward, D.W./Furse, D.H. (1985): Analysis of the Impact of Executional Faktors on Advertising Performance, *Journal of Advertising Research*, Vol. 24, No. 6, 23-26.

Stone, R.N/Mason, J.B. (1995): Attitude and Risk. Exploring the Relationship, *Psychology & Marketing*, Vol. 12, No. 2, 135-153.

Sundar, S.S./Kalyanaraman, S. (2004): Arousal, Memory, and Impression-Formation Effects of Animation Speed in Web Advertising, *Journal of Advertising*, Vol. 33, No. 1, 7-17.

Swinyard, W.R. /Coney K.A. (1978): Promotional Effects on a High- Versus Low-Involvement Electorate, *Journal of Consumer Research*, Vol. 5, No. 1, 41-48.

Szymanski, D./Hise, R.T. (2000): e-Satisfaction: An Initial examination, *Journal of Retailing*, Vol. 76, No. 3, 309-322.

Tetlock, P.E. (1983): Accountability and Complexity of Thought, *Journal of Personality and Social Psychology*, Vol. 45, No. 1, 74-83.

Thompson, D.V./Hamilton, R.W./Rust, R.T. (2005): Feature Fatigue: When Product Capabilites Become Too Much of a Good Thing, *Journal of Marketing Research*, Vol. 42, No. 4, 431-442.

Thurstone, L.L. (1931): The Measurement of Social Attitudes, *Journal of Abnormal and Social Psychology*, Vol. 26, No. 2, 10-18.

Trevino, L./Webster, J. (1992): "Flow in Computer-Mediated Communication", *Communication Research*, Vol. 19, No. 5, 539-573.

Trommsdorff, V. (1992): Involvement, in: Diller, H. (Hrsg.): *Vahlens großes Marketinglexikon*, München.

Trommsdorff, V. (1998): Konsumentenverhalten, 3. Aufl., Stuttgart.

Überla, K. (1971): Faktorenanalyse, 2. Aufl., Berlin.

Vaughn, R. (1980): How Advertising Works: A Planning Model, *Journal of Advertising Research*, Vol. 20, No. 5, 27-36.

Vaughn, R. (1986): How Advertising Works: A Planning Model Revised, *Journal of Advertising Research*, Vol. 26, No. 1, 57-66.

Wald, F. (2002): Porsche Cayenne Turbo. Familien-Freizeit-Porsche, *Spiegel*, 09.11.2002.

Webster, J./Trevino, L./Ryan, L. (1993): The Dimensionality and Correlates of Flow in Human Computer Interactions, *Computers in Human Behavior*, Vol. 9, No. 5, 411-426.

Wehrli, H./Wirtz, B. (1997): Mass Customizing und Kundenbeziehungsmanagement, Aspekte und Gestaltungsvarianten transaktionsspezifischer Marketingbeziehungen, *Jahrbuch für Absatz- und Verbrauchsforschung*, 2, 116-138.

Weiber, R. (1984): Faktorenanalyse, St. Gallen.

Weiber, R./Adler, J. (1995): Einsatz von Unsicherheitsreduktionsstrategien im Kaufprozess: Eine informationsökonomische Analyse, in: Kaas, K. (Hrsg.): *Kontrakte, Geschäftsbeziehungen, Netzwerke. Marketing und Neue Institutionenökonomik*, Düsseldorf.

Weinstein, S. (1982): A Review of Brain Hemisphere Research, *Journal of Advertising Research*, Vol. 22, No. 3, 59-63.

Wells, A.J. (1995): Selbstbewertung und optimales Erleben, in: Csikszentmihalyi, M./ Csikszentmihalyi, I.S. (Hrsg.): *Die außergewöhnliche Erfahrung im Alltag: die Psychologie des flow-Erlebnisses*, Stuttgart.

Wells, W.D. (1964): EQ, Son of EQ, and Reaction Profile, *Journal of Marketing*, Vol. 28, No. 4, 45–52.

Wells, W.D. (2000): Recognition, Recall, and Rating Scales, *Journal of Advertising Research*, Vol. 40, No. 6, 14-20.

Wells, W.D./Chen, Q. (2000): The Dimensions of Commercial Cyberspace, *Journal of Interactive Advertising*, Vol. 1, No. 1, erhalten über http://jiad.org.

Wells, W.D./Leavitt, C./McConville, M. (1971): A Reaction Profile for TV Commercials, *Journal of Advertising Research*, Vol. 11, No. 6, 11-17.

Westbrook, R.A./Black, W.C. (1985): A Motivation-Based Shopper Typology, *Journal of Retailing*, Vol. 61, No. 1, 78-103.

White, R. (1959): Motivation Reconsidered: The Concept of Competence, *Psychological Review*, Vol. 66, No. 3, 297-333.

Wiles, J.A./Cornwell, T.B. (1990): A Review of Methods Utilized in Measuring Affect, Feelings, and Emotions in Advertising, *Current Issues & Research in Advertising*, Vol. 13, No. 2, 241-276.

Williamson, O. (1975): Markets and Hierarchies, New York.

Wolfinbarger, M./Gilly, M.C. (2003): eTailQ: dimensionalizing, measuring and predicting etail quality, *Journal of Retailing*, Vol. 79, No. 3, 183-198.

Wright, C. (1960): Functional Analysis and Mass Communication, *Public Opinion Quarterly*, Vol. 24, No. 4, 33-40.

Wright, P.L. (1973): The cognitive processes mediating acceptance of advertising, *Journal of Marketing Research*, Vol. 10, No. 1, 53-62.

Wright, P.L. (1980): Message-evoked thoughts: Persuaion research using thought verbalizations, *Journal of Consumer Research*, Vol. 7, No. 2, 151-175.

Wu, G. (1999): Perceived Interactivity and Attitude toward Website, in: Roberts, M.S. (Hrsg.): *Proceedings of the American Academy of Advertising*, Gainesville.

Yerkes, R./Dodson, J. (1908): The Relation of Strength of Stimulus to rapidity of Habit Formation, *Journal of Comparative Neurological Psychology*, Vol. 18, No. 5, 459-482.

Yoo, B./Donthu, N. (2001): Developing a scale to measure the perceived quality of an Internet shopping site (SITEQUAL), *Quarterly Journal of Electronic Commerce*, Vol. 2, No. 1, 31-46.

Zaichkowsky, J.L. (1985): Measuring the Involvement Construct, *Journal of Consumer Research*, Vol. 12, No. 3, 341-352.

Zaichkowsky, J.L. (1986): Conceptualizing Involvement. *Journal of Advertising*, Vol. 15, No. 2, 4-14, 34.

Zajonc, R.B. (1980): Feeling and Thinking: Preferences Need no Inferences, *American Psychologist*, Vol. 35, No. 2, 151-175.

Zajonc, R.B./Markus, H. (1982): Affective and Cognitive Factors in Preferences, *Journal of Consumer Research*, Vol. 9, No. 2, 123-131.

Zeithaml, V.A./Parasuraman, A./Malhotra, A. (2002): Service quality delivery through web sites: A critical review of extant knowledge, *Journal of the Academy of Marketing Science*, Vol. 30, No. 2, 362-410.

Zinkhan, G.M./Burton, S. (1989): An Examination of Three Multidimensional Profiles for Assessing Consumer Reactions to Advertisements, *Journal of Advertising*, Vol. 18, No. 4, 6-14.

Zinkhan, G.M./Fornell, C. (1985): A Test of Two Consumer Response Scales in Advertising, *Journal of Marketing Research*, Vol. 22, No. 4, 447-452.